Wilhelm Jensen

Nirwana

Drei Bücher aus der Geschichte Frankreichs

Wilhelm Jensen

Nirwana

Drei Bücher aus der Geschichte Frankreichs

ISBN/EAN: 9783742870834

Hergestellt in Europa, USA, Kanada, Australien, Japan

Cover: Foto ©Thomas Meinert / pixelio.de

Manufactured and distributed by brebook publishing software (www.brebook.com)

Wilhelm Jensen

Nirwana

Nirwana.

Drei Bücher aus der Geschichte Frankreichs.

Roman

von

Wilhelm Jensen.

Dritter Band.

Breslau.
Verlag von S. Schottlaender.
1877.

Sechsunddreißigstes Kapitel.

Dem glanzhellen Morgengestirn entgegen, wie sie es seit geraumer Zeit schon um diese Stunde zu thun gewohnt, ritt Diana von Hautefort. Sie trug ein weißes Reitgewand und erschien im Dämmerlicht der Ferne auf ihrem Zelter selbst gleich einem weißschimmernden Stern, der schnellen Flug's die Oberfläche der Erde streifte, und ihr Auge leuchtete hell und ruhevoll und klar, als habe in ihm sich ebenfalls ein Strahl des glänzenden Aetherlichtes geborgen.

Die Hütten des Dorfes, an denen der Weg sie vorüberführte, standen regungslos, noch ohne jedes Zeichen des Lebens, doch ihr Blick ruhte befriedigt, ja freudig auf jeder. Denn über jede Schwelle war sie in den letzten Monden getreten, hatte mit Wort und That, mit Rath und Beistand genützt, gefördert, geholfen, und durfte sich sagen, daß sie in dem Leben aller wie ein Stern aufge=

gangen sei. Es war ein sanft-schönes Gefühl, still doch belebend auch wie der Frühmorgen lag es über ihrer Seele. In die Weite zog es sie heut' mehr denn sonst, als ob der Rücken, der sie trug, zum Flügel geworden und durch die Luft mit ihr fortschwebe. Das schlafende Dorf verschwand hinter ihr, und die mächtige Bergespyramide des Mont Mezin, über deren Spitze das glänzende Gestirn gleich flammendem Pünktchen über einem i stand, hob sich gewaltiger aus dem Hintergrunde der Thalsohle herauf.

Diana gewahrte es nicht, allein hin und wieder hatte der Hufschlag dennoch in Saint Pierre den Schlaf von einer Wimper gescheucht, einen Kopf vom Lager aufgerissen, welcher blinzelnden Auges wie einem phantastischen Traumbilde der vorüberfliegenden weißen Erscheinung durch die Thür nachgaffte. Da und dort begegneten sich auch zwei solcher Blicke und ein Mund sagte gähnend: „Es war die Gräfin wieder, der Teufel muß sie plagen, daß sie Einen jeden Morgen mit ihrem Gaul aus dem Schlaf stört."

Der Sprecher drehte sich verdrießlich, es waren jetzt mehrere Köpfe da, Männer und Weiber, die aus der Nachbarschaft lugten. Die nämlichen Gesichter, welche an jenem Sonntagmorgen nach der Rückkunft des Seigneur's. Marcelin die Kirche gefüllt, mit ebenso stumpfsinnigem, stupidem Ausdruck, nur ohne die Scheu und den instinctiven Trieb der Lider, sich niederzuschlagen. Auch der Stern ihrer Augen leuchtete anders als früher, nicht klarer, doch mit einem irrlichtartigen, unstät-frecheren Glanz. Sie glichen Kettenhunden, die von irgend einer Hand oder einem Zufall losgemacht worden und sich linkisch, täppisch bewegten, immer noch in der Empfindung, daß ihre Freiheit eine Täuschung sei, daß jemand im nächsten Moment ihre nachschleppende, rasselnde Kette fassen, sie wieder anschmieden und mit Peitschenhieben dafür züchtigen werde, daß sie sich dem Wahn, frei zu sein, hingegeben. Gedrückt, weißschielenden Seitenblicks schlichen sie und sprachen sie sie leise, der Richtung nachstierend, in der die Reiterin verschwunden. Nur ein jüngerer Mann trat mit Geräthschaften auf der Schulter und in der Hand aus seiner Thür. Eine Stimme hielt ihn an:

„Wohin wollt Ihr, Nachbar?"

„An die Arbeit; mich däucht, es ist Zeit."

„Bah, mich däucht, es ist Zeit, daß man einmal von der Arbeit ausruht. Früher waret Ihr auch der Meinung."

„Als der Acker und was ich darauf that nicht mir gehörte. Jetzt ist es mein, Dank' der gnädigen Herrschaft, das ändert die Sache, denk' ich."

„Dank der heiligen Jungfrau!" fielen ein paar Weiber

eifrig ein. „Die im Schloß hätten's gelassen wie es war, wenn sie es nicht gewollt!"

„Ihr seid Dummköpfe! Grab' sie hat man früher als Vorwand gebraucht, um euch zu schinden und zu bestehlen. Es giebt gar keinen Gott!"

„Der Gelbschnabel glaubt klüger zu sein als wir! Das brauchten uns die Gräflichen nicht erst zu sagen und Ihr auch nicht, denn wir wußten's, eh' Euer Mund etwas Anderes aufsog als Eurer Mutter Milch. Aber Ihr war't der Dummkopf, dem die heiligste Jungfrau es erst klar machen mußte, daß es keinen Gott gebe!"

Die Weiber kreischten es höhnisch und gereizt durcheinander, der Bauer Gouton kam aus seiner Hütte und fragte: „Was giebts? Habt ihr eine Nachricht aus Paris?"

Ueber die intelligenten Züge des jungen Mannes, der im Begriff stand, sich an die Feldarbeit zu begeben, war ebenfalls ein halb spöttisches Lachen, zugleich jedoch ein schwärmerischer Ausdruck gehuscht. Er versetzte:

„Ja, ihr habt Recht, dort die heiligste Jungfrau" — und er deutete dem weißen Zelter nach — „hat es mich erst gelehrt. Ich war ein Thier bis dahin, doch von ihr hab' ich gelernt, was gut, schön und menschlich ist, und ihr habt Recht, sie anzubeten und als ein höheres Wesen zu verehren."

Die Hörer sahen sich untereinander an. „Was meint er damit?"

„Daß die Comtesse ihn gekirrt hat und er nach ihr girrt wie ein Täuber. Er möchte die neue Mode im Schloß auch mitmachen."

Es war der alte Gouton, der es mit wegwerfendem Hohn gesagt. Roth übergoß es das hübsche Gesicht des Jungen, dessen Hand sich unwillkürlich fester um den Axtstiel auf seiner Schulter legte, doch er bezwang sich, richtete sich, einen Schritt an den Alten näher hinantretend, nur unwillig auf und erwiederte:

„Schämt Euch um Euer weißes Haar, Gouton, daß Ihr so von der reden könnt, die euch alle zu Menschen gemacht, euch in einem Mond mehr Wohlthaten erwiesen hat, als ihr sonst von eurer Geburt an zu zählen im Stande seid. Was wart ihr im April noch? Thiere, die das Herrenrecht vor den Karren spannte! Wer nahm die Frohnden, den Zehnten, den Straßenbau von euren Schultern, sagte, die Aecker, die ihr gepflügt, das Vieh, das ihr aufzieht, Haus und Arbeit solle hinfort euer sein? Wer kam, wie ein Engel des Himmels, zu euch und fragte, wo eine Noth, ein Kummer euch noch bedrücke, und half mit lindernder, liebe- und gabenvoller Hand? Ihr aber statt des Dank's —"

Der alte Bauer reckte sich ebenfalls hoch auf und fiel ein:

„Dank für das, was uns gehört?! Wovon theilen sie uns im Schloß aus? Pflügen sie, säen sie, ernten sie? Sie lassen es uns thun und den Abhub von ihrem Tisch werfen sie uns hin, wie den Hunden die Knochen. Du bist ein Mensch geworden, sagst Du? Ein Narr bist Du, Jûpin, der nach einem Blick aus hochgeborenen Augen gafft und ihnen den Schweiß seiner Tage zum Geschenk macht! Noth und Kummer lindern sie? Wer giebt mir mein Weib wieder, meine Jugend? Wer stillt den Hunger, der fünfzig Jahre lang in mir gefressen? Leiden sie Noth und Kummer? Sie schwelgen wie früher, sind die Herren, treiben schandbaren Unfug mit denen, die sie ihre Weiber heißen, sobald die Lust an sie kommt. Es ist kein Gott im Himmel, denn er hätte früher mit dem Blitz dreingeschlagen — es ist keiner, denn sonst müßte er es jetzt noch mehr, wo die vornehmen Dirnen ohne vor seinen heiligen Altar zu treten mit jedem Mann als Frau zusammen wohnen, der ihnen gefällt und der sie mag!"

Ein Gezeter der Weiber erhob sich. „Er hat Recht, eine Schändlichkeit ist's! Eine ehrsame Frau muß sich schämen, auf's Schloß zu gehn und den Gräuel anzusehen! Sie haben den Herrgott nur abgesetzt, um ihren Schimpf besser treiben zu können! Wir wissen's, sie sind allzusammen Mann und Frau untereinander, wie's jeden grab' gelüstet. Aber die Mutter Gottes wird Pech und Schwefel darauf regnen lassen!"

Jüpin wandte sich verächtlich um. „Woher wißt denn ihr ehrbaren Frauen das?"

„Woher? Weil's nicht anders sein kann! Wer nicht zur heiligen Jungfrau betet, dem hilft sie auch nicht, daß er der Versuchung widerstehen kann. Das sind keine Frauen — Gouton hat's gesagt — gottlose Dirnen sind's, die an den Schandpfahl gehörten und ausgepeitscht werden müßten, wenn ein Recht existirte! Hätten sie noch so viel Scham, es zu verbergen, da wär's eine Sünde, die vergeben werden kann! Aber so frech und bloß vor aller Augen!"

„Ja, Ihr wißt's genau." Der junge Bauer, den sie Jüpin genannt, drehte sich ohne weitere Antwort zu einem neben ihm Stehenden ab. „Kommt Ihr mit an's Tagwerk, Nachbar?

„Daß ich ein Narr wäre, wie Ihr! Ich kenne Leute die sich voll essen ohne zu arbeiten, ist es vielleicht mein Recht, mich zu plagen und zu schwitzen, um zu essen? Ich höre lieber Gouton zu, der uns klar macht, was jedes Menschen Recht ist und wie es werden muß, wenn endlich einmal die Tyrannei aufhören soll. Ihr thätet klüger bei uns zu bleiben und ihn mit anzuhören, damit Ihr auch mehr Respect vor Euch selbst bekämt."

„Und damit mein Feld im Sommer so wüst läge wie eure und meine Frau und Kinder im Herbst hungerten. Ihr seid träge Schwätzer geworden, die selbst die Schuld daran tragen werden, wenn es ihnen in der Zukunft noch schlechter geht, als es früher gewesen."

Der Andere warf einen Blick nach dem Schloß hinüber. „Bah, wenn mich hungern wird, so weiß ich, wo etwas zu finden ist."

„Und Ihr glaubt, daß die Herrschaft so thöricht sein wird, Euch von Tag zu Tag weiter zu füttern, wenn Ihr selbst keine Hand rührt, um Euch und die Eurigen durchzubringen? Da müßten sie nicht mehr großmüthig, sondern verrückt sein."

Jüpin zuckte die Achsel, lud sein Arbeitszeug, das er abgelegt gehabt, wieder auf und schlug den Weg nach seinem Acker ein. Der Zurückbleibende warf ihm einen haßerfüllten Blick nach und murrte zwischen den Zähnen:

„Die Herrschaft — ein Knecht spricht von einer Herrschaft!"

„Der gehörte zu den Vornehmen auf's Schloß, nicht zu uns in's Dorf. — Sie haben ihm den Kopf verdreht — nein, sie bezahlen ihn dafür, daß er so sprechen soll. — Er ist ein Verräther, ein Lump! — Er verkauft unser Recht, wer's mit uns ehrlichen Leuten gut meint, muß dafür sorgen, daß man ihn und seine Bagage aus dem Dorf wegschafft!"

Die auf dem Platz, zu dem die Dorfgasse sich er=
weiterte, Versammelten sprachen es lauter und leiser
durcheinander. Dann ward es still, denn der alte Gouton
warf einen Blick im Kreise rund und sagte mit eigenthüm=
lichen Ton:

„Ich habe Einen gesprochen, der über's Gebirg ge=
kommen. Wißt ihr, was die Bauern drüben im Langue=
doc gethan? Wer Lust hat es zu hören, kann mit in mein
Haus gehen."

Er drehte sich seiner Thür zu und alle Anwesenden
folgten ihm. Die Aufforderung kam ihnen ersichtlich nicht
unerwartet; sie kannten genau den Weg zur Hütte des
Alten und wisperten neugierig untereinander. Jüpin
wanderte drüben allein auf dem thaufeuchten Rain, niemand
gesellte sich zu ihm, im ganzen Thal blitzte sein Arbeits=
geräth allein in den Strahlen der aufgehenden Sonne,
denen die, welche er mit der heiligen Jungfrau verglichen,
noch immer auf ihrem weißen Zelter entgegenritt. Der
schöne Stern war im übermächtig beginnenden Tagesglanz
erloschen, doch seine magisch=magnetische Kraft nicht, welche
die einsame Reiterin ostwärts weiter zog. Sie überschritt
die Loire und folgte eine Weile der Landstraße nach Le
Puy; es kam ihr in's Gedächtniß, daß sie sich auf der
nämlichen Stelle jetzt befand, welche die Vision in der
Nacht als die Botschaft vom Tode ihres Vaters eintraf,

ihr von dem scharf begrenzten Mondlicht erhellt gezeigt. Der schmale Fluß schäumte weiß neben ihr in der Tiefe und sie blickte hinab, doch das Morgenlicht zeigte deutlich jeden Winkel, schatten= und gespensterlos lag Alles in Maienklarheit unter dem Himmelsblau, die Lerchen jubelten, wohin das Auge fiel, huschten tausend Eidechsen lebens= froh am sonnigen Gestein.

„Lebensfroh — ihr habt Recht —"

Sie wiederholte es mehrere Male laut und fuhr fort: „Ihr habt Recht, denn es ist schön, zu athmen, zu sehen und zu hören. Es ist schön, die Hand regen zu können, den Hauch des Windes zu fühlen. Ihr alle freut euch, den Glanz, den Klang, den Duft zu empfinden, und ich sollte mehr verlangen, das Glück, das mir zugefallen wie euch, durch thörichtes Mehrbegehren mir verringern, zer= stören? So wie heut' athmetet ihr die Wonne des Lebens vor Jahrtausenden, werdet es nach Jahrtausenden thun, denn ihr seid ewig, seid die nämlichen, die von je gewesen und immer sein werden, so lang' die Sonne unserer Erde leuchtet. Nichts vergeht, denn über den zerfallenden Körpern bleibt die Seele und sucht sich neue Wohnstatt in andern, die Seele, die das Leben vom Leblosen unterscheidet, die unveränderlich=unsterbliche, allen Zeiten gleich=gemeinsame Empfindung der Freude und des Schmerzes, sie sind ewig und durch sie bin ich es und lebe den letzten Tag unserer

Erde mit. Und wenn einst auch sie mit der Sonne vergangen, da werden auf anderen Sternen im Weltenraum Wesen sein gleich mir, die Schönheit ihres Daseins zu fühlen wie ich, nicht anders, denn das, was ich mein geistiges Selbst nenne, ist's, durch dessen wandellose Kraft sie es empfinden. Mein Auge sieht und mein Ohr vernimmt die unermeßliche Zukunft wie das Heut' — ich grüße euch alle, ihr Unsterblichen, ich, die ich selber unsterblich bin!"

Die Lerchen jauchzten, die Eidechsen huschten klugblickend herauf und hinab, ein traumhaftes Lächeln flog um Diana's Lippen. Zur Rechten öffnete sich eine Schlucht in der Felswand und fast übermächtig nah schaute der zerklüftete Gipfel des Mont Mezin durch sie herein. Unwiderstehlich lockte sein unerwarteter Anblick die Reiterin, sie lenkte überlegungslos in den Seitenpfad ein, der sich an stürzendem Gebirgswasser entlang aufwärts zog. Eine Weile an diesem fort, dann verrann der Einschnitt und an seiner Stelle dachte eine schräg geneigte Hochfläche sich vom Mont Mezin herab. Ein Strom von Felsenblöcken, die einst seinem Gipfel entrollt, schien sich, Vernichtung in jedem Augenblick drohend, dem winzigen Vierfüßler entgegen zu wälzen, der sich behend zwischen den ungefügen Colossen hindurchwand und stets noch eine Möglichkeit, den Emporweg fortzusetzen, entdeckte. Die Reiterin ließ dem

Thiere die Zügel und athmete den Frühduft der Bergeinsamkeit ein. Ueber ihrem Haupte klang ein Raubvogelschrei, zur Seite neben ihr der Ruf einer Wachtel, die sich schwerfällig flatternd emporhob und wieder in's hohe Steingras warf. Nun änderte der Grund sich abermals, weite, beinahe farblose Haide dehnte sich ringsum, kegelförmig fiel der Schatten einer riesigen Kuppe darüber. Düsterer Nadelwald begrenzte ihren Rand, so weit das Auge sah gewahrte es kein Haus mehr, kein Anzeichen menschlicher Bewohner. Es war immer noch früh, der Thau deckte noch überall die Wildniß, er zitterte am Halm und perlte am Gestein. Wandte der Blick sich zurück, so schien eine unsichtbare Hand die Luft mit Diamantfunken zu durchschleudern, tief drunten schon lag das Thal der Loire, der Süden des Velay, die lange Kette der Margeride begrenzte gen Westen die Welt. Eine weite Schau, aber doch beengt und beengend, sie glich dem Gedanken, dessen kühn sich aufschwingender Flug auf unüberwindbare Schranken stieß. Droben auf dem Gipfel erst mußte das Auge fessellos die Runde überschweifen, die Brust entfesselt aufathmen — Diana fühlte, es war ein Rausch, der sie weiter trieb, ein trunkenes Verlangen, doch sie mußte oben stehen, der Sonne, den unsichtbaren Gestirnen, dem Geheimniß in ihrem eigenen Innern näher. Das Walddickicht nahm sie auf, ihr Pferd kletterte über den tief mit Kiefernadeln bedeckten Boden, unberührt von Menschenhand und unbesucht vom Fuß der Menschen vergingen seit Jahrtausenden in dieser Stille, die hohen Stämme, schossen andere auf, thürmte schweigend das Leben Grab auf Grab und erhielt sich doch gleich im rastlosen Wechsel. Wem, der um solche Stunde sich hier allein befand, mußte sich das große Räthsel nicht lösen? Seine Lösung wehte mit leisem Moderduft aus jedem vermorschenden Baumstamm herauf, sie tropfte aus dem Quell, der den verwitternden Felsgrund zerbröckelnd mit sich in's Thal riß. Doch sie schimmerte auch grün aus jeder Spitze, mit welcher der neue Frühling jeden Tannen= zweig verlängert, sie lachte aus jedem Blüthenkelch, jeder Vogelstimme, jedem Farbenschmelz der Schwingen der lebendigen Blumen, die den Maimorgen durchgaukelten.

Hier aber hatte das Weiterdringen für den Zelter ein Ende. Machtvoll stieg die Berglehne auf, nur ein kleines, schön grünendes Thal von anmuthiger Halbrunde noch umschließend, das ein hell über Geröll hinriefelnder Bach durchfloß. Diana war abgestiegen und tauchte die Hand in das silberne Wasser; es war fast eiseskalt und verrieth seinen Ursprung aus den Winterschneeresten in den Hoch= schrunden des Mezin. Sie kühlte sich die Augen und die Stirn aus dem frischen Born und schlürfte einige Tropfen aus der Handfläche mit den Lippen. „Lethe", sagte sie, doch gleich darauf lächelte ihr feuchtglänzender

Mund: „Was will ich denn vergessen? Es ist ja Alles gut —

Sei auch froh und warte auf mich!" Sie hatte den Zügel ihres Pferdes um einen Ast geschlungen und löste ihn wieder. „Du wirst nicht fortgehen, eh' ich zurückkomme" — sie klopfte den schlanken weißen Hals des schönen Thieres, das sie mit klugen Augen wie zustimmend ansah — „wir sind ja alte Freunde —"

Sie brach ab und wiederholte noch einmal mit veränderter Stimme: „Alte Freunde —" doch im selben Moment griff ihre Hand abermals nach dem Zügel und schlang ihn hastig fester als zuvor um den Baum. „Du könntest auch von der Lethe trinken", murmelte sie, „und vergäßest und ließest mich allein in der Oede."

Das Pferd wieherte ihr verwundert nach, wie sie eilig die Berghalde hinanstieg. Ihr langes Kleid behinderte sie, sie schlug den Saum desselben über ihren Arm und kletterte weiter. Es war eine Tollheit, den pfadlosen Abhang in ihrer Gewandung hinaufdringen zu wollen, sie wußte es, doch sie wollte. Gesträuch und Pflanzen wucherten schon sommerlich hoch zwischen dem Steingeblöck, ihr Herz klopfte, manchmal zog einen Moment ein Schleier ihr über die Augen, daß sie innehalten mußte. Allein dann athmete sie gepreßt, fast zornig: „Hinauf! Ich will!" Sie war gewandt und offenbar im Erklimmen steiler Höhen geübter als die Mehrzahl ihres Geschlechts; von unten gesehen glich sie schon einem großen weißen Falter, der langsam von Dolde zu Dolde an dem farbenreichen Abhang emporzog. Nun verwandelte dieser sich droben zu einförmig düstrem Ausdruck, vegetationslose Basaltmassen thronten finster über dem lachenden Frühlingsschmuck, auf ihrem todten, schwarzen Hintergrunde erschien die furchtlos aufwärts Strebende wie ein weißer Stern. Das Leben und Weben, das sie drunten umgaukelt, verließ sie hier, nur ein paar dunkelgeflügelte Libellen folgten ihr nach und umtanzten ihre Stirn, als wollten sie ihr eine Warnung in's Ohr flüstern. Dann plötzlich riß ein kühl aufrauschender Wind sie haftig in die sommerwarme Tiefe zurück.

Und hinüber mit kühnem Schwung nun über diesen gähnenden Spalt, dem rosenrothen Gewölk entgegen das wie ein Schleier Aurora's den nachtdunklen Gipfel über ihr umhüllte. In kurzen Minuten hatte sie ihn erreicht, der Nebel umwallte sie, jeden Blick raubend, doch sie wußte, ihr Wille hatte triumphirt und sie stand droben. Ermüdet setzte sie sich auf den nackten Fels und harrte. Der Wind pfiff in Stößen und zerriß das flatternde Schleiergewand der einsamen Höhe, durch seine Lücken glänzte schon die bestrahlte Erde. Nur eine Secunde noch —

Und Enttäuschung folgte dem Gefühl des Stolzes. Ueber ihr zur Rechten wie zuvor, durch gähnenden Abgrund geschieden thronte unerreichbar mächtig der wahre Gipfel des Mezin, dessen Vorkuppe sie nur erstiegen, im Wahn zu jenem selbst emporgedrungen zu sein. Sie stand nicht droben und ihr Wille war ohnmächtig, denn er besaß keine Schwingen, die schwindelnde Tiefe zu überbrücken. Lautlos sah sie hinab. War es ein Gleichniß für sie? War der Bergesgipfel, der Wille, die Kraft ihn zu erreichen, ihr ein Bild gewesen? Sie schauerte im kalten Wind der leblosen Höhe. Zurück!

Eilig, angstvoll zurück! Von wo war sie gekommen? Sie umkreiste den Rand der Kuppe, nur an einer Stelle schien es möglich niederzusteigen und sie that's, nicht ohne Gefahr, denn senkrecht neben ihrem Pfad öffnete grausiger Absturz seinen Rachen. Ihre Finger mußten sich an das scharfe Gestein klammern, um sich von Vorsprung zu Vorsprung hinabzulassen, ihr langes Kleid hängte sich fest und zerriß. Doch jetzt? Hatte die Wolke sie hierher getragen? Von welchem Fleck aus war sie auf diesen Platz gelangt, den auf drei Seiten plötzlich das Nichts umstarrte? Sie begriff es nicht —

Doch, die Ueberlegung sagte es. Sie hatte sich droben auf der Kuppe geirrt, einen falschen Weg eingeschlagen und mußte dorthin zurück, den rechten zu suchen.

Rasch entschlossen wandte sie sich — aber wie die Leere vor ihr, thürmte starrmassig hinter ihr die Felswand sich auf. Hier ohne Irrthum, denn sie sah, auf welche Weise sie an derselben herabgelangt war, aber zugleich sah sie auch, daß es unmöglich sei, von ihrem Standpunkt aus ohne Hülfe dorthin zurück zu kommen.

Ein Moment, ein Blitz, ein Wort das ihre Lippen mechanisch sprachen:

„Verloren."

Kein Ausweg, kalte, unabänderliche Gewißheit. Verloren, sterben. Wer kommt hierher? Niemand. Wen erreicht mein Hülferuf? Kein Menschenohr. Der Wind vernimmt's, der Fels, das Nichts; die Sonne blickt darauf und wenn die Nacht kommt, der Mond, die Sterne.

Gleichgültig sie alle, sie alle, sie weiß es, ewig gleichgültig. Nur der Mensch ist des Menschen Hülfe, doch sein Auge und sein Ohr reichen nicht bis hierher und sein Herz sagt ihm nicht, was jene ihm nicht künden.

Wie höhnisch blau ist der Himmel, wie spöttisch lacht drunten die grüne Welt! Weil ohnmächtiger Wille sich vermaß, über diese emporzuragen, sich jenem nähern zu wollen? Nicht die Götter zürnen dem Wahnwitz, er straft sich selbst! Thörin, dich ereilt gerechtes Schicksal! Was ließest Du den sicheren Boden, auf dem Deine Mitgeschöpfe wandern und hobst Dich in die Lüfte, ohne Flügel zu besitzen! Verloren, sterben!

Sie sprach es laut: „Eine Minute wird kommen,

wo ich fühle, daß meine letzte Kraft sich entscheiden muß, ob sie sich selbst dort hinab in's Nichts stürzen will, oder ob die Geier mich sterbend finden sollen, ihre Brut mit mir zu ätzen. Was werde ich thun, wenn diese Minute kommt?"

Ihr Blick schweifte gen Westen hinüber und blieb an einer dunklen Masse hängen, die gegen den Horizont aufragte. Sie kannte die Umrisse derselben genau, es war die Ruine von Capdeul, dort unter ihr im Thal lag das Schloß, daß sie im Morgengrauen verlassen, dem glänzenden Gestirn entgegen zu reiten. Auch die Trümmer der alten Burg nickten höhnisch herüber: „Weißt Du es noch, kurze Zeit verging erst, da standest Du an unserem Abgrund und spottetest seiner. Auf den rollenden Stein tratest Du und sagtest stolz, Du fürchtetest Dich nicht, denn was läge daran, ob Du heute zu Nichts werdest oder morgen, da Du ein Nichts schon seiest? Bist Du seitdem etwas geworden, daß Du Dich jetzt fürchtest, vor der Zeit zu sterben, wo Du es mußt? Spring' hinab, wenn das Leben Dir noch gleichgültig ist, wenn es nichts bedeutet! Du thust es nicht, Du willst nicht sterben, denn Du hoffst, Diana! Du weißt, daß niemand Deinen Ruf hören wird, aber trotzdem hoffst Du, es könne ein Ohr Dich vernehmen, ein Arm Dich retten! Wozu denn jetzt, Du Thörin, und wofür?"

Die Wimpern zuckten, die starr den Blick auf die düstre Ruine geheftet, und Diana sprang besinnungslos auf.

„Wofür? Weil ich nicht sterben will! Ich will nicht! Was kümmert's Dich, warum! Hülfe! Helft mir!"

Sie beugte sich niederrufend über den Rand des Abgrunds, doch plötzlich verstummte ihr Mund und sie griff zitternd zur Seite nach einer Felszacke, um sich zu halten. War es die gähnende Tiefe, die ihr Schwindel erregt hatte? Ihr Blick fiel gerade abwärts, doch weit drunten in ein kleines halbrundes Thal, auf dessen grünem Bodenteppich sich in winziger Gestalt wie ein Hermelinwiesel ein weißes Thier bewegte. Das Pferd war es unverkennbar, das sie hieher gebracht, allein nicht sein Anblick hatte den Ruf auf ihren Lippen abgebrochen, sondern neben dem beweglichen weißen Fleck stach deutlich unterscheidbar noch ein anderer, ein schwarzer, von der quelldurchrieselten Wiese ab. Auch dieser zweite regte sich und war ebenso unfraglich ein reiterlos an irgend einem Gegenstande befestigter Rappe, wie sein hellleuchtender Gefährte neben ihm Diana's Zelter. Ja, sie hatte jenen schon in ähnlicher Weise so aus der Ferne gesehen — deutlich stand es vor ihr, wie er mit stiebendem Hufschlag vom Dorf her durch die lange Allee auf das Schloß blitzesschnell zusprengte. —

Ihr Mund verstummte, ihre Lippen preßten sich fest aufeinander. „Lieber sterben —"

Doch instinktiv flog gleichzeitig ihr Kopf gegen die Felswand, die ihr den Rückweg abschloß, herum. Man glaubt einen Laut manchmal wie vermöge eines unbekannten Sinnes um die Schnelligkeit eines Gedankens eher zu empfinden, als der Schall wirklich an's Ohr schlägt, und so flog Diana's Auge im nämlichen Moment zur Höhe des Felsens empor, in welchem eine Stimme von dort herab sprach:

„Was rufst Du, Diana von Hautefort, da Du eine Göttin bist und Dir selbst helfen kannst? Befiehl der Wolke dort, daß sie kommt und sich unter Deinen Fuß breitet! Winke dem Adler, daß er Dir gehorsam sei und sein Fittig Dich trägt! Was rufst Du nach dem Ohnmächtigsten, Niedrigsten und Aermsten unter der Sonne, was rufst Du nach Menschen?"

Diana athmete aus tief nach Luft ringender Brust. „Was spottest Du, Urbain Guérand! Ich rief nicht nach Dir!

„So bleib'!"

„Thor, glaubst Du mich wie ein Kind zu schrecken?"

„Bei den Göttern, die Du verlachst, ich lasse Dich."

„Warum kamst Du denn? Warum folgtest Du mir nach?"

„Ich Dir nach? Gehört der Morgen, die Erde, dieser Berg Dir? Auf meinem Wege finde ich dich; strecke die Hand aus und begehre, daß ich Dich retten soll!"

„Nein."

„So bleib'!"

„Ende die Posse, Urbain Guéraud, ich will es."

Er lachte, sie fuhr zürnend fort:

„Ich frage Dich noch einmal, willst Du?"

„Die Posse?" wiederholte er düster, „Du hast das Wort dafür gefunden — die Posse, die dort begann!"

Sein Blick schweifte ebenfalls zu den Trümmern der alten Burg hinüber, dann flog ein Laut von seinen Lippen. Sein Auge hatte zurückkehrend einen irren Ausdruck in dem Diana's gefunden, die plötzlich auf den Felsenrand zueilte. Sie hörte ein Rollen hinter sich und beschleunigte ihren Lauf. „So laß die Posse enden!" stieß sie athemlos aus; in ihren Blicken glänzte ein toller Entschluß, kaum ein Schritt trennte sie noch vom Abgrund. Da verwickelte sie sich in ihrem langen Gewande, sie strauchelte und zugleich umschlang sein Arm sie und hielt sie über der gähnenden Tiefe.

„Laß mich!" rang sie kraftvoll, „ich will!" Doch wie ein Kind trug er sie von dem drohenden Absturz zurück. Sein Arm zitterte, als er sie niederließ und seine Stimme bebte; er sprach:

„Ich weiß, daß Du den Tod nicht fürchtest, warum solltest Du's? Du siehst" — er deutete auf die Felswand, die ihm jetzt ebenfalls den Rückweg versperrte — „auch ich fürchte ihn nicht. Vergönne mir, mit Dir zu sterben."

Sie deckte die Augen mit der Hand und wiederholte was sie zuvor gesagt. „Laß mich!"

Er lachte bitter auf. „Wenn Du es mir befiehlst — doch da Du nicht Unmögliches von mir verlangen wirst, ist nur ein Weg, Dir zu gehorchen."

Ihre Hand sank langsam von der Stirn und sie sah ihm nach, wie er sich festen Schrittes jetzt dem Abgrunde zuwandte. Sie gewahrte sein Antlitz nicht, doch sie bedurfte dessen nicht, um zu wissen, daß sie in der nächsten Minute wieder allein sein werde. Zehn Schläge ihres Herzens noch — sie sprang auf —

„Bleib', Urbain — — —"

Siebenunddreißigstes Kapitel.

Es war eine Art wie von Gigantenhand gebildeter breiter Felsenrampe, die sich ziemlich gleichmäßig in ihrem Durchmesser in die Luft hinausstreckte. Kein Pflänzchen sproßte aus den Spalten des schwarzen vulkanischen Bodens, so wenig wie aus der glatten Steinwand, welche die natürliche Terasse rückwärts abschloß. Seit ungezählten Jahrtausenden hatten Sonne, Wind und Regen an dem harten Basalt genagt, doch seine Oberfläche nicht zum Verwittern zu bringen, zur Aufnahme von Lebenskeimen zu lockern vermocht. Unverwundbar wie die Tiefe einst aus ihrem Gluthmeer ihn ausgeworfen, stand er noch heut', eine starre Schlacke, ein Bild düsteren, ewigen Todes, nur vom nassen Athem der Wolke gefeuchtet, von der Sonne wieder gedörrt und vom weiten Bogen des niederspähenden Adlers umkreist.

Wenn dieser jetzt herabsah, mochte er es mit Ver=

wunderung thun. Zum erstenmal gewahrte er dann zwei leuchtende Punkte auf dem dunkel=closen Grunde, wie Blüthen, die der Wind heraufgetragen, eine weiße und eine rothe. In einiger Entfernung befanden sie sich einander abgewandten Blickes gegenüber. Der junge Offizier hatte eine Adlerfeder vom Boden gehoben und sah, sie mechanisch mit den Fingern glättend, stumm in die weite Ferne hinaus. Auf der einen Seite ging das Auge über den Norden des Velay bis zu den Bergkegeln der Auvergne, auf der anderen an der Zuckerhut ähnlichen Gestalt des Mont de Joncs vorüber schweifte der Blick noch weiteren Horizont umspannend über den nördlichen Theil des Languedoc bis in's Rhonethal hinab. Ringsum dehnten die Sevennen ihre Schründe, in nebelblauer Ferne begrenzten die verschleierten Alpenhäupter der Dauphiné das Sonnenbild des schönen Tages, dessen Heiterkeit mehr und mehr in ungewöhnlicher Weise von dem Antlitz des schweigsamen Betrachters zurück zu strahlen begann.

„Fürwahr," sagte er endlich, „es belohnt die Anstrengung herauf zu steigen und man bereut die Mühe nicht."

Diana fuhr heftig zusammen und hob zum erstenmal den Kopf.

„Das ist unedel, Urbain Guéraud,"

„Was?"

„Daß Du noch jetzt spottest. Ich trage keine Schuld daran, daß Du hier bist."

„Ich spotte nicht, ich meine, was ich sage."

Sie flog auf und deutete nach der glatten Rückwand. „Kannst Du zurück? Ich frage nicht um mich."

„Die Natur hat bis jetzt nicht gewollt, daß wir Flügel haben," antwortete er ruhig den Kopf schüttelnd, „und in gleicher Weise hat sie unsere Hände nicht darnach eingerichtet, daß dieselben in eine senkrechte Steinwand hineingreifen und sich an ihr emporziehen können. Vielleicht wird sie einst Menschen mit vortheilhafteren Hülfsmitteln für solche Lage, in der wir uns befinden, bilden."

Sie sah ihn zweifelnd an. „Bist Du Deiner Sinne mächtig?"

„Jedenfalls so sehr wie Du es eben warst, denn ich erwarte nur gleichmüthig dasjenige, dem Du entgegeneilen wolltest."

Diana setzte sich, die Stirn abwendend, auf den Platz, den sie innegehabt, zurück. Ein Lächeln, das erste, das Urbain Guéraud's schwermüthiges Antlitz seit seiner Ankunft in Hautefort geschmückt hatte, glitt über seine Lippen und er fuhr fort:

„Im Grunde haben wir beide es bereits erreicht oder sind von ihm erreicht worden, Diana von Hautefort. Wir sind todt und nur dieser Felsplatte verbleibt noch eine kurze Weile die Eigenschaft, mit Augen dort hinunter zu sehen, das Brausen des Windes zu hören, eine Stimme zur Frage und eine andere zum Erwiedern zu haben. In jenem gedankenreichen Alexandria, unter dessen Asche schon vor anderthalb Jahrtausenden das Christenthum mit kluger Brandfackel Alles begrub, was Menschen je empfunden und gedacht, was sie bis zum letzten Tage ihres Geschlechtes fühlen und denken werden — dort in grauer, uns von Narren wie Kindertage der Menschheit dargestellter Vorzeit gab es eine tiefsinnige Vereinigung derer, die den Werth und das Seiende des Lebens erkannt hatten. Synapothanoumenoi, „die Zusammensterbenden" hießen sie sich. Sie bereiteten sich ein köstliches Festmahl und lagerten sich darum, die Stirn mit Rosen und Asphodil bekränzt, und unter Lachen und Scherz, gleich Einem, der beschwingten Fußes den Kahn, den er nicht mehr braucht, in die Wellen zurückstößt, leerten sie zugleich, Willkommen sich trinkend, die todtbringenden Becher. Die Rosen fehlen uns hier und das festliche Mahl, doch evoë, Todesgenossin! diesen blauen Weltallsbecher mit Windesflug und Sonnenstrahlen gefüllt bring' ich noch einmal Dir dar. Auch wir sind Synapothanoumenoi, und mich däucht, es ist ein fröhliches Ding, daß der Tod hier droben noch eine Weile über das Leben reden kann, das ihm nichts mehr ist als ein Wahn derer, die es noch zu besitzen glauben, und als ein werthloser Gegenstand des Bedauerns."

„Ich verstehe Dich. Du willst mich vergessen machen, daß ich der Anlaß Deines Mitunterganges bin. Vergieb, was ich vorhin gesagt; Du bist doch edel."

Diana hatte es mit ernster Stimme, die Augen fest zu ihm aufschlagend erwiedert; er erhob sich, trat ihr näher und entgegnete:

„Ich habe auch Dich einst geschmäht, und wäre es eine Strafe für mich, Dein Loos hier zu theilen, so wäre sie gerecht. Damals sagte ich, die Erkenntniß der Wahrheit sei nicht für Dein Geschlecht, sie gleiche der scharfklaren Luft hier oben, die nicht für die Entfaltung eines üppigen Blumenkelches, nicht für den Athemzug schwächerer Brust geschaffen. Vergieb auch Du mir. Ich kannte Dich nur aus Geringeren, Unwürdigeren Deiner Art; Du aber bist mehr, zeigst Dich an Kraft dem besten Manne gleich. Wenn Du fragst, warum ich dies so spät erkannt, so erwiedere ich Dir, warum warst Du, deren Herz für jeden Güte und Wärme enthält, bis heut' herb und frostig gegen mich allein? Und doch, wir gehorchten beide nur der großen Meisterin, die Alles will und für Nichts einen Grund hat. Weißt Du, was Herr Galvani in Bologna entdeckt hat? Er behauptet das Gegentheil von dem, was die Herren Holbach und Diderot, Helvetius und mein Vater sagen. Ist es das Gegentheil oder eine Ergänzung, ein Beweis ihrer Lehre? aber er giebt uns eine Seele

zurück. Freilich eine seltsame, denn wir theilen sie mit
Allem was lebt, mit dem Thier, der Pflanze, ja mit Allem
auch, was wir todt heißen, dem Stein, dem Holz, dem
Wasser und der Luft. In ihnen allen liegt ein Funken
einer großen Weltallsseele verborgen, einer bewegenden,
belebenden Kraft, welche die Beschwörung des Herrn
Galvani gezwungen hat, sich unter seiner Hand überall
als Funken zu offenbaren. Ich sprach zuvor von Tagen,
in denen es Menschen geben mag, die über Flügel gebieten,
vielleicht kommt auch eine Zeit, welche erkennt, daß jene
Kraft, die ihr Entdecker Electricität genannt hat, immer
die nämliche ist unter aller Mannigfaltigkeit in der sie
uns erscheint, ob sie den Sturm aufregt oder den Duft
aus dem Blumenkelch emporsteigen läßt, ob sie das Eisen
zum Magnet oder ein Herz zum Herzen zieht, ob sie im
Strahl der Sonne das Wasser in Dunst umwandelt oder
Gedanken in unserem Gehirn und Worte auf unserer Lippe
erzeugt. Doch eine seltsame Doppelseele ist's, deren Wirkung
nur darauf beruht, daß zwei entgegengesetzte Kräfte der=
selben sich anziehen, sich zur Offenbarung des ihnen inne=
wohnenden Lebens verbinden. Wo nur die eine, gleich=
artige Kraft zusammentrifft, stellt sie keine Verbindung her,
sondern stößt sich ab. So gehorchten auch wir wohl ihrem
Gesetz, Diana von Hautefort, denn was wir unsere Seele
benennen, war verwandter Art und darum traf es feindlich

gegeneinander. Laß uns die kurze Frist, die uns jetzt bleibt, noch nutzen, die Macht unseres Willens der Natur gegenüber geltend zu machen, über ihr in uns selbst zu triumphiren! Wir begehen das höchste Fest des Menschen zusammen, wir sterben miteinander — reich' mir Deine Hand, daß auch Du es ohne Abneigung thust, daß es Dir lieb ist, bei diesem Abschied einen Gefährten zu haben, den einzigen, glaube ich, der Dich verstanden und Dich ehrt, wie Du es verdienst."

So heiter, mit so anderer Stimme, als sie je von seinen Lippen gekommen, hatte er es gesprochen. Diana's Auge hing verwundert, den Ort und die Schrecknis, welche dieser drohte, vergessend, an ihm. Die Sonne stand jetzt über ihren Häuptern im Zenith und flimmerte ringsum auf dem schwarzen Gestein, ein Mittagsschleier aus blauem Duft gewebt begann die Erde unter ihnen mit Bergen und Wäldern, mit Flüssen und Wohnungen der Menschen zu verhüllen. Ja, sie gehörten dem Leben nicht mehr an, abgelöst schwebten sie darüber, dem Goldgewölk gleich, das drüben jetzt noch in Farbenschönheit leuchtete, bestimmt in wenig Stunden wesenlos zu vergehen.

„Wie ein Traum ist's", lächelte Diana. Sie faßte die Hand, die er zu ihr hinübergestreckt: „Nein, ich hasse Dich nicht, Urbain, Du bist mir willkommen. Doch versprich mir —"

Ihre andere Hand zog die kleine, spitze Dolchklinge aus ihrem Gewand — „es ist thöricht, allein mein Gefühl weigert sich, mein zerschmettertes Bild in der Tiefe zu denken, und zugleich ist es schwach und zagt vor der Entartung seiner letzten, schleichenden Gedanken, wenn die hinschwindende Kraft des Körpers sie nicht mehr zu beflügeln vermag. Doch von Deiner Hand sterben — ich meine, das Bewußtsein zu haben, ausgelöscht in einem Augenblick sein zu können — versprich mir, daß Du mich tödtest, wenn ich Dich darum bitte."

„Gieb! Ich verspreche es Dir." Er nahm die kleine Waffe und betrachtete sie. „Eine Secunde für Dich und eine für mich. Ein sonderbarer Gedanke, dieser letzte Gruß von Herz zu Herz, der einen Tropfen Blut's des Deinen zu meinem hinübertragen wird. Doch warum diesen schönen Augenblick noch verzögern, Diana?"

„Nein!" Sie fiel ihm hastig in's Wort und in den Arm, „noch nicht!"

„Fürchtest Du Dich doch oder hoffst Du noch?"

Ihr Blick irrte von ihm ab, er fügte schnell hinzu: „Du hast Recht, nimm ihn zurück und sage mir, wann Du nach ihm verlangst."

Sie nahm mit ängstlich-eiliger Bewegung den Dolch und verbarg ihn wieder. Ein langes Schweigen ließ jeden Ton auf der heißen Felsplatte verstummen, nur die Sonne bewegte sich, unmerklich wie ein Stundenzeiger, über ihr blaues Riesenzifferblatt gen Westen fort. Urbain Guéraud saß, den Kopf in die Hand gestützt, sein Auge ruhte unverwandt auf den marmorschönen Linien des Antlitzes seiner Todesgefährtin, endlich sagte er, doch er wußte kaum, daß er seine Gedanken laut aussprach:

„Zum erstenmal erkenne ich Deine Züge wieder."

Sie bebte leise, aus ihren Gedanken auffahrend. „Verzeih', ich störte Dich", fügte er hinzu, „und ich habe kein Recht, Dich zu fragen, wo warst Du? Doch ich kann es mir selbst sagen, Du war'st bei Denen, die Du liebst."

Ihre Hand streckte sich aus und deutete in die Richtung von Hautefort hinüber. „Dort."

„Ich sah es in Deinen Zügen, bei Deinem Bruder, der Schwester, bei den Deinen."

Ein Klang von Bitterkeit mischte sich in die Worte. Sie schüttelte den Kopf. „Weiter. Ich war ein Kind, mir träumte, daß ich's sei. Sag' mir Eines —"

Sie wandte das Gesicht ihm wieder zu — „Du warst auch einmal Kind und lagst gewiß in bangem Traum, angstvoll, verzweifelnd, denn was Du liebtest lag todt und stumm um Dich her, Alles was Dir als schön und herrlich gegolten, grinste als hohläugiges Gespenst Dich an, und Dir blieb nichts, nichts als das Grausen vor Deinem eigenen Sein. Da kam die Frühsonne des Sommermorgens

und lächelte über Deine Stirn. Durch schweres Nebel=
wallen ahntest Du nur dumpf noch ihren Schimmer, doch
mälig erwachte in Dir ein wonneschauernder Gedanke des
Zweifels an Deinen Sinnen. Vielleicht, daß sie Dich doch
getäuscht, daß es nicht so entsetzensvoll war, wie sie es
Dir gebildet, und Schritt um Schritt rang Dein erwachendes
Bewußtsein weiter, ein Strom warmer Sonnenluft ergoß
sich durch das offene Fenster und badete Dich in süßem
Blumenduft und frischem Odem — die Augen schlugst Du
auf und die höhnisch=verzerrten Schatten sanken ab wie im
Sturm fliegendes Gewölk, und die Wirklichkeit des freu=
digen Lebens glitt wieder wie mit weicher Schwesterhand
alle Angst in Glück verwandelnd über Dein Antlitz —"

„Wer hätte nicht so geträumt, wie Du es schilderst!"

„Nun sag' mir, wachen wir denn jetzt oder träumen
wir? Nicht hier oben meine ich, da drunten — wenn
wir noch dort wären. Schmeichelnd liegt das Leben über
unseren Sinnen mit Wärme, Glanz und Duft, wir athmen
von keiner Last bedrückt, wir lachen, reden ernst und froh,
verflechten tausend Gedanken, nach ihnen zu handeln —
und nur plötzlich einmal sehen wir, daß die goldene Sonnen=
kugel ein schwarzes Nichts in öder Leere ist, ein jäher
Frost durchzuckt uns, ein blitzesschneller Bote des Erwachens
aus dem lügnerischen Traum. Er zeigt uns die Wahrheit,
daß sie alle da, daß sie die Wirklichkeit sind, die hohläugig

grinsenden Gespenster, die auf den Augenblick lauern, wo sie uns auf ewig mit ihren fleischlosen Armen umklammern, und ein Schauder durchgraust uns, herzstockend, bis in's Mark — da tritt eins unserer Mitwesen mit einer frohen Botschaft, einem Witzwort, einer Albernheit auf der Lippe uns entgegen, und wir jubeln, lachen, spotten seiner, als wäre der Traum die Wahrheit und die entsetzliche Gewißheit seines Endes nur ein Gaukelbild unserer Phantasie. Sag' mir, Urbain, ist es auch Dir manchmal, als sei jenes nur ein toller Angsttraum, aus dem Du plötzlich einmal erwachen müssest, um über das grauenvolle Erzeugniß Deiner Einbildung zu lachen — oder wie ist das Andere möglich, wie kann eine Secunde des flüchtigen Tages nur vergessen, daß er ein werthloses, verschwindendes Bruchstück der ewigen Nacht ist?"

„An deren Beginn wir stehen," fiel er heiter ein, „denn für uns ist's späte Abendstunde, Diana, die rechte Stunde, in ihrem traulichen Zwielicht noch einmal das Ergebniß des Tages zu besprechen, eh' der Schlummer das Auge faßt. An seinen Morgen hast Du mich gemahnt und in ihm liegt das Geheimniß, nach dem Du fragst, die Lösung dieses Widerspruch's in unserm Wesen. In jenem Traum, von dem Du sprachst, beginnt unser Leben, mit tausend Goldfäden verwebt es sich den Dingen, die unser Blick zuerst begrüßt, und über die einmal geknüpften haben wir keine Macht mehr, unser eigenes Werk hält uns freundlich gebunden bis zur letzten Stunde. Wir lieben unser Dasein, eh' wir es begreifen, und gegen die Liebe ist die Erkenntniß ohnmächtig. Liebe ist's, die uns an Alles bindet, was aus der Erinnerung unserer Kindheit auftaucht. Unvergänglich erschien es uns, und selbst wenn es nachher lang' vergangen, besteht es doch unwandelbar in unseren Herzen fort. Der Baum, den die Axt gefällt, lebt noch wie an jenem Tage, da zum erstenmal sein grünes Gezweig über uns im Sonnenlicht gesäuselt; mit unserem Herzschlag erst, der sein Gedächtniß bewahrt, stirbt auch er. Was ihm in jenen goldenen Tagen einmal lieb gewesen, kann unser Wille tief verstecken, begraben, doch niemals auslöschen, nie vergessen."

Diana stand rasch auf und trat einige Schritte fort, an den Rand ihres sonderbaren Aufenthalts. „Die Sonne sticht," sagte sie, dann kehrte sie zurück und suchte in einiger Entfernung einen Ruheplatz, über den der Schatten einer Felsnadel fiel.

„Ja die Sonne," wiederholte Urbain Guéraud, „sie ist's. Wie sie aus dem schneebefreiten Boden wundersames, tausendfältiges Leben hervorruft, so weckt ihr warmer Hauch auch im Frühling des Herzens zuerst jede wonnige Regung und wo immer später im Leben ihr süßer Strahl uns wie damals umfängt, da wiegt er lind uns in die alte Täuschung ein. Wir wollen nicht glauben, daß er falsch, ein Trug nur sei, wir können es nicht, denn mit ihm würde auch die Erinnerung jener süßen Schauer zur Lüge, an denen jede Fiber unseres Herzens bebend hängt. So leben wir in zwei Welten; freudlos, alle Hoffnung, alles Glück zertrümmernd baut die eisige Erkenntniß uns die eine auf, doch wie die Schwinge den Vogel über den Abgrund, so trägt haftig in jedem Moment aus der Oede jener Welt uns die Sehnsucht der Erinnerung, der Liebe, mit freundlicher Binde unser Auge verhüllend, in das Paradies zurück, das sie sich und aus sich selbst geschaffen. Aber ist dies darum weniger wirklich, Diana, weil der Verstand sagt, es sei nicht? Unser Herz bejaht in jedem Augenblick, daß es ist, und wer will uns wehren, die Sprache unseres Herzens für die Wahrheit zu halten und die der Vernunft für armselige Täuschung?"

„Dein Mund redet irre, Urbain Guéraud, und Du bist es, der die Luft hier oben nicht zu ertragen scheint. So würdest Du drunten nicht sprechen."

Diana antwortete es heftig, sie war wiederum aufgesprungen und schritt auf dem engen Gebiet tief athmend hin und her.

„Du hast mich gefragt und ich habe Dir geantwortet," erwiederte er. „Drunten wären wir aneinander vorüber gegangen und Du hättest mich nicht gefragt. Doch warum zürnst Du? Sprechen wir von uns? Von den Menschen dort unten reden wir, die der Wahn des Lebens noch umfangen hält, wie uns selbst bis vor wenig Stunden noch."

„Mich nicht."

„Doch, Dich und mich. Hast Du ganz nach dem gehandelt was Du als Wahrheit zu erkennen glaubtest? Oh, auch wir wissen uns die Welt gut zu accommodiren, Du, mein Vater, die Herrn Encyclopädisten in Paris, die Philosophen der ganzen Welt. Wir sind berufen, nicht mehr in diese Welt zurückzukehren, Du und ich, sonst würde ich das in der That nicht aussprechen, was ich zu sagen gedenke. Ich tadle Dich nicht, nur das Gewebe will ich lockern, mit dem wir alle in verzeihlichem Selbstbetrug uns umspinnen. Du bist stolz auf das, was Du dort unten gethan; Dein Geist entwand sich den Fesseln, die ihm von der Gedankenlosigkeit, vielleicht von der Klugheit von Jahrtausenden auferlegt worden, und Du erkanntest Dich selbst, die Menschheit, die Pflichten Deines Daseins, aus deren Befolgung das Recht desselben erwuchs. Was nun thatest Du, Dein Leben dieser Erkenntniß gemäß neu zu regeln? Viel, nicht wahr? Unendlich viel, Unbegreifliches, Narrenhaftes, würden Deine Standesgenossen achselzuckend sagen. Aus den nämlichen Stoffen gebildet, nanntest Du Dich wie das letzte Deiner Mitgeschöpfe, berufen ihre

Schwester zu sein, ihre Noth zu lindern, ihre Freude zu erhöhen, ihren Gram zu trösten. So gingst Du in ihre Hütten und schaudertest nicht bei dem Anblick des Elendes, des Häßlichen, des Gemeinen; der edle Wille Deines Herzens war stärker als der Widerwille Deiner Sinne, Du warst ein Engel, wie wahrhaft fromme, gläubige Seelen die segensreichen Boten eines gütigen Gottes sich denken. Und dennoch sage ich, Diana, nach der Erkenntniß, welche Dir geworden, thatest Du zu viel oder thatest Du nichts. Denn was war es, was Du thatest? Du gabst den Darbenden von Deinem Ueberfluß, gabst ihnen Rechte zurück, welche die Natur jedem lieh und die Dein Recht nicht verletzen. Doch ward'st Du ihnen gleich, wie Deine Vernunft es zu sein behauptet? Arbeitet Deine Hand, um zu leben? Haben sie ein Roß, das sie hinausträgt, den Frühlingsmorgen zu athmen, Diener, die ihnen, der Rückkehr harrend, das Mahl bereiten, den Ermüdeten entkleiden, auf seinen Wink, seine Wünsche lauschen? Littest Du unter der Sonnengluth, die Ruhe für die Glieder verlangte, welche die Nothdurft denselben hart versagte? Quälte je Dich der Hunger, der Durst, die Angst, das Gespenst hoffnungslosen Elendes? Und wenn all' diese aufrauschenden Weltmeereswellen der Menschennoth sich wie an Granitquadern ohnmächtig zu Deinen Füßen brachen, bist Du dann nicht ein Wesen anderer Gattung noch immer, als jene, denen Du grausam sagst, sie seien Dir gleich? Dir ist's genug zu wissen, daß sie ihre Kraft nicht mehr für Dich abmühen, ist's ein tröstendes Gefühl, Deine Habe zur Besserung ihres Looses verwenden zu können. Wie ein Gott erscheinst Du, doch wer giebt darauf Dir ein Recht? Wenn Du wärest, was Du zu sein wähnst, müßtest Du Alles von Dir werfen, was nicht Dir gehört, weil Du es nicht errungen. Du müßtest in keinem Schlosse wohnen, nicht aus silbernem Becher trinken, in seidenen Betten Dich nicht zur Ruhe legen, nicht der Zofe läuten, Deine Befehle zu vollziehen. Dein Gold ist's, das alles Dies Dir ermöglicht, doch jedes Deiner Goldstücke ist nur geprägt aus Schweiß und Blut, Entbehrung und Jammer von Tausenden Deiner Mitgeschöpfe, deren Nothruf nicht an Dein Ohr schlägt und deren Qualen Dich nicht bewegen, weil Du sie nicht gewahrst."

Diana schlug den Glanz ihrer tiefen Augen voll zu dem Sprecher auf. „Du hast Recht, ich that nichts. Ich wollte, ich könnte noch einmal zurück."

Urbain Guérand lächelte ernst. „Ich weiß, Du hättest den Muth dazu. Doch wenn Du alles Dies erfülltest, glaubst Du, Du wärest dann am Ziel? Es ist gut, daß wir nicht zurückkommen, Diana."

Sie richtete fragend den Blick auf ihn. „Was fehlte denn noch?"

„Nichts oder Alles, nenn' es wie Du willst. Es ist seltsam wie wir hier oben weilen, so seltsam wie zwei Menschen vielleicht noch nie sich in solcher Lage befunden, und drum ist's wohl nicht zum Staunen, wenn sie seltsame Gedanken im Kopfe erzeugt. Wie von einem anderen Stern herab, von einem anderen Licht erhellt, vermögen wir Kritik an uns selbst, an dem zu üben, was wir thäten, wenn wir noch der Erde angehörten. Wären wir drunten noch, so würde ich sagen: Handle, Diana, wie die Natur, wie unsere Ueberzeugung es gebietet, voll und ganz! Ich will es mit Dir thun, wir wollen Menschen sein, die keines anderen Menschen Vorwurf zu treffen vermag. — Hier aber sage ich Dir: Was Du dort zu thun vermodt, Du wärest jenem nicht entronnen. Du kannst ihnen nicht gleich sein — die Güter um Dich her magst Du mit ihnen theilen, untheilbar bleibt Dir der Reichthum in Dir selbst, Deines Herzens und Deines Geistes Güter. Wenn Du in Höhlen wohntest wie ein Thier, Dich von Körnern nährtest, auf ein zusammengetragenes Laubbett Deine Glieder strecktest, wärest Du darum Seinesgleichen, ein Thier? Würden Deine Augen nicht den Himmel anders anschauen, Deine Seele von den Schauern des Windes, von der Schönheit der Farben und der Töne, vom Wechsel Deiner Empfindungen und der Mannigfaltigkeit Deiner Gedanken anders bewegt werden? Und könntest Du die

Genüsse, welche Dir daraus entsprungen, die Regungen, welche sie in Dir veranlassen, Dein Thun und Lassen, das sie bedingen müssen, den Thieren, Deinen Genossen mittheilen? Nein, stumpfsinnig würden sie Dich anstarren, wenn Du von allem Dem zu ihnen sprächest, denn ihnen fehlte das Auge des Geistes und das Ohr des Gemüthes, zu begreifen was Dir wichtiger dünkte als die plumpe Nahrung des Leibes. Als eine Närrin würden sie Dich im Anfang verlachen, aber bald würden sie verlangen, wie Du keine andere Behausung, Nahrung, Schutz gegen Frost und Hitze habest als sie, sollest Du auch keine andern Gedanken in Deiner Stirn beherbergen. Als Bedingung, daß sie Dich unter sich duldeten, würden sie Dich zwingen, Dein Denkvermögen einzuengen gleich ihnen, nur des Körpers Wohl= oder Mißbehagen zu fühlen, auch geistig ein Thier zu werden wie sie. Und eine Stunde würde kommen, Diana, in der Du schaudernd empfändest, daß Du herabgestiegen von einer andern Stufe, daß Du im Gemeinen untergehen oder Dein Recht einer höheren Gattung, Dein Menschenrecht zurückverlangen und behaupten müßtest."

„Du sprichst von Thieren; was ich gewollt und wollen würde, gilt Menschen, Wesen gleicher Art mit mir selbst, von der Natur mit denselben Fähigkeiten, denselben schlummernden Keimen ausgerüstet, dem nämlichen Ziele bestimmt.

Diese Keime in ihrer Entfaltung zu veredeln war die Aufgabe, die uns geworden, von der eine Thorheit uns zu früh geschieden. Ich fühle es wohl, daß nicht Jeder sich zu höchster Geistesblüthe entwickeln läßt, doch aus der Güte des Herzens, welche die Natur Jedem verliehen, bildet sich die wahre Gleichheit, die neidlos auf das blickt, was Anderen Freude bereitet, auch wenn sie selbst diese nicht zu fassen vermag."

Urbain Guéraud sah regungslos vor sich hin, dann antwortete er langsam:

"Da drüben hat ein Nichtswürdiger ein Vermächtniß für die Nachwelt hinterlassen, in welchem er sich der Schurkenthaten seines Lebens rühmt, weil er der Natur des Menschen gehorcht habe, die böse sei, wie die des Thieres."

"Und das sagst Du?" fiel Diana blitzenden Auges ein, "Du, der zuerst sein Schwert für die Botschaft der Freiheit zog? Der mit schneidender Schärfe jeden Zweifel, jedes Hoffen noch in unserer Seele tödtete, den Wurm, den Zweig, ja den Stein zu nutzen wußte, daran den Beweis zu führen, daß er lebe gleich uns und daß unser Dasein nach einer Weile in der Bewegung des All's, die es geboren, vergehen müsse, wie sein's. Du, der uns dar-that, daß die Freude, wenn sie ewig dauern solle, sich in Schmerz verwandeln müsse, der erbarmungsloser noch als

Dein Vater den Gedanken eines Gottes zerschlug, wie der Künstler eine werthlose Form, die ungeschickte Hand gebildet. Sagtest Du nicht, was ist dieser Gott, von dem die Welt redet? Gerecht und vernünftig nennt sie ihn, und doch glaubt sie, er könne seine Geschöpfe strafen, deren Schwächen er gewollt, Blinde züchtigen, denen er in ihrer Vernunft ein falscherkennendes Auge gab? Wenn wir durch seine Gnade nur der Sünde widerstehen, warum lohnt er dann sich selbst in uns? Können wir Angst vor dem hegen, der unendlich gut ist, da Sorge besitzen, wo wir wissen, daß unendliche Weisheit über uns waltet? Was sollen Gebete dem, der Alles weiß, Kirchen dem Allgegenwärtigen? Unwandelbar von Ewigkeit nennen wir ihn, wie kann unser Thun und Lassen denn ändern, was er von jeher bestimmt hat? Wie vermögen wir uns ein Bild von dem zu gestalten, den wir als unbegreiflich preisen? Doch wäre er alles Das nicht, sondern wie er sein müßte, wenn er wäre — böse, ungerecht, grausam, zornig und rachsüchtig, wie vermöchten wir ihn dann zu lieben? Einen Führer, der uns in die Irre leitet, um uns zu peinigen, daß wir fehlgegangen, einen Herrn, der seinen Sclaven die Freiheit giebt nach ihren eigenen Wünschen zu handeln, um sie zu peitschen, weil sie nicht seine Laune damit erfüllen? Doch was nützte dann auch seiner Allmacht gegenüber jeder Versuch, seiner Lust uns zu martern, zu entrinnen? Was

vermöchte unser Gebet an dem zu bewegen, der unab=
änderlich ist? — War's nicht so, daß Du dem Abbé
d'Aubriot antwortetest, als er leichtfertig spöttelnd einen
Beweis von Dir verlangte, daß der Begriff eines Gottes
nicht nur unserer Vernunft widerspreche, sondern über dies
hinaus ihr sogar völlig gleichgültig sein müsse. Denn,
fügtest Du hinzu, selbst wenn jene unsere Vernunft nur
dem Zwecke gedient, als ein Vorhang unbegreiflicher Dinge
uns zu täuschen, wenn uns, die wir auf ewig einzuschlafen
wähnen, trotz Allem eine fremde Stimme weckte und wir
im Demantlichte anderer Morgensonnen ein göttliches, von
Gerechtigkeit, Güte und Vernunft strahlendes Antlitz vor
uns gewahrten, dessen wir auf Erden nie gedacht, dessen
Dasein wir stets geläugnet — auch dann würde kein
Moment des Bangens diesen hehren Augenblick mir ver=
dunkeln, sondern ich würde die Hand aufheben und sagen:
O Gott, der Du Dich meinen Augen verborgen gehabt,
Du hast mir schon verziehen, daß sie Dich nicht zu erkennen
vermocht, denn Du hast es nicht gewollt! Du gabst mir
Sinne, die das Körperlose Deines Wesens nicht wahr=
nehmen konnten, beschränktest meinen Verstand, Dein Sein
nicht fassen zu können. Wohl redeten andere Menschen
mir von Dir, doch o Gott, hätte ich Dich mehr geehrt
wenn ich ihnen geglaubt hätte, da ich sah, daß sie dafür
das Opfer meines köstlichsten Gutes, Deines höchsten

Geschenkes, meine Vernunft begehrten? Sie ließest Du mir zur Richtschnur meines Weges, zum Stab meiner Wanderung, und ich weiß, daß Dich nicht kränken, nicht erzürnen konnte, wenn ich sie dazu nutzte, wofür Du sie mir erschaffen. Denn, gleich ihr, habe ich den anderen Regungen gehorcht, die Du in mich gelegt. Wenn Du die Geschöpfe Deines Willens liebst, so hat auch mein Leben Liebe zu meinen Mitmenschen bewegt. Ich habe, wie Du es mir in's Herz geprägt, das Recht derselben geachtet, wie meines, dem Armen von meiner Habe gegeben, den Leidenden aufgerichtet, den Unterdrückten befreit. Ich erkenne es jetzt, daß ich dies thun mußte, weil es Dein göttlicher Wille war, den Du durch mich zur Ausführung gelangen ließest — wie Dein göttlicher Wille gewesen, daß ich es thun solle, ohne eine Ahnung von Deiner lenkenden Hand zu besitzen, im Wahne, es entstamme als Blüthe meinem eigenen Selbst, gerecht, gut und mitleidig zu sein —

So sprachst Du, Urbain Guérand, und jedes Deiner Worte habe ich bewahrt. Was redest Du jetzt, jene Mitmenschen seien Thiere, Deiner Gerechtigkeit, Deiner Güte, Deines Mitleid's unwerth? Warest nicht Du es, der bis heute uns allen voranschreitend, am Werkthätigsten nach jenen in's Herz geprägten Forderungen gehandelt, die Du jetzt verläugnen zu wollen scheinst, wenn Du auf die Erde zurückkehren könntest?"

Sie hatte es, dicht vor ihn hintretend, mit flammender Begeisterung gesprochen. Er blickte ihr, die Stirn hebend, tief in's Auge und ein schwermüthiges Lächeln glitt um seine Lippen, welche, leis im Beginnen, erwiederten:

„Ja, ich that's, Diana, und würde es bis zu meinem letzten Athemzuge thun, wenn — wenn Du verlangtest, daß ich mir getreu bleiben solle. Was wäre es denn auch? Ein schöner Irrthum, der reichen, überschwänglichen Lohn trüge —"

Er brach verwirrt ab. „Vergiß, was ich gesagt. Ja, der Mensch ist gut, denn Du bist es, Du, in der sich mir hier in den letzten Stunden unseres Denkens die Menschheit darstellt. Nur noch einmal, freudiger noch laß es mich aussprechen, daß es gut, daß es eine Gunst der Götter ist, wie man einst sagte, daß wir beiden nicht dorthin zurückkehren. Die Erde ist für die, welche noch da drunten leben, für uns war sie nicht. Es ist ein Widerspruch, unlösbar und unsagbar düster; glücklich der, dessen Herz nicht zur Wahlstatt wird, die sein unheilvoller Zweikampf verwüstet. Laß uns heiter sein in dem Bewußtsein, daß die Stunde naht, in der unser Fuß den Kahn in die gährenden Wellen zurückstoßen und das rettende Nichts uns still zum Schlaf betten wird. Sieh, die Sonne steigt bald hinab und, ich fühle es in mir, Du wirst sie

nicht wiedersehen wollen, sondern ehe der Osten sie zurück=
bringt, mich an mein Versprechen mahnen. Du weißt,
daß ich es halte — darum laß noch einmal freundlich uns
jenes Morgens gedenken, an dem die Sonne uns zuerst
erschien, Diana. Es war Dein Bild, das sich mir mit
ihr verwebte, und oft, wenn ich geblendet sie mit dem
Blick zu halten suchte, stand in ihrer glänzenden Mitte
Dein Antlitz. — Du wendest Dich von mir? Zürnst Du,
daß ich die Erinnerung geweckt? Ich dachte, es könne
ein letzter, süßer Schlaftrunk sein —"

„Sie geht," fiel Diana hastig ein, die Hand nach dem
in tiefer Schräge schon niedersteigenden Tagesgestirn aus=
streckend. „ja, sie geht, wie das Thier wähnen muß, wenn
es zu ihr aufblickt, wie die Menschheit in ihrem Beginn
es gleicherweise, wie jedes Kind es stets auf's Neue glaubt.
Und mit allem unserem klugen Wissen, daß sie unbeweglich
feststeht, sagen wir nicht selbst täglich dennoch: Sie geht?
und wer, der es ausspricht, denkt dabei, daß er Thorheit
redet? So halten unsere Sinne uns überall in den Banden
der Thorheit des Lebens. Wir wissen, daß es nur eines
Momentes des Nachsinnens bedarf, die Lüge zu durch=
schauen, uns der Wirklichkeit bewußt zu werden, doch hastig,
erschreckt flüchten wir hinter den Schein zurück, von dem
wir fühlen, daß er allein uns die Kraft leiht, die Last
mit welcher die Erkenntniß uns niederdrücken will, noch

weiter fortzuschleppen, und sagen lächelnd von allen Dingen: Die Sonne geht auf und geht unter. O womit denn, Urbain Guéraud, haben wir diese grausame Erkenntniß verschuldet? Warum bildete das seelenlose All in uns ein Ding, das sich selbst und die Welt begreift und doch nicht mehr ist als jedes Staubkorn der Luft, machtlos sein Ich zu bewahren? Im wärmenden Glanz der Abendsonne, im Gesang neigt der Vogel plötzlich sein kleines Haupt, athmet noch einmal und ist dahin. Er wußte nicht, daß er war, daß er einst nicht mehr sein würde, freudig, sorgenlos genoß er die Schönheit des Daseins — nur wir allein, die Höchsten, die Blüthe alles Stoffes, unseliger denn jede andere Creatur, wir sehen den Tod auf uns zukommen Schritt um Schritt, müssen ewigen, unbegreiflichen Abschied von unserm Selbst nehmen. Kannst Du es denken? Kannst Du, wenn ein böser Dämon das Weltall gefügt hätte, denken, daß sein Verlangen, Qualen auszusinnen, eine grausamere Erfindung zu machen im Stande gewesen wäre als das Bewußtsein des Menschen, daß er, aus Nichts geworden, in Nichts zu verrinnen bestimmt ist? Was sind alle hohen Gedanken, alle köstlichen Empfindungen unserer Brust, wenn der Staub sie zeugte und der Staub sie verschlingen kann? Ein Meer ist die Geschichte der Menschheit und ich eine Welle in ihr, was ist ihr Wesen? Nur ein Zerrinnen, um anderen Platz zu machen, ein Aufleuchten ohne Zweck und Ziel."

Ihre Stimme zitterte, was kam über sie? Aengstlich blickte Urbain sie an — schwand ihr Muth und begann Verzweiflung sich ihrer jetzt noch zu bemächtigen, die sich gegen das Unabänderliche mit ohnmächtigen Sinnen zu wehren suchte? Ein Wort bebte auf seinen Lippen, es drängte sich mit namenlosem Verlangen aus seiner Brust herauf. „Ohne Zweck und Ziel, Diana?" wollte es sprechen — „wende den Blick nicht in das leere Weltall hinaus, wende ihn in's volle eigne Herz, das Alles erschaffen, das auch einen Zweck für sein eignes Dasein schaffen kann, reich genug über dasselbe zu jubeln und seine Vergänglichkeit zu vergessen. So unendlich reich, Diana, daß er in einer Stunde, in dieser letzten noch die Grausamkeit unserer Erkenntniß auslöschen, diese Oede in ein Paradies umwandeln, das Gefühl unseres Nichts zu göttlichem Bewußtsein emporheben könnte. Dann trotzten wir lächelnd der Nacht, die hereinbricht, denn unser letzter Herzschlag noch würde sprechen, daß wir nicht zwecklos, daß wir dem höchsten Glück gelebt."

Hatte sein Mund das bange, sehnsüchtige Aufwogen seiner Brust verrathen? Nein, er wußte, daß er es nur gedacht und doch schrak er zusammen. Mit einem herben, tödtlichen Nein traf ihn ihr stummer Blick, als habe sie jeden zurückgebändigten Laut seines Herzens vernommen, ein Blick, als habe mit ihm die Gräfin von Hautefort eine eisige Schranke zwischen sich und dem Sohne des Pfarrers aufgerichtet. Es durchschnitt ihm höhnisch die Brust und ein irres Lachen brach aus ihr herauf. Was war er ihr, mit der zu sterben ihm Seligkeit schien? Die er zu vergessen, vor sich herabzuwürdigen gesucht und die doch unaufhaltsam vom Horizont seines Kinderblicks als Sonne heraufgestiegen war, immer glanzvoller, fleckenloser, übermächtiger bis in den Zenith all' seines Denkens und Fühlens, daß sie jede Regung seines Blutes beherrschte, wie der Mond die Wellen des Meeres, daß er nur durch sie lebte, die Strahlen ihrer Augen ihm die gähnende Leere des Weltalls mit farbigen Wundern ausfüllen! Und was war er ihr, deren Gedanken mit den seinen zusammenflossen, wie zwei jener Wellen, die sich als ein Nichts empfand und eben noch verzagend Rettung bei ihm vor sich selbst zu suchen schien? Ein Blick hatte ihm gezeigt, daß ihr Nichts sich doch noch wie auf einem Throne über ihm fühlte, daß sie ihre Gedanken mit ihm theilte, wie man Brod mit einem Bettler theilen kann, doch kalt und stolz ihn zurückwies, wie er unebenbürtig bittend die Hand nach einer Gabe des Herzens auszustrecken wagte. Das war's, da klaffte der leere Riß durch den Weltenraum — auch dies stolze Besitzthum mußte sie in wenig Stunden dem Nichts zurückgeben, aber noch war es ihr eigen und sie weigerte es ihm, den es zum Gotte gemacht hätte, um es zwecklos vergehen zu lassen.

Sie weigerte es, doch — wahnsinniger Gedanke! — wenn er es nahm! Es war das Recht seiner Liebe, es zu fordern — wenn er seine Kraft anwandte, sie plötzlich mit seinen Armen zu umschließen, einmal sie an sich zu pressen, einmal an ihren Lippen den tödtlichen Durst zu stillen — und dann, eh' die Besinnung käme, sie mit sich hinab zu reißen in die ewige Vernichtung!

Das Blut in seinen Schläfen rauschte glühend auf — eine Secunde lang — und es ebbte zurück.

Ein entsetzlicher, abscheulicher, verbrecherischer Gedanke! Wenn er zur That geworden, werth, daß die Vernichtung ein Wahnbild gewesen und statt ihrer ewige Reue die unsühnbare Schuld solches Momentes strafen, daß die Ewigkeit hindurch Diana's Augen mit dem Flammenstrahl der Verachtung auf ihm ruhen würden! Eine That, durch welche die Liebe sich selbst auslöschen würde, wie ein Dieb seinen Namen aus denen der Redlichkeit — und wenn alles Das nicht wäre, doch unmöglich, da vor ihrem reinen Blicke der frevelhaft erhobene Arm kraftlos niedersinken müßte, wie ein Schatten vor der gebieterisch sein wesen= loses Nichts fortscheuchenden Sonne.

O warum hatte er, und war's nur durch einen Blick,

verrathen, was die Brust so lange verschlossen gehalten! Unsäglich bitter und schmerzend mochte verworfene Liebe immer sein — doch hier, wo Korn um Korn die Uhr ihres Lebens zusammen verrann, wo sie allein waren, als wären sie die letzten des Menschengeschlechts und die Erde und die Geschichte der Menschheit schon eine erloschene Episode in dem unendlichen Buche des Weltalls, wo er für sie starb und sie doch nur die Hand auszustrecken brauchte, um ihm in einer Stunde das Opfer von tausend Leben zu vergelten — hier ungeliebt, verschmäht, verworfen von der Einzigen zu sein —

Er dachte nicht mehr — doch, er dachte nur Eines! Nicht sterben, leben, fortleben jetzt um jeden Preis noch, um zu beweisen, daß auch er der Einzige, der ihrer würdig, sei! Und er sprang auf und klammerte seine Hände fieberhaft in die starre Felswand, die ihm den Rückweg zu diesem Leben abschnitt — er wollte, er mußte hinauf — nur zweimal die Höhe seines eigenen Körpers galt es zu erreichen — —

Umsonst — ohnmächtig glitten die Finger von dem glatten Stein — unmöglich — —

Da schoß ihm ein Gedanke zum erstenmal durch den Kopf. Vielleicht wenn sie auf seine Schultern stiege, wenn er mit aller Kraft dann sie noch weiter emporzuheben suchte — vielleicht, daß es ihr dann gelänge, den

Rand zu erreichen, sich auf die rettende Höhe hinaufzuschwingen —

Nur ein blitzartiger Moment, dann fiel der Gedanke wie seine Hände hoffnungslos herab. Nein, sie wird sterben, eh' sie es thut! Vorher noch hätte sie es gethan, eh' er sich verrathen, jetzt ist es zu spät und er hört das kalte Nein ihrer Lippen auf seine Frage. Das Innerste ihres Wesens hat sich ihm offenbart, der feste Grund auf dem ihr Stolz ruht, das Etwas, das sie noch dem Nichts entgegen zu setzen vermag — sie ist keusch wie der Marmor, aus dem das Alterthum ihre strenge Namensschwester gebildet, unbewußt, eine Jungfrau, die einzige der Erde vielleicht, die unantastbar diesen Namen trägt — und auch er wird sterben, eh' ein Wort von ihm sie erröthen läßt — — —

Die Scham und die Scheu der Liebe, dort unten vergangen, in Verlangen umgewandelt, hier, einsam über dem Taumel der schrankenlos nach Genuß Haschenden thronend, hält sie noch der ewigen Vernichtung gegenüber ihr reines Heiligthum unentweiht aufrecht und beherrscht die Natur, deren niedrigerem Trieb, das Leben zu erhalten, sie siegreich ihren Stolz entgegensetzt. —

Unausgesprochen lag es zwischen ihnen, doch er fühlte, daß es sei, und ein unnennbarer stolzer Schauer einer

körperlosen Wonne durchrann auch ihn, wie er seine letzte
Hoffnung schweigend begrub. Die Sonne war lang hinab=
gestiegen, die gluthrothe Binde, mit der sie bei'm Abschied
ben Rand der Erde umsäumt, zu letztem mattem Lichtstreif
verblaßt, und die funkelnden Sterne durchwirkten das uner=
meßliche Dach des engen Raumes, der die beiden verstummten
Todesgenossen umschloß. In weiter, weiter Ferne nur
schimmerte hie und da auch drunten ein Licht, von
Menschenhand entzündet, zu denen keine Brücke, kein Aus=
tausch der Gedanken hinüber führte. Vielleicht wurden
sie dennoch da drüben schon vermißt, gesucht, doch
nicht hier.

Der Wind begann mit eisiger Kälte aus den Gebirgs=
klüften zu schauern, welche die Nacht verdeckte, nur der
wirkliche Gipfel des Mezin hob sich unheimlich schwarz
gegen den Himmel. Diana hatte sich an den Rand des
Abgrundes gesetzt, weißlich die Dunkelheit durchschimmern=
des Gewölk zog unter ihren Füßen hin, als komme es,
sie zu holen und hinunter zu tragen. Eine irre Angst
befiel Urbain, dessen Augen sich nicht von den Umrissen
der schweigenden Gestalt verwandten, daß ihre Stätte
plötzlich leer sein könne. Er sah, daß Frost ihre leichte
Kleidung durchbebte, und öffnete zum erstenmal zagend
wieder die Lippen, indem er, seinen Rock von den
Schultern herabziehend an sie hinantrat und sagte:

„Dich friert — erlaubst Du — ?"

Er legte das wärmende Kleidungsstück um sie, doch ihre Hand wies es sanft zurück. „Hab' Dank, mich würde mehr frieren, wenn ich wüßte, daß Du seiner entbehrtest. Es geht vorüber."

„Diana, zürn' Du mir?"

„Warum?"

„Du gingst von mir und schwiegst."

Sie blieb einen Moment stumm. „Du thatest es ebenfalls. Wir haben auch Abschied zu nehmen, denke ich, für den keine Worte sind, und reden doch miteinander, denn unsere Gedanken begegnen sich."

„Verzeih', wenn ich Dich gestört. Doch mich ängstigte Eins — "

„Was?"

„Die Wolke könne Dich von mir forttragen, eh' ich noch einmal den Laut Deiner Stimme vernommen, eh' sie mir ein Abschiedswort gesprochen."

„Sie wird es nicht, ich verspreche es Dir. Setz' Dich dorthin und — und rede mir von der Sonne — Du weißt — es wird mich wärmen. Ich wollte, wir wären noch Kinder, Urbain, und säßen im schaukelnden Kahn. Dann würde ich Dich bitten: Laß ihn umschlagen! Die Nixen sind freundlich, sie thun uns kein Leid."

Er wollte etwas erwiedern, doch das Wort erstarb

ihm im Munde. Sein Blick fiel durch die Nacht zur Rechten nach der Seite von Languedoc hinüber auf einen rothglühenden Punkt fern am Horizont, der wie ein glühendes Auge aus der Finsterniß heraufflammte, das sich mit blitzartiger Schnelligkeit riesenhaft erweiterte und zu einer feurig in den Himmel leckenden Zunge umwandelte. Und wie sein Blick noch zweifelnd daran hing, stieg etwas weiter südwärts dasselbe feurige Phantom von der nacht= bedeckten Erde herauf, lautlos, weit drüben — und, ge= spenstisch schier, noch eines —

Und Urbaind Guéraud griff mit der Hand unwill= kürlich nach Diana's Arm, die geschlossenen Auges nichts von den wie glühendes Gewölk auflodernden Erscheinungen wahrnahm. Sie fuhr erschreckt zusammen: „Was willst Du?" — und ihm war's, als schwanke sie und drohe seiner Hand in die Tiefe zu entgleiten, wenn er sie nicht halte. Besinnungslos schlang er den Arm um sie und riß sie gewaltsam von dem toddrohenden Absturz fort, er fühlte, daß ein Zittern sie durchlief, fühlte daß ihr Auge mit irr ungewissem Ausdruck auf seinem Gesicht weilte. Und doch brachte sein Mund kein Wort hervor, er deutete nur, unbeachtet von ihr, hinüber auf das rothlodernde Gewölk.

„Was willst Du?" wiederholte Diana noch einmal doch ohne sich seinem schützenden Arme zu entringen.

„Weßhalb bist Du hier, was trieb Dich hierher, mir zu folgen, mich hier zu finden? Du wolltest mir sagen daß es Zeit sei —"

„Ich folgte Dir weil ich es mußte, Diana, weil ich es gestern, seit einem Mond, immer, von Dir ungesehen, that —"

Sie athmete tief und riß den Dolch aus ihrem Gewand.

„Es ist Zeit — Du sagst es — halte Dein Versprechen, Urbain, denn ich habe Dir vertraut — und hab' Dank —"

Ihre Hand preßte die kleine Waffe in die seine, doch im selben Augenblick lief ein röthlicher Reflex an der zierlichen Klinge nieder, als sei sie schon in Blut getaucht, ein hell aufzüngelnder Flammenschein fiel von dem nahen Gipfel des Berges auf die zwei Gestalten der Felsplatte herab und eine rauhe Stimme rief dumpf durch die Stille der Nacht, der riesenhaft gespenstischen Figur eines Mannes angehörend, der am Rande des von ihm geschürten Brandes mit den Händen wie irrsinnig nach dem glühenden Augen am Horizont in die Luft hinausgriff:

„Ankou! Er kommt! Komm', Ankou — Ankou!"

Achtunddreißigstes Kapitel.

Eine halbe Stunde etwa war vergangen und Diana saß am Rande eines lodernden Reisigfeuers auf der Spitze der Kuppe, von der sie am Morgen den falschen Rückweg eingeschlagen. Etwas entfernt von ihr saß Urbain Guéraud, kein Wort war mehr zwischen ihnen geredet; was von jedem der beiden seit jenem Augenblick gesprochen worden, war an Jean Arthon, den Bretagner, gerichtet gewesen, der auf Urbains Ruf herabgekommen und sie vermittelst eines Taues, das er bei sich geführt, aus ihrer hülflosen Situation befreit hatte. Dieser hatte keinen Laut der Verwunderung ausgestoßen, um diese Zeit Menschen in der nächtigen Felsenöde anzutreffen, sondern als er vernommen, wer Hülfe von ihm verlange, schweigend die Rettung vollzogen, die von der Flamme Geblendeten vorsichtig auf die Höhe geführt und zu Diana gesagt: „Ich hatte Dich vor ihm gewarnt, warum hast Du ihn herausgefordert? Er wird mir zürnen, daß ich Dich ihm aus den Fingern entreiße, aber mag er's, ich will ihm trotzen, ich lache seiner, denn er ist ein Lügner und ich vergelte ihm seinen Betrug, räche mich an ihm!"

Dann stand er wortlos und schürte den Brand, dessen Holz- und Wurzelnahrung er offenbar mühsam auf dieser Stelle zusammengeschleppt, ohne daß jene zuvor etwas von seiner Nähe bemerkt. Wie die Flammen ihn mit ihrem rothen Licht anglühten, erschienen seine Züge noch wild= düsterer, als Diana sie damals in den Trümmern der alten Burg gesehn; ein tiefer Riß, wie von der Hand eines dämonischen Grames hineingegraben, klaffte in seinem Gesicht, und in seinen Augensternen loderte es irrsinnig hin und wieder. Er bekümmerte sich nicht mehr um die unerwarteten Genossen, welche der Zufall seiner nächtlichen Beschäftigung in der Wildniß gesellt, sondern stieß zwischen den Lippen murmelnd mit seiner Hacke in die Gluth, daß ein Funkenschwall aufsprühte, streckte ab und zu seine Arme gen Osten hinüber und wiederholte den Ruf, welcher den Verirrten zuerst von seiner Anwesenheit Kunde gegeben: „Ankou!- Ankou!"

„Es ist das Gespenst des Todes, das die Phantasie der Bretagner sieht, wenn sie das andere Gesicht haben", murmelte Urbain; „wer ist dieser Verrückte und was treibt er hier?" Er hatte verwundert die ihm unverständlichen

Worte gehört, die jener an Diana gerichtet und unwillkürlich daraus entnommen, daß sie es nur einem sonderbaren Verhältniß zwischen ihr und dem Bretagner dankten, daß dieser bereit gewesen, seine herkulische Kraft zu ihrer Rettung zu verwerthen. Doch Diana saß bleich und stumm in die Nacht blickend, er fühlte, daß er ihren Lippen so wenig eine Antwort entringen würde wie denen eines Marmorbildes, und eine unüberwindliche Macht oder Scheu, sie anzureden, hielt auch seinen Mund geschlossen. Einem Marmorbilde glich sie — aber waren sie nicht eigentlich beide weniger noch, beide Schattengebilde, wie die wesenlosen Schemen an den Ufern des Cocytus, hinter denen das Leben lag, deren Lippen erst mit Blut benetzt werden mußten, um ihnen Sprache zu verleihen? Waren sie nicht todt, nur entkörperte Gedanken noch an ein Dasein, das einst gewesen?

Nein, ein Frostschauer durchlief ihn und zugleich empfand er an der dem Feuer zugewandten Seite seines Körpers eine behaglich wohlthuende Wärme. Er fühlte sich also doch noch im Besitz lebendigen Daseins und er sprang auf und strich sich hastig mit der Hand das gespenstische Phantasma von der Stirn. Drüben gen Osten leuchteten noch immer in gleicher Größe die räthselhaften, am Boden hängenden rothen Wolken durch die Nacht und er trat an den Bretagner hinan und fragte, mit dem Laut seiner eigenen Stimme sich von der Wirklichkeit seiner Existenz zu überzeugen: „Was ist das?"

Jean Arthou griff mit den gebogenen Fingern gegen die leuchtenden Erscheinungen auf. „Ankou's Augen, er kommt", versetzte er heiser.

„Hat Ankou denn drei Augen?"

„Hundert, tausend — er hat so viel wie Menschen= augen sein werden, die ihn sehn", antwortete der Bretagner, ohne den Blick aus seiner Richtung zu verwenden.

„Und Ihr, was wollt Ihr von ihm? Wollt Ihr ihn rufen oder scheuchen? Fürchtet oder liebt Ihr ihn?"

Es trieb Urbain, auf die tolle Vorstellung des Alten einzugehen, doch er bereute es fast im selben Moment, denn aus den starren Augen desselben brach ein irrlicht= artiger Blitz und ein häßlich wilder Krampf lief über sein Gesicht. Er richtete sich hoch auf und ballte die Faust, während seine andere Hand sich um den Stiel der Hacke klammerte, dann lachte er unheimlich und rief:

„Ich sollt' ihn lieben, den Betrüger, den nichts= würdigen Verräther? Stand er nicht hinter mir und drehte mir seine Augen und sagte, er wolle mir ein Zeichen geben? Habe ich gewartet? Ich war ein Narr und that's, und er kam bei Nacht und stahl mir mein Eigenthum, ein Dieb, ein Fälscher, ein gleißnerischer Schurke! Ich fürchte ihn nicht, er soll kommen und mich auch packen, und er kommt, ich höre den Boden unter ihm dröhnen, die Luft von seinem Athem pfeifen. Sein Mund ist heiß und sein Hauch Qualm; er erstickt jeden, den er trifft, und doch ist sein Kuß wie Eis. Er kommt und ich habe Dir gerufen, lauf' Mädchen, laufe! Es nützt nichts, er holt Dich doch ein, Keiner der lebt ist schnell genug, ihm zu entwischen. Habe ich gesagt, ich hasse ihn? Ha-ha-ha, was würde er sich daraus machen? lachen würde er drüber, ha-ha-ha! Und es ist nicht wahr, ich liebe ihn, wie man seine Braut liebt! Liebt man sich selbst, seinen eignen Arm, seine Hand, seine Finger? Ich bin's, bin sein Finger, er hat Hunderttausende, aber ich bin Einer davon, bin mehr, bin er selbst! Das dachtest Du nicht, dachtest nicht, daß er Dir schon so nah' sei! Aber er ist da und trifft Dich —!"

Der Wahnwitzige schwang die eiserne Hacke über seinem Kopf auf die Stirn Urbain Guérauds zu, der halb betäubt nicht die Besinnung hatte, dem plötzlichen Schlage auszuweichen und von demselben zu Boden gestreckt sein würde, wenn Diana nicht schon seit einer Weile achtsamen Auges an den drohenden Bewegungen des Bretagners gehangen, aufgesprungen und ihm rasch in den Arm gefallen wäre, daß die tödtliche Hiebwaffe wirkungslos zur Seite glitt. Jean Arthon starrte sie ausdruckslos an und murmelte:

„Du durftest es — die Hand, die schon einmal nach meiner sich ausgestreckt — niemand als sie konnte es thun. Aber laß mich, Mädchen — er muß sterben, für ihn, alle müssen für ihn sterben!"

Er machte sich sanft, doch mit unwiderstehlicher Kraft los und griff wiederum nach seiner Hacke. Eine irrfeste, fanatische Entschlossenheit glühte in seinen Augen und er wiederholte: „Ankou will's, er muß sterben!"

Jeder Schritt von der beleuchteten und blendenden Fläche der Kuppe in die Nacht hinaus stürzte in den gewissen Tod, so daß an ein Entrinnen nicht zu denken war. Doch ebenso unmöglich war es, waffenlos einen Kampf mit dem wahnsinnigen Riesen aufzunehmen — Diana's Hand zuckte nach ihrer kleinen Waffe, allein ein Schauder lähmte sie und ihre Sinne verwirrten sich bei dem Gedanken, der ihr die Hand gelenkt. Aber zugleich verrann auch die Möglichkeit einer Ausführung desselben, sein Arm hatte sich völlig von ihr losgerungen und von der Stirn herab legte Todesblässe sich mit eisiger Erstarrung über ihre Züge. Das Herz stockte ihr und ihr Blut gerann, doch mit festgebietender Stimme sagte sie:

„Du wirst ihn nicht tödten, so wenig wie Du mich tödtest. Ankou will's nicht, Du irrst Dich, denn Du weißt nicht, daß er zu mir gehört —"

Der Bretagner ließ einen Moment den Arm sinken.

„Ich kenne Deinen Bruder, er ist es nicht. Du willst Anton betrügen — wer kann sonst zu Dir gehören?"

„Mein Verlobter."

Es klang ebenso sicher, aber eiskalt in die Nacht, das Blut schoß in Urbain Guéraud's Schläfen, fiebertoll fluthend, wahnsinnig, doch ebenfalls wie ein Gletscherstrom. Jean Arthon blickte zugleich erschreckt und mißtrauisch auf die Sprecherin und wiederholte:

„Er Dein Verlobter? Du hast nichts von einer Braut und mußt es schwören, Mädchen! Nicht bei dem Gott, mit dem die Priester mich betrogen, denn ich weiß, Du glaubst auch nicht an ihn — schwöre es bei Anton, er hört's!"

Er brach ab, ein ängstlicher Zug lief ihm über's Gesicht, und er fuhr schnell verneinend fort: „Nein, laß es ihn nicht hören — Du bist gut, Mädchen, und er ist böse — gieb mir die Hand! Ich weiß, Du lügst nicht, wenn Du's thust — gieb mir die Hand, daß Du seine Braut bist, und er soll leben!"

Er sah ihr scharf in die Augen und streckte seine Hand aus, in welche sie stumm die ihre legte. Nun hielt er diese und wiederholte: „Du lügst nicht, wenn Du die Hand reichst, ich weiß es, Du bist die Einzige, die nicht lügt. Aber Du hast nichts von einer Braut — Madelaine hatte mehr von ihr —"

Seine andere Hand griff plötzlich nach der Stirn, und die Hacke, welche sie bis jetzt gehalten, entfiel ihr und zwischen die brennenden Scheite hinein, deren Flammen sich in wenigen Secunden ihrem hölzernen Stiel mittheilten. Gleichgültig, wie auf einmal willenlos geworden, starrte der wildbärtige Bretagner darauf, der Paroxysmus seiner irrsinnigen Wuth war vorüber und er schluchzte, mit der knochigen Hand zwei hervorstürzende Thränen fortwischend: „Madelaine hatte mehr von einer Braut —"

Eine sonderbare Nacht war's, die dem sonderbaren Tage folgte. Auch südwärts an dem schwarzen Kegel des Mont des Jones vorbei loberten jetzt weit an den Horizont hinüber rothe Flecke auf. Waren es Feuer gleich diesem, auf einer Bergeshöhe angezündet, irgend einen altheidnischen Cultus zu begehen? Es schien unverkennbar, daß die Flammen hier auf der Kuppe ein Signal, gleichsam eine Correspondenz zwischen denen im Nordosten und im Süden gebildet, eine Mittheilung, auf welche die letzteren erst geharrt, um ebenfalls zum nächtlichen Himmel aufzusteigen. Stumm von einander abgewendet saßen Diana und Urbain. Droben funkelten noch immer die Sterne, der Nachtwind blies und schürte knisternd den Brand, von ihm angelockt schoß ab und zu eine großflügelige Eule aus der Tiefe empor und kreiste schattengleich auf unhörbarem Fittig, nur dann und wann scharf schreiend um den Bergesgipfel.

Jean Arthon, der Bretagner, allein saß und murmelte in die Gluth, mit weicher Stimme, fast wie ein Kind. Er wiederholte immer schluchzend den Namen „Madelaine" — „eine schöne Braut war sie, weiß wie eine Taube, und wenn sie lachte, klang's hell wie der Ruf einer Seeschwalbe über'm stillen Meer. Und sie ließ sich von meiner Hand fangen und streicheln und legte ihre weiche Mövenbrust an meine. Warum war meine Hand blind und ließ sie, daß sie aufflatterte und der Wind sie fortriß zu dem schwarzen Raben hinüber? Meine Hand trug die Schuld, nicht sie, denn die Hand war blind und thöricht — und dann war sie schwach und kraftlos und erbärmlich und ließ sich von Ankou betrügen, ließ den schwarzen Raben sie stehlen —"

Er fuhr auf und bückte sich wie empfindungslos dicht über die Kohlen, welche den Holzgriff seiner Hacke verzehrt und das Eisen derselben in eine rothglühende Masse verwandelt hatten. „Ich will Dich strafen!" knirschte er und plötzlich tauchte er die Hand in die Gluth, griff nach dem Eisen, riß es herauf und klammerte krampfhaft die Finger darum. Die im Nu versengte Haut derselben knisterte rauchend auf, doch keine Muskel an ihm zuckte, nur Diana war wiederum aufgesprungen und schleuderte, seinen Arm fassend, mit einem Holz die zischende Masse aus seiner Hand.

„Ihr seid ungerecht, Arthon", sagte sie mitleidig,

„Eure Hand that nichts, daß Ihr sie strafen müßtet. Geht und sucht Madelaine auf, wenn Ihr Eurem Weibe nicht mehr zürnt."

Er schüttelte den Kopf. „Sie ist schwarz geworden, denn der Rabe hat ihr sein Gefieder angelegt, und ich kenne sie nicht mehr. Nimm Dich vor ihm in Acht, Mädchen, Du bist noch weiß, aber der Wind geht über euch alle und faßt eure Flügel."

Den Kopf zurücklegend versank er in stummes Brüten, Diana erwiederte nichts, allmälig zusammenfallend erlosch das Feuer — waren es Stunden oder Minuten, die zwischen seinem Schwinden und dem blassen Saum, der den Alpenrand der Dauphiné umgürtete, verrannen? — und die Sterne tauchten langsam zurück. Nur Einer flammte noch, heller als zuvor im aufschimmernden Blau, eine weiße Strahlengarbe herabspendend — der Stern, der als er zuletzt dort über dem Mezin gestanden, mit seinem magischen Glanz Diana hieher sich entgegen gezogen.

War sie ihm hier näher gekommen? Sie sah zu ihm empor — zitterte ihr Auge von der durchwachten Nacht, oder hatte sein geheimnißvoll flimmerndes Strahlenmeer auf dieser Höhe sich wirklich vergrößert?

„Madelaine!" sagte plötzlich Jean Arthon, mit der verbrannten Hand bebend zu dem weißen Gestirn hinaufdeutend — „das ist sie!"

Diana flog zusammen — „führt uns hinunter!" fiel sie hart ein, „es ist hell genug!" Der Bretagner that antwortlos was sie verlangte, schritt vorauf und sie folgte ihm. An der Stelle, wo der richtige Pfad, der sie hierhergebracht und den sie auf dem Rückweg verfehlt, hinab zu führen begann, schaute sie noch einmal zurück, dann gelangte sie, hie und da von der Hand ihres Führers unterstützt, rasch und ungefährdet über den nackten Basaltboden auf den pflanzenbedeckten Abhang zurück. Wiehernd empfingen die beiden Pferde sie drunten, die geduldig auf der Wiese des kleinen eirunden Thales Tag und Nacht der Rückkehr ihrer Reiter geharrt, Diana klopfte den Hals ihres Zelters und schwang sich ohne die Ankunft ihres Gefährten zu erwarten, der wie es schien absichtlich etwas hinter ihr zurückgeblieben, in den Sattel.

„Lebt wohl, Arthon, habt Dank und kommt unbesorgt zu uns, wenn Ihr etwas begehrt! Auf Hautefort leben nur Menschen noch gleich Euch."

Sie reichte ihm vom Pferde herab die Hand und berührte den Nacken desselben leicht mit der Gerte, daß es, fröhlich aufcourbettirend, davonflog.

„Braut?" murmelte der Bretagner ihr nachblickend.

Nun rief ihm Urbain Guéraud, der ebenfalls sein Pferd erreicht hatte, einen Gruß zu und sprengte dem weißen Zelter nach. Wohl eine Viertelstunde verging, eh' er

5*

diesen einholte, doch auch dies nicht durch seine Schnellig=
keit, sondern weil Diana die ihrige zügelte. Sie erwartete
ihn offenbar jetzt, ihre Wangen glühten vom schnellen Ritt
in der kühlen Frühmorgenluft, sie wandte sich gegen den
Herannahenden und sagte:
„Nun sind wir quitt, Urbain Guéraud — Du hast
mir einst das Leben gerettet, ich heut' Nacht das Deine."

„Ich hätte es um solchen Preis nicht verlangt", fiel
er hastig ein, „es war Dein Wille."

„Um welchen Preis?"

„Daß Du lügen mußtest."

„Ich habe keinen Göttern geschworen, sondern einem
Menschen die Hand gereicht, der meinem Worte traute,
und log nicht, Urbain Guéraud. Theile es denen auf
Hautefort mit, wenn Du es willst, was ich Jean Arthon
gesagt."

„Diana —?" stotterte er ungewiß.

Sie lachte klangvoll auf. „Wir sind beide todt, was
kümmern uns die Namen der Lebendigen! Aber Du sagtest
droben ein Wort, das ich nicht vergessen: Ich hätte nichts
gethan noch. Wohlan, Urbain Guéraud, dort liegt das
Leben, und der Wahnsinn gab uns ihm zurück — so zeige,
was Du thun kannst!"

Ihre Hand traf heftig die Weichen ihres Pferdes mit
der Gerte, daß, solches Spornes ungewohnt, das edle Thier

wie ein Pfeil wieder dahinschoß. Urbain blieb unwillkürlich abermals eine kurze Weile zurück. Ein Schleier hatte sich ihm über die Augen gelegt — als derselbe wich, war der erste Blick der Sonne über den Weg gefallen, und fern und klein schon entschwand von ihr beglänzt die Reiterin, als schwebe die weiße Strahlengarbe der Venus, aus den Lüften niedergesunken, streifenden Fluges über die blühend aufwogende Erde dahin.

Neunundreißigstes Kapitel.

Die Bewohner des Schlosses lagen fast ausnahmslos noch in tiefem Schlaf, als Diana dort wieder eintraf. Niemand, selbst Felicien nicht, hatte sie vermißt, ihre Abwesenheit anders als die eines gewöhnlichen Fortseins betrachtet, niemand auch darnach geforscht, ob sie mit dem Abend zurückgekehrt sei, als Mademoiselle Jeannette. Selbst Mademoiselle Zoë hatte in diesem Falle die interessante Neuigkeit nicht getheilt, da Monsieur Maulac unbewußt als ein Hinderniß bei dem Gedankenaustausch der beiden Colleginnen in den letzten vierundzwanzig Stunden fungirte. Die Erstere hatte nämlich im Laufe des Vormittags der Letzteren die überraschende Mittheilung gemacht, daß sie, sowohl eigenem Entschluß als der neuen Usance auf Hautefort gemäß, fernerhin nicht mehr auf die Anrede „Mademoiselle" Anspruch erheben könne, sondern diese in „Madame" umzuändern bitten müsse, da sie dem langen

Drängen Herrn Maulac's, ihm zur Begründung so heiß von ihm ersehnten Familienglückes behülflich zu sein, endlich nachgegeben, und zur Vollständigkeit desselben eben bereits nichts weiter mehr mangele, als die hiermit erfolgte Verkündigung dieses fait accompli. Es zeigte sich jedoch bei dieser Gelegenheit, daß Mademoiselle Zoë nicht nur für sich selbst, sondern in gleicher Weise für ihre Busenfreundin höhere Ansprüche an Familienglück erhob als Madame Jeannette. Sie fand Herrn Maulac entschieden zu alt, unverkennbar zu häßlich und offenkundig zu geistesarm für das allerliebste Mädchen, das sie stets wie eine Schwester im Herzen getragen, machte diesem die bittersten Vorwürfe, in einer so wichtigen Angelegenheit sich der besten Freundin nicht zuvor anvertraut zu haben, und brach in Thränen bei dem Gedanken aus, daß der Erwählte ihrer Collegin nicht nur an allen Vorzügen des Körpers und Geistes Mangel leide, sondern daneben gleicherweise jedes anderen Besitzes entbehre, aus dem einer Lebensgefährtin Trost über das Nichtvorhandensein jener erwachsen könne. Madame Jeannette Maulac hörte diesem schmerzlichen und bis in die genauesten Einzelheiten detaillirten Kummer über ihren Fehlgriff mit von Minute zu Minute sich etwas höher röthenden Wangen zu, und Mademoiselle Zoë erweiterte in der nämlichen Stufenfolge den Raum zwischen sich und der innig Bemitleideten und hielt instinctiv ihre beiden

Hände bereit, um etwa einem plötzlichen Zufall der Verzweiflung von Seiten derselben nicht unerwartet gegenüber zu stehen. Doch die junge Frau balancirte sich mit ihren Fingerspitzen in den Schürzentäschchen lächelnd auf den knarrenden Stöckelschuhen, meinte, die wohlbegreifliche Besorgniß der Freundschaft habe die Augen, mit denen jene bisher selbst Herrn Maulac angesehen, verwandelt und, wie sie hinzufügen könne, verblendet, hielt dafür, daß eine männliche Stütze in dieser Zeit der natürlichen Schwäche des Weibes unentbehrlich sei und daß eine Frau eine durchaus andere Stellung in der Welt einnehme als ein Mädchen, rieth der Freundin deshalb bringend, wenn, wie es scheine, auch Monsieur Henri bereits sein Augenmerk auf eine Andere geworfen, nicht wählerisch zu sein, sondern der Werbung des ersten Besten Gehör zu schenken, da man immerhin nicht wissen könne, ob dieser nicht vielleicht zugleich der Letzte sein werde, und lachte schließlich, daß, falls Herr Maulac ihr selbst auf die Dauer nicht zusagen sollte, sie sich einfach nach der neuesten vernunftgemäßen Einrichtung wieder von ihm zu trennen vermöge und sich dann ja von Mademoiselle Zoë durch nichts als den veränderten Titel unterscheide. Diese letzte Bemerkung setzte den Fächer der noch in jungfräulichem Stande Verbliebenen in heftige Bewegung, doch ehe sie der hübschen Aeußerung über Heiligkeit der Ehe, die sie in der Brust erwog, und

dem Zweifel, ob Herr Maulac überhaupt eine geeignete
Persönlichkeit sei, den Zwecken derselben nachzuleben, Aus=
druck zu leihen befähigt war, wandte Madame Jeannette
sich mit huldreichem Gruß und der Andeutung, ihren jungen
Gatten nicht länger nach ihrer Gegenwart schmachten lassen
zu dürfen, ab und fand im weiteren Verlauf des Tages
und des Abends keinen Anlaß, ihre Collegin von dem
eigenthümlichen und interessanten Umstande in Kenntniß
zu setzen, daß Comtesse Diana noch immer nicht von ihrem
Spazierritt zurückgekehrt und daß dies, natürlich ohne
jeglichen Zusammenhang, aber curioser Weise ebenso drüben
im Pfarrhaus mit dem jungen Offizier, Herrn Urbain
Guéraud, der Fall sei.

Sonst, wie gesagt, hatte im Schloß niemand die Ab=
wesenheit Diana's als auffällig betrachtet oder sie anders
als ab und zu mit den leiblichen Augen wahrgenommen.
Alle waren so sehr beschäftigt, tausend wichtige Dinge des
Geschmacks, des Amüsements, der Sorglosigkeit, des Beruf's
und vor Allem der Liebe nahmen jeden in Anspruch. Wie
gedankenlos hatte man früher die Tage verschwendet, als
sie noch einem Leben angehörten, das nur als eine Vor=
bereitung für die Ewigkeit galt. Jetzt hieß es haushälterisch
mit dem einmal zugleich auf immer entflohenen Bruchtheil
der kurzen Existenz umzugehen, die Minute voll zu nutzen,
concentrirt zu genießen. Dies — unter dem Vorbehalt

selbstverständlich, daß es die natürlichen Rechte keines Anderen schädige — war ja der eigentliche Beruf und Zweck jedes und zumal des verfeinerten Menschenlebens und der Abbé d'Aubriot vor Allem war ein unermüdlicher und unerschöpflicher Interpret der Absichten, welche, wenn man einmal bis zu ihrem erhabenen Standpunkt durchgedrungen, die Natur entwickle. Er mischte das fröhlichste Lachen und Tiefsinn durcheinander, überraschte plötzlich hier durch das feinste Verständniß für psychische Vorgänge, spottete dort unbarmherzig einer auftauchenden Schwäche, die bei Menschen verzeihlich gewesen, einer Gesellschaft von Olympiern aber durchaus unwürdig wäre, und legte Tag um Tag Rechenschaft von dem Fortschritt seines Innern ab, in welchem ebenfalls die Heilsidee seiner eigenen Göttlichkeit, die anfänglich von den überlieferten Vorurtheilen noch verdunkelt gewesen, mehr und mehr zum Durchbruch komme. Wäre ein Frosch der höchste Ausdruck der Naturvollendung, meinte er, so sei er schon zum hoffnungsvollen Stadium einer Kaulquabbe durchgedrungen, trage also bereits alle Keime zur sublimsten Entwicklung in sich und warte nur noch auf das Wachsthum von Beinen, um sich zu den Uebrigen auf den erledigten Götterstuhl hinauf zu schnellen. In der Elasticität dieser Beine liege eben die eigentlichste Bedeutung der Persönlichkeit jedes Einzelnen; wer den Andern zu überhüpfen vermöge, sei offenbar von der Natur zu diesem Zwecke bestimmt, da sie ihn sonst nicht mit diesem auszeichnenden Vorzug seiner Gliedmaßen bedacht haben würde, und wer sich derselben nicht zu dem genannten Behuf bediene, handle unverkennbar ihren wohlthätigen Intentionen zuwider, d. h. begehe die einzige noch denkbare Sünde, ein Vorwurf, den auch er fortan in keiner Weise mehr auf sich zu laden gesonnen sei. Der Abbé war so launig, so unterhaltend, aufmerksamer und espritvoller denn je zuvor, daß Marie d'Aubigné in seiner Gegenwart eigentlich nichts an der Welt und am Leben verändert erschien. Beides besaß die nämliche Grazie, dieselben Reize wie früher, ja einen fast erhöht feinen Parfüm, den das Selbstbestimmungsrecht jedes Einzelnen den Dingen mittheilte. Mochten Rose und Feldblume auch den nämlichen Anspruch an Raum, Luft und Sonne haben, so hatte sich doch auch darin nichts geändert, daß jene durch die Schönheit ihrer Farben, die Anmuth der Bildung und die Zartheit ihres Duftes immer einen Vorrang behauptete, den distinguirteren Sinn auf sich lenkte und keines aller der Vorzüge verlustig ging, welche sie unter einem anders gearteten und beseelten Himmel besessen. Ja, Marie fand das Leben, dem die Erfüllung der Liebe sich hinzugesellt, geschmackvoller, amüsanter und sorgloser denn jemals, und wenn sie auch die Wahl ihres Bruders, als Gefährtin desselben die Tochter des Pfarrers zu sich emporzuheben, nicht recht begriff und im Stillen als eine Verirrung betrachtete, so bot ihr doch jeder neue Tag so viel Anziehendes dar, daß die veredelte Rose der nur durch ihre äußere Erscheinung prangenden Feldblume den Platz und das Licht des Gartens, in welchen diese zu ihr versetzt worden, nicht mißgönnte. Uebrigens befand sich Clemence auch selten nur mit ihr zusammen und entzog zumeist Felicien ebenfalls der Gesellschaft, so daß Victor d'Aubigné, Marie und der Abbé gemeiniglich den Tag hindurch bei einander verweilten, der durch die stets neuen Einfälle und Betrachtungen der Unterhaltungsgabe d'Aubriots niemals Einförmigkeit oder einen Moment der Langeweile aufkommen ließ. Erst in den letzten Tagen hatte sich Felicien häufiger zu ihnen gesellt, doch wie es schien zerstreut, mit Gedanken beschäftigt, an der Heiterkeit und dem Esprit des Wechselgespräches der Uebrigen wenig theilnehmend. — „Sinnt Jupiter die Loose der Sterblichen?" lachte der Abbé, „oder hat er einen olympischen Zwist mit Juno gehabt, der seine ambrosische Stirn umwölkt? Ist Juno, wie sie es manchmal auf dem Ida war, eifersüchtig gewesen? Bei'm Styx —"

Der Sprecher wandte sich um und sah der grade langsam ebenfalls herankommenden Clemence entgegen — „oder vielmehr bei der Loire, die hier die Rolle jenes verhängnißvollen Flusses zu vertreten scheint, da es den

weiteren Anschein hat, als sei es uns bestimmt, nicht
wieder über sie in die Oberwelt von Versailles zurück zu
gelangen — jedenfalls bei dem höchsten Eidschwurgewässer,
wenn Eifersucht aus Furchtsamkeit entspringt, so däucht
mich, muß Juno's Spiegel Tadel verdienen."

Die Herannahende bot in der That etwas Junonisches
sowohl in ihrer Gestalt, wie im Ausdruck. Sie schien noch
an Größe zugenommen zu haben und hatte es zweifellos
an ihre Schönheit erhöhender Fülle der Glieder. Reichere,
schwerer wallende Kleidung als früher hob jene noch mehr,
statt des hoch hinauf geschlossenen Gewandes, das sie sonst
im Pfarrhause getragen, ließ ein vornehm weiter und tiefer
Ausschnitt des Kleides ihre glänzenden Schultern und ihre
von blitzendem Juwelencollier bedeckte marmorweiß gewölbte
Büste siegreich hervortreten. Ihr Auge und ihre Wangen
glühten, wie sie Felicien gewahrte und sie schritt auf ihn
zu, doch er wandte sich, als ob er sie nicht bemerkt, seitwärts in einen Nebengang, und einen Moment ihre tadellosen Zähne scharf in die Unterlippe pressend, trat das
üppig schöne Weib an b'Aubigné heran und sagte mit einem
lauten Tone, der sich gleichgültig zu klingen bemühte, doch
von verhaltener Erregung bebte: „Die Maienluft ermüdet,
darf ich mich auf Deinen Arm stützen?"

Er bot ihr den geforderten galant und schritt mit
ihr Marie und d'Aubriot nach, die plaudernd voraus-

gegangen waren. d'Aubigné's Blick ruhte stumm auf den Voranschreitenden, dann wandte er sich plötzlich seiner Begleiterin zu, daß sie fast erschreckt fragte:

"Was hast — was meinst Du?"

"Daß der Abbé Recht hatte, als er sagte, Du seiest die Schönste, und daß ich Felicien nicht begreife."

"Weshalb nicht?"

"Weil er geht, wo Du kommst."

Ihr Arm zuckte unwillkürlich, daß sie den seinigen wie krampfhaft an sich zog und er eine Secunde lang das Wogen ihrer Brust fühlte, dann versetzte sie gelassen:

"Er ging, weil er lange im Schloß bei mir war und weil es im Park jetzt schöner ist."

"Und doch an seiner Stelle würde ich die Sonne nie wieder zu sehen verlangen, wenn ich immer bei Dir in einer Hütte sein könnte."

Sie lachte. "Du bist artig, allein ich glaube, bald würde auch Dir Abwechslung lieber sein."

Sein Blick richtete sich wieder auf sie, doch flammender. "Abwechslung?" wiederholte er, "ja —"

"Siehst Du?" fiel sie ein, "die Natur wird es wohl gewollt haben, daß sie sein muß, denn es scheint auch Marie unterhält sich mit dem Abbé lebhafter, als sie es vorher gethan, wie Du an dem Gespräch theilnahmst."

Diejenige, von der sie sprach, that dies wirklich. „Ist es Dir in der That, als lebtest Du hier in der Unterwelt?" fragte Marie, „so däucht mich, ist es Unrecht von Dir, uns durch eine erheuchelte Antheilnahme darüber zu täuschen, wie schwer es Dir wird, bei uns zu bleiben, und Du solltest in die Oberwelt, nach der Du Dich sehnst, zurückkehren."

Es klang etwas gereizt und der Abbé erwiederte lächelnd:

„Du bist grausam, denn Du weißt, daß ich noch schwach bin und verlangst die Kraft von mir, das Schwerere zu thun?"

„Das Schwerere?"

„Ja, von hier zu gehen."

Ihr Fächer senkte sich einen Moment und ihr Blick streifte zu ihm hinüber. Der Unmuth in demselben war verflogen und nur ihr Mund fragte noch spöttisch:

„Hält Juno etwa auch Dich zurück?"

„Deine Frage beweist schon, daß wir uns nicht in der Unterwelt, sondern im Olymp befinden —"

„Wo der Spiegel ihr zeigt, daß sie die Schönste ist."

„Dann hätte Paris ihr den Apfel gegeben, doch er reichte diesen weder ihr noch Minerva."

„Aber mich däucht, Du sagtest —"

„Sie war die Schönste einmal, eine Stunde lang, als

Venus ihr den Gürtel geliehen, den Gemahl damit zu bestricken. Es ist ein Mythus, in dem ein tiefer Sinn liegt."

„Und der wäre?"

„Daß jede Frau für die Stunde die Schönste ist, in der sie den Gürtel der Venus anlegt, mit Ausnahme der letzteren selbst."

Er begleitete die letzten Worte mit einer nicht mißzuverstehenden leichten Verneigung gegen seine Gefährtin. Sie lachte: „Natürlich, die Arme! Er ist ihre einzige Habe und sie verliert Alles mit ihm."

„Nein, sondern sie allein gewinnt noch, wenn sie ihn verliert."

Marie d'Aubigné wandte den Kopf. „Das ist paradox."

Auch er drehte sich zu den in ziemlicher Entfernung hinter ihnen Dreinfolgenden zurück. „Mars wird es nicht so gefunden haben."

„Doch trotzdem wandte er sich vielleicht zu einer Anderen, die, wie Du sagst, grade den Gürtel trug. Was that Venus in solchem Fall?"

Der Abbé lächelte. „Homer erzählt, daß Anchises sie einmal in solchem Fall im Gebirge antraf und dennoch die Schönste der Olympierinnen in ihr erkannte."

Sie gingen eine Weile schweigend nebeneinander, dann versetzte Marie:

„Findest Du nicht, daß es ist, als ob der alte Homer die Lehren Herrn Guéraud's gekannt hätte? Mich däucht, alle seine Götter und Göttinnen haben unbewußt darnach gehandelt."

„Und sind zu Staub geworden, wie Herr Guéraud es auch uns prophezeit. Sie haben also recht klug daran gethan, denn es will mir scheinen, daß sie ohne den heiteren Wechsel, dessen sie zu genießen verstanden, ihrer langweiligen Göttlichkeit vor der Zeit selbst müde geworden sein müßten."

Vierzigstes Kapitel.

Auf den Abend des Tages, an dessen Frühmorgen Diana und Urbain Guéraud vom Mont Mezin nach Hautefort zurückkehrten, war das Fest anberaumt, das der neue Seigneur den Angehörigen seiner Güter zugesagt und das um des Ablebens des früheren Schloßherrn willen so lang' hinausgeschoben worden. Es sollte auf dem Platze stattfinden, auf welchem die unerwartete Ankunft Urbain's damals die Vollstreckung der von Herrn Demogeot angeordneten Execution verhindert und zu der ebenso schleunigen als in ihrem Verlauf verhängnißvollen Abreise des Vicomte Marcelin Anlaß gegeben hatte, und in umfassender Weise waren für den Empfang und die Bewirthung von mehreren hundert Gästen Vorbereitungen getroffen, da jedem, dessen Wohnsitz sich auf dem Herrschaftsgrunde des Schlosses befand, das Recht zustand an dem Abende theilzunehmen, den Mathieu Guéraud mit einer Ansprache eröffnen sollte.

Diana hatte mit diesem am Nachmittage eine lange Unterredung, die im Parke begann; dann gesellte sich Urbain ebenfalls hinzu und es erhob sich eine neue mit halblauter Stimme geführte, doch erregte Debatte zwischen den dreien über eine Absicht des Pfarrers, in der Urbain seine Verwerfung ihres Planes gegen die beiden Ersteren verfocht. Sie hatten während dieser Wechselreden das Ende des Parkes erreicht und in der unausgesprochenen Uebereinkunft ihre Unterhaltung zufällig in der Nähe befindlichen Ohren zu entziehen, den Weg auf die Höhe eingeschlagen, so daß sie sich nach einer Weile unvermerkt den Trümmern der alten Burg dicht gegenüber sahen. Noch unerwarteter jedoch überraschten sie gleich darauf plötzliche laute und lachende Stimmen in ihrem Rücken, die Clemence und Marie, Felicien, d'Aubigné und dem Abbé angehörten, welche die an dieser Stelle mit ihnen Zusammentreffenden als Flüchtlinge der Geselligkeit erklärten und dieselben nach kurzem erfolglosem Widerstande als Gefangene in die Burgverließe der Ruine abzuführen beschlossen. Diana, deren Felicien sich bemächtigt hatte, ergab sich, da die Unmöglichkeit einer Fortsetzung der Erwägungen, welche die drei heraufgeführt, vorlag, den Arm ihres Bruders fest an sich schließend, darein, Clemence und Marie nahmen Urbain in die Mitte, und der Abbé, dem Matthieu Guéraud als Gefangener zufiel, verhandelte mit diesem, ihm einen Eid abzulegen, daß er keinen Fluchtversuch machen wolle. Die Schwierigkeit, meinte er, bestehe nur darin, wobei er sich schwören lassen wolle, da er noch mit sich uneins sei, ob z. B. ein Stern in dieser Beziehung den Vorzug vor einem Stein verdiene, oder ob etwa ein gegenwärtig scheinbar existirendes Etwas einen Vorrang vor einem Andern, das künftig erst einmal sein werde, beanspruchen könne. Endlich verfiel er auf das Auskunftsmittel, sich damit zufrieden stellen zu wollen, wenn der Eid bei ihrem beiderseitigen Unvermögen abgelegt werde, darüber in's Reine zu kommen, wobei anders als bei sich selbst die gottgewordene Menschheit hinfort noch schwören könne — was jedenfalls den ungemein glücklichen Vorzug habe, daß jeder die Heiligkeit seines Eides nach dem Gefühl seiner eigenen zu bemessen vermöge — und die vergrößerte Gesellschaft erreichte ihr Ziel auf dem grasüberwachsenen Platze vor dem alten Thurme; unter dessen Eingang in jener Dämmerungsstunde Jean Arthon zuerst vor Diana's Augen aufgetaucht war. Diese hatte seit jenem Tage die Ruine nicht wieder betreten, und die Worte, mit denen jener sie begrüßt und anfänglich gewaltsam in den Thurm hineinziehen gewollt hatte, kamen ihr zum erstenmal in's Gedächtniß zurück, so daß ihr Blick nachsinnend auf dem zerfallenen Gemäuer verweilte. Zugleich aber hatte sich ein Gerichtshof constituirt, um das Urtheil über die Gefangenen zu sprechen, die sich, seinem einstimmigen Votum gemäß, seit einer Reihe von Tagen bereits der schwersten Vergehen schuldig gemacht, und da sie für diese, nämlich ihre Abtrennung von der gemeinsamen Verschönerung des Daseins, nicht einmal die Milderungsgründe zur Einsamkeit verlockender Herzens=verhältnisse vorzubringen vermöchten, der schwersten Strafe einer Einkerkerung in den düstren Löchern unter dem Trümmerhaufen anheim zu geben seien. Diesem Richter=spruch begegnete jedoch plötzlich in unerwartetster Weise die ruhige Stimme Diana's, welche versetzte:

„Ihr täuscht euch, denn seit heut' bin ich die Verlobte Urbain Guéraud's."

Ein Flammenausbruch, der den erstarrten Basalt=säulen neben ihnen entfahren wäre, hätte sämmtliche Hörer dieser Erwiederung nicht gewaltsamer zu überraschen ver=mocht. Alle Blicke wandten sich gleichzeitig staunend, zweifelnd ungläubig auf die Sprecherin, die schnell hin=zusetzte:

„Es war meine Pflicht, es euch mitzutheilen, aber ich bitte euch, nicht weiter davon zu reden und eure Glückwünsche zu sparen. In unserer Welt muß auch ein Verbrecher aufrichtig sein und ich füge deßhalb bei, daß es keine Milderungsgründe sind, die daraus für euer mittelalterliches Urtheil entspringen."

Das Letzte sagte sie mit lachendem Scherz, dessen

Klang Urbain wie Stahl durch die Brust drang. Er sah sie neben sich auf der einsamen Felsplatte um vierundzwanzig Stunden zuvor, bereit zum Sterben, ohne über die festgeschlossenen Lippen ein Wort, über ihre Wimper einen Blick zu ihm treten zu lassen — hier aber wiederholte sie das Wort, das ihm das Leben gerettet, das mit anderem Tone gesprochen alle Seligkeit des Himmels in sich gehalten, doch so, eisig, inhaltslos und leer nur ein Theil des großen Hohnes war, der aus dem Nichts herabgrinste. Wozu? Was hatte er ihr gethan, das solche Strafe verdiente? War es ein unsühnbares Verbrechen denn, daß er, im Begriff in jenes Nichts zurückzusinken, durch einen Aufblitz die Gluth verrathen hatte, die sein Herz bändigte, um sich von ihr verzehren zu lassen?

Wortlos blickten die Uebrigen noch immer auf Diana, nur Clemence hatte den Kopf abgedreht, weil sie fühlte, daß ihr Mund sich zu einem spöttisch-unschönen Lachen verzog und nur der Abbé rief eifrig:

„Trotzdem plädire ich für Milderungsgründe. Ich fühle mich berufen, der Anwalt des Unbewußten im Menschen zu sein und lege eine Verwahrung dagegen ein, daß dem Verbrecher das Recht zustehe, über seine Strafwürdigkeit zu entscheiden, weder nach der erleichternden, noch nach der erschwerenden Seite. Deshalb stelle ich den Antrag, in Anbetracht der ersten Aussage der Delinquentin,

welche keinerlei Widerruf zuläßt, das Strafmaß dahin ab=
zuändern, daß an allen Verurtheilten Gnade geübt wird,
falls Einer von ihnen uns zur Sühne eine unterhaltende
und einigermaßen glaubwürdigere Geschichte von diesen
Steinen abzulesen im Stande ist, als Herr Guéraud be=
hauptet, daß Moses sie nach seiner Rückkehr vom Sinai
den Anbetern des goldenen Kalbes von seinen Steintafeln
mitgetheilt. Will und vermag jemand dergestalt sich für
die beiden Schächer an seiner Seite allein zu opfern, so
wird Herr Guéraud verstatten, daß wir diesem Miniatur=
bildchen einer andern verabscheuungswürdigen Religion
gegenüber doch weniger grausam verfahren als Pontius
Pilatus, der Landpfleger, und Herodes, der König von
Judäa. Auch das großmüthige und hochherzige Volk,
das bei dieser Gelegenheit sein üblich=zuvorkommendes
„Steinige! Steinige!" liebreich wie immer an den Tag
legte, wollen wir nicht repräsentiren, sondern einfach
unserer verfeinerten Sitte gemäß nachher kritisiren —"

Urbain Guéraud fiel ihm in's Wort. „Ich weiß,
was Du verlangst."

„Wohlan, an's Kreuz!" entgegnete d'Aubriot lachend,
„denn wahrlich, ich glaube die Kritik unserer Tage leitet
sich davon her, da jenes doch nur den Sohn, diese aber
den Vater selbst von seiner Existenz befreit. Der Geist
allein ist noch übrig, gieb uns ein Beispiel davon!"

Die Anderen stimmten zu; Urbain ließ einen schnellen, eigenthümlichen Blick an dem Gemäuer vorübergleiten, unter dem Clemence und Marie d'Aubigné saßen und begann:

„Es ist eine Geschichte, die ich als Knabe gehört, ich weiß nicht von wem, von irgend Einem, den ich einmal hier zwischen dem alten Gestein traf. Sie stammt aus dem zwölften Jahrhundert, der Zeit der Troubadours, die als höchster Aufschwung seiner Sitte und schöner Menschlichkeit im Mittelalter gepriesen wird. Doch was uns von ihr bis heut übrig geblieben, ist ein rauher Ton, der Hornruf, den ihr von Hautefort kennt, mit dem die Hirten bei uns noch jetzt ein seltsam klingendes Zeichen geben, wenn ein Unwetter heraufdroht. Er ist ein Ueberrest jenes Hörnerklanges, mit dem einst dort vom Burgthurm der Wächter bereits die Vasallen und Hörigen der Umgegend weitschallend zusammenrief, wenn eine besonders schwere Wetterwolke oder Feinde herannahten. Und gleicherweise ist's ein rauher Ton, den die Ueberlieferung dieser Stätte uns aus den süßen, ritterlichen Minnetagen bewahrt hat. Dies Schloß gehörte damals Guilhaume de Capdeul, einem Lehnsmann des Vicomte Armand von Polignac, dessen junge und schöne Gemahlin Azalais jener glühend liebte. Es war so Brauch in jener gefeierten Zeit, die von Treue als dem höchsten Gebote sang und der Treulosigkeit huldigte. Freilich verbarg sie dies unter kunstvollem Spiel, um sich selbst durch werthlose Beschönigungen ihrer Untreue, nach der sie begehrte, zu täuschen, und dem entsprechend hatte die Gräfin Azalais Guilhaume de Capdeul erwiedert, daß sie ihn nur unter der Bedingung zu ihrem Ritter und Verehrer annehmen werde, wenn ihr Gemahl ihr dies selbst gebiete. Der Letztere, ein leidenschaftlicher Freund der Troubadourkunst, ward, damit die gestellte Bedingung erfüllt würde, von jenem ahnungslos in ein verrätherisches Garn gelockt und ließ sich verleiten, vor seiner Gattin ein Liebeslied zu singen, in welchem der Sänger im Auftrag eines ihm fremden Ritters Botendienst verrichtete und seiner Gemahlin verbot, einen Andern zu ihrem Ritter zu erwählen, als den, welchen er sie wählen heiße. Die schöne Azalais lächelte und ertheilte dem Sänger einen Preis, doch zugleich schweifte ihr Blick zu dem anwesenden Dichter des Liedes hinüber und sagte ihm, daß der nur zu sehr von ihr begehrte Selbstbetrug ihr leicht versöhnbares Gewissen beruhigt und daß sie seiner Kunst als Lohn den verheißenen höheren Lohn nicht mehr vorenthalte. So ward sie ihrem Gatten untreu, um fortan ihre Treue von den begeisterten Gesängen des Geliebten feiern zu lassen. Doch der Lohn der Treulosigkeit ist diese selbst, und die Liebe, die einmal Verrath beging, tödtet ihren Werth für immer. Sie wähnten sich beide zu höherem Ziele aufgeschwungen zu haben, Mann und Weib, und sie waren herabgesunken, um rastlos tiefer zu stürzen. Ueberdruß und Gleichgültigkeit faßte jenen zuerst, daß er sich von ihr ab und der jüngeren Gräfin von Roussillon zuwandte; verlassen ergab sie sich, aus Rache zuerst, hier im Schlosse Guilhaume's das sie unter dem Vorwand einer Wallfahrt aufgesucht, ihrem Pagen Hugo Marescalc, der stets ihr Vertrauter gewesen und schon lange sie heimlich geliebt hatte. So berichten die alten Chroniken, die, selbst noch von der glänzenden Fäulniß der Zeit geblendet, ihr Mitleid zollen, statt sie mit Verachtung zu brandmarken. Und unaufhaltsam sank sie tiefer und tiefer, bis ihrem arglosen Gatten die lange Kette ihres Verrathes offenbar ward und er sie dort in jenem Thurme an eiserne Kette schmieden ließ, um lange Jahre hindurch langsam in Finsterniß und Moderluft zu verschmachten, zur gerechten Strafe des Treubruchs, und zur Warnung, daß ein Weib, das einmal die Treue der Liebe bricht, von verhängnißvoller Hand gefaßt, weiter und weiter rollt, unabwendbarem Verderben zu."

Der Erzähler schwieg, alle Blicke hatten sich dem zerfallenen Thurmverließ zugewandt. „Das war's, wovon auch Arthon sprach", murmelte Diana, „der Leib, der da drinnen in Seide gewickelt vermodert sei."

Sie stand auf, ein Windhauch rührte die Nadeln der Föhren, die zwischen den Trümmern heraufschossen, und wie verstummend von seiner unsichtbaren Hand berührt, hatte ein flüchtiges Schweigen sich über die Zuhörer gelegt. Dann sprangen Clemence und Marie d'Aubigné ebenfalls auf und traten neugierig an die düstre Thurmöffnung hinan. Der Abbé aber rief:

„Im Namen des unbestechlichen Gerichtshofes, Du hast Dir und Deinen Mitgefangenen die Freiheit erwirkt. Es wäre in der That grausam gewesen, euch mit den dort sicherlich noch umirrenden Seufzern der schönen Azalais zusammen einzusperren, zumal da die Gerechtigkeit euch jedenfalls eine anders geartete Strafe als ihr zumessen müßte. Uebrigens ist dieser Vicomte Armand von Polignac offenbar ein brutaler Ehemann und obendrein ein Narr gewesen, wie seine heutigen Nachkommen beides nicht mehr wären, da sie einfach ihren Gemahlinnen vernunftgemäß Gleiches mit Gleichem vergelten und sonst auf höchst anständigem Fuße mit ihnen fortleben würden. Unsere Zeit hat sich doch im Laufe von sechs Jahrhunderten nicht unwesentlich verbessert und zum Trost für die schönere Hälfte unseres Geschlechtes das unabwendbare Verderben etwas verfeinert, ganz abgesehen davon, daß wir keine Troubadours mehr besitzen und daß unsere Ehen keines Segens eines die Herzensstimmung vielleicht falsch be=

urtheilenden Gottes mehr bedürfen, sondern sich den Segen aus der Unfehlbarkeit ihres Liebesbewußtseins heraus selbst ertheilen, eine Azalais mithin bei uns gottlob — pardon, doch wie sagt man jetzt dafür? — zu den Unmöglichkeiten zählt."

Ein Lachen vom Thurme her unterbrach ihn; Clemence's Hand hatte in das Dunkel der Höhlung getastet und sie rief:

„Hier hängt noch eine Eisenkette von der Decke herab! Wenn das die nämliche ist, von welcher Du erzählt hast, Urbain, da beneide ich die Gräfin Azalais wahrhaftig nicht um ihre Schönheit."

Unwillkürlich streckte auch Marie ihre feinen Finger nach den schweren, verrosteten Kettengliedern, welche mit dumpfem Klirren an das Gemäuer drunten in unsichtbarer Tiefe anschlagend von einer unendlich verschollenen Zeit redeten, in der dort ein Weib wie sie, mit zarten Händen und jugendlich schönen Zügen wie ihre, gleich ihr klopfenden Herzens und mit wogender Brust, vornehm, in kostbare Gewänder gehüllt, nach der Lust und dem Genuß des Lebens verlangend, mit den Fingern verzweifelnd an dieser selben Kette gerüttelt, Brust und Stirn wider den Stein geschlagen hatte, verschmachtet, verdorben, gestorben war, elender als die Letzte, Aermste ihres Geschlechts in der Hütte der Noth, des Hungers, jedes Jammers der Entbehrung.

Die Andern hatten sich ebenfalls dem Thurme genähert, Urbain antwortete, an seine Schwester hinantretend, kurz auf die letzten Worte derselben.

„Mögest Du sie nie um etwas anderes beneiden."
Clemence lachte. „Ich wüßte nicht, was außer der Schönheit noch neidenswerth an ihr bliebe."

„Vielleicht ihr Schicksal."

Er hatte es halblaut erwiedert, daß außer ihr niemand als Marie es vernommen. Auch diese zwang sich zu einem Lachen und entgegnete zu Clemence gewendet:

„Ich glaube, Dein Bruder hat versuchen wollen, ob wir noch Kinder sind, die sich mit Gespenstergeschichten schrecken lassen. Aber er hat eine fruchtbare Erfindungsgabe, Dinge, welche nie gewesen, aus seiner Phantasie zu schöpfen, die ihn befähigen würde, eine Rolle in unserer Literatur zu spielen und mit Herrn von Voltaire zu wetteifern."

Ein eigenthümlicher Laut unterbrach sie. Es war ein langgedehnter, halb klagender, halb schauriger Ton, der von einem der benachbarten Gipfel herüber kam.

„Was war das?" fragte Marie.

Clemence versetzte gleichgültig: „Das Horn eines Hirten."

„Du täuschst Dich" entgegnete Urbain, „es ist auch nur ein Gebilde der Phantasie."

Marie d'Aubigné's Hand ließ unwillkürlich die Kette fahren, die sie noch immer gefaßt gehalten. „Das Horn, von dem Du sprachst, daß es damals —?" sagte sie stockend.

„Täuschung", antwortete er, „warum -wolltest Du darauf achten?"

Ihr Auge überschweifte den blauen Himmel. „Du sagtest, es warne vor einem Sturm —"

„Und da der Blick keine Anzeichen von demselben entdeckt, verlacht man natürlich den Irrthum des Warners."

Urbain Guéraud wandte sich ab, der Hornruf hatte gegenüber einen anderen geweckt, die klagend dumpfen Töne hallten, wie von unsichtbaren Händen sich zugeworfen, herüber und hinüber und wie in stillschweigender Uebereinkunft brach die Gesellschaft auf und verließ die Trümmerstätte. Sie sonderte sich in die nämlichen Gruppen wie anfänglich bei der Hierherkunft, nur hatte Felicien sich zu Diana und den beiden Guéraud's gesellt und schritt mit ihnen in eifrigem Gespräch voran. Es war ersichtlich, daß er in eine Fortsetzung der Debatte hineingezogen worden, welche den Anlaß gegeben jene herauf zu führen, und daß er sich gegen Urbain der Meinung des Pfarrers und seiner Schwester zuneigte. Die Uebrigen folgten in einiger Entfernung, Clemence stützte sich beim Abwärtsschreiten auf den Arm Victor d'Aubigné's, dessen junge

Gattin zuletzt die Ruine verließ. Sie ging stumm und gedankenvoll so weit hinterdrein, daß sie die Andern völlig aus dem Gesicht verloren, und schrak zusammen, als sie sich an einer Biegung des Weges plötzlich d'Aubriot, der zurückgeblieben, gegenüber sah.

„Was wollen Sie?" fragte sie verwirrt.

„Ich scheine mir Deine Ungnade zugezogen zu haben, schöne Göttin", lächelte er, „denn so redet man in unserem Olymp kaum noch ein Thier an und ich glaubte eine solche Classification nicht dadurch verdient zu haben, daß ich an dieser gefährlichen Stelle auf dich gewartet, Dich mit meinem Arm vor dem nur zu traurigen Schicksal Deines Vaters zu behüten.

Er bot ihr galant den Arm, doch sie nahm denselben nicht, sondern sprach ihn scheu anblickend wie für sich: „Es gäbe ein furchtbareres Schicksal — wie sagte er? — weiter und weiter zu rollen, unabwendbarer Tiefe zu. — Was wollen Sie von mir, Abbé?"

Das Letzte war ein heftiger Aufschrei, mit einer raschen Bewegung, an ihm vorüber zu eilen, gepaart. Doch ein Stein löste sich dabei an abschüssiger Stelle unter ihrem Fuß, daß sie wankte, und d'Aubriot's Hand streckte sich schnell aus, sie zu halten.

„Siehst Du, daß es gut ist, hier einen Freund zur Seite zu haben, der seine Treue nicht durch die Laune eines Augenblicks beirren läßt," sagte er unbefangen. „Ich wußte es, denn ich sah, daß Clemence an dieser Stelle ebenfalls gestrauchelt sein würde, wenn d'Aubigné's Arm sie nicht gehalten hätte. Es scheint, daß er gemeint hat, Du seiest schon mit den Uebrigen voraus, sonst würde er muthmaßlich statt meiner hier auf Dich gewartet haben. Allein, wenn auch nicht, so ist er doch zu entschuldigen, denn ich hörte, daß Clemence sich zu schwach fühlte, den Rest des Weges allein zurück zu legen."

Marie erbleichte, doch ein Funke flog aus ihrem Augenstern und sie griff mit plötzlicher krampfhafter Hast nach seinem Arm. „Führe mich Du bist ein —"

Sie sprach nicht aus, allein das Wort zitterte ihr verständlich auf den Lippen, im Blick. Er ergänzte lachend: „Ein armer Teufel, willst Du sagen, dem Deine Huld vergönnt, einen Moment an der Tafel des Ueberflusses seine Armuth zu vergessen. Was ist Dir, schöner Reich= thum?"

Seine Begleiterin antwortete nicht, sie stützte sich geschlossenen Auges fast ohnmachtsschwer auf ihn, er trug sie mehr über die gefährliche Stelle, als er sie führte. Dann hielt er inne und fragte:

„Fühlst Du dich hier stärker als Clemence und soll ich Dich jetzt nach Deinem Gebot von vorhin allein lassen?"

Sie schwieg wie zuvor, doch ihr Arm verließ den
seinigen nicht, und ohne eine Antwort von ihr zu ver=
langen, setzte er, plaudernd und scherzend, mit ihr den
Weg zum Schloß hinunter fort. Der Tag neigte sich,
als sie dort eintrafen, und alle Bedientesten des Hauses
waren geschäftig, die letzte Hand an die Vorkehrungen
zum abendlichen Feste zu legen. Auch die Geladenen
fanden sich allmälig ein, doch in geringerer Anzahl, als
sie erwartet worden. Windlichter und bunte Lampions
erhellten den runden Gerichtsplatz unter den Bäumen, die
Wipfel derselben begannen im Silberlicht des aufgehenden
Mondes zu flimmern. Mathieu Guéraud hielt eine Anrede
an die versammelten Angehörigen des Gutes, dann wieder=
holte Felicien noch einmal die Zusagen, welche er jenen am
Morgen nach dem Tode seines Vaters gemacht. Damals
hatten die Anwesenden diese mit stummscheuen Blicken auf=
genommen, jetzt tönten einige Hochrufe aus ihrer Mitte,
die sich gleichsam an die kräftige Stimme Jupin's an=
lehnten, des jungen Bauern, der am Morgen des vorher=
gegangenen Tages, als Diana durch das Dorf geritten,
gemeint, es sei Zeit an die Arbeit zu gehn. Allmälig
jedoch ward die Stimmung eine lautere, die auf den langen
Tischen aufgetragenen Speisen verschwanden immer rascher,
aus Fässern floß der Wein. Mathieu Guéraud ging, leise
mit Einzelnen redend, von Tisch zu Tisch, hie und da

stimmte Einer nickend, die meisten mit lauter Geberde seinen Worten zu, nirgendwo stieß er auf Widerspruch oder Schweigen. Auch an dem Platz, den die Schloß= bewohner eingenommen, begann ungebundene Lustigkeit zu herrschen; Felicien und Diana waren mit ihren Blicken dem Pfarrer gefolgt, dann hatten sie sich gemeinsam erhoben, um einer Stelle zuzuschreiten, an der sie mit ihm zusammentreffen mußten.

„Jetzt wird Gelächter im Olymp beginnen," rief der Abbé ihnen nach, „der Vater der Götter und Menschen geht, auf dem Ida Schicksale der Sterblichen zu planen, und Diana's weithinzielendes Auge geleitet ihn. Im Geist schon hör' ich die schwirrenden Pfeile ihres Köchers sich den zackigen Blitzen seiner Rechten gesellen — wo ist das sinnlos trotzende Haupt, dem sie gelten? Uns aber laßt mit klingenden Gläsern den Ruhm feiern, den ihr Triumph auch uns miterwirbt, den Himmlischen welchen die Auf= gabe fällt, in ihrer Abwesenheit den unsterblichen Froh= sinn des Göttersitzes fortzuerhalten. Auch das ist eine Pflicht, entziehen wir uns ihr nicht!"

Er füllte die Gläser am Tisch mit schwer von Gold= perlen aufwallendem und aufschäumendem Burgunder, Marie d'Aubigné und Clemence tranken hastig, Victor d'Aubigné stieß volltönend sein Glas mit dem des Abbé's zusammen. Ein leichter Flor drängte sich an der Silber=

scheibe des Mondes vorüber und die Lampions am Gezweig begannen leise zu schaukeln. Doch niemand unter der Baumrunde nahm es wahr, das Stimmendurcheinander stieg überall, offenbar erreichte das Fest allmälig seinen Zweck. Vom Schloßhof her kam ein Mann mit ängstlich suchendem Blick gelaufen, zögernd strebte er der Richtung zu, in der Felicien und Diana sich aus der Mitte der Versammlung abhoben, ehe er diese erreichte rief ihn indeß eine Stimme bei Namen und fragte: „Was giebt's?"

„O mein Gott, wie ist's nur möglich, Herr Maulac?" wandte der Gerufene sich an den Tisch, an welchem der Gatte Madame Jeannette's mit dieser, Mademoiselle Zoé und dem schönen Henri saß — „er ist fort — o ich Unglücklicher — das Fenstergitter ausgehoben — spurlos verschwunden."

Herr Maulac zuckte antwortlos die Achsel, während seine Finger in der Tasche ein Goldröllchen spielend hin und her wendeten, und der Gefängnißwärter lief verzweifelt weiter. Baarhäuptig mit schlotternden Knien trat er auf das gräfliche Geschwisterpaar zu und stotterte in dem Augenblick, wie auch Urbain Guéraud mit diesem zusammentraf, seine Meldung.

„Der Gefangene — Herr de Laval — o mein Gott — er muß mit des Teufels Beistand — ich bin unschuldig —"

„Entflohn?" fiel Urbain haftig ein, „Deinen Kopf dafür! Bietet Alles auf, ihn zu verfolgen und zurück zu bringen! Eilt!"

„Nein, laß ihn! Es ist gut, ist am Besten so", gebot Diana ruhig.

Er sah sie zweifelnd an. „Du sprichst unbedacht! Ich bitte Dich, Felicien, gieb Befehl —"

„Ich glaube, meine Schwester hat Recht, es ist so am Besten — was sollten wir mit ihm?" versetzte dieser, und Diana fügte erregt hinzu: „Du redest nur, um zu widersprechen, jetzt wie vorhin! Hältst Du uns für Thoren? Thu's, doch es geschieht, wie es uns gut scheint."

Der Gefängnißwächter verlor sich, von seinem Schreck entlastet, schnell in der Menge, beruhigt an ihrer Lustbarkeit theilzunehmen; Urbain durcheilte, ohne etwas zu erwiedern, den Kreis und verschwand ebenfalls. Statt seiner näherte sich jetzt der Pfarrer den Geschwistern, die ihm erwartungsvoll entgegensahen. Strahlenden Blickes kam er rasch heran und sagte: „Morgen!"

„Sie sind bereit?" fragte Diana.

„Alle. Der Augenblick ist da, Paris erhebt sich, die Bretagne steht in Waffen, die Nationalversammlung zu unterstützen."

Wie trunkenen Schritts ging er neben ihnen, das Haupt entblößt, ein Windstoß pfiff zwischen den Stämmen durch und ließ sein weißes Haar um die Schläfen flattern. Drüben durch den Park eilte Urbain Guéraub mit gezogenem Degen. Manchmal stand er aufhorchend eine Secunde still, dann lief er weiter. Er vernahm nichts als das sich steigernde Gelärm vom Festplatz her, der Mond war schwer von Wolken verdeckt, nur ein falbes Licht dämmerte noch in den Gängen. Nun kreuzte es einen derselben wie ein Schatten und Urbain stürzte darauf zu: „Halt! Bei Deinem Leben!"

Ein Lachen antwortete ihm, die Gestalt blieb stehen und die Stimme des Abbé's erwiederte:

„Ich glaube, Du irrst Dich, Waidmann, es ist kein weißes Edelwild, das Du aufscheuchst, sondern eine Fledermaus."

Verwirrt kam Urbain heran. „Du? Und hier allein?"

„Ich liebe die Einsamkeit."

„Du warst nicht allein!"

„Glaubst Du, Diana habe mir Gesellschaft geleistet?"

Es zuckte in Urbain's Hand, die noch immer den entblößten Degen hielt. „Du bist noch scharfsichtiger, als ich geglaubt."

„Weshalb?"

„Weil Du wußtest, daß aus Deinem Munde diese Antwort ungefährlich sei. Du hattest andere Gesellschaft, die des Grafen Laval! Wo ist er? Diesmal enthält Schweigen Gefahr für Dich!"

„Ah, mein Bruder Laval! Du fragst, wo ich ihn gelassen und scheinst den Verdacht zu hegen, daß ich ihn ermordet habe? Ich könnte antworten: Soll ich meines Bruders Hüter sein? Aber ich bin kein Kain, sondern ein Jünger eurer Lehre, ein Bewohner des neuen Zion, das ihr aufgerichtet, und liebe nach eurem Gebot jeden meiner Mitmenschen, auch Dich, in Wirklichkeit brüderlich, respective schwesterlich. Nach eurem Beispiel und meiner schwachen Kraft nähre ich den Hungrigen, kleide den Dürftigen, berathe den Zweifelnden, zeige dem Irrenden den Weg. Und da mein Bruder Laval hülflos zu mir kam —"

„Wo ist er?" fiel Urbain heftig ein.

Der Abbé lachte und deutete mit der Hand in eine Richtung. „Würdest Du es glauben, wenn ich „dort" sagte? Außerdem hat die wirklich brüderliche Liebe noch eine Pflicht, die Aufregung eines Mitmenschen zu beschwichtigen, selbst wenn eine Täuschung — pia fraus nannte es die überwundene Zeit — dazu erforderlich sein sollte. Also dorthin, mein Bruder, ist unser Bruder entflohn. Folge ihm in der Richtung, die Kühle der Nachtluft wird Dir wohlthun. Ich ahne, weshalb Dein Herz Dich ihm so eifrig nachdrängt; Du befürchtest, er möchte noch nicht so völlig von den Grundsätzen unseres erhabenen neuen

Glaubens durchdrungen sein, daß er jeder Versuchung zu widerstehen im Stande sei und in schlechter Gesellschaft auf Abwege gerathen könne. Deshalb wünschst Du ihn in Dein Kämmerlein zurückzuführen, ihn nachhaltiger zu unterrichten, zur Vollkommenheit auszubilden. Doch wir sind ja nicht alle befähigt, uns sofort zum Gipfel aufzuschwingen, und uns bleibt der Trost, daß falls er irre gehen und straucheln sollte, er gleich uns in seinem eignen Innern den höchsten und unbestechlichsten Richter findet, ihn zu verurtheilen und auf diesem Wege zu bessern."

Urbain Guéraud hörte stumm auf die im artigsten Unterhaltungston von den Lippen des Abbé's fließenden Worte. Dieser hatte Recht, jeder Versuch allein den Entflohenen in der Nacht zu verfolgen, glich sinnloser Thorheit, da sich demselben hundert Richtungen darboten. Weshalb hatte er es überhaupt gewollt? Es war wie ein dunkler Trieb bei dem ersten Wort des Gefängnißwächters über ihn gekommen, doch warum? Hatten Felicien und Diana nicht vielleicht Recht, ja der Abbé selbst etwa, wenn er ihn in einer zarten Wendung als trunken bezeichnete? Und war der heftige Drang, den er empfand und mit dem Aufgebot aller Kraft niederkämpfen mußte, die graziös lächelnde und plaudernde Gestalt vor sich mit einem Stoß der Degenspitze für immer verstummen zu lassen, nicht ebenso grundlos wie der blinde Trieb, der ihn, ohne jede besonnene Erwägung, plötzlich zur Verfolgung des blonden Grafen fortgerissen? Schweigend drehte er sich ab und kehrte in der Richtung des Schlosses zurück. Es war in den letzten Minuten fast lichtlos dunkel geworden, doch regungslos still auch in den Lüften, so daß nur das Stimmengetöse von drüben ihm als Führer diente. Dies hatte sich seit seiner Abwesenheit noch in beträchtlichem Maße gesteigert; als er sich dem Lichtkreis wieder näherte, war das Erste, dessen er von Weitem ansichtig ward, eine mehr als halb= trunkene Schaar, die etwas zur Seite den Zapfen eines Weinfasses einschlug. Der Wein strömte aus dem Spund= loche und einige hielten ihre Gläser, um sie zu füllen, in den Ausfluß, die Meisten aber des Trinkens im Augen= blick überdrüssig, belustigten sich daran, die goldhelle Flüssig= keit schäumend auf den Boden herunterstürzen zu sehen und tauchten unter brüllendem Gelächter ihre nackten Füße in die Lachen, welche jene auf dem Erdreich bildete. Schatten und Licht wechselten auf den Gesichtern und liehen ihnen einen Ausdruck, vor dem es den entfernten Betrachter mit Ekel überkam. Er änderte seine vorherige Richtung und beschrieb von seinem Standpunkt aus eine concentrische Peripherie um den erhellten inneren Kreis. Der Abbé, sah er, befand sich bereits wieder in über= sprudelnder Unterhaltung an dem Tisch der Schloßherr=

schaft, zu dem auch Felicien, Diana ·und der Pfarrer zurückgekehrt waren, und er wollte ebenfalls auf diese zuschreiten, als zwei Stimmen zur Rechten neben ihm ihn anhielten. Sie gehörten beide Bauern aus dem Dorf an, die auf der andern Seite einer dichten Hecke miteinander redeten und sich offenbar bemühten, mit gedämpftem Ton zu sprechen, doch der Wein hatte ihrer Zunge und ihrem Ohr die Empfindung für die Stärke des Laut's genommen und jedes Wort klang verständlich durch die Blattwand.

„Wie die Narren schrei'n", sagte der Eine, „und's ist ihr eigner Wein, den sie trinken."

„Wie ihr eigner?"

„Ich meine, sie brauchten es nur zu machen, wie die drüben im Languedoc es gestern Nacht gethan, und sie könnten täglich so viel trinken wie sie wollten."

„Du hast Recht", versetzte der Andere, „wenn's Gerechtigkeit gäbe, sollt' es eigentlich so sein. Was haben die drüben gethan?"

„Nichts Besonderes, nur was Deine Frau jeden Tag thut, wenn sie die Kohlen auf dem Herd anbläst. Sie haben gut gebraten und man soll's auf eine Meile in der Runde gerochen haben —"

Plötzlich bebte der Grund unter Urbain Guéraud, wie von einem Stoß erschüttert, ihm war, als werfe die

Heckenwand sich über ihn, und es drehte ihn herum, daß er die Windlichter unter den Bäumen mit einem Schlage erlöschen sah. Ein tausendfaches Krachen ging durch's Geäst, prasselnde Zweige schlugen herab, in die Luft gewirbelt leuchteten einige der bunten Lampions noch secundenlang, dann erloschen auch sie sternschnuppengleich und schwarze Nacht lag über unsichtbar lautem Durcheinandergekreisch von Weibern und trunkenen Männerstimmen. Wie von oben niederrasender Strom brach im nämlichen Moment sturmgepeitschte Regen- und Schlossenwucht herab, ein rothgelber Blitz zuckte mit schweflichtem Geruch in blendendem Zickzack auf die nächste Felswand und ein Donner übertäubte für einen Augenblick selbst den stürzenden Wasserschwall. Dann tönte schauerlich, gespenstisch von der Höhe durch die Finsterniß der warnende Hornruf, der am Anbruch des Abends das Herannahen eines gewaltigen Unwetters prophezeit.

Niemand sah oder hörte den Andern, instinctiv hielten die Meisten sich an den Nächsten geklammert, der sich grade neben ihnen befand. Die Dunkelheit war so vollkommen, daß die mit dem Platz Vertrautesten jede Richtung verloren hatten und auf's Gerathewohl besinnungslos davonstürzten. Eine Stimme schrie: „Steckt das Schloß in Brand, damit man sehen kann!" Doch der heulende Sturm verwehte sie ungehört. An Urbain Guéraub's Arm knisterte ein seidenes Kleid vorüber und Victor d'Aubigné's Stimme flüsterte:

„Mir gilt es gleich, wo wir ein Obdach finden, wenn Du bei mir bist — nur nicht in's Schloß!"

Drüben auf der andern Seite tastete Marie sich durch die Finsterniß. Sie suchte den Weg nach dem Schloß, doch ihre Hand stieß, sich ausstreckend, nach einer Weile auf eine rauhe Steinwand und sie erkannte, daß sie die ihrem Ziel völlig entgegengesetzte Richtung eingeschlagen; allein zugleich entsann sie sich, daß sie sich in der Nähe einer Grotte hier befinden müsse, die ihr bis das Unwetter sich ausgetobt, ein Unterkommen gewähren könne. Am Gestein entlang tastend fand sie die künstliche Felshöhlung, deren sie gedacht; durchnäßt, mit aufgelöst herabfallendem Haar, müde und doch fieberglühend in den Schläfen kauerte sie sich auf eine an der Rückwand der Grotte roh aus dem Stein gehauene Bank. Sie legte den Kopf gegen das harte Kissen und schlief ein und träumte. Der Traum kam in der nämlichen Gestalt wie die Wirklichkeit. Es war tiefe Nacht, der Sturm ächzte und der Regen rauschte. Dann flammte ein Blitz, die kleine Grotte mit blauem Schein übergießend, herab und in seinem Licht stand vor dem Eingang der Höhlung eine Gestalt und sagte:

„Finde ich Dich hier, schöne Azalais —?"

Einundvierzigstes Kapitel.

Das Unwetter war von den Sevennen herabgekommen und in gelben Strudeln schoß am andern Morgen noch die Loire, ihr Bett fast überall bis zum Rand füllend durch das Felsthal neben der nach Le Puy führenden königlichen Straße her. Ein Fußgänger in ziemlich herabgekommenem Aufzug verfolgte die letztere; seine ursprünglich offenbar höchst elegant gewesene Kleidung war von Regen und Schmutz entfärbt und fleckig, seine Halskrause zerrissen, seine Schuhe fast zu Lumpen aufgeweicht. Er ging baarhaupt und hinkte mit verletztem Fuß, man sah, daß der nächtliche Sturm ihn irgendwo schutzlos gepackt und sein souveraines Possenspiel mit ihm betrieben haben mußte. Trotzdem blickten die Augen des Mannes nicht unzufrieden aus ihren ziemlich tief liegenden und dunkel umränderten Höhlen, nur auf dem zur Seite der Straße wirbelnden Fluß ruhten sie ab und zu mit einer Art

Scheu und sein Mund murmelte: „Es ist die Loire — noch könnte sie Recht behalten, ich bin noch nicht hinüber."
Er wandte schnell den Kopf dabei zurück und setzte, obwohl er nichts hinter sich gewahrte und vernahm, seinen Weg eiliger, so gut der verwundete Fuß es ihm erlaubte, in nördlicher Richtung fort. Der Mont Anis stieg jetzt von der Frühsonne beglänzt aus dem Thal hervor, gleich darauf von seinem Rücken die Kirche von Notre Dame, und die höchst gelegenen Häuser der Stadt reihten sich daran. Die sechste Morgenstunde war kaum vorüber, aber dennoch überraschte den Ankömmling vor dem Thor bereits eine beträchtliche Ansammlung von Menschen, die schwatzend und gaffend herumstanden und neugierig den hochgeschwollenen Fluß betrachteten, der statt der gestern gründurchsichtigen Wellen heut' schmutzige Wasserberge dahinwälzte, ohne daß die Bewohner der Stadt selbst von dem Anlaß dieser Veränderung etwas wahrgenommen. Ein eigenthümlicher Charakter kennzeichnete die aus allen Altersklassen bestehende, unthätige Menge. Die Männer wie die Weiber schienen keinen anderen Beruf zu haben, als sich über den unerwarteten Wasserreichthum der Loire zu wundern, Steine in dieselbe hineinzuwerfen, und in einigen Schenken am Ufer sich bei einem Frühtrunk wieder von dieser Anstrengung zu erholen. Aus dem Innern dieser Kneipen scholl bereits Gejohle und Weibergekreisch wie am Abend

eines Festtag's, manchmal tauchte auf der Schwelle eine
Dirne auf, deren freches Aussehen und halbnackter Zustand
ihr Gewerbe kundthaten, und verschwand von mehreren
Fäusten zugleich hinterrücks an dem schlotternden Rock
gepackt unter gemeinem Gelächter wieder in der rauchigen
Atmosphäre der Taverne. Es war unverkennbar die Hefe
der Stadtbevölkerung, die sich hier zusammengefunden, ohne
einen anderen Grund, als weil der Fluß ein ungewöhn=
liches Schauspiel bot, doch in ihrem Behaben lag es aus=
gesprochen, daß wenn dies nicht der Fall gewesen, sie sich
ebenso an einer anderen Stelle angehäuft hätte, wo irgend
ein Gegenstand geringfügigsten Anlaß dazu gegeben.

Der Fußwanderer in dem zerrissenen Aufzug sah es
verwundert von Weitem. Er blickte umher, ob ein Neben=
weg ihm ermögliche, den lärmenden Haufen zu vermeiden,
allein die einzige Straße führte nur durch jenen hindurch
und so schritt er langsam darauf zu. Einige herum=
schlendernde Gaffer, die nach einer Neuigkeit auszulugen
schienen, traten dicht an ihn hinan, betrachteten ihn
neugierig und sagten spöttisch: „Gott segne Euer
Gnaden! Euer Hochgeboren kommen wohl als Courier
von den Schwarzen in Afrika! Wenn Eure Prinz=
lichkeit einen Sous für uns erübrigt, wollen wir Vor=
spann leisten."

Der Ankömmling bezwang, obwohl er fast noch ver=

kommener als die ihn umringenden Gestalten aussah, einen
Widerwillen und versetzte:

„In der That, ich suche ein Pferd, um nach Paris
zu kommen. Kann Einer von euch mir sagen, wo ich es
am Besten finde?"

„Hoho, muß es das Beste sein? — Hab' ich's nicht
gesagt, es ist ein Courier, ich sah's ihm gleich am Schritt
an! — Bringt ihn hier in den Stall der Madelaine, da
findet er Reitgelegenheit, bis er abfällt! — Nein, setzt
ihn auf die Loire, die ist frisch aufgezäumt heut' und trägt
ihn am Schnellsten hinunter!"

Die Menge belustigte sich, durcheinander rufend,
ungemein an dem Gegenstand, der ihr ein unerwartetes
Schauspiel geboten. Einige Hände streckten sich nach dem
Hinkenden aus und zerrten ihn nach der Flußwand. „Ja=
wohl, laßt sehn, ob er schwimmen kann!" schrie's, und ein
Gelächter stimmte den Worten zu, welches ausdrückte, daß
es ihm durchaus Ernst mit dem Scherz sei. Der Mann,
der sich dergestalt auf's Bedenklichste bedroht sah, änderte
plötzlich den Ausdruck seiner Gesichtszüge und sagte, ohne
Widerstand zu leisten, mit lächelnder Miene:

„Wie ihr wollt, meine Freunde! Was liegt daran,
ob ein armer Teufel wie ich zu Grunde geht; wenn es euch
nur Spaß macht, bin ich gern dazu bereit. Aber den Aristo=
kraten werdet ihr einen trefflichen Dienst damit leisten —"

Die Hände, welche im Begriff standen, ihn von der Böschung in's Wasser hinunter zu stürzen, hielten in ihrer Absicht inne. „Die Aristokraten? Was sagt er von Aristokraten?" rief's.

„Daß ihr auszuführen sucht, was ihnen nicht gelungen ist, mich zu hindern nach Paris zu kommen, um den Volksvertretern in der Nationalversammlung mitzutheilen, wie das Volk von jenen überall in Frankreich geknechtet und geplündert wird."

Ein lautes Geschrei erhob sich und er ward ebenso schnell von hundert ausgestreckten Armen vom Ufer zurückgerissen, als er dorthin geschleppt worden. „Nieder mit den Hallunken! Ersäuft die Aristokraten und die Pfaffen! Laßt ihn los! Gebt ihm ein Pferd! Werft die in's Wasser, die sich an ihm vergreifen wollten! Er ist ein Volksfreund, tragt ihn auf den Schultern in die Stadt! Ein Pferd! Er muß nach Paris!"

Schmutzige Weiber drängten sich an ihn, umarmten und küßten ihn, Arme hoben ihn auf und trugen ihn fort, mit begeisterten Zurufen wälzte sich die Menge hinterdrein. Sie riß die Begegnenden mit sich — „was giebt's? was ist?"

„Die Aristokraten haben einen Abgesandten des Volks gefangen genommen! In einem Käfig haben sie ihn gehalten, wie ein Thier! Er ist ihnen entwischt, sie wollten ihn morden! Er hat acht Tage von Wurzeln in den Bergen gelebt und in Höhlen geschlafen! Tod den Mördern! Ein Pferd!"

Tobend, kreischend, an jeder Ecke sich verdichtend ging es durch die Straße Ponnejac auf den Marktplatz. Voraneilende stürmten in einen Gasthof und rissen aus dem Stall desselben ein Pferd, das sie dem Gegenstand ihres plötzlichen Enthusiasmus zuführten und ihn von den Schultern seiner Träger darauf huben. Fast ungläubig noch blickte dieser auf die wogenden Köpfe unter sich, er begriff selbst die Umwandlung nicht, die seine Worte hervorgebracht, nur daß er gerettet und in merkwürdiger Weise auf die schnellste Art zur Erreichung seines Wunsches gelangt sei. "Platz! Platz! Nach Paris! Nach Versailles!" rief es rings um ihn, eine freie Gasse bildete sich, und ein höhnisches Lachen, doch mit einem eigenthümlichen Zug des Bedauerns, ja des Zögerns untermischt, flog um seine Mundwinkel. Er murmelte: "Vielleicht hätte ich hier am Besten gefunden, was ich suche" — doch das Geschrei: "Nach Paris! Nach Versailles! Tod den Aristokraten und den Pfaffen!" verstärkte sich immer mehr und er schlug dem Pferde seine Fersen in die Weichen. Das Thier flog dahin, man sah, daß es in der verwilderten Gestalt einen geübten Reiter erkannte —

Allein plötzlich schrie eine durchdringende Stimme: „Halt! Haltet ihn!" Sie kam von der Treppe eines stattlichen Hauses und gehörte einer auffällig gekleideten weiblichen Figur an, die soeben aus der Thür getreten und deren Blick einige Secunden lang zweifelnd auf dem über die Menge emporragenden Reiter gehaftet hatte. Dann eilte sie, ihren Ruf wiederholend, schnell durch das Gedränge auf jenen zu, ohne darauf zu achten, daß sie die lange Schleppe ihres kostbaren Kleides zerriß, und fiel sich kräftig hindurcharbeitend, mit derber Hand dem Pferd in die Zügel. Die Nächststehenden sahen sie verdutzt an, ebenso der unerwartet zurückgehaltene Reiter. Ihre üppige Körperfülle sprengte fast den schweren Sammet ihres Gewandes, das die breite, vom Lauf keuchende Brust tief entblößt ließ, an ihren plumpen Fingern blitzten übereinander gesteckte Diamantringe, ein prächtiger Federhut saß in schreiendem Contrast zu den gemeinen Gesichtszügen auf dem groben, brandrothen Haar. Trotz ihrem reichen Costüm schien indeß die Menge keine Abneigung gegen dieselbe zu hegen, da sie auf ihren Ruf das Pferd angehalten, jetzt aber rief es umher:

„Was willst Du? Halt' ihn nicht auf! Er muß nach Paris, die Aristokraten zu verjagen!"

Von Gabriele Demogeot's breiten Lippen brach ein höhnisches Lachen. „Er? Hat er auch euch betrogen?

Kennt ihr ihn? Er ist selbst ein Aristokrat und heißt Graf Laval! Seht, wie er zittert!"

Ein Wuthgeheul gellte aus der Menge und ein Dutzend Hände krallten sich um die Schenkel des Reiters, während gleichzeitig sich von vorn und in seinem Rücken behende Burschen zu ihm auf's Pferd schwangen, um ihn herab zu reißen. „In die Loire mit ihm!" brüllte es. „Wir wußten's und wollten ihn ersäufen, aber die Narren glaubten ihm! Setzt Gabriele auf's Pferd und führt sie im Triumph durch die Stadt! Sie ist die Freundin und Wohlthäterin des Volks! Sie hat den Schurken entlarvt! In's Wasser! In den Fluß!"

Der blonde Graf war kreideweiß geworden, ein Schleier zog sich ihm über die Augen, seine Lippen murmelten das Wort: „Lenormand." Die rothe Gabriele jedoch, die sich einige Momente an seiner Todesangst geweidet, schleuderte jetzt die nächsten Angreifer energisch zur Seite und schrie:

„Halt! Seid ihr toll? Wollt ihr mir meinen Mann umbringen?!"

Die von ihr Zurückgerissenen starrten ihr ungewiß, ob sie richtig gehört, in's Gesicht. „Ihr Mann — es ist ihr Mann!" riefen mehrere Weiber.

„Nein, sie will uns auch betrügen! Packt ihn!"

Gabriele wendete sich zu den Frauen um. „Helft

mir, daß sie mir meinen Mann nicht in Stücke reißen! Ihr versteht euch drauf, er ist noch nicht so eigentlich mein Mann, aber die Hauptsache dazu ist gethan, das können wir beide beschwören. Ich kann's euch nicht so erklären, daß es ein besonders hübscher Zug von mir ist, daß ich ihn nicht in's Wasser werfen lasse, aber ihr wißt's so gut wie ich, daß wir weichherzig sind und sich mit einem todten Manne nicht viel anfangen läßt. Und dann am Ende ist's auch ein hübscher Zug von ihm, daß er hier ist, um mich zu suchen, denn ich bin überzeugt, daß er nur gekommen, um die kleine Unterlassung, die bei uns stattgefunden, gut zu machen. Also helft mir, ihr guten Frauen, daß ich auch eine so ehrbare Frau wie ihr werde, und schenkt mir sein Leben, wenn er mir dazu behülflich sein will — denn, nicht wahr, das ist Deine Absicht, mein Schatz?"

Der blonde Graf starrte das aufgeputzte Weib noch immer wie eine geisterhafte Erscheinung an, die Stimmung der Masse aber hatte sich auf die Ansprache Gabriele's hin mit einem Schlage wieder verwandelt und ihre Wuth unbändigem Gelächter Platz gemacht. „Er soll sie heirathen! Auf der Stelle! Zur Kirche! Es lebe die Gräfin Gabriele und ihre Nachkommenschaft! Vorwärts!"

„Nun, mein Schatz," wiederholte Gabriele Demogeot, ungeduldig die Hand zu dem regungslosen Reiter ausstreckend, „dünkt Dir das Bett der Loire besser oder mein's? Du hast die Wahl, aber ich kann Dir aus Erfahrung versichern, daß das Wasser kälter ist."

Ein böser Hohn zuckte um ihren Mund, in ihren Augensternen lag eine blutige Drohung, besinnungslos griff er, wie ein Versinkender das Brett packt, nach ihrer beringten Hand und ein tobendes Jubelgeschrei umgellte ihn. „Zur Kirche! Holt den Pfaffen aus dem Bett! Wir kommen zum Hochzeitsschmaus!"

„Natürlich!" lachte die rothe Gabriele, ihr jetzt aus dem Sattel zu ihr mehr herabgesunkenes als gestiegenes Opfer zärtlich embrassirend, „ich bleibe auch als Gräfin eure Freundin, wie mein Vater, der gute Herr Demogeot es immer war. Komm zu unserm Ehrengang, mein Theurer — es schickt sich nicht für eine ehrbare Braut, daß wir uns hier vor aller Augen küssen und herzen, das thun wir nachher. Du bist doch glücklich, mein Schatz, daß Du mich wieder hast?"

Graf Laval's Augen hatten in den letzten Momenten nachdenklich auf den funkelnden Diamanten und dem reichen Costüm der Sprecherin geruht und ein anderer Ausdruck mischte sich auf seinem Gesicht dem, welchen der Zwang der Nothwendigkeit vorher hineingezeichnet. Entschlossen nahm er den Arm des Mädchens und versetzte:

„Gewiß, ich hoffe Dir das höchste Glück zu danken —"
„Seht ihr," fiel sie, sich stolz neben ihm aufrichtend

ein, „daß ich keine schlechte Wahl getroffen," und unter Gelächter und Beifallsklatschen wälzte das Gedränge um sie her sich in der Richtung der Kathedrale fort. Nach wenigen Minuten war der Platz völlig leer, da niemand auf demselben zurückgeblieben, und eine Weile verging, ehe er sich mit andern aus verschiedenen Straßen herbei= eilenden Gestalten belebte. Sie bestanden aus jungen, anständig gekleideten und zumeist intelligent aussehenden Bürgerssöhnen, alle, doch verschiedenartig bewaffnet, mit dem nämlichen Farbenabzeichen versehen. In kurzer Zeit rangirten sie sich, voraufgegangene Uebung bekundend, vor dem Rathhause auf, ihre Zahl, als alle versammelt waren, mochte gegen Hundert betragen, und nach einigen Augen= blicken erschien von dem Arzt Lacordaire begleitet, Henri Comballot, der sich nach dem ihm entgegengebrachten Gruß als der Führer der harrenden Bürgergarde herausstellte. Ebenso unverkennbar aber bildete der Arzt das geistige Oberhaupt derselben, dessen Stimme bei der erfolgenden Berathung den entscheidenden Ausschlag gab. Der Volks= auflauf, dessen Anlaß niemand kannte, hatte die freiwillig zusammengetretenen Hüter der städtischen Ordnung ihrer übernommenen Pflicht gemäß schleunigst auf dem zu solchem Behuf bestimmten Platze versammelt und nach wenigen Minuten setzten sie sich in militärischen Reihen in Bewe= gung auf die Kirche von Notre Dame zu, um etwaigen

Gewaltthaten des zusammengerotteten Pöbels dort zu begegnen. Es zeigte sich bald, daß ihre moralische Autorität, die sich muthmaßlich auf ihre schon öfter erprobte Energie begründete, eine nicht geringe Wirkung ausübte, denn kaum wurden die letzten Nachzügler der um die Kathedrale aufgestauten Masse ihrer ansichtig, als sich ein lauter Ruf: „Die Lacordaire'schen kommen!" erhub und ein erschrecktes Auseinanderdrängen begann. Der Arzt ließ die Seinigen in einiger Entfernung Halt machen und schritt, nur von einer kleinen Escorte Bewaffneter begleitet, gegen die Kirche vor. Auf sein Befragen ward ihm die Antwort zu Theil, daß die Menschenanhäufung keinen anderen Grund habe, als den einer unerwartet in Notre Dame stattfindenden Trauung, und da die Menge sich seit dem Erscheinen der Ordnungswächter durchaus ruhig verhielt, stand Lacordaire in zweifelnder Erwägung mit Henri Comballot, als die Scene sich plötzlich in unerwartetster Weise veränderte. Die Hauptstraße, welche zu der Kirche heraufführte, füllte sich mit einem Schlage mit einem dichten, langsam emporsteigenden Zuge, dessen erster Anblick darthat, daß er nicht aus Bewohnern der Stadt, sondern aus einer ländlichen Bevölkerung befand. Es waren mehrere hundert Bauern, an deren Spitze ein weißhaariger Mann mit schwärmerisch leuchtenden Augen schritt, hinter dem Zuge tauchten einige Reiter herauf, deren farbige

Tracht noch undeutlich gegen die Einförmigkeit desselben abstach.

Einen Augenblick stand der Arzt sprachlos den Herannahenden entgegen sehend, dann trat er dem greisen Führer in den Weg und fragte:

„Was wollen Sie, Herr Guéraud?"

Es war freundlich, aber fest gesprochen, der Pfarrer mußte innehalten und der Zug stockte. Mathieu Guéraud antwortete:

„Wir kommen, auch euch von der Lüge zu befreien."

Lacordaire tauchte seine Augen tief in die des Sprechers.

„Sie sind ein edler Mann, Guéraud, ich weiß es, doch wir bedürfen Ihrer nicht — seien Sie bedacht, daß Sie nicht unserer bedürfen werden, zu spät vielleicht. Was wollen Sie?"

„Dort hinein!"

Der Pfarrer deutete auf die Kathedrale, doch von den Lippen des Arztes tönte ihm ein entschlossenes „Nein!" entgegen, daß er erstaunt einen Schritt zurückwich.

„Sie wollten uns hindern?"

„Mit Gewalt — wenn es sein müßte."

Ein Murren und Vorwärtsdrängen begann unter den Bauern, auf der andern Seite wuchs der Muth der zuerst um die Kirche Versammelten, die einen Conflict zwischen der Bürgergarde und den neuen Ankömmlingen zu wittern anfingen. „Sie sind also auch ein Freund der Lüge?" sagte der Pfarrer mit aufflammendem Blick.

„Nein, Guéraud, der schlimmen Wahrheit, die Sie verkennen." Ein schmerzliches Lächeln flog über Lacordaire's Züge, doch eine Secunde lang nur, dann gebot er Henri Comballot: „Lassen Sie die Waffen ziehn, niemand von diesen gelangt hindurch!"

Mit großer Präcision ward dem Befehl Folge geleistet. Die Waffen blitzten auf, man sah, daß muthiges Pflichtgefühl und stricter Gehorsam sie regierte. Doch die kleine Schaar in der Mitte zwischen zwei Volkssäulen haltend, fühlten diese sich derselben durch ihre Masse jetzt gewachsen und drangen von beiden Seiten vor.

„Das Blut komme über Sie, Guéraud!" rief der Arzt, ebenfalls jetzt, zum Aeußersten entschlossen, seinen Degen ziehend. Allein im selben Moment wichen die Vordersten der herandrängenden Bauern noch einmal vor den Hufen der rasch vom Schluß des Zuges heraufsprengenden Pferde zurück und eine weibliche Stimme fragte:

„Weshalb zögerst Du, Guéraud?"

Auch Lacordaire wandte gleichzeitig den Kopf, dann wich er wie betäubt zurück und sah sprachlos in die Augen Diana's von Hautefort. Der Pfarrer versetzte zürnend:

„Weil dieser da uns hindern will."

„Du? Und weshalb?"

Sie blickte fragend auf den Arzt, doch dieser erwiederte nicht darauf, sondern stammelte, unverwandt mit dem Blick an ihr hängend:

„Sind Sie Diana von Hautefort? dann begreife ich Alles — Alles."

Eine merkwürdige, fast minutenlange Stille trat ein, dann fügte er mit zitternder Stimme hinzu:

„Und Sie wollen es, Gräfin Diana?"

Sie nickte verwundert: „Ja."

„Gebt Raum! — Aber theuer ist der Augenblick bezahlt."

Diana allein vernahm die letzten Worte. Sie hörte dieselben, ohne sie zu verstehen und ihr fragendes Auge begegnete noch einmal dem des Sprechers. Zugleich wich auf Henri Comballot's Befehl die zum Kampf bereite Schaar schweigend nach rechts und links auseinander und bildete ein Spalier, durch das Mathieu Guéraud mit den ihm Nachfolgenden auf die Kathedrale zuschritt. Alles was sich in dieser befunden, war auf die Kunde von dem Erscheinen der Bauern bereits herausgeströmt, von Unten herauf hatte sich den letzteren fast die ganze noch übrige Bevölkerung von Le Puy erwartungsvoll nachgedrängt, und als der Pfarrer die gewaltige Freitreppe, die zum Portal von Notre Dame emporführte, hinangeeilt war, schweifte von der obersten Stufe sein Blick auf Tausende

hinunter, die wogenden Meeresströmungen gleich jeden
Zugang des Platzes erfüllten. Aller Augen aber waren
auf ihn gerichtet, der mit dem glänzenden Blick unter dem
Silberhaar allein dort oben stand — Wenige kannten ihn,
doch jeder fühlte, daß der nächste Augenblick etwas Be=
deutungsvolles umschließen müsse, und in der vielköpfigen
Masse verstummte der leiseste Laut, wie Mathieu Guéraud
die Hand erhob. Zunächst unter ihm, nur durch wenige
Stufen von ihm getrennt, standen neben Diana Felicien von
Hautefort und Urbain Guéraud, die ihre Pferde drunten
zurückgelassen; zu ihnen hatte sich noch Lacordaire gesellt,
dessen aus seiner sonstigen festen Sicherheit in träumerisches
Staunen verwandelter Blick sich immer noch keine Secunde
von dem Antlitz Diana's verwandte, als fürchte er, sie
könne gleich einem Meteor in Nichts wieder zerrinnen.
Sie aber und Urbain schauten, ohne daß einer vom Andern
wußte, weit in die Ferne zum Gipfel des Mont Mezin
hinüber, gegen dessen Brust eine düstre Basaltvorkuppe
sich deutlich erkennbar abhob. Unter ihnen lagerte es sich
breit ringsumher Kopf an Kopf, und Mathieu Guéraud
streckte die Hand über sie und sprach, tief hinab hallend,
mit metallener Stimme, die wie ein Räthsel weithin ver=
ständlich der schmächtigen Körpergestalt enttönte:

„Armes, geblendetes Volk, der Tag ist gekommen,
an dem ich auch zu dir reden kann, von dieser Stätte

aus, die ein Jahrtausend lang dich in Knechtschaft erhalten. Hier ist es, wo deine Feinde ihre Zwingburg erbaut, von der aus sie eure Felder plünderten, eure Häuser bestahlen, jeder Habe und jedes Rechtes euch beraubten. Hier standen sie und sagten euren Vorvätern, daß nichts ihr Eigenthum sei, daß ihre Güter, ihre Familie, ihr Leben ihnen nur geliehen worden, um in jedem Momente ihnen wieder genommen werden zu können — und in langer Kette bis zu euch hinunter hielten sie euch festgeschmiedet an die große Lüge, welche ihre List erdacht —

„Nein, nicht sie belügen euch! Ein anderer Feind ist es, ein gewaltigerer, der in eurer Mitte weilt, überall, wo ihr seid, tausendfach, in allen Städten, in jedem Hause, jedem Gemach! Er ist's, der euch beherrscht und knechtet, obwohl er nur zwei Augen hat wie jeder von euch, zwei Hände, einen Leib, nichts was nicht der Geringste unter euch sein nennte, gleich ihm. Nur Eins besitzt er mehr als ihr alle, das Recht, das jeder von euch ihm giebt, euch in's Elend zu stürzen. Woher nimmt er die Augen, euch auszuforschen, wenn ihr sie ihm nicht gebt? Woher die Hände, euch zu schlagen, wenn ihr sie ihm nicht leiht? Mit euren Füßen tritt er euch, doch wie hätte er Gewalt über euch, wenn nicht durch euch selbst? Wie könnte er es wagen, euch zu Boden zu pressen, wenn nicht eure Knie darein willigten?

„Armes, geblendetes Volk, was könnte er euch thun, wenn ihr nicht die Hehler des Räubers wäret, der euch plündert, die Mitschuldigen des Mörders, der euch tödtet, die Verräther an euch selbst! Ihr säet, damit er eure Ernte verwüste, füllet eure Häuser, damit er etwas finde, es zu stehlen! Eure Töchter zieht ihr auf, um seine Ueppigkeit zu sättigen, nährt eure Söhne, damit er sie in den Krieg, auf die Schlachtbank führt, sie zu Dienern seiner Raubgier, zu Werkzeugen seiner Rachsucht macht! Ihr arbeitet, damit er sich in seinen Lüsten wälzt, schwächt euch, um ihn zu stärken, daß er euch bändigen kann!

Und aus solcher Schmach, die ein Thier nicht dulden würde, könnt ihr euch selbst befreien! Keine Hand braucht ihr zu regen, nur zu wollen, und ihr seid frei! Seid entschlossen nicht länger Knechte zu sein und ihr seid frei! Ein Koloß scheint es zu sein, der euch zu Boden drückt, doch es bedarf nicht einmal eures Armes, ihn zu erschüttern. Stützt ihn einzig nicht mehr, und von selbst stürzt er zusammen und bricht in Trümmer!"

Mathieu Guéraud schwieg, ein dumpfes, lautloses Staunen lag über allen, die seine Worte verstanden. Sie sahen, daß der Platz leer geworden, auf dem er gestanden, doch sie wußten kaum, ob es Täuschung oder Wirklichkeit sei, und eh' sie sich zu regen vermochten, erschien der

Pfarrer wieder unter dem hohen Portal der Kathedrale von Notre Dame. Er hielt eine Holz=Puppe mit schwarzem Gesicht und Füßen, doch weißgemalten Händen in ungefähr halber Lebensgröße im Arm, von Leinwandstreifen um= wickelt und einem Mantel mit sonderbarer Inschrift auf dem linken Aermel umhüllt. Einen Augenblick starrte Alles noch sprachlos darauf hin, dann ging ein banges, wie Windesschauer aufrauschendes Gemurmel über den weiten Platz:

„Die heilige Jungfrau von Notre Dame!"

„Ja, die heilige Jungfrau von Notre Dame!" donnerte flammenden Auges Mathieu Guéraud's Stimme über die scheu wieder verstummende Menge. „Die heilige Jungfrau von Notre Dame, zu der Jahrhunderte lang Millionen, zu der Könige und Kaiser gewallfahrtet, vor der Päpste ihr Knie gebeugt, die Wunder über Wunder vollbracht, den Kranken gesund, den Blinden sehend ge= macht, dem Sünder, der sein Kleinod ihr zu Füßen gelegt, die Pforten des Himmels erschlossen. Die schwarze Ma= donna, vor der eure Vorväter betend im Staub gelegen, wie ihr, die Königin des Himmels, von der eure Priester euch gesagt, daß der Prophet Jeremias dies Bild von ihr verfertigt — seht her, sie ist der Feind, von dem ich euch gesprochen, das Symbol der Lüge, die euch in die Knecht= schaft verkauft, denn sie ist das Götzenbild eines vor

Jahrtausenden untergegangenen Volkes — diese Buchstaben auf ihrem Arm sprechen es unwiderleglich jedem, der nicht in Unwissenheit lebt, wie eure Priester, daß die wunderthätige Madonna von Notre Dame eine Isisstatue ist, vor der einst die Thorheit der Egypter gekniet, ehe die Klugheit der Kirche eure Stadt mit ihr betrog!"

Ein tausendstimmiger Schrei brach aus dem wogenden Kopfmeer. Wenige mochten verstanden haben, was diese Entdeckung aus dem schwarzen Bilde gemacht, doch jeder empfand, daß der Mann mit dem weißen Haar droben nicht log, sich nicht selbst täuschte, daß er einen Betrug enthüllte, an den ein Jahrtausend in blinder Demuth geglaubt — strahlend ruhten Diana's Augen auf Mathieu Guéraud, der die Ebenholzpuppe mit kräftiger Hand über sich erhoben und rief:

„Glaubst Du armes, verblendetes Volk, wenn sie eine Göttin des Himmels wäre, würde sie es dulden, daß ich sie nähme — — —?"

„Halt!" schrie es angstvoll von den Lippen Lacordaire's auf. Er wollte die Stufen hinanstürzen und dem Pfarrer in den Arm fallen, doch ein diamantener Strahl aus den Augen Diana's von Hautefort traf ihn; wie gelähmt, von übermächtiger Gewalt gebannt, hielt er inne, und unter einem Aufschrei des Volks, wie wenn ein Abgrund sich in Meerestiefe geöffnet, zerschellte, von Mathieu Guéraud's

Hand hinabgeschleudert, das tausendjährige Palladium von Le Puy am Fuße des Felsens, auf dem in grauer Vorzeit einst die Kirche den stolzen Bau von Notre Dame als einen Wunderschrein für ihr Heiligthum zum Himmel erhöht, — und aus dem unergründlichen Blau dieses Himmels fuhr kein Blitzstrahl auf den weißhaarigen Mann herab, der das Bild seiner Königin zerschmettert.

Ende des zweiten Buches.

Drittes Buch.

Zweiundvierzigstes Kapitel.

Ein Lichtschein fiel aus dem offenen Fenster eines kleinen Gemaches des Schlosses zu Versailles in die beginnende Nacht hinaus. Er schwankte zwischen hohen Bäumen hindurch, aus deren Wipfeln der abendliche Luftzug Blatt um Blatt herabschweben ließ, dann glitt er weiter über die zauberhafte Schöpfung Le Nôtre's in die dämmernde Ferne. Unbewegt, aufmarschirten Regimentern im Zwielicht ähnelnd, standen drunten in unendlichen Reihen die runden Kuppen der Orangerie, Fontainen plätscherten darin, weit hinüber rauschten die hundertfachen Springsäulen der Bäder Neptuns, am Höchsten aufsteigend schloß die machtvolle Wasserpyramide, die dem Viergespann Apoll's entströmte, den Hintergrund ab. Die stürzenden Cascaden erfüllten überall mit ihrem gleichmäßigen Niederbrausen die Luft, nur ganz leis knisterten die fallenden Blätter dazwischen. Ganz leis auch rührte sie nur die unsichtbare

Hand des Abendwindes, denn es bedurfte keiner stärkeren Kraft. Sie hatten sich überlebt und fielen von selbst; doch eine linde Herbstnacht war's, die den fünften October des Jahres 1789 beschloß und das geöffnete Fenster mit keinem fröstelnden Nachtschauer durchzog.

Die hohe Kugellampe, welche den Lichtschein auf den Orangenhain hinauswarf, stand auf einem Tisch des kleinen Schloßzimmers und auf einem mit reichem Brocatstoff überzogenen Divan daneben kniete ein Kind mit leuchtenden Augen sich einer eifrigen Beschäftigung hingebend. Es war ein etwa fünfjähriger Knabe von zierlichem Bau und mit freundlich anmuthigen Zügen. Lange Locken fielen ihm über die Stirn, die er eifrig zurückwarf, um den Blick genauer in ein vor ihm auf dem Tisch liegendes Uhrwerk richten zu können, das seiner Umhüllung entkleidet war und an dem er mit den kleinen Fingern neugierig tastete. Er hielt einen Uhrschlüssel in der Rechten und strengte sich an, das Werk in Gang zu setzen. Nun sagte er aufblickend:

„Wie macht man es doch, Papa? Hilf mir, ich kann's nicht."

Der, den er anredete, stand am Fenster und sah in die Nacht hinaus. Er war im Zimmer auf und nieder gegangen, dann hatte er ein mit Schriftzügen bedecktes Blatt auf den Tisch gelegt und lauschte, an's Fenster tretend, auf das Fallen der knisternden Blätter. Manchmal kam ein verworrenes Stimmengetöse aus der Ferne durch's Dunkel, kreischende Weiberrufe zumeist, doch verhallend, von der andern Seite des weitgedehnten Schlosses, wo dies an die Place d'Armes grenzte. Drunten im Garten tönte nur der gleichförmige Schritt eines Wachtpostens zwischen dem Rauschen der Wasser und den knisternden Blättern herauf.

Der Mann, der am Fenster stand, zählte noch nicht vierzig Jahre, doch sein Aeußeres ließ ihn mindestens um ein Jahrzehnt älter erscheinen. Sein Körper neigte etwas zur Wohlbeleibtheit, auf seinem Gesicht lag eine sonderbare, dem Beschauer deutlich sich offenbarende Mischung von verlegener Blödigkeit und wohlwollender Güte. Die Anmuth des Knaben auf dem Divan bot starken Gegensatz zu der unbehülflichen Erscheinung des Vaters; in sich gekehrt und still, erregte dieser den Eindruck eines redlichen, unentschlossen in der Erwägung eines Geschäftes schwankenden Bürgers, dessen durchfurchte Stirn kundthat, daß sein Lebensweg bis hierher kein sorgenloser gewesen. Aber zugleich lag ein träumerisch sinnender Schimmer über ihren Linien und sprach, daß nicht nur sein Ohr, daß auch seine Seele das Knistern der fallenden Blätter vernahm.

Nun wendete er sich halb auf des Kindes Frage, die

er halb nur gehört. „Hilf Du mir, ich kann es auch nicht, Ludwig."

Es klang seltsam und verwundert sah der Knabe ihn an. „Die Mama, der Oheim, alle sagen, Du seiest so geschickt, Papa, und Du hast es selbst gemacht. Da mußt Du jetzt doch auch wissen, wie man es in Bewegung bringt."

„Ob ich's weiß! Du hast Recht — es ist nichts leichter." Ein schmerzliches Lächeln flog schattenhaft an seinen Lippen vorbei, er trat an den Tisch, fügte den Schlüssel in das Uhrwerk und setzte hinzu: „Nun kannst Du's selbst, Ludwig."

Viel Liebe lag in dem Blick, der auf dem lockigen Knabenhaupt geruht, mehr Liebe unverkennbar noch darin, daß er in dieser Stunde sein horchendes Ohr von den Stimmen der Nacht abgewandt, um der spielenden Lust des Kindes keine Enttäuschung zu bereiten. Dann hatte er sich flüchtig über das Blatt auf dem Tisch gebückt und war an's Fenster zurückgekehrt; in dem kleinen Gemach herrschte Stille wie zuvor, nur das leise Knarren des Räderwerks, das der Kleine jetzt aufzog, durchtönte die lautlose Ruhe.

Zwei Minuten lang ungefähr, und ein anderes eigenthümliches Geräusch übertäubte das leise eintönig-vielstimmige Concert des herbstlichen Laubes. Es kam nicht stark, doch schrill und mißlautig zirpend, knirschend zwischen den Händen des Knaben hervor, der erschreckt mit ängstlichem Gesicht rief:

„Nun hab' ich's doch richtig gemacht, Papa — sieh nur, Du selbst hast es mir gezeigt — und es geht doch nicht wie es soll!"

Diesmal hätte es der Aufforderung des Kleinen nicht bedurft, der absonderliche Ton hatte das Ohr des Mannes wie das eines Uhrmachers berührt und er wandte sich mit den großen Augen einige Secunden stumm herabblickend abermals an den Tisch. „Man weiß nie, ob man es richtig macht, Ludwig", antwortete er langsam, „aber wenn es nicht geht, wie es soll, da hat man es falsch gemacht. Ich sagte es Dir, in Bewegung zu setzen ist es leicht, der Druck eines Fingers kann's, doch das Rad wieder anzuhalten, wenn es zu rollen begonnen hat, das ist die Kunst. Nein, mein Kind, Dein Vater ist nicht geschickt — Deine kleine Hand war zu heftig, der Mechanismus ist zerstört — und er muß das Rad weiter abrollen lassen, bis es von selbst zur Ruhe kommt. Zur Ruhe — Du mußt's auch, es ist spät für Dich. Gute Nacht, Ludwig, — schlafe fest."

Er küßte den Kleinen zärtlich und seine Arme hoben denselben vom Divan, doch die Hände des Knaben umklammerten eifrig das mit zerrissener Kette abschnurrende Uhrwerk und er schluchzte:

„Nein, ich will das Spielzeug mit haben, sonst gehe ich nicht. Ich nehme es mit mir in's Bett und gieb Acht, morgen ist's wieder heil."

„Wollte Gott, mein Kind, Deine Väter hätten ihr Spielzeug besser gehütet", murmelte der Mann schwermüthig — „morgen? wer weiß, was morgen ist — komm!"

Er nahm die Hand des jetzt beruhigten Knaben und führte ihn durch eine Tapetenthür in ein anstoßendes umfangreicheres Vorzimmer, das glänzend von Kerzen erhellt war, in dem sich jedoch niemand als ein Offizier der königlichen Leibwache befand. Es war ein noch junger, kaum den Dreißig naher Mann, schlank und hübsch, mit bartlosem Gesicht und feinen, verständnißvoll schwermüthigen Zügen; sein fast hellbraunes Haar und sein ganzes Wesen kennzeichneten ihn als Nichtfranzosen. In Gedanken vertieft hatte er ebenfalls an einem geöffneten Fenster in die Nacht hinausgeblickt, bei dem fast unmerklichen Geräusch der Tapetenthür wandte er sich und trat in militairischer Haltung stumm einige Schritte vor.

„Ist kein Diener hier?" fragte der aus dem Nebengemach kommende Mann, auf das Kind deutend.

„Wenn Eure Majestät befiehlt, werde ich rufen", antwortete der Offizier mit ehrfurchtsvoller Verbeugung.

König Ludwig der Sechzehnte nickte mit dem Kopf und jener rief in ein drittes, saalartiges Zimmer. Ein reich uniformirter Kammerherr kam eilig und führte den Dauphin fort, unbeweglich blieb das Auge des Königs auf dem Lockenkopf desselben haften, bis die Thür sich hinter ihm schloß. Dann glitt er sich mit der Hand langsam über die Stirn und machte eine Bewegung, in das verlassene Zimmer zurückzukehren, doch sein Blick fiel auf den jungen Offizier, der immer noch in ehrerbietiger Haltung regungslos stand, und er trat auf diesen zu und sagte freundlich:

„Sie sind ein Teutscher?"

„Ein Schweizer, Sire."

„Ihr Name?"

„Johann von Salis."

König Ludwig nickte. „Ich erinnere mich, die Königin hat mir von Ihnen gesprochen. Sie sind ein Dichter, man sagt, Ihre deutschen Landsleute sind es alle. Es war auch etwas sonst noch — jetzt fällt mir's ein, mir ward heut' Morgen mitgetheilt, Sie wünschten mich zu sprechen."

„Ich bat um eine Audienz bei Eurer Majestät."

„Sie sprechen altmodisch, junger Mann." Es war wieder das schmerzliche Lächeln, das schattenhaft über die unverkennbaren Lippen der Bourbons flog — „verzeihen Sie mir, ich hatte Manches heut' zu thun, zu denken — kommen Sie!"

Ludwig der Sechzehnte schritt schneller, als er sich bis jetzt bewegt, in sein Zimmer vorauf, der Offizier folgte ihm und der König schloß selbst sorgfältig die Tapetenthür. Dann wendete er sich zu seinem Begleiter.

„Ehe Sie mir Ihr Anliegen mittheilen, lassen Sie mich eine Frage thun. Die Königin sagte mir, daß sie von Ihren Gedichten ergriffen worden, und Sie standen am offenen Fenster eben, als ich Sie fand. Hörten Sie auch die Blätter fallen?"

„Vergebung — ich verstehe nicht, — Sire —"

„Was sie reden — und Sie sind ein Dichter? So sagen Sie mir, was aus Ihnen selbst spricht."

„Ich weiß wiederum nicht, ob ich Eure Majestät richtig —?"

„Sie haben Recht, wer versteht heut' den Andern? Ich will mich deutlicher ausdrücken; Sie werden eines Ihrer Gedichte wissen — wenn's auch kurz ist, denn dazu bedarf's nicht vieler Worte — das zusammenfaßt, was Sie Glück heißen, Salis. Denken Sie, daß ich nicht König von Frankreich sei, sondern ein Mensch, der manchmal auch seine Gedanken in Versen auszusprechen versucht hat, — eines Dichters von Gottes Gnaden unwürdig natürlich — und der von Lippen, die er liebt, so oft deutsche Laute vernommen, daß er Ihr Gedicht wohl verstehen kann."

Ein freundlicher Blick begleitete die auffordernden

Worte, der junge Schweizer erröthete leicht und erwiederte rasch:

„Eure Majestät verlangen von mir in Versen, was ich in Prosa auszusprechen und zu erbitten kam" — er sann einen Moment nach und fuhr fort:

„Wann, o Schicksal, wann wird endlich
Mir mein letzter Wunsch gewährt?
Nur ein Hüttchen, still und ländlich,
Nur ein kleiner eigner Heerd;
Nur ein Freund, bewährt und weise,
Freiheit, Heiterkeit und Ruh' —"

Er stockte, ein Seufzer antwortete ihm aus der Brust gegenüber und der König sagte: „Sie verlangen viel, junger Mann, und sind noch nicht zu Ende, denn der Strophe fehlt noch ihr Schluß. Wie lautet er? Freilich, ich kann ihn mir denken und daß er nach keinem Königreich verlangt."

Die feinen Züge des Freiherrn Johann Gaudenz von Salis-Seewis, Hauptmanns der Schweizer Leibwache im königlichen Palast zu Versailles, färbten sich noch lebhafter als zuvor. „In meiner Heimath giebt es keinen Thron", versetzte er, und einen Moment zögernd fügte er kühn hinzu: „Doch Eure Majestät besitzt das ebenfalls, um was der Schluß meiner Strophe bittet:

„Ach und sie! Das seufz' ich leise,
Zur Gefährtin sie dazu."

König Ludwig nickte wiederum kurz, wie er es schon einigemal gethan, trat an das geöffnete Fenster und entgegnete abgewandt:

„Das ist die erste Strophe eines langen Gedichts, Salis, und es wird auch eine darunter sein, die von diesem Anblick redet —"

Er streckte deutend die Hand zum milden, sternbedeckten Himmel auf, der junge Dichter fiel schnell und freudig ein:

„Ja, Sire —

In gestirnten Sommernächten,
Wenn der Mond die Schatten hellt,
Wallte sie an meiner Rechten
Durch das thaubeträufte Feld.
Oft zum milden Abendsterne
Hub' ich den entzückten Blick;
Oefter senkt' ich ihn, wie gerne!
Auf ihr blaues Aug' zurück."

König Ludwig der Sechzehnte schwieg und sah in die Nacht hinaus. Minuten vergingen, endlich drehte er die Stirn, blickte den Offizier mit regungslosen Augen an und sagte: „Auf die Sommernächte folgen Herbstnächte — es war auch eine Sommernacht, als ich die Gefährtin im Arm hielt, nach der Sie sich sehnen. Das Volk jauchzte, es rief auch mich mit dem Namen des Ersehnten, und da der Himmel keine Sterne hatte in jener Nacht, so ließen wir sie zu ihm aufsteigen. Aber es ist gefährlich, mit ihnen zu spielen, denn sie deuten weithin in's Dunkel und zischen gegen die Hand, die sie zu lenken glaubt. In jener Nacht stürzten sie herab und der Jubel verstummte mit den Todten, die sie zerschmettert."

Seine Lippen zuckten und er brach ab. Es war eine bittere, unheimliche Erinnerung, die ihn an jenen verhängnißvollen Festabend übermannt, an dem das glänzende Feuerwerk, das auf dem Platz Ludwigs des Fünfzehnten seine Vermählung mit Marie Antoinette gefeiert, sich plötzlich in grauenhaftes Entsetzen verwandelt und den Jubel von Tausenden zu tödtlichem Jammergeschrei umgestaltet hatte. Nun fuhr der König rasch fort:

„Möge Ihre Sommernacht glücklicher sein und länger andauern, Salis! Ist es ein Geheimniß, wie der Name der Gefährtin Ihres schönen Gedichtes lautet?"

„Für jeden sonst, wie fast für mich selbst noch — doch wenn Eure Majestät es wünscht, nein", antwortete der junge Mann einfach. „Er heißt Marie von Hautefort."

„Und Sie fürchten nicht, sich in ihm zu täuschen?" König Ludwig wiederholte den Namen — „ich erinnere mich ihrer wohl, vom letzten Winter noch, und Sie haben nicht zu besorgen, daß ein Schönheitsrichter Ihr Lied um seines Gegenstandes willen verdammt. Es ist die Schwester

Ihres Gefährten, des Vicomte Felicien — wo mag er sein, mich däucht, daß ich ihn lange nicht gesehn, ihn nicht und den Chevalier d'Aubigné ebenfalls nicht."

„Sie nahmen beide im Frühling Urlaub bei Eurer Majestät, für kurze Zeit nur wie sie mir damals sagten, aber sie sind noch nicht zurückgekehrt."

„Sie waren klug", murmelte der König halblaut, „doch wir vergaßen Sie, Salis, was kamen Sie von mir zu bitten?"

„Ihre Einwilligung, Sire, das Nämliche thun zu dürfen, was jene ohne Eurer Majestät Erlaubniß gethan."

„Das heißt —?"

„Meinen Abschied, Sire."

„Sind Sie auch klug, wie die Andern?" Ludwig der Sechzehnte machte eine ausdrucksvoll schmerzliche Bewegung der Hand. „Mir ahnte es, Sie hören auch die Blätter fallen und verlassen mich. Gehen Sie!"

Er sprach es traurig, ohne Zorn, in den Augen des jungen Offiziers leuchtete es auf und ein Wort zögerte ihm auf der Lippe, dann versetzte er hastig: „Eure Majestät hat mir zu sprechen befohlen — ich bin nur ein gehorsamer Soldat, der dem Beispiel, dem Vorbild seines Kriegsherrn folgt —"

König Ludwig sah ihm starr in's Gesicht. „Der sich selbst verläßt, meinen Sie —?" Ein kurzes Klopfen an die Tapetenthür unterbrach ihn und gleichzeitig öffnete sich

dieselbe und der Kopf eines dem König ungefähr gleich=
altrigen Mannes streckte sich, mit einem schnellen Blick die
im Zimmer Anwesenden übermusternd, herein. Es war
das von der Natur nicht unschön gebildete, doch fast mehr
noch von sinnlicher Ueberreizung als von dichten Blatter=
narben entstellte Gesicht, dessen Besitzer am fünften Mai
des Jahres, einige Minuten bevor die Versammlung der
Stände Frankreichs eröffnet worden, an der Stufe des
Thrones gestrauchelt und gefallen war. Dasselbe ver=
schwommene Lächeln wie damals lag um seine vorsprin=
genden Lippen und sein unsicheres Auge glitt nach jenem
ersten haftigen Blick aus dem ihn verwundert messenden
Auge König Ludwigs fort.

Der in reicher Hoftracht Eintretende war der bis
zur Seeschlacht bei Queffant durch seine Geburt als Groß=
Admiral von Frankreich bestallte, seit jenem Tage, der
seine Unfähigkeit verrathen, jedoch zum Generaloberst der
Husaren umgewandelte Urenkel des einstigen „Regenten"
von Frankreich, Ludwig Philipp Herzog von Orleans.
Er streifte aus dem Augenwinkel flüchtig noch einmal
den Offizier der Leibwache, der sich in dem Refugium
des Königs befand, und sagte, mit halb respectvollem,
halb familiärem Ton zu Letzterem gewendet:

„Verzeihung, mein Vetter, ich fand niemanden im
Vorsaal, mich anzumelden —"

König Ludwig fiel ihm gelassen ins Wort. „Wozu die Förmlichkeit, Vetter? Was entzieht Sie um diese Stunde den Vergnügungen von Paris und bringt Sie in meine Einsamkeit?"

„Die Vorsorge für das Beste Eurer Majestät." Der Sprecher deutete mit einer leise fragenden Geste auf den dritten Anwesenden, doch der König entgegnete kurz: „Eine Ordonnanz," und fügte hinzu: „Ich weiß, daß Sie stets um mich besorgt sind, mehr als ich selbst, Vetter. Allein trotzdem überrascht es mich, Sie um diese Zeit zu sehen; es muß dringend sein, was Sie veranlaßt —"

„Der dringende Wunsch Ihres getreuesten Unterthanen und Verwandten, Sire, Sie vor einem vielleicht übereilten Schritte zu warnen. Seit heut' Nachmittag erfüllen zehntausend von Paris hierhergezogene Weiber mit einem Troß von Begleitern Versailles, um Sie aufzufordern, Ihre Residenz nach Paris zu verlegen. Sie lagern in dichten Massen um angezündete Feuer in den Straßen, und wie ich so eben vernehme, ist der General Lafayette mit zwanzigtausend Nationalgarden aufgebrochen, um ebenfalls sich hierher zu wenden. Er streut aus, daß er dies thue, um die Ordnung aufrecht zu erhalten, doch ich kenne den General, Sire, und hege die Ueberzeugung, daß er, hier eingetroffen, sein Ansuchen mit dem der Weiber vereinigen wird, Sie zur Uebersiedelung nach Paris zu

veranlassen, wo er, im Besitze Ihrer geheiligten Persön=
lichkeit, die Macht in Händen hätte, Ihnen seine ehr=
geizigen Forderungen abzunöthigen. Das ist's, was mich
ebenfalls von Paris hiehergeführt hat, mein Vetter, Sie
zu beschwören, fest zu bleiben und unter keinen Umständen
in dies gefährliche Verlangen einzuwilligen. Wenn ich
Ihnen einen treuen und wie ich glaube weisen Rath
ertheilen darf, so verweigern sie heut' Abend die Annahme
jeglicher Deputation, ertheilen den Befehl, daß alle Schloß=
bewohner sich in einer Stunde bereits zur Ruhe begeben,
und lassen jedem Anfragenden die Auskunft zu Theil
werden, daß Sie unpäßlich seien und daß es verboten
worden, Ihren Schlaf zu stören. Zugleich ziehen wir
durch Ordonnanzen eiligst im Verlauf der Nacht alle in
der Nähe befindlichen Linientruppen zusammen, während
die Stärke der Schloßwache absichtlich heut' Abend ver=
mindert wird, um dem Volke das entgegengetragene Ver=
trauen zu beweisen und die unruhigen Köpfe über die Ab=
sichten des nächsten Morgens zu täuschen, an dem Sie
mir dankbar sein werden, Sire, daß ich Ihrem und Frank=
reichs Wohl die Vergnügungen von Paris, wie Sie sagen,
an diesem Abend geopfert."

Der Herzog begleitete die letzten Worte mit einem
scherzend vertraulichen Lächeln; König Ludwig murmelte
ungewiß: „Lafayette ist ein Ehrenmann —"

„Und ich ein Admiral, der das Vertrauen seines Souverains verscherzt hat," lachte der Herzog von Orleans, die Achsel zuckend.

„Gewiß, Sie meinen es gut, Vetter — ich glaube denen nicht, die Ihnen nachsagen, daß Sie mich nicht liebten. Nur Ihr verschwenderisches Leben, Ihre Vergnügungen, die den göttlichen Geboten widersprechen, Vetter — thun Sie es mir zu Liebe, wir lernen alle in diesen Tagen — ertheilen Sie in meinem Namen Befehle, wie Sie mir gerathen — und lassen Sie uns schlafen! Morgen — ja morgen das Weitere."

Ludwig Philipp von Orleans bückte mit sonderbar schneller Bewegung sein Gesicht, um die königliche Hand zu küssen. „Ich werde Ihre Theilnahme an meinem geringen Privatwohl, mit dem Sie die meinige belohnen, nicht vergessen, Sire" entgegnete er und verließ eilig mit abgewandter Stirn das Zimmer. Sein hoher Verwandter folgte ihm einige Schritte durch die Tapetenthür und rief dem Forteilenden noch einen unerwiederten Gruß nach; als er zurückkam verging eine Weile, ehe er, die Augen aufschlagend, sich der stummen Gegenwart des jungen Offiziers erinnerte, der eines Befehls, sich zu entfernen, harrte. Der König sammelte, ihn anblickend, seine Gedanken, dann sagte er:

„Ah, Sie sind es, Salis, Sie der mich auch verlassen

will. Doch ich begreife es, die Liebe ist mächtiger als ein König und Sie haben keine Pflicht, wie er, auf Ihrem Posten zu bleiben. Mein Vetter hat Recht, ich bedarf Ihres Schutzes auch nicht mehr — es ist spät, gehen Sie und seien Sie glücklich in dem Hüttchen still und ländlich, am eignen Herd! In seiner Freiheit wird es Ihnen an Heiterkeit und Ruh' nicht mangeln — grüßen Sie die Gefährtin, um deren blaue Augen Sie mich verlassen, von ihrem König, geben Sie ihr diesen Ring und sagen ihr, wenn das Schicksal mich vielleicht einmal an ihrer neuen Heimath vorüberführe, bäte ich sie, am eignen Herd mir ein Mahl dafür zu bereiten. Geh'n Sie, Salis — es thut mir leid, daß Sie gehn, doch ich kann Sie nicht halten."

„Sire," stotterte der junge Mann, zaudernd seine Hand nach dem Ringe ausstreckend, den der König ihm mit einem das Maß wohlwollenden Interesses fast übersteigenden Ausdrucke entgegenhielt — „es ist nur ein stummer Wunsch meines Herzens noch, Sire — und ich weiß nicht, ob ihm Erhörung, Erfüllung —"

„O, ihr Dichter seid beredt und man hört euch gern. Aber wenn es nicht wäre, so tragen Sie ihn mir zum Gedächtniß, Salis."

Die königliche Hand näherte sich mehr und der Offizier machte eine Bewegung, sie an die Lippen zu führen, doch.

jene erfaßte schnell die Hand des Letzteren, befestigte den Ring an ihr und drückte sie herzlich. „Das ist gut für Höflinge," sagte der König mit freundlich lächelndem Ernst, „Sie sind der Sohn eines freien Landes —"

Ein plötzlicher Gedanke kam ihm und er streckte die Hand nach dem mit Schriftzügen bedeckten Blatte auf dem Tisch aus. „Lesen Sie, Salis, und sagen Sie mir, ob auch Ihr Freiheitssinn damit befriedigt ist."

Das Blatt enthielt eine von der Majorität der Nationalversammlung zu Versailles an Seine Majestät den König Ludwig den Sechzehnten von Frankreich gerichtete Adresse mit der unterthänigsten Bitte, die am 24. August des Jahres 1789 im Schooße jener Vertreter des französischen Volkes berathne und angenommene Erklärung der „Menschenrechte" durch die allerhöchste Sanction seiner Unterschrift für alle Zeiten zum Gesetz zu erheben. Schweigend las der junge Deutsche das Schriftstück, dessen vielfach abgeänderter Wortlaut die Grundgedanken der Drei von dem „Bürger Amerika's" und General der Nationalgarde von Paris, Gilbert Mottier, Marquis de Lafayette gestellten Anträge umkleidete: „Daß alle Menschen frei und gleich seien und nur das Wohl der Gesammtheit einen Unterschied zwischen ihnen verstatte —

„Daß alle Menschen das natürliche Recht zum Widerstand gegen Unterdrückung besäßen —

„Daß jede Soverainetät ihren Ursprung im Volke habe und dies allein das Recht zu ihrer Ausübung verleihe."

In langer Reihe schlossen sich alsdann Folgerungen und Ausführungen daran, der Schlußsatz aber sprach aus, daß durch diese Erklärung der Menschenrechte noch keine neue, später zu erwägende Verfassung aufgestellt, sondern nur ein Urrecht der ganzen Menschheit wieder hergestellt werde, dessen Unterdrückung bis zum heutigen Tag den Forderungen der Gerechtigkeit und der Sittlichkeit widerspreche.

Schweigend legte Salis das Papier auf den Tisch zurück, während der König ihn erwartungsvoll anblickte.

„Nun", fragte der Letztere, „glauben Sie, daß meine Unterschrift diesem Lande den Frieden und das Glück wiedergiebt?"

Die Stimme des jungen Offiziers zitterte leise.

„Sire, meine Heimath hat mich gewöhnt, auch die Frage eines Königs offen zu beantworten —"

„Ich bat Sie darum, Salis —"

„So beschwöre ich Eure Majestät, diese Forderung zu zerreißen!"

König Ludwig's Augen richteten sich staunend auf das von lebhafter Färbung überflossene Gesicht des jugendlichen Sprechers. „Das sagen Sie, der Sohn einer Republik —?"

„In der nur ein Gesetz herrscht, Sire", fiel der junge Mann ehrerbietig doch feurig ein: „Alles für das Wohl des Volkes! Doch von diesem trennt ein Abgrund die Forderung dieses Blattes: Alles durch das Volk! Auch wir sehen im Menschen die Würde und das Ebenbild eines göttlichen Geistes, legen den Waltenden die Pflicht auf, Sorge zu tragen, daß Jedem sein menschliches Recht gewahrt, Erleuchtung in die Dunkelheit, Veredlung in den wirren Aufwuchs der Masse hineingetragen wird. Aber, Sire, die Wohlfahrt des Ganzen vermag der Einzelne nicht zu überblicken und keine Erklärung ihrer Menschenrechte der Menge das zu geben, was sie nicht besitzt. Kein Gesetz verleiht dem Unwissenden politische Mündigkeit, dem Rohen Bildung des Geistes, der Sitte, des Characters. Es fällt mir schwer, dies Land anzuklagen, das mich gastlich aufgenommen, es vor seinem König zu erniedrigen, doch die Noth der Stunde, mein Herz, das für Eure Majestät schlägt, ist stärker als die Artigkeit des Gastes. So spreche ich es offen aus, daß ich in diesem Augenblicke kein Volk der Erde so unfähig halte, sich selbst zu beherrschen als dieses, denn ich kenne keines, dessen Adel und Besitz so tief in glänzender Fäulniß versunken, dessen breite Grundlage des Volkes so in Geistesnacht dahinlebt, daß, wenn plötzlich ein entfesselndes Licht zu ihr hinabbringt, es als lodernde Flamme der Habgier, der Rachsucht und Vernichtung heraufschlagen muß. Dies Blatt aber, Sire, ruft nicht die Vernunft der Gesammtheit auf den Thron, sondern die Willkür, die Leidenschaft, den Egoismus des Einzelnen! Ein kurzsichtiger Schwärmer hat es ersonnen, sein eigenes Ideal zu tödten; was Menschenliebe mit thörichter Hand ausgesäet, wird die Sichel der Wuth schneiden und die blutige Faust des Hasses einscheuern! Dies Blatt würde das beste, erleuchtetste Volk zu Ungeheuern umgestalten, die freieste Republik in eine Wüste von Kerkern und Blutgerüsten verwandeln. Denn mit ihm bricht die Ordnung, die Alles hält, es zerstört nicht den Staat allein, sondern unter dem Scheine, das höchste Recht der Menschheit zu wahren, vernichtet es das letzte Recht jedes Einzelnen, sein Eigenthum. In der Gesellschaft, welche diesen „Menschenrechten" huldigte, würde nur ein Zwillingspaar herrschen, Gewalt und List, und ihre Kinder wären Betrug und Diebstahl, Raub und Mord. Zum Gelächter würde der Gehorsam, denn wäre es minder Sclaverei, dem Willen eines selbst gewählten Vertreters zu gehorchen, als dem Gebot eines erblichen Fürsten? Nur so lange dem Einzelnen das Gesetz gefiele, würde er ihm Geltung zuerkennen, um es zu brechen, ein anderes an seine Stelle zu setzen, sobald sein Vortheil es begehrte. Ein Vernichtungskrieg begänne mit ihm Aller gegen Alle, aus dem der Stärkste nur flüchtig als Sieger auftauchte, um im Strudel neuer Gewalten selbst ohn= mächtig unterzugehen. Denn Lüge ist es, daß die Menschen frei sind, da ihre Leidenschaften sie beherrschen, Lüge, daß sie gleich sind, denn wie die Thiere scheiden sie sich in gut= und bösgeartete, sind weise und thöricht, erhabenen, denken= den Geistes und gemeiner sinnlicher Natur. So begehren sie alle Verschiedenes vom Leben, und die Erde vermag die Ansprüche jedes ihrer Kinder zu befriedigen. Doch nicht jedem bereitet sie das gleiche Loos, sie trifft den Einen mit herbem Verlust, mit schmerzender Krankheit, während sie dem Andern lange Jahre des Wohlseins und des Glückes verstattet, denn Unvollkommenheit ist der Stempel, den sie uns und allen Dingen, die uns umgeben, aufprägt. So ist auch der Staat, aus unvollkommenen Bestandtheilen zusammengefügt, keiner Vollkommenheit fähig und vermag nirgendwo jene Höhe unantastbarer Ge= sundheit zu erreichen, in der seine Krankheit, das Erbübel jeder Gemeinschaft, Unrecht und Vorrecht keine Spalte, um einzudringen fänden. Aber wie es nicht nutzlos allein, sondern verderblich ist, sich gegen den Willen der Natur aufzulehnen, so auch gegen diese Unvollendung staatlicher Ordnung, so lange nur in unvermeidlichem Verhältniß hier und dort der Einzelne unter ihr leidet, doch die Wohlfahrt des Ganzen gedeiht und ihre Zwecke erfüllt. Dem menschenfreundlichen Arzte sollen die Herrschenden gleichen, der das Uebel wo es auftritt mit Anspannung aller Kenntnisse und Kräfte bekämpft — rufen Sie die Erleuchtetsten, Eigensuchtslosesten an das große Krankenbett dieses Volkes, Sire, aber vernichten Sie dies Recept eines Charlatans, das mit tödtlichem Gift Leib und Seele zerrüttet, um den augenblicklichen Schmerz eines Gliedes zu betäuben! Verzeihen Sie mir, Sire, wenn ich anders gesprochen, als es mir vor dem Könige ziemt, doch diese „Menschenrechte" sind ein Gift, das jenem berauschenden Trunke der Wilden gleicht, nach dessen Genuß sie in wirbelndem Tanze aufjubeln, um plötzlich krampfverzerrt sich mit Raubthierzähnen anzufallen und zu zerfleischen. Mein Blut für die Verweigerung Ihres Namens unter diesem Blatte, Sire!"

Der junge Offizier hatte es mit steigender, überzeugungsvoller Lebhaftigkeit gesprochen, sinnend, trüben Blick's mit dem Kopfe nickend, hörte König Ludwig der Sechzehnte auf das Urtheil, das der Sohn einer Republik über das beginnende Werk der Mehrzahl der Vertreter des französischen Volkes aussprach. Nun war es so still wieder, daß man deutlich vor dem offenen Fenster Blatt um Blatt das Knistern des fallenden Laubes vernahm. Langsam hob König Ludwig den Kopf und versetzte:

„Sie sind nicht nur der Sohn eines freien Volkes,

Salis, Sie sind auch ein Deutscher. Wie ist es möglich, daß Ihre Weltanschauung den Auffassungen Ihrer großen Denker, eines Leibniz, Wolf und Kant entgegentritt und widerspricht, während unsere Philosophen und Schriftsteller von Tag zu Tag mit größerer Einmüthigkeit und gewaltigerem Erfolg die nämlichen Lehren predigen?"

Johann von Salis schüttelte ernst den Kopf. „Vergebe mir Eure Majestät, wenn ich den Worten derselben nach zwei Richtungen zu widersprechen genöthigt bin. Ich trete der Weltanschauung der großen Denker meines Volkes nicht entgegen, sondern ich theile sie — nicht aber thun dies die Herren Diderot und Holbach, Helvetius und Voltaire. Wohl scheinen sie das Nämliche zu vollbringen, doch ein altes, scharftreffendes Wort sagt: Duo si faciunt idem, non est idem. Und so ist Befreiung der Erfolg, den jene erzielen, tiefere Knechtung wird das Werk der Philosophie sein, an deren Munde Frankreich gierig aufhorchend hängt. Gehen Sie nach Deutschland, Sire, und fragen Sie auf dem Markte, wer von Leibniz und Kant vernommen! Vielleicht daß von Hunderten Einer ihren Namen gehört, und lachend wird er antworten, es seien Professoren in Bücherstaub und Schlafrock vergraben, die der Staat thörichter Weise dafür bezahle, daß sie mit gelehrter Perrückenmiene Keinem zu Nutz überflüssige und unverständliche Dinge zu Tage förderten. Zu ihren Füßen aber sitzt die Blüthe der Jugend des deutschen Volkes, nur solche, deren Geist fähig ist, die Gedanken ihrer Lehrer in ihrer Tiefe zu erfassen, deren Character durch die Stählung edler Bildung stark genug worden, ohne Schädigung der Vernunft und des Gemüthes die Verneinung der Consequenzen jener Lehren zu ertragen. Und überall, wo bei'm einsamen Schein der Winterlampe im armseligen Stübchen ein Auge fiebernden Blickes sich auf die neuen, dunkelredenden Offenbarungen des Gedankens herabbeugt, da schlägt ein selbstsuchtsloses Herz unter ihm, nur begierig, die Wahrheit zu erkennen und aus ihr, jeder auf seinem Lebenswege und nach seiner Kraft, Förderungsmittel des Daseins, der Wohlfahrt der Mitlebenden zu gewinnen. Zuvor schon brauchte ich das Bild des Arztes, Sire — so gleicht auch hier die Erkenntniß eines Kant, plötzlich in jede Seele eines ganzen Volkes mit grellem Licht hinabdringend, dem todbringenden Gifte, das den ganzen Organismus unrettbar zerstören würde. Deshalb legt der weise Meister es nur in die Hand der Kundigen, die es in Theile aufzulösen, in heilsame Arznei umzusetzen befähigt sind. So athmet die Brust es unmerklich ein und von Geschlecht zu Geschlecht wird langsam an ihm die Menschheit erstarken, geläuterteren Begriffen entgegenschreiten. Das ist der Segen, den die Erkenntniß der Wahrheit drüben vorbereitet, Schritt um Schritt, dem un=

gebuldig Zuschauenden vielleicht unsäglich am Boden hin=
schleichend erscheinend, denn auch dort seufzt das Volk in
gerechter Klage unter Jahrhunderte=alter Willkür, der
Despotie des Machthabers und der Ungerechtigkeit harter
Gesetze. Doch schaudernd würde ich die plötzliche Befreiung
von dem Allem zurückweisen, wenn sie unlöslich mit der
Bedingung verknüpft wäre, daß nicht der höhere Geist
allein, daß auch der entzügelte Stumpfsinn der Masse von
dem Blitzstrahl jener Wahrheit durchdrungen würde. Das
aber ist der zündende, unauslöschliche Blitz, Sire, den die
Philosophen Ihres Landes wie mit den Händen eines
Phaeton in das französische Volk geschleudert, den sie
allen verständlich auf den Markt, in die Gasse, in jedes
Haus getragen. Zu einer Riesenflamme, die Frankreich
überlodern muß, nährt ihn die wilde Leidenschaft jeder,
der Scheu vor dem Strafgericht des Himmels entblößter,
die menschliche Moral des edleren Geistes höhnisch ver=
lachenden Brust — jeder Wuthschrei der entfesselten Gier
ist nur der unablässig rollende Donner jener Blitze, welche
die Blindheit ihrer Erzeuger für harmloses wetterleuchten=
des Spiel gehalten, das sie selbst in Asche verwandeln
wird — und für so viel Millionen als dies schöne Land
sie birgt und zu beglücken vermöchte, giebt es nur eine
Rettung, Sire, in der starken Hand, die der eines Zeus
vergleichbar, Weisheit und Festigkeit vereint, um über dem

Toben der aus der Tiefe heraufgebrochenen, himmelstür=
menden Giganten den Olymp der ewig waltenden Ord=
nung ungefährdet zu erhalten."

Der junge, kühnredende Offizier schwieg wieder, eine
Minute lang lag Todtenstille über dem kleinen Gemach,
dann tönte abermals, wie schon mehreremal zuvor, doch
lauter als es noch geschehen, von der Place d'Armes herüber
der kreischende Aufschrei zahlreicher, betrunken klingender
Weiberstimmen durch die Nacht. Unwillkürlich streckte
Salis deutend seine Hand in die Richtung — König Ludwig
der Sechzehnte war an den Tisch getreten und bewegte
stumm zwischen zitternden Fingern das Blatt, von dem
die Forderung der „Menschenrechte" zu ihm aufblickte.
Rathloser denn je lag die schwankende Unentschlossenheit
auf den gutherzigen Zügen des königlichen Gesichtes, er
that einen Schritt vorwärts und sah hülflos auf und sagte
schmerzlich:

„Und ich hatte einen treuen Freund an Ihnen, Salis
— ohne es zu wissen, es ist das Loos der Könige — doch
auch er will mich jetzt in der Noth verlassen —"

„Nein, Sire!" fiel der junge Mann mit feuriger
Begeisterung unetiquettemäßig ein, „wenn Eure Majestät
meine Ergebenheit, meine schwache Kraft, meinen freudigen
Muth nutzen zu können glaubt, nein! Dann opfere ich
leichthin das erträumte Glück meines eignen kleinen Daseins,

ja dies Dasein selbst der Hoffnung, Ihnen, Sire, und in Ihnen Frankreichs Heil dienstbar sein können. Doch ich beschwöre Eure Majestät, Versailles zu verlassen, eine treue Stadt in der Provinz aufzusuchen, wo Sie von sicheren Truppen umgeben nicht den Wechselfällen, der Aufreizung unter der Bevölkerung einer wogenden Hauptstadt ausgesetzt sind. Die Schweizer, welche ich befehlige, sind treu bis auf den letzten Mann und auf den letzten Tropfen Blut. Auch ich beschuldige den General Lafayette nicht der Unredlichkeit, Sire, aber hören Sie nicht auf das wahnsinnige Begehren eines Schwärmers, dessen verblendeter Sinn die „Menschenrechte" zu entwerfen, als die Stufe zum Beginn eines neuen, besseren Zeitalters aufzustellen vermochte. Lassen Sie mich aus treuerer Brust die Mahnung des Herzog's wiederholen, mit Haupt und Herz Sie warnen: Gehen Sie nicht nach Paris! Das Thor, das Eure Majestät unter dem Jubel des Volkes hineinführt, bringt Sie nicht wieder zurück — dann aber geben Sie mir einen Befehl, Sire —"

Der Sprecher hielt, sich umblickend, inne; er trat einen Schritt an den König hinan und fuhr flüsternden Tones hastig fort: „den Befehl, Sire, daß ich alle Zugänge des Schlosses für diese Nacht durch meine Schweizer besetzen lasse und daß ich den Herzog von Orleans auf der Stelle, wo ich ihn antreffe, verhafte.

König Ludwig erwiederte nichts. Es lag weder Staunen noch Verneinung in den stummen Augen, die den Sprecher regungslos anblickten, ein hoffnungsvoll frohlockender Schimmer überflog das Gesicht des Offiziers, der nachdem er eine Minute lang einer Antwort geharrt mit leise aus freudiger Erregung bebender Stimme hinzufügte:

„Eure Majestät schweigt, und es ist auch ein altes Wort, daß der Schweigende zustimmt. Ich verlange keinen Befehl, Sire, nur meine Entlassung ohne ein Verbot dessen, um was ich gebeten, und in einer Viertelstunde ist der Herzog mein Gefangener — auf die Gefahr meines eigenen Kopfes."

„Der Herzog ist ein Sünder, kein Verbrecher," murmelte der König. „Er ist ausschweifend, schwach, wo die Versuchung an ihn tritt, und frevelt an seiner tugendhaften Frau — doch warum ihn verhaften?"

Die Art, der Ton dieser Antwort sprach deutlich aus, daß sie nicht aussprach, was König Ludwig dachte. —

„Warum?" entgegnete gedämpft, doch mit steigendem Eifer der Offizier — „ich könnte sagen, Sire, weil ich einen Menschen kenne, dessen Züge und Haltung, dessen Blick, Stimme, Charakter und Sinnesart denen des Herzog's wie die eines Zwillingsbruders gleichen, und weil ich weiß, daß dieser nicht nur sein Vertrauter, sondern daß Graf

Riquet de Laval wie jedem Laster ergeben, so auch jedes Verrathes, jeder Gemeinheit und jeder Schurkenthat fähig ist. Weil die Natur beiden in gleicher Weise Falschheit und Heuchelei als Stempel aufgeprägt, weil Habgier und Rachsucht die einzigen Hebel sind, die beider Seele bewegen. Ich beschwöre Eure Majestät, sich selbst Antwort darauf zu geben, ob der Herzog von Orleans Sie haßt, Sire? Eines ist der Grundzug des Charakters der Menschen seiner Art, daß sie niemals vergessen. Und er hat die Seeschlacht bei Ouessant nicht vergessen, die ihn vom Großadmiral Frankreichs zum Husarenoberften degradirte, weil er aus Feigheit sich auf dem letzten Schiffe an der Küste hielt, hat das sarkastische Wort nicht vergessen, das ihn begleitete, als er an jener Luftschifffahrt theilnahm, daß er alle Elemente zu Zeugen seiner Feigheit machen wolle. Seitdem haßt er Sie, Sire — vergeben Sie mir, daß ich den Grund verschweige, weshalb er mehr noch Ihre Majestät die Königin haßt. Zugleich aber sucht er seitdem nicht die Gunst des Volkes, sondern des Pöbels. Offen trat er im vorigen Jahr auf die Seite der Parlamente; als er Eurer Majestät selbst entgegentrat, der Einzige von allen Prinzen königlichen Geblüt's, jauchzte die Menge ihm zu. Er ward wohlthätig und kaufte Korn für die Armen, heizte Wohnungen für sie, theilte Speisen und Geld aus und plünderte mit eigner Hand die Papierfabrik zu Reveillon, als die Wuth des Volkes sie erstürmte. Sind mehr als drei Monde vergangen, Sire, seitdem er vom Palais royal unter die tobende Volksmasse mit dem Rufe trat: Es giebt nur eine Rettung für euch, greift zu den Waffen! — seitdem er den Pöbel mit Schmähschriften gegen die Königin aufgestachelt, seitdem jener seine Büste im Triumph durch Paris trug? Eure Majestät weiß das Alles wie ich — doch wenn Sie fragen, Sire, warum ich Sie beschwöre heute den Herzog verhaften zu lassen, so ist's nicht um jener geschehenen Dinge, nicht um seines Hasses willen, sondern aus Furcht vor seiner Liebe, die ihn heut' Abend von Paris hierhergeführt, um Eure Majestät zu warnen."

Deutlicher denn je hörte man das Fallen der knisternden Blätter aus den Wipfeln der Bäume, die Le Nôtre's Hand gepflanzt. Der König war abermals an's offene Fenster getreten und blickte starr hinaus, jetzt wendete er sich plötlich, schritt auf den Tisch zu, nahm ein weißes Blatt und tauchte eine Feder ein — doch ehe er diese angesetzt, öffnete sich die Tapetenthür, ein in Goldstickerei blitzender Kammerherr erschien und meldete:

„Der General, Marquis von Lafayette bittet um Vorlaß bei Eurer Majestät."

König Ludwig legte die Feder auf den Tisch zurück. „Der General hat keinen Befehl von mir, nach

Versailles zu kommen, und es ist spät — doch ich will ihn empfangen."

Der Kammerherr ging mit tiefer Verbeugung und der König sah fragend, unschlüssig zu dem jungen, deutschen Offizier auf. Seine Hand streckte sich nochmals nach der Feder und er wollte die Lippen öffnen — da trat der Gemeldete rasch ein und Ludwig der Sechzehnte erhob sich.

„Was bringen Sie mir, General?"

„Zwanzigtausend Nationalgarden zum Schutze Eurer Majestät", antwortete der Marquis mit triumphirendem Lächeln. Er warf einen deutenden Blick auf den dritten Anwesenden und fügte hinzu:

„Außerdem, Sire, wünschte ich dringend —"

Der Hauptmann der Schweizer Leibwache verneigte sich jetzt ebenfalls tief, und fragte langsam, fast sonderbar auf jedem Wort verweilend:

„Eure Majestät hat mir keinen weiteren Befehl zu ertheilen?"

„Nein, Salis, heut' nicht" — die Augen des Antwortenden vermieden, denen des Fragenden zu begegnen — „morgen — ich zähle darauf, Sie morgen noch zu sehen."

Der Degen des jungen Offiziers klirrte leise, wie er sich militärisch umwandte, und die Tapetenthür schloß sich hinter ihm. Dann tönte durch's offene Fenster der Schlag einer Uhr, der die elfte Abendstunde des fünften October des Jahres 1789 verkündete, und gegen Mitternacht verließ auch der General Lafayette das Schloß, sich zur Ruhe zu legen und Versailles mit König Ludwig dem Sechzehnten von Frankreich dem sicheren Schutze seiner Nationalgarde zu überlassen.

Dreiundvierzigstes Kapitel.

Auch in dem Parke, der, ein verkleinertes Ebenbild der kunstvollen Zauberschöpfung Le Nôtre's, das Schloß von Hautefort umrahmte, fielen die herbstlichen Blätter. Gelb schwebten sie aus den Wipfeln herab, manchmal hob der Lufthauch eines mit spielender Hand und trug es leisflatternd eine Weile fort, als wolle er noch einmal an die goldhellen Falter gemahnen, die auf fröhlichem Fittig die ersten Blüthen des Frühlings umgaukelt. Bunter noch als damals erschienen aus der Ferne gesehen die regelmäßigen Sternfiguren des großen Gartens und die Octobersonne lag warm und glänzend darauf gleich jener des April. Doch dem Hereintretenden war der Duft verschwunden und die Vogelstimmen verklungen, und keine in lichtgrünen Schimmer hineingewebten Sonnenfäden waren es mehr, die aus dem fast entlaubten Gezweig der parallelogrammartigen Wände in den langen, grad=

linigen Gängen heimlich lächelten. Wohin entflohen die
bläulich durchsichtigen Schatten, der süße Rausch aus
Goldlicht und Duft, aus Hoffnung und Träumen gemischt?
Leise, wie ein spielender Fächer noch regte der Lufthauch
die Spitzen des Geäst's, vielleicht immer noch wie der
einer schönen Frau, doch mit schwermüthigem Blick und
schmerzlich durchfurchten Zügen, deren Lippen kein röth=
licher Blüthe gleichendes, lächelndes Wort mehr entfiel,
sondern ein Seufzer, stumm hinzitternd wie die schweigsam
niederbebenden Blätter.

Majestätisch und ernst nur wie im Lenz, wie seit
Jahrtausenden blickte vom Osten her der Mont Mezin,
düster nordwestlich, von ihren schwarzen Säulen getragen,
die alten Burgtrümmer von Capdeul herab. Gleichmäßig
noch rauschten die stygischen Wasser aus den grauen Sand=
steinköpfen des unermüdlichen Cerberus auf, streuten ihren
silbersprühenden Schaum in die Luft und fielen auf die
feuchte Moosdecke zurück, ein zerstiebendes Bild des
flüchtigen Sommers, der gleich ihnen in leuchtendem Strahl
kühn emporgestiegen, um schnell aus seiner Höhe wieder
herabzusinken und seine blitzenden Perlen farblos ver=
rinnend in der Tiefe mit allem Gewesenen zu vermischen.

Auch sie waren gewesen, vergangen, die weißen
Marmorgestalten auf den Zinnen des Schlosses, in den
Nischen der lebendigen Wände, und doch standen sie, wie

damals zwischen den grünen Trieben, so jetzt unter dem welken braunrothen Laub, unverändert, gleichgültig mit welchem Kranz die rollende Zeit ihnen die göttliche Stirn umwinde. Unwandelbar thronte die stille Heiterkeit des Olymps auf ihrem Antlitz, es war, als sprächen lächelnd ihre Lippen: „Wir sind nicht Könige, von Menschenhand auf den Thron gehoben und von Menschenhand herabzureißen. Mag der Sturm des Winters uns niederstürzen, die Wolke den vergänglichen Stein lösen, aus dem die Hand der Kunst unser Bild geschaffen — wir selbst sind unsterblich, so lange ein sterbliches Auge zur Sonne aufblickt, so lang' ein Herz in Hoffen und Bangen schlägt, denn uns schuf niemand als die uranfängliche, nimmer endende Kraft des Lebens. Brecht unsere Tempel in Trümmer, sprecht Gebete zu anderen Göttern, löscht mit Flüchen unsere Namen aus — es ist nicht mehr als der Wind, der unsere Stirne rührt und der Regen der ihr Bildniß trifft. Ihr tödtet uns nicht, eh' der Letzte eures Geschlechtes sich selber tödtet — dann aber reist im unermeßlichen Weltmeer der Gestirne ein anderer Stern, daß Glück und Noth, Schmerz und Liebe aus seiner Tiefe heraufblüht, und neue Tempel bauen sie in neuer Brust uns, den Unsterblichen, den einzig Ewigen im ewigen Wechsel des All's."

Auch die grauen Steintafeln mit den goldenen Inschriften hatten sich nicht verändert und die schräge Sonne flimmerte darauf wie im Frühling. Blendender fast, denn der Herbst hatte den grünen Kranz, der sie früher umrahmt, herabgezerrt und sie blickten aus nackten Ranken fahl und starr herauf. Jetzt glaubte das Auge, das über die fallenden Blätter schweifte, dem melancholischen Gruß aus Englands Nebeln eher, und fröstelnd drang er zum Herzen hinab:

"All' irdisch Bild schmilzt hin in Nacht,
Einst stirbt die Sonne selbst —"

Eine hohe Gestalt war vom Schloß her durch den Park herabgekommen und hatte einen Moment vor der Inschrift des Steines innegehalten, dann ging sie weiter. Diana von Hautefort war es, doch kaum auf den ersten Blick erkennbar. Sie selbst bot flüchtiger Betrachtung keine Veränderung dar, desto mehr aber ihre äußere Erscheinung. Statt des anmuthigen Reichthums und der Kostbarkeit ihrer ehemaligen Gewänder, die sie wie eine Königin erscheinen ließen, umhüllte ihren Körper ein schmuckloses Kleid von einfachem Stoff, dessen eine wohlhabende Bürgersfrau sich schwerlich außerhalb ihres Hauses bedient haben würde, und der schlichten Kleidung entsprach der Mangel jeglicher Wertherhöhung derselben durch den Farbenreiz edler Steine oder goldenen Spangen. Allein

wenn das Gewand, das der Tracht der ländlichen Be=
völkerung ähnlich, den einstigen Vergleich mit einer
Fürstin abwies, so erhöhte es desto mehr noch die dem
Marmor abgelauscht erscheinende Aehnlichkeit der Trägerin
mit ihrer göttlichen Namensschwester und ließ die Schön=
heit Diana's edler, vollendeter zum Ausdruck gelangen,
als jemals der vornehme Prunk modischer Hoftoilette es
vermocht. Es war eine naturgemäße, die Freiheit der
Bewegung nicht hindernde, decent den Körper bis an den
Nacken umschließende und doch seine Schönheit von sinnlosem
Zwang entfesselt hebende Gewandung, deren höhere An=
muth jedes feiner gebildete Auge ihren Mangel an Kost=
barkeit vergessen lassen mußte. Das Haar fiel in einen
schlichten Knoten gebunden gleich dem der Tochter Latona's
nach hinten zurück, ein Gürtel hielt über den Hüften das
fast griechisch einfache Kleid, das kein Reifrock bauschend
hob, sondern nur ein gleichfarbiges Untergewand bis auf
die Füße hinab verlängerte. Verwundert mochte das
Auge zum erstenmal darauf ruhen, allein dann mußte es
sich sagen, daß die Erscheinung Diana's zur vernunftge=
mäßen Absicht, Prunklosigkeit und Schönheit der Natur,
der unnachahmlichen Meisterin zurückgekehrt sei, oder viel=
mehr von der Natürlichkeit ihres eigenen Wesens zu der=
selben zurückgeführt worden. Man sah, sie hatte den
Zweck verfolgt, jeden Vorzug des Reichthums von sich zu

werfen, ihr Bedürfniß auf das Maß desjenigen des Geringsten herabzusetzen; doch den feinern Sinn der Anmuth hatte sie nicht mit dem Reichthum abzulegen vermocht und unter Tausenden ihres Geschlechtes, die sie in gleicher Weise gekleidet umgeben, hätte sie unverkennbar emporgeragt, wie einst unter den Töchtern von Hellas eine in Menschengestalt niedergestiegene Bewohnerin des Olymps. Denn es ist vergeblich, Diana — ob Du Dich aller Pracht entkleidest, die das Schicksal Dir vor Millionen in die Wiege gelegt, ob Du Deine Zofe, Deine Diener entlassen, mit eigener Hand zu thun, was des Lebens Bedürfniß erheischt, ob Du Rang und Namensklang ablegst und Deine Habe unter die Armuth ausgetheilt, nicht mehr als der Letzte derer zu besitzen, die einst Deine Unterthanen gewesen — Du bist doch Diana von Hautefort, kannst Deine gleichgültige, wesenlose Hülle abstreifen, aber Dein Selbst bleibt unwandelbar, wie der Gedanke, den die weißen Marmorbilder über Dir verkörpern. Tritt in die Hütten derer, denen Du Dich als Gleiche gestellt zu haben wähnst, setze Dich an ihren Tisch, theile ihre Arbeit und Entbehrung, ihren Gram, ihre Freuden, ihre Gedanken! Dein Herz, Dein Mitgefühl, Deine Güte entstammen derselben Schöpfermacht der Natur, die jene schuf, doch nur wie der Fittig des Adlers der nämlichen Bildungskraft mit dem flatternden Gefieder der Dohle entsprang. Nicht die Federn sind es, die gleich machen, Diana von Hautefort — es duldet die Art des Adlers nicht, daß er am dumpfen Boden dahinkriecht, zur Sonne reißt es ihn unwiderstehlich auf, aber wenn seine Schwingen ihn zum Licht tragen, schießt neid- und haßerfüllt mit krächzendem Schrei der plumpe Schwarm der Dohlen hinter ihm drein.

Was denkst Du, Diana, wie Du langsam von dem Stein weiterschreitest und der Schatten Deines braunen Scheitels nickend auf die andere goldene Inschrift am Wegesrand herabfällt, aus der die herbe Weisheit des portugiesischen Judensohnes von Amsterdam durch die Herbstsonne zu Dir aufblickt? Leise sprechen Deine Lippen die Worte Baruch Spinoza's nach: „So viel Recht hat jeder, als er Macht besitzt, ihm Geltung zu verschaffen —"

Denkst Du, daß, als Deine Hand einst diese Steine hierher gesetzt, Wegweisern gleich durch die Zweifelnacht Deiner Seele — als Du sie, nur Dir allein verständlich, aus dem mitternächtlich geheimen Licht des Hauses Mathieu Guéraud's hierher herauf an das der Sonne gezogen — denkst Du, daß es eine Kinderhand gewesen, die ahnungslos mit doppelschneidigem Schwert gespielt?

„Nein!" — Sie stieß es plötzlich heftig aus und ging rasch weiter. Voll und leuchtend fiel die Sonne über ihr Antlitz, das sich derselben einen Augenblick mit

geschlossenen Lidern entgegenhob, wie um sich in der
Strahlenwärme zu baden. Da zeichnet das flammende
Goldlicht feine, ganz feine Schattenstriche über die weiße
Marmorfläche unter dem braunen Gelock.

Sie verschwinden wieder, wie die Augen sich öffnen
— doch der ist blind, der Dich anblickt, Diana, und nur
gewahrt, daß Deine Kleidung sich verändert hat.

Ihre sonnengeblendeten Augen hafteten auf dem Stein,
vor dem sie jetzt innegehalten, allein es tanzte flimmernd
vor ihnen in goldenen Kreisen. Dann kam ein leiser
Windhauch, er rüttelte summend den Wipfel eines Ahorn
und knisternd schwebte ein Dutzend gelber Blätter, langsam
an der Inschrift vorübergleitend, herab. Doch zugleich
war es ihr, als habe eine Stimme zwischen ihnen hindurch
die dunklen Worte des Oedipus zu ihr aufgeflüstert:

„Mich schreckt, was war, erdrückt der Augenblick,
 Und nahen seh' ich grausendes Geschick —"

Der Schatten eines leichten Gewölks, das über die
Sonne zog, fiel wie mit grauen Händen herangreifend,
auf den Stein, die Buchstaben, die raschelnden Blätter,
und ein Schauer überlief Diana. Mechanisch hob ihr
Arm sich zum Nacken, fröstelnd das leichte Gewand höher
noch an ihm empor zu ziehen — dann warf sie stolz und
fest das olympische Haupt zurück und sagte wiederum:
„Nein!"

Wer will Dir in dem einsamen Parke etwas auf=
drängen, Diana von Hautefort, gegen das Du Dich wehren
mußt? Sind es Stimmen aus den fallenden Blättern,
den grauen Steinen, die Deine Hand einst spielend gesetzt,
denen ‚Du antwortest? Oder klingen sie aus den feinen
Schattenstrichen, die vorher die Sonne gedeutet, die sich
mit Deinen eigenen Augen, mit der seltsamen Linie, welche
Deine Lippen umzogen, verbündet, daß Du diese Lippen
hart zwingen mußt, Deinem Willen zu gehorchen und ihr
„Nein!" zu sprechen?

Vierundvierzigstes Kapitel.

Hatte der Herbst es darauf angelegt, Alles zu imitiren, überall, wo es in seiner Macht stand, gleichsam ein Schattenbild dessen über das braune Laub zu werfen, was der Lenz mit blühenden Farben einst auf sein freudiges Grün gemalt? Wie Diana aufblickte, kam eine Gestalt inmitten des Heckenweges ihr entgegen, und neben derselben her schritt die Erinnerung, daß dies schon einmal ebenso gewesen. Dann gesellte eine andere Erinnerung sich hinzu, die nicht aus der Mittagssonne, sondern aus tageshellter Mondnacht heraustauchte, in der die herannahende Gestalt gleichfalls so dahergekommen, und es war Diana, als höre sie wieder das leise Klirren des Kieses unter einer aufstoßenden Degenspitze, die den Nachbargang hinabschlüpfte, der Richtung zu, wo er drunten mit diesem zusammentreffen mußte. Doch nur eine wesenlose Rückempfindung des Ohres war's; eine kleine Figur hatte sich drüben in der Ferne von der, die sich Diana zuwandte, getrennt, aber sie gehörte nicht Victor d'Aubigné an und verschwand, dunkelgekleidet, wie ein Schatten in den Radien des Parkes. Die nahende Gestalt war hier an jenem Morgen, der auf die Zurückkunft des Vicomte Marcelin von Hautefort gefolgt, Arm in Arm mit der Schwester gewandelt. Sie hatte das Kleid, in dem sie dies damals gethan, lang abgelegt und selbst Mademoiselle Zoë trug es kaum mehr, doch mehr hatte die unsichtbare Hand des Sommers nicht an der Erscheinung Marie's von Hautefort verändert. Das hochaufstoupirte, aschfarben gepuderte Haar nickte auf dasselbe länglich feine Gesicht über der graziös schlanken Figur, noch straffer fast umspannte das tiefdecolletirte Mieder ihre schöne Büste und drängte die weiße, von bläulichen Adern durchschimmerte Brust bis zur Hälfte beinah' in den weiten Ausschnitt des Kleides hinauf. Die schmale Hand blickte aus durchbrochenem Halbhandschuh und hielt spielend den großen, mit Liebesgöttern und mythologischen Schäferscenen bemalten Fächer, ein Schönpfläſterchen stach von dem sanften Schmelz ihres Teints ab. Nur bildete diesen nicht wie damals die eigne, rosige Jugendfrische der Wangen, sondern die Hand der Kunst hatte sie mit leisem Rosenhauch darüber gezaubert. Das war die einzige Veränderung in dem tadellosen Bild einer vornehmen und modischen Dame des Ausganges des Jahr-

hunderts, die Marie d'Aubigné von Marie von Hautefort
unterschied.

Sie kam der Schwester entgegen, einige Schritte vor derselben hielt sie an. „Es wird Herbst" — und ihre Augen schweiften flüchtigen Blickes auf — „und Zeit, daß man Winterpläne macht; was gedenkst Du zu thun?"

Diana antwortete nicht, doch die Fragende schien auch nicht darauf zu warten; sie fuhr plaudernd fort: „Freilich ist es schwer zu sagen, wohin man sich wenden soll, seitdem Versailles und Paris doch nicht mehr als passende Aufenthaltsorte gelten können. Gewiß ist's vortrefflich, daß unsere Ideen auch dort triumphiren, doch ich fände es geschmackvoller, wenn dies, wie bei uns, etwas geräuschloser und mit Vermeidung der häßlichen Auftritte geschähe, die einem feineren Sinne die Anwesenheit dort jetzt verleiden müssen. d'Aubigné beabsichtigt allerdings trotzdem dorthin zu gehen, ich vermag mich jedoch nicht dazu zu entschließen, sondern habe die Absicht gefaßt, den Winter in einer italienischen Stadt zu verleben, wohin d'Aubriot sich erboten hat, mich als Schutz zu begleiten. Du hast mir nicht auf meine Frage geantwortet, was Du zu thun gedenkst. Es sähe Dir ähnlich, es wie im vorigen Jahre machen zu wollen und allein hier in der Einsamkeit zurück zu bleiben."

Diana nickte kurz zu den letzten Worten und die jüngere Schwester hob schnell wieder an: "Ich erinnere mich, daß wir hier auch einmal im Frühling zusammen gingen, an dem Tage, dessen Vorabend uns hieher zurück gebracht —"

"Du hast wohl Ursache seiner zu gedenken."

"Weshalb? Ich wollte sagen, daß ich mich entsinne, wie wir an jenem Morgen, als wir die Kirche verlassen, hier spazierten und ich Dir zum erstenmal von der Philosophie sprach, der damals schon alle gebildeten Geister zu Paris und Versailles huldigten. Die Skeptik war Dir noch fremd zu der Zeit und Deine Lebensanschauungen fanden in den Formen, die uns überliefert worden, noch ihre volle Befriedigung. Das hat sich sehr geändert seitdem, aber — verzeih' mir — manchmal will es mich fast mit Bedauern darüber ergreifen, daß ich damals den Keim des Zweifels in Dich gepflanzt. Du thust mir leid, liebe Schwester, und Dein Anblick schmerzt mich; es ist quälend für mich, die spöttischen Bemerkungen zu hören, welche Dein Gebahren nicht nur in unserem Kreise, sondern täglich sogar unter der Dienerschaft laut werden läßt. Es wäre unfraglich glücklicher für Dich gewesen, wenn Deinen Gedanken niemals eine Richtung über die Lehren der Kirche hinaus gedeutet worden, und ich klage mich an, Dir diesen Halt genommen zu haben. Deine Natur bewegt sich in

Extremen und ist nicht geeignet, eklektisch, wie wir es nennen, zu verfahren, d. h. unsere philosophische Erkenntniß harmonisch mit den Anforderungen des Lebens zu vereinigen. Statt dessen verfällst Du aus einem Uebermaß in das andere und geräthst so, der aus wahrer Lebensweisheit erwachsenden Stütze entbehrend, in den beklagenswerthen Zustand, in welchem wir Dich, meine gute Schwester, zu unserm tiefsten Mitleid schon seit geraumer Zeit gewahren. Es drängte mich lange, Dich zu warnen, denn die Veränderung Deines früher so liebenswürdigen Wesens schreitet weiter und weiter fort, und schon ist in meiner verschlossenen, rastlos grübelnden, den Sinn unserer Erkenntniß an sich selbst zum Widersinn verkehrenden Schwester kaum mehr die heitere, geistreiche, einst mit feinstem Geschmack begabte Diana von Hautefort zu erkennen."

Der Blick der Sprecherin glitt vorwurfsvoll über die Kleidung der Getadelten, doch ein bitter-schmerzlicher Klang von den Lippen derselben antwortete ihr.

„Ich erinnere mich auch, daß wir hier gingen, Schwester.— es war nicht im Sonnenlicht, sondern in der Nacht, und als Du unerwartet mich traf'st, zitterten Deine Knie und sanken zu Boden —"

„Ich war ein unerfahrenes, thörichtes Ding damals —"

„Und zuvor doch so reich an Weisheit schon? Ich

wollte, Deine Knie vermöchten noch heute wie in jener Nacht zu beben, Marie!"

„Ich verstehe Dich nicht." Das Auge der jüngeren Schwester glitt unruhig zur Seite, langsam entgegnete Diana:

„Du vermochtest mich damals nicht anzublicken — kannst Du es jetzt?"

Marie d'Aubigné wandte den Kopf und hob mit zorniger Hast die Wimper. Doch nur eine Secunde lang, dann sank diese kraftlos vor dem reinen Strahl, der sie aus dem Antlitz der Schwester traf, zurück.

„Siehst Du, Du verstehst mich."

Unsagbar trauervoll klang's und die Hand Diana's streckte sich nach der Schulter der jungen Frau und ihre Lippen fügten leise hinzu: „Marie — Du sagst es — wär' es noch einmal Frühling!"

Mit krampfhaftem Zucken umschlossen die Finger der Angeredeten den Griff ihres Fächers, daß das zierlich durchbrochene Perlmuttergeflecht desselben leis krachend zerbrach. Doch zugleich flog ein heftiger, höhnischer Zug um ihre Mundwinkel und sie rief:

„So laß uns alles Deß gedenken, was schon einmal gesagt! Du bist kalt, ein Stein, doch kein Weib, willst Du richten?"

„Richten? Nein! — Nur den beweinen, der sich nicht selber zu richten vermag."

Heiße Gluth überströmte Marie d'Aubigné's Stirn, dann lachte sie spöttisch auf. „Du beweist die Richtigkeit des Urtheils, das ich über Dich gefällt, Schwester, daß Du wesenlose Begriffe nicht mit der Wirklichkeit des Lebens zu vereinigen im Stande bist. Soll ich um eines leeren Wortes willen thöricht sein und das Gut dessen bewahren, der es nicht mehr will, der mich um fremdes betrügt? Hättest Du noch den edlen Stolz, den Du einst besessen, eh' Du Dich herabwürdigtest der niedrigsten Bäuerin des Dorfes zu gleichen, so würdest Du fühlen, was es heißt, in der Rache Seligkeit zu finden."

„Rache?" wiederholte Diana zweifelnd, „ja, ich sehe sie, doch wofür?"

Es lag eine andere Frage darin, als die Erwiederung der Schwester sie auffaßte. „Wofür? Daß er mir ein gemeines Weib vorgezogen, eine schamlose Dirne, die auf die Gasse hinausgehörte, wenn die Liebestollheit Feliciens sie nicht zu uns in's Schloß gebracht hätte. Die ihn mit Blicken gelockt und mit plumpen Reizen geködert, bis ihre Arme und ihr Netz ihn umstrickt — Du aber hättest mir gerathen, sie schweigend als Nebenbuhlerin zu dulden, zu warten, bis er ihrer satt zu mir zurückkehre, nicht wahr? Ich glaube Dir, daß Du es gethan hättest, denn der Stolz und das Blut unseres Geschlechtes lebt nicht in Deinen Adern — doch wenn Du richten willst, halte Dich an die Gesetze der Natur, deren Rechte Du selbst mitverkündet. Ich schuldige d'Aubigné nicht an und verlange nur, daß man auch keine Anklage gegen mich erhebt. Wir täuschten uns ineinander, die Liebe heiligte unsere Ehe nicht länger und schon seit Monaten bestand sie nicht mehr, gleich der zwischen Felicien und Clemence. Ich aber fand jemanden, den das Herz zu mir zog, wie mein Herz mich zu ihm —"

„Das Herz? Auch in unserer Welt giebt es eine Blasphemie, Marie, eine einzige — das zu entwürdigen, was die Natur sich als Heiligthum geschaffen."

„Man sollte immer aus Erfahrung reden, Schwester, und ich glaube nicht, daß Dein sonderbares Verhältniß zu Urbain Guéraud Dich dazu berechtigt, Andere über die Eigenschaften des Herzens zu unterrichten", versetzte Marie d'Aubigné mit gezwungenem Lachen. „Nicht ein Name, zu dem die Laune einer Stunde oder kühle Uebereinstimmung von Gedanken Anlaß gegeben, bestimmt seine Regungen, sondern die Intensivität seiner Bewegung, die Lebendigkeit seines Muthes und Willens. Doch ich komme nicht, um Dir eine nutzlose Vorlesung zu halten, denn jeder begreift nur, was in ihm selbst ist, noch um mit Dir zu streiten. Ich wollte Dich um etwas bitten —"

„Ja, man sollte immer nur aus Erfahrung reden,

handeln", erwiederte Diana tonlos — „doch, o Du hast furchtbar Recht, jeder begreift, glaubt nur was in ihm selbst ist."

Sie wandte sich bitter aufschluchzend ab. „Unsere Befürchtung offenbart sich deutlich", sagte Marie, „die Ueberspannung Deiner Nerven verstärkt sich immer mehr, auch Dein Aussehen beginnt darunter zu leiden. Leiste Deinen Einbildungen kräftigeren Widerstand, entsage den Thorheiten, zu denen sie Dich getrieben und kehre zur Vernunft Deines Standes, Deines Namens, Deines Selbst, des Lebens wie es ist zurück. Dann will ich gern auf den Wunsch verzichten, der mich zu Dir geführt, für den ich Dich überhaupt nicht in günstiger Stimmung zu finden scheine."

„Was willst Du? Wenn ich Dir helfen, Dir noch helfen kann, Schwester —"

Ein tiefes Weh zitterte in den Worten. — „Ich weiß, Du bist gefällig", fiel Marie erfreut ein, „und ich befinde mich in der That in Verlegenheit. Ich habe heut Morgen mein Pariser Kammermädchen, die brünette Zoë, fortgejagt, es that mir leid, denn sie hatte Tournüre und Geschmack, aber ich besaß zu deutliche Anzeichen dafür, daß in letzter Zeit noch jemand anders mir zu viel Geschmack an ihrer Tournüre gefunden, und in Folge dessen habe ich ihr verboten, das Schloß wieder zu betreten, widrigenfalls ich sie etwas vor den Augen Dessen auspeitschen lassen würde, den sie zu solcher Verirrung des Geschmacks veranlaßt. Doch man straft sich fast immer selbst am Härtesten, wenn man im ersten Zorn handelt, und ich habe mir bereits eine Stunde später gesagt, daß die Sache es eigentlich nicht werth gewesen, daß ich eine mit meiner Toilette und allen meinen Neigungen so vertraute Person dadurch verloren und mich gegenwärtig in peinlicher Lage ohne eine Bose befinde, deren Händen ich nur meine Coiffüre anzuvertrauen wagen würde."

„In der That, Du hast sehr ungerecht gehandelt."

Der bang liebevolle Klang in Diana's Stimme war erloschen, herb sarkastisch kam die Erwiederung über ihre Lippen. Allein die Schwester hörte nicht auf den Ton der Antwort und fuhr eifrig fort: „Eifersucht handelt fast stets ungerecht gegen sich selbst und ich erkenne es jetzt, daß sie in diesem Falle gradezu lächerlich war. Eifersucht auf die werthlosen Gegenstände, mit denen eine Magd augenblickliche Verirrung anlockt! Ich würde sie zurückrufen, allein sie hat sofort meinem Befehl gehorcht und das Schloß verlassen. Woher nehme ich nun einen Ersatz, den mir nur Paris bieten kann, und darüber vergehen Wochen, die mich entstellen werden! Da entsann ich mich zum Glück, daß Deine Jeannette, deren Hülfe Du nicht mehr in Anspruch nimmst, liebe Schwester, sich wie ich meine noch hier aufhält, und ich suchte Dich, um Dich zu bitten, mir Dein Recht auf dieselbe abzutreten und mich dadurch aus der abscheulichen Verlegenheit, in die mein Leichtsinn mich gestürzt, zu befreien."

Leisknisternd schwebten die gelben Blätter von den welken Stielen über eine noch in bunten Farben prangende Georgine, die, einsam am Rande des herbstlichen Bosquets zurückgeblieben, von wechselndem Lufthauch herüber und hinüber bewegt dastand. Ihre Gefährtinnen hatte die unsichtbare Hand des Nachtfrostes schon, als habe versengender Athem sie getroffen, schwarz und verdorrt zu Boden gebrochen; nur sie, von einem Zufall erhalten, wiegte ahnungslos noch den duftlos schimmernden Kelch in der Sonne.

„Ich habe Dir kein Recht auf einen Menschen abzutreten", versetzte Diana, „habe kein Recht, von Dir zu fordern —" Sie brach ab und wandte sich schnell zum Gehen, doch nach wenigen Schritten kehrte sie ebenso hastig zurück, schlang die Arme um den Nacken der Schwester und küßte sie mit bebender Lippe auf die Stirn.

„Leb' wohl, Marie — —"

„Warum? Willst Du Hautefort auch verlassen?" Verwundert der stumm Forteilenden nachblickend, fragte die junge Frau es, doch nur ein sonderbar aus der Ferne schon durch die Herbstsonnenstrahlen vibrirender schluchzender Ton antwortete ihr. Nachdenklich ruhte Marie d'Aubigné's Blick einen Moment auf dem bunten Farbenspiel der hin und herschwankenden Georgine, dann fuhr sie leicht zusammen und ihr Auge schlug sich zu der einige Schritte von ihr' entfernten Statue der medicäischen Venus auf. Ein schwarzer Saum bog sich hinter dem weißen Marmor derselben hervor und das lächelnde Gesicht des Abbé d'Aubriot folgte ihm und sagte:

„Du bist treulos, denn Du versprachst gleich zurück zu kommen, schöne Azalais."

„Nicht wie Du", antwortete sie zürnend, „denn ich habe dafür Sorge getragen, daß jemand nicht wieder zurückkommt."

„Bah, sind wir nicht Götter?" lachte er, „und stiegen die Götter nicht von je zu den Töchtern der Erde hinab? Reich' mir die Hand und ziehe mich wieder zum Olymp empor! Ich weiß — Deine Schwester hier lächelt es seit Jahrtausenden — Du wirst zu versöhnen sein, Himmlische."

Seine Finger streckten sich nach der einsamen Georgine, brachen dieselbe und boten sie galant ihr dar. „Die Rosenzeit ist vorüber, doch ein philosophischer Geist begnügt sich mit dem Vorhandenen."

Es war ein Bild, wie man es hin und wieder von der Kunst des Kupferstechers aus dem achtzehnten Jahrhundert wiedergegeben sieht. Ein sonderbarer braunrother

Ton liegt auf den selten gewordenen Blättern, wie das Licht einer Sonne, die schweres Dunstgewölk durchglüht. Unbeweglich wie vor dem Ausbruch eines Orkan's stehen die hohen Baumwipfel, eine Schloßzinne ragt vornehm über kunstvoll geschnittene Laubwand, aus der Tiefe des Parkganges kommt ein plauderndes Paar herauf. Die hochfrisirte Dame stützt sich auf den Arm ihres graziös schreitenden Führers, beide sind jung und sie lauscht lächelnd auf seine Worte. Nur ihr Auge schweift an ihm vorbei, wie auf etwas hinüber, das der Rahmen des Bildes nicht mehr umschließt.

Wovon reden sie? Was ist's, worauf ihr eigenthümlicher Blick haftet? Wo liegt das Schloß, das diese hohen Parkwipfel umgeben?

Fühlen die beiden Gestalten, daß ein Sturm heranzieht, und beschleunigen sie ihren Schritt, ihm zu entrinnen?

Es gab eine Zeit, die es gesehn, eine Stunde, die es gehört. Doch es scheint nicht, als ob der sonderbare Blick der Dame das Unwetter herannahen gewahrt, sonst würden sie sich dem Schlosse zuwenden, dessen Obdach sie unverkennbar angehören. Sie aber thun das Gegentheil und entfernen sich mehr und mehr von ihm, und die dichteren Bäume im Vordergrunde zeigen an, daß sie sich dem Ausgang des Parkes genähert, wo schattiges Waldesdunkel ihn fortsetzt.

Fünfundvierzigstes Kapitel.

Diana war in Gedanken versunken bis an den Rand des Thales gelangt, wie ein unsichtbarer Magnet zog die sonnige Höhe droben sie zu sich. Auf dem Raingras der Felder, die sie überschreiten mußte, um den aufwärtsführenden Fußpfad zu erreichen, glitzerte an der Schattenseite noch der Thau, ein weißliches Gespinnst kam hie und da, einem Elfenschiffchen gleich, durch die Luft und hängte sich an einen Halm, einen niedrigen Strauch, der vom Boden aufwuchs, dann löste der Luftzug es wieder und es schwebte weiter. Sonst lagen die Felder regungslos vom Goldgewirk der Octobersonne überschleiert, nur drüben zur Rechten der Fußgängerin blitzte ab und zu, von graugehörnten Ochsen gezogen, das spiegelnde Eisen einer Pflugschaar auf. Sie belebten mit dem Manne, der hinter ihnen dreinschritt allein die Gegend; wie Diana gedankenlos hinüberblickte, sah sie, daß der Letztere, stillstehend und sein Auge mit der Handfläche schattend, ihr ebenfalls den Kopf entgegenwandte, dann setzte er seine Beschäftigung fort, und sie begann die Bergwand hinan zu steigen. Ihr war, als erleichtere jeder Schritt, der sie höher trug, das Athmen ihrer Brust und als schwinde ein trüber Schleier ihr vom Auge. Der Weg drunten hatte sie ermattet, fast erschöpft, hier fühlte sie es wie Elasticität in die Glieder zurückströmen, als habe ihr Fuß einen Antäusboden berührt. Es war ein Trug, sie wußte es wohl, nur so lange dauernd, wie die Einsamkeit der Bergesstille sie umgab, schnell auseinander rinnend gleich der friedlichen Gestalt des luftigen Wolkengebildes am blauen Gewölbe über ihr, ja dieser sonnigen Herbststille selbst am Aehnlichsten, unter deren glänzendem Mantel schon heimlich die Stürme sich sammelten, gleich einem Geschwader dunkelgefiederter Vögel den Himmel zu überziehen. Aber es war doch noch einmal die süße, warme Täuschung einer Stunde, eh' der Winter begann.

Wie ruhevoll breitete das Thal drunten sich aus — drohten wirklich Stürme aus seinem heiteren Bilde zu brechen? Diana's Auge glitt schnell über die Thürme des Schlosses fort und verweilte auf den Häusern des Dorfes. Fast jedem derselben entquoll bläulich mittäglicher Rauch, sie kannte jeden Herd, sie kannte auch die Hand, die unsichtbar überall dort auf ihnen das Feuer entzündete und das reichliche Mittagsmahl bereitete, und ihr Blick erheiterte sich. Er schweifte ostwärts zum Gipfel des Mont Mezin hinüber — sie hatte das Wort einge=löst, das jener vernommen, und sie konnte ruhig auf die kleinste Hütte hinabschauen, denn sie verlangte, besaß nichts mehr von den Gütern der Erde als der Letzte derer, die einst, die seit Jahrhunderten das Eigenthum ihres Ge=schlechts gewesen.

„Nur so ist man frei — ich danke Dir, Urbain."

Sie sprach es leise; das Gewölk, dessen weißes Segel langsam im Blau fortschwebte, hatte die Sonne überzogen und warf seinen Schatten auf die Façade des Schlosses herab, als hänfte eine Hand graues Gewebe darüber, und scheu glitt das Auge der einsamen Betrachterin von dem trüben Fleck, der sich unheimlich in den Rahmen des sonnigen Bildes gelagert. Ja, ein Schatten, ein düstrer Fleck war es in ihm, unauslöschbar — doch blieb das große Gewand der Wahrheit weniger glänzend, weil dieser kleine Makel es getrübt? Ihr mochte dieser die Thräne in's Auge pressen, mit bitterem Gram das Herz ver=dunkeln, daß die, welche ihr am Nächsten gestanden, sich am Unfähigsten erwiesen, die Befreiung aus den Fesseln zu ertragen, in denen sie geboren — was lag für die große, aufathmende, beglückte, der Vernunft wieder gegebne Menschheit daran, ob jene, vom Sturm der eigenen Maß=

losigkeit gefaßt, steuerlosem Schiffe gleich auf den Wellen des Oceans zerschieterten, dessen schrankenlose Weite der gewinnreichen Benutzung jeder Freiheit, mithin auch dem Mißbrauch derselben durch den Einzelnen eröffnet war. Den Scheitel zu den Wolken reckend erhob sich Frankreich von den Knien, auf denen es von Geschlecht zu Geschlecht bis heut' in dumpfem Stumpfsinn vor der Lüge gelegen, überall schon drang ein Schimmer des strahlenden Göttergewandes hindurch, dessen Glanz es vom Haupt bis zum Fuß umhüllen, zur Wahrheit, zur Würde des Menschen emporheben sollte. Nein, es war nicht Herbst, nur da drunten um das Schloß fielen welke Blätter, doch über die weite Erde ging der Hauch eines Frühlings, der sie noch nicht berührt, neues, ewig wechselndes, aber im Wechsel unsterbliches Leben aus ihr herauf zu rufen, bestimmt zum erstenmal zur höchsten Blüthe zu gelangen, zum Glück der Freiheit der Vernunft und der Güte, welche die Natur in jeden seiner Keime gelegt.

Freudig hob Diana wieder die Stirn, und ihre Lippen sprachen zum drittenmal an diesem Morgen, doch lauter, zuversichtlicher als zuvor: „Nein!" Weil der Schmerz dort unten sie überwältigt, weil sie schwach gewesen, war die Welt, die Wahrheit es nicht! Weil den Gärtner die Hoffnung weniger Lieblingsblumen betrogen, wollte er an der ewigen Triebkraft der Natur verzweifeln?

„Nein! Jedem stolz und freudig in's Antlitz, nein!"
Ehe Diana's Blick das Thal verließ, zog einen Moment
noch der einzige Punkt, der sich drunten bewegte, ihn auf
sich. Die graugehörnten Ochsen bildeten ihn, die dicht
nebeneinander behaglich wiederkäuend am Rain lagen. Sie
sah unwillkürlich empor — stand die Sonne schon im Mittag?
Der Pflüger war verschwunden und hatte sein Gespann
sich selbst überlassen. Es nahm Diana Wunder, denn sie
glaubte in jenem Jüpin, den jungen Bauer aus dem Dorf
erkannt zu haben, an dessen Arbeitsamkeit und sorglicher
Umsicht sie sich schon manchmal erfreut. Allein offenbar
hatte er sich zum Mittagsessen entfernt, denn auf der
ebenen Fläche des Feldes befand sich kein Gegenstand, der
ihn dem Auge zu entziehen vermocht hätte.

Diana wußte nicht, weshalb es ihr wie ein leiser
Mißton in ihre Stimmung klang, doch nur eine Secunde
lang, dann wogte die Fülle der unterbrochenen Gedanken
wieder über sie herein. Freudig strömende, träumerische
Gedanken, sie zogen, wo der Weg jetzt sich spaltete, unwillkürlich den Fuß von der melancholischen Ruine ab,
zur anderen Seite hinüber, die an das Ufer des kleinen
See's auf der Hochfläche führte.

Was hinderte denn sie selbst, zu jener höchsten Blüthe
zu gelangen, zum Glück der Freiheit? Wenn die Schatten
sich auch über das Schloß gelegt, blieb ihr nicht die Sonne

doch? Und ob auch diese nur ein seelenlos glühender
Ball war, bestimmt wie Alles einst zu erlöschen und zu
erkalten, weckten ihre Strahlen darum jetzt weniger süße
Wärme, goldige Traumbilder in der lebenbeseelten Brust?
Da lag die kleine spiegelnde Fläche, still und einsam,
von keinem Hauch bewegt und getrübt, als ob ihr dunkles
Auge ruhevoll aus fernen, fernen Tagen heraufblicke. Nur
ein goldener Schimmer kam und ging hier und dort.
„Das Haar der Nixe," lächelte Diana. Sie setzte
sich an den Rand des Wassers, der Spiegel warf ihr
Bildniß zurück, dessen Hand tändelnd die letzten Herbst=
blumen zu freundlichem Strauß zusammenwand. Wie
schön, wie warm und friedlich konnte das Leben noch sein!
Und leise, unbewußt, lächelnd sagten die Lippen —
es war ein Reim aus altem Buch, den die Erinnerung
auf ihnen wach rief — träumerisch sagten sie:

> „Le coeur, que tu m'avais donné
> Mon doux ami en gage,
> Ne l'ai perdu, ni detourné,
> Ni mis à mauvais usage;
> Je l'ai mêlé avec le mien,
> Je ne sais plus, quel est le tien —"

Es waren die Verse, von denen Mademoiselle Jeannette
schon einmal Mademoiselle Zoë erzählt, als jene noch nicht
das Glück ihres Lebens an der Seite Herrn Maulac's

gefunden und ehe die Tournüre der letzteren zu einer Geschmacksverirrung Anlaß gegeben, welche den unüberlegten Zorn ihrer Herrin mit zu später Reue erfüllt, sich des unschätzbaren Toilettengeschmacks derselben in thörichter Verkennung berechtigter und unberechtigter Eifersucht selbst beraubt zu haben. Schmeichelnd, leis zerrinnend klangen die Worte von der stillen Fläche zurück, als gäbe ein unsichtbarer Mund, ein fern=melodisches Echo der Tiefe sie wieder —

Plötzlich flog Diana erschreckt empor. Ein jähes, übermächtiges Etwas mußte sie entsetzt haben, denn das Blut war aus ihren Zügen gewichen, daß sie dem Marmor ihrer Namensschwester glich, und strömte einen Moment später ihr wie glühend in's Antlitz zurück. Ihre Gestalt zitterte haltlos und ihr Fuß wollte fliehen, doch ihm fehlte die Kraft, wie dem bangend zur Seite gewandten Auge die Besinnung. Scheu und athemlos blickte es in die Richtung, aus der ein Ton vom Thale herauf, wo der sich am Pfarrhaus vorüberziehende Weg zur Hochfläche emporführte, die Stille unterbrach. Der laute Schritt eines männlichen Fußes war's, der langsam näher kam — flößte der Klang ihr plötzlich Angst ein, die bis heut' furchtlos die einsamste Wildniß des Velay durchstreift?

Oder fürchtete sie, daß ein Mittagsgespenst sein weißes Gesicht um die Felsenkante strecke? Starr haftete auf dieser, wie vor etwas in sich selbst zagend, ihr Blick — dann löste sich seine Spannung, ihre Hand legte mechanisch sich eine Secunde lang auf ihr klopfendes Herz und die Herrschaft über ihre Glieder kehrte zurück. Beruhigt gleichgültig wandte sie sich ab, am sonnigen Ufer des kleinen Gewässers entlang.

Sie mußte in der That etwas besonders Entsetzliches zu erblicken befürchtet haben, denn die Erscheinung des Ankömmlings erwies sich von vornherein nicht grade geeignet, einem allein in einer Gebirgsgegend befindlichen weiblichen Wesen übermäßiges Vertrauen einzuflößen. Es war ein junger, in lächerlich verschwenderischem Aufputz gekleideter Bauernbursche mit frecher Miene und trotzig aufgeworfenen Lippen unter einem Gesicht, das von der Gewohnheit häufigen Weingenusses redete. Er that etwas auf dem Lande kaum bei den wohlhabenderen Classen Gebräuchliches, denn er rauchte aus einer kurzen Pfeife, deren dichten bläulichen Dampf er unablässig in die Luft stieß, und schlenderte mit den Händen in den Taschen seiner Hose müßig heran. Diana gewahrend, stand er einen Moment still, dann näherte er sich ihr rascher, indem er den nämlichen Weg, den sie eingeschlagen, verfolgte. Sie hatte nicht mehr auf ihn geachtet, bis sie jetzt seinen Schritt dicht hinter sich am pfadlosen Uferrand vernahm und sich halb erwartungsvoll mit der Frage umwandte:

„Was willst Du? Bist Du gescheidt, mir etwas zu sagen?"

Der Bursche rückte, vor den plötzlich auf ihn gerichteten Augen verwirrt zurückweichend, mechanisch an seinem Hut. Dann jedoch kehrte sein stierer Blick kühner wieder und er versetzte:

„Das just nicht. Ich bin nicht da, um mich von Einem schicken zu lassen."

„Was willst Du denn?" wiederholte sie verwundert.

„Ich bin auch just nicht dazu da, mich Du anreden zu lassen, aber von einer hübschen Weibsperson läßt man sich's am Ende gefallen." Er lachte widerwärtig und setzte hinzu: „Sind Sie's nicht, die das böse Gewissen geschlagen, daß sie uns wieder gegeben hat, was sie uns gestohlen gehabt?"

Diana maß, wie ungläubigen Auges und Ohr's die gemein-freche Physiognomie des unverkennbar halb trunkenen Sprechers. „Komm' mir nicht näher!" entgegnete sie, ihren Widerwillen unterdrückend, „ich verstehe nicht, was Du meinst."

Er deutete auf seine Pfeife: „Tabak! Ich habe keinen mehr."

War es ein Verrückter, der glaubte, daß sie dies übelriechende Rauchmaterial in den Taschen bei sich trüge? Sie zuckte gleichmüthiger die Achsel. „Ich auch nicht."

„Aber Geld, für das man ihn kaufen kann —"

Sie fiel ihm, den Kopf schüttelnd, fast freudig in's Wort. „Du irrst, denn wenn Du nichts besitzst, so habe ich nicht mehr als Du."

„Oho, glaubst Du, daß ihr uns noch nicht genug vorgelogen und daß wir immer noch die Tölpel sind, zu denen Ihr uns gemacht hattet? Ihr wißt es gut zu verstecken, aber wenn man nur auch gut zu suchen versteht, da findet man's doch in euren Steinkammern und Kellerlöchern, wie's noch überall geschehn, wo sie euch in eure eignen aristokratischen Pfeifen gestopft und als Rauch und Funken in die Luft geblasen haben. Geld will ich und wenn Du's nicht finden kannst, will ich Dir suchen helfen!"

Ein lüstern brennender Ausdruck mischte sich der Gier des Blickes, mit dem er den Arm nach ihr ausstreckte und nach der Tasche ihres Kleides tastend ihren Leib umschlang. Sein Weinathem wehte sie ekelerregend an, sie hatte noch immer, an der plumpen Wirklichkeit dessen, was sie sah und hörte, zweifelnd, sich nicht geregt; jetzt war es zu spät und sie rang vergeblich, sich von der Kraft seines muskulösen Armes zu befreien. Dann entflog ein plötzlicher, schreckentpreßter Hülferuf ihrem Munde: „Urbain — Urbain!"

War es die Erinnerung, die ihn an dieser Stelle ihr auf die Lippen gelegt? Jedenfalls übte er die Wirkung

eines Zauberwortes, denn im selben Moment in welchem
er erklang, fiel der rohe Arm, der sie umfaßt hielt, kraftlos
von ihrem Körper und der Besitzer desselben taumelte,
den Kopf mit einem dumpfen Fluch auf den Felsboden
aufschlagend, betäubt zur Erde. An Diana vorüber hatte
ihn der Hieb einer zorngeballten Faust mitten auf die
Stirn getroffen, daß er wie vom Blitz niedergeschmettert
zu ihren Füßen dalag, und sie war frei.

„Ich sah Dich, Urbain Guéraud, darum rief ich Dich,"
stammelte Diana.

Sie wandte ihr Antlitz, in dessen Augen plötzlich
wieder der scheue Ausdruck seltsamer Furcht lag, der sie
zuvor aufgeschreckt, ihrem Retter zu, dann schwand derselbe noch schneller als damals zurück und sie blickte ungewiß in das Gesicht Jüpin's, des jungen Pflügers, der
mit hochgerötheten Zügen, zugleich freudestrahlend und
verlegen das Auge von ihr wendend, vor ihr stand. Auch
er stammelte:

„Ich wollte nach meiner Angel, Comtesse — ich hatte
gestern eine hier ausgelegt und dachte — da sah ich, wie
der elende Bube die Hand nach Ihnen —"

Er brach ab und packte den wieder zur Besinnung
Gelangenden am Nacken. „Diesmal kommst Du davon, treffe
ich Dich wieder so, da tödte ich Dich, François Broschier!"
drohte er mit flammendem Auge. „Fort von hier!"

Der Bursch erhob sich, von der Hand seines stärkeren Gegners aufgerissen, und entfernte sich, stumm seine zerbrochene Pfeife aufraffend und seinem Ueberwinder einen heimtückischen Blick aus dem Augenwinkel zuwerfend. Dann hob er einen zackigen Felsstein vom Boden und rief, ihn über sich schwenkend, mit grimmschäumendem Munde: „Ich treffe Dich auch, Jüpin, Dich und Deinen vornehmen Schatz, verlaß Dich drauf!" Doch bei dem ersten Schritt, den jener auf ihn zu machte, ließ er seine Naturwaffe, ohne sich ihrer zu bedienen, feig aus der Hand fallen und entfloh so schnell die Füße ihn trugen, dem Abhang zu.

Mit noch höher gerötheter Stirn und noch verlegener als zuvor kehrte der junge Bauer zurück. Auch Diana stand noch verwirrt, doch ihre eigenen Gedanken, nicht der häßliche Vorfall und ihr unerwarteter Retter mußten die Schuld daran tragen, denn sie trat auf diesen zu, reichte ihm die Hand und sagte freundlich:

„Hab' Dank, Jüpin! Es war ein guter Zufall, der Dich herführte, mich von der Trunkenheit des Widerwärtigen zu befreien. Doch hüte Dich vor ihm, es würde mich betrüben, wenn er Dir um meinetwillen einen Schaden zufügte."

„Mich nicht, Comtesse — o nein, ich fürchte ihn nicht, jetzt gewiß nicht!"

Die offnen hübschen, intelligenten Züge des jungen

Mannes hatten im letzten Moment zweimal ihre Farbe gewechselt. Er hielt Diana's feine Hand noch schüchtern in der seinigen und ein leuchtender, zugleich ehrerbietiger und begeisterter Strahl seines Auges glänzte ihr entgegen. Eine stumme Sprache, die keiner Doppeldeutung unterliegen konnte, flammte darin, eine Sprache, die nicht der unberedte Mund, nur der Wiederstrahl aus selig bewegter Brust auszudrücken vermochte, daß Furcht ein ohnmächtiger Schatten vor der Sonne höchsten Glückes sei.

Es war eine so schlichte Huldigung und doch so wohlthuend, so warm zum Herzen hinabdringend, wie sie aus reinem, warmem Herzen kam. Sie trug keinen Namen, wollte nichts, als sich darbringen, freudig zum Opfer bringen, wenn es sein mußte — ein Funke des ewig Schönen, der Begeisterung, der Sehnsucht, die den Himmel mit seinen Göttern schuf, war es, der aus dem schlichten Herzen vor Diana aufleuchtete, und ein glückliches, mildes, göttliches Lächeln überflog ihr Antlitz. Das war der Gruß des Frühlings, an dem sie nicht verzweifelt, die Freiheit der Vernunft und der Güte —

Fast schalkhaft blickte sie ihn an. „Komm', ich will mit nach Deinen Angeln sehen." Er stotterte: „Ich vergaß, Comtesse, daß ich sie schon gestern —". —„Ich verstand, daß Du sie gestern erst gelegt," fiel sie ein.

Er sah aus wie ein Kind, das über einer Unwahrheit

ertappt worden. „Verzeihen Sie mir, Gräfin — ich sah Sie von Ferne — und folgte Ihnen nach — und kam, um Sie zu bitten —"

Ist das Herz auch des edelsten Weibes ein Schrein, der eine heimliche Kammer enthält, in der die Kunst der Verstellung verborgen liegt, sie zu benutzen, wenn die Stunde dazu verlockt? „Mir folgtest Du nach?" fragte Diana, und ihre Stimme klang verwundert „und um mich zu bitten — ?"

„Daß Sie sich nicht mehr solcher Gefahr aussetzen, Comtesse! Schon seit dem Sommer treiben überall in unserer Gegend sich Leute herum, die aus dem Gebirg kommen, von denen niemand weiß, wovon sie leben und was sie wollen. Die Sevennen selbst sollen voll von ihnen sein, Uebelthäter und nichtsnutzige Kerle aller Art, und deshalb —"

Er stockte. — „Deshalb?" wiederholte Diana mit freundlichem Blick.

„Bin ich Ihnen schon seit Wochen, wenn Sie das Schloß verließen, unbemerkt gefolgt, Gräfin," vollendete der junge Bauer muthiger.

Sie nickte, dann streckte ihre Hand sich zum Mont Mezin hinüber. „Ich war dort einmal, da folgtest Du mir nicht und ich erinnere mich, daß Du mich sah'st."

Die letzten Worte übergossen sein Gesicht wieder mit

herzklopfender Röthe. „Weil ein Anderer es that," versetzte er leise, „dessen Auge ebenfalls immer über Ihnen wacht, Comtesse, ohne daß Sie es ahnen. Doch heut' war meines glücklicher —"

Das Glück, von dem er sprach, leuchtete in seinem Blick. Diana hatte hastig bei seiner Erwiederung den Kopf gewendet und die Gegend umher überflogen. Ein leichter Schatten ging über ihre Stirn und sie entgegnete: „Du täuschst Dich, Jüpin, und setzst bescheiden Deinen Werth herab. Niemand als Dein Auge hätte eine Gefahr für mich hier oben befürchtet, niemand als Du mich beschützt. Hab' noch einmal Dank, und wenn ich es Dir mit etwas vergelten kann —"

„Sie haben es mir reich vergolten, Gräfin —"

Sie fiel ihm in's Wort: „Ich bin keine Gräfin mehr, warum heißt Du mich so? Wir sind Menschen gleicher Art, nenne mich Du, wie ich Dich und wie es vernünftig ist, daß Menschen es thun."

Er schüttelte nachdenklich die Stirn. „Nein."

„Was, nein?"

„Ich könnte es nicht, auch wenn ich wollte."

„Und weshalb nicht, Jüpin?"

Seine offnen Augen waren ernst in ihr Gesicht gerichtet.

„Ich bin einfältig und habe nichts gelernt," versetzte er, „doch gedacht habe ich in diesem Sommer auch manchmal über das, was der Herr Pfarrer uns oft gesagt und was Sie eben mit anderen Worten auch gesprochen, Comtesse. Es klingt so schön und wer Sie und den Herrn Guérand anblickt, weiß, daß es ebenso gut, daß es das Beste sein muß. Aber —"

Der junge Bauer hielt zaudernd inne. „Aber?" wiederholte Diana.

„Verzeihen Sie mir, Comtesse, wenn ich ungeschlacht und grad' heraus sage, was ich meine. Ich hab's ja nicht gelernt, hübsch und vornehm zu reden und das ist gleich, wie mich dünkt, schon ein Beweis mit für das was ich sagen will. Einer der Herren vom Schloß würde es sicherlich fein ausdrücken können, daß es nicht so plump klänge, aber was ich meine, Comtesse, es ist nicht wahr, daß die Menschen gleich sind. Wie es Männer und Frauen unter ihnen giebt, so sind noch mehr Unterschiede zwischen ihnen vorhanden, die Einer ebenso wenig gleich machen kann, als wenn er aus einem Mann eine Frau machen wollte. Drunten im Thal wachsen andere Pflanzen, Comtesse, als hier oben, denn sie müssen anders werden, wo es feucht, still und warm ist, als wo über den trocknen Steinboden der rauhe Wind geht. So denke ich, ist's auch mit den Menschen; jeder wächst nach seiner Art auf, wie er die Luft und die Sonne dazu findet, aber es giebt Sorten, die lange in Treibhäusern gepflegt und verfeinert sind, und andere, die immer geblieben, wie sie von jeher in der Wildniß gewesen. Die beiden Arten werden aber dadurch nicht gleich, wenn eine Hand sie nimmt und etwa in die nämliche Scherbe zusammenpflanzt. Ich kann's nicht ausdrücken, wie ich's meine, doch sie werden's ebensowenig, wie ein Bauermädchen zur Schloßdame wird, wenn sie ein seidnes Kleid anzieht, oder wie Sie, Comtesse, zu einer Bäurin geworden, weil Sie in der letzten Zeit ein ähnliches Kleid tragen, wie die Frauen im Dorf. Das Feine bleibt auch in der groben Wolle fein, und das Grobe wird nicht fein in der Seide."

Diana hatte ihm schweigend zugehört. „Du selbst," entgegnete sie, „widersprichst Deinen Worten, denn Du trägst einen groben Rock und bist in keinem Treibhaus aufgewachsen. Aber trotzdem ist Dein Herz und Dein Sinn fein, Jüpin —"

Er verneinte traurig mit der Stirn. „Ich möchte wohl Manches lernen, doch ich habe nicht die Zeit dazu, und es fehlt mir an zu Vielem, das erst da sein muß, wenn das Lernen nützen soll. Und dann, Comtesse, wenn ich es nun thäte, würde ich da noch Lust haben, den Pflug zu führen, in Kälte und Sonnenhitze draußen mit schwie= ligen Händen zu arbeiten? Würde ich es thun, wenn ich reich genug wäre, um es lassen zu können? Wenn das Brod auf den Bäumen wüchse, der Wein im Bach flösse, und ich es nur zu brechen, ihn zu schöpfen brauchte, um Hunger und Durst zu stillen? Ich meine, Comtesse, da die Natur dies nicht so eingerichtet, so hat sie auch nicht gewollt und kann es nicht sein, daß die Menschen gleich sind. Wären sie es, so würde jeder müßig gehn wollen und den Andern arbeiten heißen, oder wenigstens kein mühsames und niedriges Geschäft betreiben, sondern nur eines, das ihm Vergnügen machte. Würde Einer mehr Holz fällen als er selbst braucht, Schuhe verfertigen, deren er nicht bedarf? Nur weil wir von unserer Geburt an ungleich sind, geschieht das Alles, da jeder irgend ein Geschäft sich auswählen muß, das ihn ernährt. Weil der, welcher mühsam mit seinen Händen arbeitet, dem Vornehmeren, der das Zehnfache mit der Arbeit seines Kopfes verdient, nicht gleich an Feinheit des Gefühls, an Bedürfnissen und Wünschen ist, darum sieht er ohne Neid auf ihn und findet natürlich, daß es in der Welt so ist. Aber heben Sie ihn wirklich auf Ihre eigene höhere Bildungsstufe hinauf, Comtesse, machen seinen Geist, seine Denkweise und Empfindung der Ihrigen gleich, da wird er auch verlangen und mit Recht verlangen, die niedrige Hantirung, welche dazu nicht mehr paßt, aufgeben und so leben zu können, wie Sie. Er wird sagen, das Eigenthum, welches Ihnen dies ermöglicht und das er nicht besitzt, sei ein Unrecht und er berechtigt, zu fordern, daß

Sie es mit ihm theilen. Nach ihm aber wird ein Zweiter kommen und dasselbe begehren, ein Dritter, hundert, Tausende. Dann werden Sie nichts mehr haben, um zu kaufen, die Arbeit Anderer zu lohnen, sondern Sie selbst müssen dann, wie jeder, alle plumpesten Verrichtungen, die das Leben verlangt, vollziehen, Ihre Hände werden rauh und schwielig werden, wie unsere, und an der Rohheit der täglich nothwendigen Beschäftigung wird überall das Feine und Höhere zu Grunde gehn."

Erstaunt sah Diana auf den jugendlichen, sich in Tracht und Lebensweise nicht von den übrigen Bauern des Dorfes unterscheidenden Sprecher. Er hatte unbeholfen begonnen, doch allmälig schienen ihm mit der Entwicklung seiner Gedanken auch die vollständigen sie ausdrückenden Worte zuzufließen und er verrieth eine ihm innewohnende Vorstellung jener höheren Bildungsstufe, von der er gesprochen, die niemand unter seinem einfachen, sonnenverbrannten Aeußern vermuthet hätte. Und doch schien er zufrieden und glücklich in seiner Lage, die er nicht ändern wollte, und wies, nicht im Wortlaut, doch im Sinn seiner Entgegnung das, was die vornehme Dame seinem Stande bot, ruhig als etwas Unmögliches, ja diesem wie ihr selbst gleich Verderbliches zurück. Es klang von seinen Lippen seltsam anders, als wenn es aus dem Munde eines ihrer eigenen Rang- und Bildungsgenossen gekommen wäre, und fast verwirrt nach einer Entgegnung suchend, knüpfte sie an ein's der Worte, die er zuletzt gesprochen, an und erwiederte rasch:

„Ich bin dem zuvorgekommen, der von mir fordern könnte, Jüpin, denn ich selbst habe mir gesagt, daß Eigenthum Unrecht sei, und ausgetheilt, was ich besessen. Wohl weiß ich, daß sich Errungenschaften, Besitzthümer des Geistes nicht in kurzer Zeit wie Gut und Geld vertheilen lassen, allein auch sie werden einst zu vollendeterer Beglückung Gemeingut werden, wenn die erste Bedingung der Gleichheit erst erfüllt ist, daß alle an den für die körperlichen Bedürfnisse des Lebens erforderlichen Gütern der Erde den nämlichen Antheil ihres nämlichen Rechtes innehaben."

Der junge Bauer, der auf dem Wege zum Thal hinab neben ihr herschritt, sah sie mit einem Blick fast scheuer Ehrfurcht an, aber er schüttelte, stillstehend, wiederum den Kopf. „Doch wenn auch das nun wäre, wenn jeder Reiche, jeder mehr als ein Anderer Besitzende so selbstsuchtslos, mitleidig und gütig dächte und handelte, wie Sie, Gräfin, würde es darum aufhören, Verschwenderische und Geizige, Fleiß und Trägheit in der Welt zu geben? Würde der Faule nicht das ihm zum Geschenk gefallene Gut anzehren ohne für die Zukunft zu arbeiten und sobald er nichts mehr besäße, eine neue Theilung der Güter verlangen, da er habelos, das heißt abermals Ungleichheit vorhanden sei? So zwänge die Erhaltung der Gleichheit, wenn nicht in kurzer Zeit Alles wieder so werden sollte wie es jetzt ist und immer war, denjenigen der thätig gewesen, stets von dem Lohn seiner Thätigkeit den trägen Schlemmer mit zu ernähren oder selbst in rohester Dürftigkeit gleich einem Thiere mit den Seinigen zu leben. Würde da nicht der Fleiß zur Narrheit werden, Comtesse, und das Bewußtsein, daß er nicht für sich, sondern für den schamlosen Müssiggang Anderer sich abmühe, ihn bald auf der ganzen Erde im Keim ersticken müssen? Nein, weil die Menschen ungleich an Brauchbarkeit, Kraft, Neigungen und Ehrgefühl sind, ist es auch unmöglich, daß sie gleich an Habe sein könnten, wenn nicht Diebstahl, Raub und Mord zum Recht werden soll. Geschieht das nicht — und das will Herr Guérand so wenig wie Sie, Comtesse — da, dünkt mich, vermag es in der Welt nicht anders zu werden, als es von je wohl überall gewesen, aber ich meine, daß in Frankreich und vor Allem hier auf Hautefort jetzt Keiner von uns mehr ein Recht zu klagen hätte, daß es ihm nicht so gut geworden, wie die Einrichtung der Natur es für ihn bestimmt hat."

Es war auch eine Naturphilosophie, die der junge Bauer ohne Lehrmeister aus seinem gesunden Verstande, genügsamer Zufriedenheit und einfacher Logik seiner Erfahrungen geschöpft hatte. Wie ein aus schlichter Wurzel kräftig nach seinem Theil an Licht und Luft sich aufringender Baum des Waldes stand sie da, nicht anderen Boden begehrend als sein Standpunkt ihm angewiesen, nur Raum und Freiheit, die Kraft, die in ihn gelegt, zu eigenem und Anderer Nutzen entwickeln zu können. Er hatte dem tiefinnersten Kern dessen, woraus Diana's mit rücksichtsloser Energie bis zu den letzten Consequenzen von ihr befolgte Weltanschauung erwuchs, widersprochen, und doch erschien er selbst in der bedeutungsvoll tiefsinnigen Beschränkung seines Wollens als der schlagendste Widerspruch seiner eigenen Behauptungen. Der Weg theilte sich jetzt, ein näherer, steiler Pfad führte ihn zur Linken zu seinem verlassenen Gespann zurück, er stand still und zog den breiträndigen Hut vom Kopf, um sich zu verabschieden. Es lag auch darin eine Feinheit, welche seine Begleiterin erst begriff, als sie, den Blick niederwerfend, zwei Gestalten sich vom Schloß her dem Rande des Parkes nähern sah, denen sie begegnen mußte, und sein Tact hatte ihm angedeutet, sie vor dem Zusammentreffen mit jenen zu verlassen. Lächelnd reichte Diana ihm nochmals die Hand und sagte:

„Ich habe Dir vorher für Deine Hülfe gedankt, Jüpin, aber noch dankbarer bin ich Dir für etwas Anderes, für Dich selbst. Du gehst, den Pflug zu führen, für den meine Hand zu schwach wäre, und doch habe ich nie so deutlich gefühlt, daß die Art der Arbeit und ihre verschiedene

Gewohnheit keine Ungleichheit unter Menschen nothwendig macht. Was der Gedanke mich gelehrt, hast Du wider Deine Absicht mir bestätigt. Geh' hin, Freund, und thue das Deine auch, die aus demselben Boden mit Dir erwachsen sind, Dir gleich zu machen, wie Du die freudige Gewißheit in mir neugeweckt hast, daß die Natur uns in jeder Hülle gleich gewollt. Denn der Mensch ist gut, Jüpin — habe Dank für Dich selbst!"

Sie drückte fest seine rauhe Hand, ein purpurnes Roth unaussprechlichen Glückes brach an seinen Schläfen hervor und mit der Anmuth kunstloser Natur bückte er sich rasch und küßte die weiße Hand, welche die seine gleich der einer Schwester gefaßt hatte. Dann stand er und sah der den Abhang Hinab= schreitenden nach, und seine kraftvolle, schlichte Gestalt glich mehr denn je dem aus gesunder Wurzel breitentwickelten Ast= werk eines Baumes, dessen Wipfel vom Goldblick der scheiden= den Sonne berührt leise zitternd hinter ihrem verschwindenden Glanze dreinschau'n. In seinen Augen lag schwärmerischer, selbstvergessener Muth, doch wie von unsichtbarem Gewölk fiel ein trüber Schatten ihm über die Stirn, und seltsam mischte auf dem glückbestrahlten Gesicht ein banger Zug sich dem Blick, der, eh' er zu seinem Tagwerk zurückkehrte, forschend die über das Thal gebreitete Herbststille durch= dringen zu wollen schien.

Sechsundvierzigstes Kapitel.

Die beiden Gestalten, welche durch den Park heraufkamen und mit ernsten Gesichtern in eifrigem Gespräch nebeneinander gingen, waren Urbain Guéraud und der Arzt Lacordaire. Seit dem Tage, an welchem der Letztere auf dem Platze vor der Kathedrale von Le Puy mit den Schloßbewohnern zusammengetroffen, befand er sich fast in jeder Woche einmal in Hautefort. Uebereinstimmung in den meisten Anschauungen hatte ihn zu vertraulicher Freundschaft mit Urbain Guéraud verbunden, doch seine offene Natur machte kein Hehl daraus, daß ihn noch mehr eine sich seines ganzen Wesens zum erstenmal bemeisternde, namenlose Verehrung an Diana band. In ihrer Gegenwart erschien der fest auf sich ruhende Mann unsicher, der Entschlossene unentschieden; in den tief gedankenvollen Augen des Vierzigjährigen lag, sobald sie sich auf Diana richteten, die blöde Befangenheit eines Knaben, dessen Herz beim

Anblick einer unerreichbar und ahnungslos an ihm vor=
überschreitenden ersten Jugendliebe selig und schmerzlich
pocht. Es mußte ein Gefühl von wunderjamer Tiefe sein,
das sich seiner derartig zu bemächtigen, ihn so zu ver=
wandeln Kraft besaß, die unbezwingliche Macht, welche
jedes reine und edle Herz willenlos zu Diana von Hautefort
hinüberzog, jeden Schlag desselben ihr zu eigen gab. Eine
Liebe, die sich in keinem Worte verrieth, sich selbst mit
keiner Hoffnung betrog; die nichts wollte, als das Glück
in ihrer Nähe zu sein, sich in ihrer eignen Empfindung
beglückt zu fühlen. So reichte Diana ihm traulich, wenn
er kam, die Hand und freute-sich seines Kommens, bot
sie ihm herzlich beim Abschied und bat ihn wiederzukehren.
Sie wußte, daß er sie liebte, wie sie wußte, daß Urbain
Guéraud es that, doch der Verschiedenheit ihres Wesens
gegen beide nach hätte man geglaubt, daß sie die Liebe
des Letzteren als eine Maske des Hasses betrachte. Auch
über seine Lippen war nie ein Wort mehr gekommen, das
von dem Sturm seiner Seele Kund gab, doch so freund=
schaftlich und vertrauensvoll die Art Diana's dem Arzte
gegenüber sich offenbarte, so gleichgültig oder mit unge=
wohnter Herbigkeit schroff auffahrend verhielt sie sich noch
immer gegen den einstigen Jugendgespielen, dessen Gedanken
und Ergebenheit sie unter allen am Meisten gering zu
schätzen schien, gegen den ihr Rechtsgefühl sich nicht selten

in bewußte Ungerechtigkeit verwandelte, ja dem gegenüber allein sie, die in dem Geringsten ihres Gleichen sah, manchmal kaum einen hochfahrenden Stolz verhehlte, der durch einen Blick die Gleichheit zwischen der Tochter des Geschlechtes von Hautefort und dem illegitimen Sohne des Pfarrers von Saint Pierre aufhob.

Der Arzt hatte heut' gegen seine Gewohnheit sich nicht sogleich nach seiner Ankunft dem Schloß zugewandt, sondern zuerst das Pfarrhaus aufgesucht und, ohne jenes zu betreten, Urbain Guéraud zu stundenlangem Gespräch mit sich an den Rand des Parkes geführt. Ein ernster Gegenstand mußte sie beschäftigen, sie sprachen leise, wo eine undurchsichtige Heckenwand das Ohr eines Lauschers zu bergen vermochte, sich zuvor achtsam umblickend. Im Beginn hatte Lacordaire fast allein geredet und Urbain ihm schweigend zugehört, dann sprach der Letztere und jener nickte von Zeit zu Zeit zustimmend mit dem Kopf. Auch die beiden dutzten sich, wie alle dem Schloßkreis Zugehörigen, Urbain sagte:

„Versuche Du sie zu überreden, von allen, die wir hier sind, folgt sie Deinem Rathschlag noch am Meisten, wie meinem am Wenigsten; es ist ein Räthsel, das ich nicht löse, wie mein Anblick allein ihre Abneigung täglich mehr zu steigern scheint, so daß ich dadurch auf sie einzuwirken vermöchte, ihr das Gegentheil von dem Wünschenswerthen anzuempfehlen. Doch Du hast Recht, Deine Nachricht ist inhaltsschwer und jeder dieser Vorgänge im Mittelpunkt hat bis jetzt binnen Kurzem neuen Sturmausbruch in der Peripherie geweckt. Es ist ein trauriger Vorzug, der einzig Sehende zu sein, wo alle Augen getrübt sind, die einen von der Wallung ihres eigenen Blutes, die andern, die edelsten mit denen die Erde sich selbst erblickt, von der Sonne ihrer eignen schuldlosen Reinheit geblendet. Auch mein Vater gehört zu diesen, und der Verstand, der die Wirklichkeit erkennt, kämpft ebenso vergeblich bei ihm wie bei ihr gegen die Vernunft, die nur sich selbst denkt. Ein wundersamer Zufall hat sie beide zusammengeführt, daß aus der Verbindung des zerstörenden Gedankens und des begeisterten Herzens der Traum eines neuen Eden entsprungen, das keiner von jenen allein zu schaffen im Stande gewesen wäre. Sie ahnen nicht, daß der Würgengel mit flammendem Schwert vor seinen Thoren steht, und das Erwachen wird ein furchtbares sein — freudig gäbe ich mein Leben, es von ihnen abzuwenden."

Urbain Gusraud sprach es mit dumpfer, bebender Stimme, der Arzt preßte ihm die Hand. „Du weißt es, Freund, auch ich — es ist kein Opfer, nach dem Glück zu werben, für sie sterben zu können."

Urbain lächelte trüb. „Was ist nun unsere Erkenntniß, Lacordaire, die sich stolz zu begreifen wähnt und doch

bereit ist, ihr Dasein willig hinzugeben um ein Unbegreif=
liches, das die Vernunft als Schatten fortlöschen müßte?
Und doch, wer von uns würde zaudern —?"

Er brach ab. „Das Wort mahnt, es nicht länger
zu thun. Es ist als hätte eine Welle des Oceans uns bis
heut' leise nur geschaukelt, über die glättendes Oel ge=
schüttet worden, als hätte die Hoheit des reinen Sonnen=
lichtes über diesem Thal die bösartigen Dünste scheu in
den Klüften zurückgehalten, aus denen sie ringsumher auf=
geströmt, verderbendrohend den Horizont zu umgürten.
Doch sie rücken unabwendbar heran — mag ihr Ausbruch
verschlingen was des Edens unwürdig war, das ihr schönes
Herz erträumt, an uns ist es sie zu schützen. Ich vermag
es hier nicht länger, ich zittere, wenn ich sie nur das
Schloß verlassen, allein in den Park hinausschreiten sehe.
Mein Fuß folgt ihr, ohne daß sie es ahnt, in der Ferne,
wohin sie sich wendet; diese Stunden, welche ich mit Dir
verbracht, sind seit Monaten die ersten, in denen meine
Augen nicht über ihr wachen. Doch es ist ein Glück, dem
ich entsagen muß, sie muß fort in Begleitung meines
Vaters. Ueberrede sie, Lacordaire, das Schloß zu ver=
lassen! Du allein kannst es und hast in Le Puy die
Macht, sie zu schützen. Du siehst, ich bin nicht neidisch,
Freund."

Der Arzt schüttelte den Kopf. „Und ich nicht selbst=

süchtig, Guéraud. Es war ein verhängnißvoller Tag, an dem ich Dich und sie zum erstenmale sah, ich wollte, es wäre nicht geschehen."

Er hielt einen Augenblick inne, dann fuhr er aufleuchtenden Blickes fort: „Nein — ich Thor, der den Inhalt seines Lebens fortgewünscht! Doch thörichter sind die liebreichen, mitleidigen Hände, die kluge Götterbilder von ihrem Throne niederreißen, um grinsende Teufel auf den leeren Altar zu setzen, die Augen sehen lehren zu wollen, deren Glück die Blindheit ist. Glaubst Du, daß die Tausende, die Deinem Vater zujubelten, als er das Bild zerschlug, vor dem sie am Tage zuvor, so viel ihrer waren, anbetend auf den Knien gelegen — glaubst Du, daß diese Tausende ihn, den sie damals wie einen neuen Heiland auf ihre Schulter gehoben, nicht ebenso jauchzend in dieselbe Tiefe schmettern würden, wenn ein anderer Prophet es ihnen als Gebot eines lockenderen Götzen verkündete? Von allen Dingen ist keines gefahrvoller als die Gunst der Unvernunft, denn unter ihr lauert schon die Begierde, ihr eignes Idol zu stürzen und zu vernichten. Ich halte grade für beide Hautefort deßhalb sicherer als unsere Stadt. Ihr Kommen würde eine Bewegung unter der Hefe der Bevölkerung hervorrufen, gleich der, die wir im Juli, als die Nachricht von der Erstürmung der Bastille eintraf, nur mit Anstrengung äußerster Kraft unterdrückten.

Damals haben wir gegenseitig unsere Stärke und unseren Muth gemessen, doch wir hehlen es uns nicht, daß wir den Sieg nicht unserer Uebermacht, sondern nur der vortrefflichen Organisation unserer kleinen Bürgergarde verdankten. Aber leider ist auch diese nicht mehr wie sie im Anfang war und der unheilvolle Vorgang in Nôtre Dame nicht ohne Wirkung auf sie geblieben. Die Religion, der unangetastet überlieferte Glaube der Väter hatte ihr manche der Unerschrockensten und Zuverlässigsten zugeführt, die seit der Enttäuschung, welche Deines Vaters Kenntniß ihnen bereitet, theils gleichgültig, theils zaghaft geworden sind, da sie eine schützende Hand verloren, von der sie sonst geglaubt, daß dieselbe unsichtbar über ihnen schwebe, sobald sie ihren Arm für das Gute und Rechte erhöben. Das, Freund, sind die schmerzlichen Folgen jenes Tag's, an welchem das Volk die hinabgeschleuderte Madonna, wie Du weißt, im Triumph aufraffte und auf dem Platz Martouret unter lautem Freudengeheul verbrannte. Für Deinen Vater wird es eine ihn mit freudigem Stolz erfüllende Kunde sein, daß vor einigen Tagen, wie die Asche der schwarzen Jungfrau von Le Puy, die damals fortgeschleppt wurde, durch einen günstigen Zufall in unsere Hände gerieth, wir einen Jaspis darin gefunden, auf welchem unverkennbar die Hauptattribute der ägyptischen Isis eingegraben waren — aber trotzdem, Guéraud, bildete

sie das Palladium unserer Stadt und ich fürchte den Blitz
des Himmels für die, welche es zerstört, für uns alle.
Auch die falschen Götter sind gewaltiger, langlebiger als
wir, und Menschenhand wagt sich an sie nicht ungestraft.
Was mich jedoch am Meisten mit Sorge erfüllt, ist, daß
jener Laval —"

„Hält er sich noch immer in Le Puy auf?" fiel Urbain
Guéraud rasch ein.

Der Arzt bejahte. „Er scheint das gefunden zu haben,
was er gesucht, Reichthum, und dem Zufall, der ihn damals
ohnmächtig in die Gewalt seines einstigen Opfers geführt,
keineswegs mehr zu zürnen, doch ist's ein Räthsel, weshalb
er bei uns bleibt, da seine Frau, die als Gräfin Laval in
Sammetschleppen und Diamanten stolzirt, ihn auf's Eifrigste
zu bewegen sucht, sie nach Paris zu bringen, wo ihre
Herkunft unbekannt sein würde und sie wenigstens eine Zeit=
lang ihre Begierde, die Rolle einer wirklichen Aristokratin
zu spielen, befriedigen könnte. Es läge nahe anzunehmen,
daß er ihrem Verlangen nicht nachgiebt, weil er sich ihrer
unverläugbaren bäurischen Gemeinheit schämt, wenn er nicht
im Gegensatz zu ihr seinen abligen Namen abgelegt hätte
und in jeder Weise sich als ein Angehöriger des Bürger=
standes zu geriren suchte. Er nennt sich kurzhin Laval,
besucht die verrufensten und niedrigsten Schenken, bewirthet
die zahlreichen „Freunde", welchen er sich dort gesellt und

mit denen er auf vertrautestem Fuß lebt, auf's Reich=
haltigste in seinem Hause, borgt, ohne es zurückzufordern,
den Verkommensten Geld und drückt die Hand obendrein,
die ihn angebettelt. Sein Gebahren ist nur dadurch erklär=
lich, daß er die Absicht verfolgt, sobald eine Nachwahl
stattfinden sollte, in die National=Versammlung zu gelangen,
und sein in kurzer Zeit erreichter Einfluß bei der großen
Masse kommt demjenigen, welchen ich bei der an Zahl
geringfügigen Ordnungspartei besitze, vollständig gleich.
Dennoch hat diese, wie gesagt, bis jetzt die Oberhand und
bei vorsichtiger und energischer Haltung, denke ich, werden
wir bei uns keine Wiederholung der Vorgänge in Vesoul
zu fürchten haben, schlimmsten Falles wenigstens Denen,
die es suchen sollten, ein zweites Maconnais bereiten."

Die letzten Worte des Sprechers bezogen sich auf
Ereignisse, welche bereits am Ausgang des Juli statt=
gefunden, wo die Bauern und Wegelagerer sich in den
Bergen der Dauphiné und Franchecomté zusammengerottet,
Klöster und Adelsschlösser verbrannt und als die Bürger=
garde Vesoul's gegen sie ausgezogen, diese überwältigt, die
Stadt selbst erstürmt und unter den wildesten Gräueln
der Verwüstung geplündert hatten. Fast gleichzeitig hatte
sich ein ähnlicher, doch nach Tausenden zählender Haufen
in der Nähe bei Maconnais gesammelt, Hunderte von
Landleuten, die sich ihm nicht anschließen wollten, nieder=

gemetzelt, in vierzehn Tagen mehr als siebzig Schlösser in Flammen gesetzt und die Bewohner derselben, deren er habhaft wurde, unter den raffinirtesten Martern getödtet. Endlich waren die vereinten Bürgergarden von Lyon, Macon, Charolles, Bourg und Villefranche gegen diese Bande von Mordbrennern in's Feld gerückt, hatten dieselbe in den Monts du Charolais ereilt, sie in einer förmlichen Schlacht geschlagen und alle, die in ihre Hände fielen, ohne Gnade niedergemacht.

Auf diese blutigen Vorgänge spielten die Worte Lacordaire's an, Urbain Guéraud nickte und versetzte:

„Doch grade deshalb scheint mir in Le Puy größere Sicherheit, als hier, wo eine räthselhafte Stille uns in Sicherheit einwiegen zu wollen scheint. Oder ist Dein Glaube an die Gutartigkeit der menschlichen Natur noch so stark, daß Du in der Ruhe, die bis jetzt bei uns geherrscht, einen Ausdruck des Dankes für die Wohlthat siehst, daß die Besitzer von Hautefort freiwillig, als sie noch die Macht besaßen, sie unangetastet aufrecht zu erhalten, auf jedes Privileg und ererbte Recht Verzicht geleistet haben? Das sind Gedankenträume für meinen Vater und seine Schülerin, Freund, doch ich denke nicht für uns."

Der Arzt schüttelte nachdenklich die Stirn. „Ich bin älter als Du und jedes Jahr des Lebens frißt an diesem Glauben. Trotzdem liegt, wie Du sagst, ein Räthsel hier — laß uns eine Lösung desselben für möglich halten, die der Ehre der Menschheit zu Gute kommt." Urbain Guéraud lachte bitter. „Bis der Gegenbeweis deutlich genug geführt ist. Du lebst nicht hier im Schloß, sonst würdest Du anders über die Blüthen denken, welche die Ehre der Menschheit in ihrer höchsten Verfeinerung treibt."

„Freund" — Lacordaire legte ihm mit ernstem Antlitz die Hand auf den Arm — „odi vulgus profanum et arceo, doch hoffnungsloser und verächtlicher ist der glänzende Pöbel, der dies Unheil über uns gebracht. Laß uns die Menschheit nicht verachten in ihrem Irrwahn, sondern bemitleiden und — sollten wir an ihr zu Grunde geh'n — nicht an ihr verzweifeln. Mag geschehen was will, das Unkraut mußte erst fortgerodet werden, ehe der Boden für gute Aussaat reif ist — es mußte vielleicht gleich den tiefwurzelnden Stumpfen eines seit Jahrhunderten ver=
modernden Waldes ausgebrannt werden. Nicht die heut' leben, sühnen ihre Verbrechen, nicht dieser König, der wie ein Hermelinstatist der Weltgeschichte von der Bühne ver=
schwindet — die lang angehäufte Schuld des vierzehnten Ludwig ist's, die er zahlt, und das Buch der alten Weisheit hat Recht, die Sünden der Väter werden gerächt am vierten Glied. Nach zwei Jahrtausenden fast werden sie an der frevelhaften Thorheit der christlichen Religion gerächt, daß sie in hochmüthigem Aberwitz den Fehler begangen, nicht

gleich ihren klugen ägyptischen, griechischen, römischen Schwestern eine esoterische Lehre zu haben, durch deren weise Vermittlung sie den unabwendbaren und unheilbaren Riß zwischen sich und dem höher gebildeten Geiste zu vermeiden befähigt gewesen wäre. Ihr Wahnsinn hat die knabenhaft mit Blitzen spielende Philosophie unserer Tage erzeugt, deren Donner uns jetzt umhallt, ist die Mutter der edlen schwärmerischen Begeisterung für den Sieg verhängnißvoller Wahrheit, die Deinen Vater und Diana blendet, daß sie auf ihren Strahlen schweben zu können wähnen und das Felsgeröll des Erdenweges nicht gewahren, an dem ihr Fuß straucheln muß. Ich blicke in die Zukunft, Urbain Guéraud, und ich sehe eine Stunde, in der sie beide bangend, zweifelnd, schaudernd innehalten, von Abscheu gefaßt zurücknehmen, was sie gelehrt und gewollt, und im Gefühl ihres edleren Selbst sich stolz aufrichten gegen die niedere Rohheit, die sie ihres Gleichen genannt — stolz und furchtlos, ob sie mit eigner Lippe ihr Todesurtheil aussprächen, während die Anderen feige unter den Füßen derer, die ihr gemeiner Hochmuth verachtet, kriechen, der zügellos entfesselten Leidenschaft der blinden Gewalt schmeicheln, sie nutzen werden, in anderer Form das Einzige, was ihren Lebensinhalt bildet, die Gier ihrer Sinne und die Sucht ihrer Eitelkeit zu befriedigen. Aber ich blicke weiter noch in die Zukunft voraus, Guéraud, und da sehe ich einen hellen Tag über den nächtig wilden Wassern heraufbrechen, der mild und segensreich von den Strahlen durchleuchtet ist, die jetzt als Blitze sich über uns sammeln, der mir Recht geben wird, wenn ich an der Menschheit nicht verzweifle und meinen Glauben an sie bewahre, auch wenn sie in irrsinniger Raserei die Vernunft mit Füßen tritt und dem Gemeinen Altäre aufbaut. Das werden glücklichere Zeiten sein, sie zu rufen haben wir alle unsere Stimme mit erhoben —"

„Und die Lawine mit ihr geweckt, die verheerend auf Alles, was Menschengeist und Menschenkunst geschaffen, herabstürzt", fiel Urbain Guéraud düster ein, „die empfindungslos unter ihrem Schutt das Götterbild der Schönheit begraben wird und das Heiligthum des Herzens zertrümmern wie ihr eignes elendes Sein. O ich wollte gleich jenem römischen Tyrannen, daß diese Menschheit, an deren Zukunft Du nicht verzweifelst — die nur an Ketten geschmiedet in erbärmlicher Ohnmacht am Boden zu ächzen oder in sinnloser Trunkenheit von thierischen Lüsten getrieben zu taumeln vermag — daß diese Menschheit nur einen Kopf besäße —"

„Um ihn für die Rettung einer Einzigen zu opfern —"

„Die einzig Werth besitzt, mehr als sie alle."

„Und doch nur Eine, doch nur ein Kind dieser Menschheit ist. Du wärest ein schlechter Arzt, Guéraud der die Mutter opferte, um das Leben des Kindes weniger zu gefährden."

„Mag' es sein!" brauste Urbain mit bitterer Heftigkeit auf, „ich bin kein Arzt und will's nicht sein. Du aber bist nicht, was ich bin, und kannst mich so wenig verstehen wie ich Dich. Dein Auge bewundert ein Bild der höchsten Kunst, das die Natur und selbst sie nur einmal geschaffen, auf die Harmonie einer Stimme lauscht Dein Ohr, die Dich entzückt wie das Lied einer Nachtigall, ihre Wärme überströmt Dich sonnengleich und das Licht ihres Auges sei Dein Tag! Ich aber liebe sie — es ist ein Wort nur, doch aus ihm wollte ich das Weltall neu erschaffen, wenn es erloschen und zerstückt in's Nichts zerfallen, zu seinem Anfang zurückgekehrt wäre. Ich liebe sie — ich der Vergängliche, der Schatten, der Traum fühle eine Minute die Ewigkeit in meiner Brust, und sie zu bewahren sollte ich nicht gleichgültig das wesenlose Nichts fort= schleudern, das sie bedroht?"

Er hatte es mit lang zurückgebändigtem, krampfhaft wildem Ausbruch gesprochen, sein Herz einmal erlöst, einen Augenblick seine Brust von dem Sturm befreit, der ruhlos in ihrer verschwiegenen Tiefe getobt. Er zitterte und seine Wimpern zuckten, abgewandt schlug er sich gewaltsam die Hände vor die Stirn. Einen Moment ruhte auch der Blick Lacordaire's finster verwandelt auf ihm und er murmelte mit hartem Klang: „Und Dir, dem Jammernden, war es zugewogen — —?"

Doch eine Secunde nur, dann glättete ein milderer, schmerzlich entsagungsvoller Ausdruck die fremdartige Strenge seiner Züge. Er faßte die Schulter des Abgewandten und sagte freundlich:

„Wessen Schutz also könnte sie besser vertraut sein, als dem Deinigen? Wache über ihr, wie Keiner außer Dir es thun würde, und reicht Deine Kraft nicht mehr aus, so weißt Du, daß es nur eines Boten von Dir bedarf, um mich und was ich vermag so schnell zur Hülfe zu rufen, als meine Bewunderung für sie mich herzuführen im Stande ist."

Urbain Guéraud hatte seine Besinnung, die ihn zum erstenmal, seitdem er sich auf Hautefort befand, verlassen, wieder erlangt und das nachdrucksloss gesprochene Wort, dessen er sich zuvor bedient, in der Entgegnung des Arztes verstanden. Nun wendete er sich schnell, faßte beide Hände desselben und stammelte:

„Verzeih' mir — ich weiß, auch Du — unser Herz schlägt gleich für sie, Freund, und gleich vergeblich. So laß uns auch die Sorge theilen —"

Er brach ab, denn ein stummer, sonderbar verwirrender Blick des Arztes, den er nicht verstand, antwortete ihm. Dann versetzte dieser lächelnd:

„Ja, ich will mit Dir theilen, was Du mir zu theilen gewährst, auch das ist Glück genug, ich will Deinen Theil nicht neiden." Er drückte fest die beiden Hände, die er in den seinigen hielt und fuhr mit verändertem Ton fort: „Doch, wie ich zuvor gesagt, erachte ich es am Gerathensten, wenn sie, wenigstens eine kurze Zeit noch, hier verweilt. Augenblicklich scheint diese Gegend noch unbedroht und sollte eine unerwartete Gefahr heranziehen, so wirst Du, wie ich vermuthe, mit der Umgebung Deiner Heimath aus Kindertagen so vertraut sein, daß Du im Stande bist für die erste Noth einen sicheren Zufluchtsort ausfindig zu machen —"

Urbain nickte zustimmend — „denn, was Le Puy betrifft", fügte Lacordaire hinzu, „so ist es nothwendig, daß ich erst den Ausgang einer Komödie abwarte, die unser gemeinsamer Freund Laval dort in den letzten Tagen — es ist mir noch nicht deutlich verständlich zu welchem Behuf — in Scene setzt. Vermuthlich hängt dieselbe auch mit seinem Streben nach Popularität zusammen, da sie sich an eine Persönlichkeit knüpft, der er allerdings viel verdankt, die ihn aber, da ich Dankgefühl nicht für den Grundzug seines Charakters halte, sonst nicht im Geringsten mehr interessiren kann, insofern keinerlei Vortheil mehr von ihr für ihn zu erwarten steht. Es handelt sich nämlich um Den, der in seinem Testament, wie Du weißt, am

Schluß die jetzige Frau des Laval als seine Tochter namhaft gemacht und als seine Universalerbin eingesetzt hat, und der muthmaßlich durch die Verwendung, welche diese von seinem Reichthum macht, im Grabe nachträglich so sehr zur Gunst des Pöbels in der Stadt gelangt ist, daß, wenn die Heiligen nicht augenblicklich in schlechtem Geruch ständen, er sicherlich Aussicht hätte, ihre reichliche Zahl in kürzester Zeit um ein ehrwürdiges Mitglied zu vermehren. Die Weiber bekränzen täglich sein Denkmal auf dem Kirchhof, ja sie beten, Gott mag wissen zu wem, an seiner Grabstätte und der todte Advocat Demogeot ist ein so erklärter Freund des Volkes geworden, wie der lebendige dies selbe Volk auf jede Weise betrogen, beraubt und mißhandelt hat."

„Eine hübsche Illustration für Die, welche den Dank desselben durch Wohlthaten zu erwerben glauben", schaltete Urbain Guéraud ein.

„Aber keine Begründung, diese zu unterlassen, wenn die Hand der Vernunft sie austheilt", versetzte der Arzt ruhig. „Dort allerdings hat sich nun das Seltsame ereignet, daß, weil die Tochter und der Schwiegersohn -- von dem im Uebrigen der Verstorbene sich schwerlich hat träumen lassen — sich als verschwenderisch erwiesen, dieser wieder zu ihrem Schutzpatron geworden ist und der Enthusiasmus des Pöbels sich ihnen jetzt hauptsächlich deshalb zuwendet, weil der große Volksfreund Temogeot ihr Vater gewesen. Je mehr Ehre sie selbst deshalb diesem erweisen, desto höher steigen sie in der Gunst, und zu diesem Zweck offenbar hat Laval auch die Komödie, von der ich im Anfang sprach, arrangirt, indem er als nächster Anverwandter die nicht abzuschlagende Forderung gestellt, daß die Untersuchung über den Tod des Advocaten, welche damals zu keinem Resultat geführt, wieder aufgenommen werde. Da es kaum zu bezweifeln war, daß er eine Weigerung der Behörde, diesem Antrag nachzugeben, als Mittel benutzt haben würde, die Bevölkerung gegen sie aufzureizen, so ist seinem Verlangen willfahrt worden — er selbst hat eine Summe von tausend Livres für die Entdeckung des Mörders ausgesetzt — und der Pöbel vergnügt sich an dem Gedanken, wie er denjenigen, welcher ihn der Existenz seines freigebigsten, großmüthigsten und hochherzigsten Beschützers beraubte, auf die martervollste Weise umbringen will. Ich habe das Ganze eine Komödie genannt, denn obwohl Laval behauptet, daß er neuerdings eine Spur aufgefunden, von der er erwarte, daß sie zu der erstrebten Entdeckung führen werde, so halte ich das Alles doch nur für eine Farce, um in den Augen seiner eventuellen Wähler als ein um Gerechtigkeit bemühter Bürger und pflichteifriger Tochtermann dazustehen, der im Grunde seiner Gefühle dem Mörder seines Schwiegervaters sicherlich eher eine Belohnung zuerkennen, als einen Funken von Empörung gegen ihn hegen wird. So sehr indeß die Sache den Charakter der Sinnlosigkeit, ja Lächerlichkeit trägt, heut' Demjenigen nachzuforschen, der vor einem halben Jahr offenbar ohne jedes habsüchtig niedrige Motiv einen zehnfach für Galgen und Rad würdigen Schurken getödtet hat, während Tausende unverfolgt im Lande umher laufen, an deren Fingern vielleicht in diesem Augenblicke noch das Blut aus gemeiner Raubgier und Marterlust unschuldig hingemordeter Opfer klebt, so entspricht es doch ganz dem eigenthümlichen Rechtlichkeitsgefühl der neuen Freunde Lavals, diese als muthige Heroen und jenen als ein Ungeheuer zu betrachten, an dem sie ihren sittlichen Ingrimm auslassen und darin ein Maß ihrer eigenen Vortrefflichkeit finden können. Wer oft mit Leuten dieser Art in Berührung gelangt, weiß, daß dies ein Zug von tiefster und allgemeinster Bedeutsamkeit ist und daß, wenn aus Menschen das werden soll, was wir mit dem Wort Bestien bezeichnen, gemeiniglich die Vorstellung einer aus einem Rechtsgrund von ihnen über eins ihrer Mitgeschöpfe verhängten grausamen Strafe sie dazu macht. In diesem Falle jedoch werden sie vermuthlich das Opfer, dem sie nachstellen, so wenig in ihre Macht bekommen, als ich die Hand nach ihm ausstrecken würde, wenn es mir unerwartet —"

Der Sprecher brach ab, denn neben ihm auf der andern Seite der noch mit Blättern bedeckten Heckenwand, an der sie hinschritten, klirrte der Kies leise unter einem Fuß und gleich darauf bog die hohe Gestalt Mathieu Guéraud's um die Ecke. Er schien einen Augenblick zu zögern, wie Lacordaire ihm die Hand entgegenstreckte, und sagte: „Ich will dich nicht veranlassen, gegen Deinen Willen zu handeln —"

Der Arzt fiel ihm in's Wort. „Wenn auch unsere Ansichten in Manchem von einander abweichen, so ist doch unsere Absicht, denke ich, stets die gleiche, Guéraud. Mögen unsere Wege sich manchal spalten, am Ziele würden wir uns treffen — wenn wir es erreichten."

Die beiderseitige Begrüßung mußte sich auf eine Differenz beziehen, die sich bei ihrer letzten Zusammenkunft vielleicht in etwas erregter Weise kund gethan. Nun schüttelten sie sich freundschaftlich die Hand und Mathieu Guéraud erwiederte:

„Der Weg zeichnet jedem nur die Richtschnur vor, die er in sich selbst trägt. Darin können wir unsere Unterschiede einigen, Freund, daß jeder nur sich selbst Rechenschaft davon ablegt, wie er an das Ziel gelangt, von dem Du sprichst."

Er sprach es mit heiterem Antlitz und Lacordaire blickte mit einer Mischung von Liebe, Ehrfurcht und

Mitleid auf das weiße Haar des Greises, das der Herbst=
wind leis' an den eingesunkenen Schläfen desselben bewegte.
Wie vor sich selbst verneinend schüttelte er unmerklich
die Stirn, doch er fügte fast gleichzeitig mit lächelndem
Ernst hinzu:

„Wir können es, weil Du es bist, der es sagt, aber
ich glaube, Du hast kaum daran gedacht, wessen Grundsatz
Du in diesem Augenblick zu dem Deinigen gemacht."

„Wessen Grundsatz?" wiederholte der Pfarrer fragend.
„Deine Todfeinde könnten Dich ohne Casuistik zu den
Ihrigen zählen, wenn sie es gehört", ergänzte der Arzt
scherzend, „denn kein Jesuit, selbst Mariana nicht, hat für
sich Anerkennung einer anderen Lehre gefordert, als daß
der Zweck die Mittel heilige, um Raub und Mord nicht
nur zu rechtfertigen, sondern unter Umständen zu gebieten
und zu verherrlichen."

War noch eine Reizbarkeit bei Mathieu Guéraud
zurückgeblieben, daß er sich durch den Scherz verletzt
fühlte? Seine bleichen Züge verfärbten sich und seine
Lippen zitterten, mit denen er etwas entgegnen wollte.
Doch im selben Augenblick klangen andere Stimmen in
der Nähe auf und er wandte sich hastig antwortlos ab und
schritt den Ankommenden entgegen.

Siebenundvierzigstes Kapitel.

Als Diana die beiden Gestalten, welche sie von der Höhe herab wahrgenommen, erreichte, hatte in der kurzen Zwischenzeit ein merkwürdiges Zusammentreffen die Zahl derselben beträchtlich vermehrt, da der Zufall fast sämmtliche Schloßbewohner mit alleiniger Ausnahme Felicien's auf den nämlichen Fleck geführt. Alle begrüßten sich in gesellschaftlich höflicher Weise, ein Fremder, der ihrem Gespräch beigewohnt, hätte keinerlei besondere Zuneigung oder Abneigung unter ihnen bemerkt. Er hätte überhaupt nichts gewahrt, was ihn davon in Kenntniß zu setzen vermocht, daß ein Sommer über Frankreich hingegangen, der in täglichen, sich immer mehr an Heftigkeit steigernden vulkanischen Ausbrüchen die Grundvesten alles Gewesenen erschüttert hatte, daß jahrhundertalte Paläste und jahrtausendalte Dome sich zu neigen begannen und in gähnenden Abgrund zu ihren Füßen hinabblickten, dessen weit aufgerissener, glühender Schlund sie beide zu verschlingen im Begriff stand. Hier klang noch das Lachen, das zwischen den Orangen der Zaubergärten von Versailles verstummt war, die Lippe warf graziös, buntbeflügeltem Federball gleich, ein Witzwort, das behend die Lippe auffing, im Sonnengeflimmer schienen die Amouretten der leis' bewegten Fächer zu schweben. Rauschend glitt die lange Schleppe des schweren Gewandes über die blitzenden Steinchen der Parkgänge, dem Geräusch ähnlich, mit dem spielend zurückebbende Welle die glatten Kiesel, die sie an's Ufer geworfen, wieder sich nachzieht, und der Athemzug hob aus dem tiefen Ausschnitt des Kleides die glänzende Brust und ließ auf ihrem weißen Schnee die Edelsteine rascheln und funkeln, wie jene Welle die gemeinen Stammesgenossen derselben auf dem weichen Sand des Gestades. Fremdartig klangen die Maximen, mit denen der lächelnde Mund tändelte, aber die Lippen welche sie aussprachen, der Ton der ihnen Leben einhauchte, waren unverändert noch die des alten Frankreich, des Königthums der Galanterie und des Esprit. Buntäugigen Schmetterlingen gleich, die den Sommer überlebt, wiegten sie sich schillernd in der Herbstluft, an den wankenden Marmorsäulen vorüberflatternd wie einst, nur den Honig des Augenblicks saugend, gaukelnd und ahnungslos, daß aus der Mittagssonne schon eine schattenhafte Hand sich nach ihnen ausstreckte, den leichten Schmelz ihrer Schwingen zu vernichten.

Oder ahnten sie es doch vielleicht und trieben sie ihr lustig tändelndes Spiel nur deshalb furchtlos noch weiter, weil sie die Fähigkeit einer neuen, seltsamen Metamorphose in sich fühlten, durch sie proteusartig dem herannahenden Verderben zu entrinnen und in verwandelter Gestalt auch in Sturm und Unwetter den nämlichen Honig fortzuhaschen, der den Inhalt ihres Daseins ausmachte? Wußten sie, daß sie des Sonnenlichtes nicht bedurften, sondern daß sie, auch wenn das Dunkel käme, als Nachtfalter in gespenstischem Treiben die aus der Finsterniß auflodernden Flammen umkreisen würden?

Diana, die beiden Guéraud's und Lacordaire bildeten eine Gruppe in der Gesellschaft, welche nicht den Schmetterlingscharacter trug, allein mit Ausnahme Urbain's prägte sich auch auf ihren Zügen eine dem Wesen des Octobertages entsprechende gewisse schwermüthige Heiterkeit aus. Und etwas Zierliches in Tracht und Bewegung, unverkennbar Frankreich und dem Ende des Jahrhunderts Angehöriges hatten auch sie. Mochten ihre Gedanken neue, aus ihnen selbst gewordene sein, die Sprache, in der sie ihnen Ausdruck liehen, die Art dies zu thun, war auch ihnen von Vorvätern überliefert. Sie standen auf den Schultern versunkener Geschlechter, Erben der Errungenschaften derselben und Erben der Aufgabe, den Nachkommenden wiederum den Erwerb der Menschheit bereichert und veredelt zu hinterlassen. So bildeten sie jeder ein Glied in der unendlich vielmaschigen Kette des Lebens, das aller täuschenden Unabhängigkeit seines individuellen Selbst zum Trotz doch von der innewohnenden Regung des Ganzen mitgelenkt wurde und von der Schöpferkraft der Natur bestimmt worden, nicht für sich zu sein, zu denken und zu empfinden, sondern das Dasein, die Gedanken und Gefühle des Gewesenen mit denen des Werdenden zu verknüpfen.

Der Arzt ging neben Diana, die ihn freudig begrüßt hatte, und entwickelte ihr in heiterem Gespräch diese Anschauungen. Er theilte die nämliche Basis des Denkens mit ihr, doch der Aufbau, den er aus demselben Fundament erhoben, zeigte dem ihrigen gegenüber durchaus und oft auf's Schärfste abweichende Formen. Auf marmorner Grundlage hatte sie aus Gold und edlem Gestein einen glänzenden Dom ihres Herzens in die Sonnenstille des Aethers hineinerhöht, die kein Hauch rührte, kein Schatten streifte, während der Bau seines Verstandes auf der wankenden Oberfläche der Erde stand, von der er nicht wußte, ob um wenige Fuß tiefer trügerische Sumpfdecke unter ihr verborgen sein mochte, verwehter Flugsand oder ein klaffender Bodenriß, bereit der Spannung heimlich im Innern aufgährender Kräfte Emporbruch zu verschaffen. Auf dieser als unsicher und mit mannigfachster Möglichkeit des Einsturzes bedroht erkannten Stütze hatte er keinen himmelanstrebenden Dom, sondern ein schlichtes Haus errichtet, wie es ihm für den Aufenthalt eines Menschenalters dem rastlosen Wechsel von Tag und Nacht, von Sommer und Herbst, Winter und Frühling zu entsprechen schien. Die Wände desselben waren dem Zweck bestimmt, Unwetter und Stürmen Widerstand zu leisten, sie strahlten nicht in weißem Lichte, weil der Staub und der Regen sie schnell verfärbt und verdunkelt hätten. Auch gürtete eine Außenmauer sich rings um sie her, Wegelagerern und Dieben den Zutritt zu wehren, obwohl drinnen in den Zimmern Alles einfach, ja in äußerster Bescheidenheit fast für den Tagesgebrauch eingerichtet war. Nur in der Mitte umschlossen sie eine kleine Capelle, durch die das Licht des Himmels von oben herabfiel, einen engen Raum, doch für den in ihm Weilenden weltallsgroß, da er mit Allem geschmückt war, was Menschenkunst und Menschengeist seit Anbeginn erdacht. Die Sterne des Himmels barg er in ihrem Abbilde und die Wunder der Natur, die Schicksale der Erde und ihrer Völker, die Bilder des Gewesenen und doch ewig Bleibenden, mit denen die Vergangenheit im Haupt erloschener Gedanken und im Herzen erstorbener Empfindung sich lebend der Gegenwart des Daseins verknüpfte. Aber selten nur führte er einen Gast in diese Capelle hinein und nur wenige von denen, welche die Forderungen des Tages zu ihm in's Haus brachten, ahnten ihre Existenz hinter den schlichten Vorgemächern und der unscheinbar alltäglichen Außenseite des ganzen Gebäudes. Doch wenn die Abendstunde des beendeten Tages oder sonniger Frühmorgen ihm vergönnte, die verborgene Thür zu öffnen, da fühlte er sich reicher als die Inhaber der Schätze fremder Welttheile, höher als Könige auf ihrem Thron und glücklicher als Prunk und Macht es dem Menschen zu bieten im Stande sind. Im Wechsel der Dinge sah er dort ihren vergänglichen Werth, dem gleichmüthig zu entsagen mehr war, als ihn flüchtig zu besitzen, und um seine Lippen bildete sich, einem Talisman gleich, das ernst-heitere Lächeln, das ihn ruhig wieder hinaustreten ließ unter die, welche nach dem Unwerth, den er fortgelächelt, haschten und jagten, doch nicht um sie zu verachten und zu verspotten, sondern nach seiner Kraft jedem von ihnen behülflich zu sein, mit der zitternden Hand zu erreichen, was ihnen als des Begehrens werth, als Glück erschien. Denn er wußte, daß jedes Glück nur so viel Werth besitzt, als die Phantasie Goldschaum darum zu weben vermag, daß Alles als buntschillernde Seifenblase zerplatzt, die es nur so lange nicht wirklich ist, wie das sehnsüchtige Auge es nicht dafür hält.

Alles? Oder befand sich in einer Nische der Capelle seines Hauses noch eine keinem Auge sichtbare Thür, die in einen noch kleineren, noch heimlicheren Raum führte, den nie ein fremder Fuß betreten — in dem ein Altar stand und auf ihm ein Götterbild, vor dem stumm und hoffnungslos zu knieen schon ein unvergängliches, unentwerthbares Glück war?

Lächelnd sprach der Arzt, neben Diana hinschreitend, ihr von den Außenwänden der schlichten Ausstattung seines Wohnhauses, sie hielt ihn beinahe neckisch an und entgegnete:

„Mein Dom ist mir lieber, Freund, er ragt nicht nur höher in die Luft, er ist auch größer, weiter und nicht für wenige erbaut, sondern seine Wände vermögen eine unendliche Zahl von Menschen, ja die gesammte Menschheit zu umfassen. Schon drängt von allen Seiten das ganze Volk Frankreichs in ihn hinein, und nicht lange Zeit wird mehr vergehen, da verläßt auch Du Deine unfreundliche Wohnung und kommst und bittest: Nehmt den reuigen Spätling mit —"

Lacordaire schüttelte ernst den Kopf. „Das Volk Frankreichs müßte mich darum bitten, wie es seinen König gebeten hat, Versailles zu verlassen und nach Paris zu kommen."

Sie hatten einige Augenblicke still gestanden, so daß die übrige Gesellschaft sich wieder zu ihnen gesellt, und der Abbé, der die letzten Worte vernommen, mischte sich mit plötzlichem Interesse in das Gespräch und fragte hastig:

„Ist eine Nachricht eingetroffen, daß der König sich in Paris befindet?"

Es hatte unverkennbar nicht in der Absicht des Arztes gelegen, die Botschaft, welche ihn gleich nach seiner Ankunft zu Urbain Guéraud geführt, hier zu wiederholen, denn er versuchte mit der kurzen Entgegnung abzubrechen: „Ja, er hat den Bitten einer Deputation nachgegeben", doch auch Victor d'Aubigné ließ die Converfation, die er mit Clemence begonnen, achtlos fallen, trat aufhorchend heran und sagte:

„Es muß etwas Besonderes vorgefallen sein, um ihn dazu zu bewegen —"

Urbain wiederholte: „Etwas Besonderes? Das hieße etwas Unerwartetes; nein, es ist nichts geschehen, was die Voraussicht derer, die sehende Augen haben, nicht erwartet hätte."

Es war ihm entfahren, Diana wandte den Kopf und ein stolzer Blick ihrer Augen traf ihn. Doch sie erwiederte ihm nichts, sondern versetzte zu Lacordaire gewendet

„Ich bin eine arme Blinde, Freund, habe Mitleid mit mir und erhelle meine Nacht. Was für Kunde ist's, die Du uns bringst?"

Einen Moment zauderte der Gefragte noch, dann antwortete er:

„Wenn Du es zu wissen verlangst — ich erfuhr es eben zuvor, eh' eh ich die Stadt verließ. Es ist eine erste Nachricht, der das Genauere folgen wird, doch über das Resultat und den Anlaß desselben besteht kein Zweifel. Eine Schaar von Pariser Weibern hat sich am fünften October mit einem Troß von Müssiggängern nach Versailles begeben und eine Deputation an den König gesandt, die um wohlfeileres Brod bitten sollte. Gegen Abend verstärkten sich die aufgeregten Massen durch Zuzug von Paris immer mehr, so daß alle Straßen und Plätze von ihnen angefüllt waren, auf denen das Gesindel, das kein Unterkommen fand, zu übernachten und Raufereien mit den Patrouillen der königlichen Leibwachen begann. Es heißt, daß ein Offizier der letzteren, der an dem Abend die Wache im Vorzimmer des Königs gehabt, diesen auf's dringendste beschworen, seinen Schweizern für die Nacht die Bewachung des Schlosses zu übergeben und am nächsten Morgen Versailles zu verlassen, zugleich aber die Nationalversammlung mit sich an seinen neuen Aufenthaltsort, eine von dem Pöbel von Paris unbedrohte Provinzstadt, zu verlegen. Der König soll geschwankt haben, durch die Dazwischenkunft des Herzogs von Orleans abgehalten sein, dem Rath zu folgen, nachdem jener fortgegangen durch die

Beweise des schweizer Offiziers, daß der Herzog ihn hasse und sein Verderben plane, nochmals umgestimmt, allein im entscheidenden Augenblick durch das Erscheinen des Generals Lafayette mit zwanzigtausend Nationalgarden bewegen worden sein, seinen Vetter nicht verhaften und das Schloß für die Nacht nicht anders als gewöhnlich bewachen zu lassen, um das Gesindel nicht aufzureizen. So weit erzählt das Gerücht; gewiß ist, daß der General den König vollständig beruhigt und erklärt hat, daß er mit seinem Blut die Ordnung aufrecht zu erhalten sich verpflichte. Der Offizier, von dem ich gesprochen, wurde verabschiedet und statt seiner erhielten auf den Wunsch Lafayette's ihn begleitende Commissäre des Pariser Stadtrathes Audienz, welche dem Könige vier Forderungen der Bevölkerung der Hauptstadt vortrugen, dahin zielend, daß er den Dienst in seinem Schlosse fortan nur durch die Nationalgarde ver= sehen lassen, der Commune Einsicht in alle Acten über die Verpflegung von Paris gewähren, die „Menschenrechte" genehmigen und Paris zu seinem Aufenthalte wählen möge. Der König bewilligte die drei ersten Punkte und wich nur dem letzten durch eine unbestimmte Antwort aus; um Mitternacht verließ ihn der General, besetzte die Posten im Schloß durch seine Nationalgarde, brachte eine Anzahl seiner Bataillone in den Kirchen unter, gab den andern Befehl, sich auf den Straßen um Wachtfeuer zu lagern und legte sich selbst zur Ruhe, weil nichts mehr die Ruhe von Versailles bedrohte. Allein kaum nachdem dies geschehen, rottete der nach vielen Tausenden zählende Pöbel, durch Versprechungen und Geld gehetzt, sich zusammen, griff die Caserne, in der die aus dem Schloß entfernte Leibwache untergebracht worden, an, erstürmte sie und wandte sich dann, während Lafayette sich in den Träumen der von ihm hergestellten Ordnung wiegte, dem Schlosse zu. Doch hier stieß er auf eine Abtheilung von Schweizern, deren Hauptmann dem Befehl getrotzt und wenigstens an dem Haupthor seinen Posten besetzt gehalten hatte, und es gelang der Meute nicht, den Widerstand der Tapfern zu brechen, sondern erst in der sechsten Morgenstunde von den Orangeriegärten her einen unbewachten Seiteneingang zum Schloß aufzufinden, durch den sie heulend und brüllend hineinflutheie, die vereinzelten Wächter, die sie antraf, überwältigte, niedermachte, den Leichen derselben die Köpfe abschnitt und mit Waffen aller Art plündernd und verwüstend durch die Höfe, Corridore und Säle stürmte, um die mit wüthendem Geschrei von ihr gesuchte Königin ausfindig zu machen. Dieser gelang es nur durch den Todesmuth einiger ihrer Diener, die sich im Vorzimmer für sie opferten, halbnackt aus dem Bett springend durch einen geheimen Gang sich zum Könige zu retten. Während alles dessen schlief der General Lafayette und wachte aus seinen Träumen erst auf, um mit seinem Blute die Ordnung in Versailles aufrecht zu erhalten, als das Schloß von dem Blute von Hunderten seiner treuen Diener und Dienerinnen schwamm und die letzten derselben einzig noch das Zimmer, in das die königliche Familie geflüchtet war, mit dem Aufgebot ihrer letzten Kraft vertheidigten. Da kam der General mit seinen Nationalgarden und der Schrei von Zehntausenden, die Kopf an Kopf in den Höfen sich drängten: „Nieder mit der Königin! Der König nach Paris!" tobte ihm entgegen, bis der König auf einen Balcon hinaustrat, und im Morgengrauen durch Geberden — denn eine Stimme vermochte sich der brüllenden Menge nicht verständlich zu machen — bejahte, daß er der Forderung des Geschrei's Folge leisten wolle. Trotzdem aber gellten die Rufe: „Nieder mit der Königin!" noch fort und erloschen ebenfalls erst, als auch diese von Lafayette geführt auf dem Balcon erschien und er sich bückte und ihre Hand zum Kuß an seine Lippen hob. Da schrieen die Weiber: „Es lebe der General Lafayette! Es lebe die Königin!" denn wenn der redliche Volks= freund, der Kämpfer für die Freiheit Amerika's ihr die Hand küßte, so legte er offenbar ein Zeugniß für sie ab, mit welchem der moralischen Entrüstung der vortrefflichen Weiber für den Augenblick Genüge geleistet ward, und einige Stunden später zog der König mit seiner Familie

in Paris ein, dessen Bevölkerung ihn zu Hunderttausenden
vor den Tuilerien mit Hochrufen empfing, um ihm zu
beweisen, welcher begeisterten Liebe sie fähig sei, wenn er
das thue, um was sie ihn bitte. Ob der Herzog von Orleans
gleichzeitig mit zurückgekehrt ist, weiß man nicht genau,
jedenfalls aber ist es heimtückisch, ihn als den Urheber der
nächtlichen Erstürmung des Schlosses und der darin ver-
übten Gräuel zu bezeichnen, da er von mehreren glaub-
würdigen Leuten inmitten der tobendsten Banden in der
Mordnacht vor den Zimmern der Königin gesehen worden,
die er offenbar zu retten bemüht war, und ebenso ungerecht wäre es, anzunehmen, der redliche Bürgergeneral
Lafayette habe bei seinem tiefen Schlaf absichtlich ein
Auge zugedrückt und ein Ohr verstopft, um den Hülfeschrei
der Verzweiflung vom Schloß her erst dann zu vernehmen,
wie er erwarten konnte, daß der Anblick der blutigen
Schreckenscenen den König auch der vierten Bitte seiner
Hauptstadt, ihn hinfort in ihrer Mitte verehren zu dürfen,
geneigt gemacht habe. Nur Eines wirft auf diese Summe
verwandtschaftlicher und loyaler, allerdings in ihren Formen
ein wenig ungestümer Liebe einen etwas räthselhaften
Schatten, daß man am Morgen des sechsten October durch
einen merkwürdigen Zufall einen Menschen verhaftet hat,
der ein an den Banquier des Herzogs Philipp von
Orleans von diesem mit eigner Hand gerichtetes Schreiben

des kurzen Inhalt's bei sich trug: „Liefern Sie die Summe nicht aus, das Geld ist nicht verdient, der ungestalte Tropf lebt noch."

Es war eine eigenthümliche Mischung trocknen Erzählungston's und subjectiver Ironie in der Mittheilung Lacordaire's enthalten. Gleich nachdem er mit derselben begonnen, hatte Felicien von Hautefort, allein aus einem Seitenwege des Park's kommend, die Zuhörerzahl vermehrt; wie der Sprecher geendet verging eine Minute ehe jemand das Wort nahm. Dann that Victor d'Aubigné es zuerst und sagte:

„Wahrhaftig, Felicien, es scheint, Du kannst uns nachträglich Deinen Dank aussprechen, daß wir Dich veranlaßt haben, das für unsere Uniform offenbar etwas ungesund gewordene Klima von Versailles rechtzeitig zu verlassen. Es wäre unfraglich unangenehm gewesen, so mitten in der Nacht mit unsern ehemaligen Kameraden durch Steinwürfe und Pöbelfäuste geweckt zu werden, aus keinem anderen Grunde als um Seiner Majestät bei der Abreise von Versailles nach Paris nicht im Wege zu stehen."

Der junge Seigneur schlug flüchtig mit sonderbarem Blick die Augen zu dem Sprecher auf. „Du irrst Dich", versetzte er langsam, „ich schulde Dir das Gegentheil von Dank, denn ich wollte, daß ich dort gewesen."

Es lag nicht in den Worten, nur im Klang derselben,

daß sie die Hörer gleich einem plötzlichen Schatten des Herbsttages überfröstelten, der Abbé allein lachte:

„Victrix causa diis placuit, sed victa Felici! Ich glaube, Felicien neidet den General Lafayette um seine Lorbeeren und hätte Luft, ihm dieselben streitig zu machen. Es liegt allerdings ein Widerspruch darin, zugleich den Göttern anzugehören, die es immer mit den Siegern halten, und doch auch die Partei der Besiegten zu ergreifen oder wenigstens mit ihr zu sympathisiren. Allein auf einen Widerspruch mehr oder weniger kommt es in einer philosophischen Welt nicht an und wenn Du wünschst, daß wir in moralische Entrüstung gerathen, zu den Waffen greifen und als ein Piquet neuer Don Quixote's nach Paris ziehen, um unsererseits an dem Palais royal und Seiner Hoheit dem Herzog von Orleans Vergeltung zu üben, so sind wir erbötig —"

„Ich weiß, ihr seid zu Allem nicht nur erbötig, sondern auch fähig", fiel ihm Felicien in's Wort. Diesmal war er es nicht der Klang allein, der den Abbé verstummen und Victor d'Aubigné erblassen ließ; ein Blitz aus dem Auge des Antwortenden begleitete, das Gesicht der beiden treffend, seine Erwiderung und ein peinliches Schweigen legte sich über alle, die der Zufall zum erstenmal seit langer Zeit wieder zusammengeführt. Es war wie das Zucken eines Wetterstrahls aus unscheinbarem

Gewölk gewesen, dem eine unwillkürliche Spannung der Sinne folgt, ob es nur ein Aufleuchten am Himmel war oder ob das krachende Getöse des Donners hinterdrein hallen wird. Urbain Guéraud's Züge ruhten mit einem freudig überraschten Aufblick auf Feliciens schwermüthigem Gesicht, während die sonstige Festigkeit im Wesen Lacordaire's einer auffälligen Unentschlossenheit Platz gemacht hatte. Er öffnete den Mund und schloß ihn wieder, nur sein Fuß bewegte sich, wie der Urbain's es gethan, mechanisch zu der Stelle hinüber, an der Felicien stand, und lautlos lag der Octobertag über den beiden sich von einander absondernden Gruppen, daß man das leise Knistern der von ihren Stielen niederschwebenden gelben Blätter vernahm, wie das Ohr König Ludwigs des Sechzehnten es am Abend des fünften October belauscht.

Nein, es war nur ein Wetterleuchten gewesen, oder vielmehr es galt im alten Frankreich noch das alte Wort: Ce que femme veut, dieu le veut. Eine Frage durchklang die Stille, als ob nichts geschehen, eine Frage die offenbar nur den Zweck verfolgte, diese Stille zu unterbrechen, doch mit der ganzen graziösen Leichtigkeit gesprochen wurde, die der Zeit zu Gebote stand, um ihre Absichtlichkeit zu verhüllen. Sie kam aus Marie d'Aubigné's Munde und war gleichgültig an den Arzt gerichtet:

„Giebt die Nachricht aus Versailles auch über den

Namen des Offiziers der Leibwache Auskunft, der in jener Nacht dem König den nicht befolgten Rath ertheilt haben soll?"

„Man sagt, daß es ein Deutscher, ein Herr von Salis gewesen."

Lacordaire hatte es schnell erwiedert, unverkennbar erfreut, ebenfalls etwas zur Ablenkung von dem Vorhergegangenen beizutragen, allein diesmal erbleichte die Fragstellerin, wie von plötzlicher Stockung des Herzens, sie griff an ihre Stirn und mit der andern Hand eine Stütze suchend hinter sich, so daß der Blick des Arztes keinen nach der Mode des Zeitalters interessant fingirten, sondern einen wirklichen unerwarteten Zufall erkannte, welcher ihn sich der Betroffenen rasch zur Hülfsbereitschaft nähern ließ. Doch sie erholte sich noch bevor er sie erreichte und antwortete auf seine Frage, was ihr gewesen, eilig: „Nichts, gar nichts was des Arztes bedürfte!" Und dann sich zu einem blassen Lächeln zwingend, wiederholte sie: „Salis, nicht wahr? von einem Herrn von Salis war die Rede?"

„Ah, der langweilige Schweizer mit seinen langweiligen deutschen Versen", fiel d'Aubigné seiner jungen Gattin zugewendet mit spöttischem Tone ein. „Ich glaube, er las auch Dir manchmal davon vor und ich begreife daß man bei der Erinnerung daran von plötzlichem Schreck befallen werden kann, der hoffentlich keine üblen Folgen für Dich nach sich ziehen wird."

In dem Blick, mit dem er bei den letzten Worten über die Gestalt der Angeredeten streifte, lag eine eigenthümliche Erläuterung, und ein wahrnehmbares Zittern durchlief ihren Körper. Auf Felicien's Stirn pochte eine Ader, doch er beherrschte sich und sagte ruhig zu Lacordaire: „Der Name, den Du genannt, Freund, bürgt für die Richtigkeit Deiner Erzählung. Salis war der Ehrenhafteste, den ich unter meinen Kameraden in Versailles kennen gelernt, und ich bezweifle nicht, daß er bereit gewesen, sich für die Treue, die er gelobt, zu opfern."

Victor d'Aubigné's Hand zuckte mechanisch nach dem Gefäß seines Degens, doch der Abbé trat rasch zwischen ihn und den jungen Seigneur und entgegnete lachend:

„Die Treue trägt ein verschiedenes Kleid und bringt bald dies bald jenes Opfer. Du warst auch treu, obgleich Du das Gegentheil von dem gethan, Hautefort, was Salis that, es kommt eben auf die höhere Pflicht an, die uns nicht die Dinge, sondern die wir ihnen auferlegen. Ich bin vollständig jetzt von der Richtigkeit der Grundsätze überzeugt, die Ihr uns hier gelehrt, und bitte Dich, heut' vor dem Diner eine entsprechende Feierlichkeit zu veranstalten, bei der ich mein Glaubensbekenntniß öffentlich in Deine Hände ablegen und von ihnen gewissermaßen meine

Firmelung in den Dogmen der einzigen und unantastbaren Wahrheit empfangen kann."

Die Drei waren, da die Uebrigen vorausgeschritten, etwas zurückgeblieben. Felicien warf einen kurzen Blick zu den Andern hinüber, dann versetzte er mit gedämpfter Stimme:

„Gewiß, auch ich bin ein Mensch und dem Irrthum unterworfen. Wenn es noch eines Beweises für mich bedurft hätte, daß ich es bis heut' gewesen, so würde ich es aus diesen Worten gelernt haben, die mich von der Richtigkeit mancher uns von den Vätern überlieferter Grundsätze überzeugt, welche ich leider eine Zeitlang verläugnet. Es scheint, daß ich vorhin nicht verstanden worden bin, und ich beauftrage deshalb Sie, Herr Abbé, dem Marquis d'Aubigné zu wiederholen, daß, so weit ich Herrn von Salis kennen gelernt, er seinen Degen zerbrechen würde, ehe er ihn für eine gemeinsame Sache mit dem zöge, der ihn verspotten zu können geglaubt. Sagen Sie dies dem Marquis d'Aubigné und daß ich für die Beleidigung eines Ehrenmannes Rechenschaft von ihm erwarte, wie sie unter Edelmännern üblich ist."

„Bis zur Forderung des Grafen Laval üblich war —"

Es klang wie ein spöttisches Echo von den Lippen d'Aubriot's, doch Felicien vernahm es nicht mehr, denn er ging, rasch sich abwendend, den Vorausschreitenden nach.

Achtundvierzigstes Kapitel.

Der Abbé schnippte mit den Fingern, die weiß und zierlich aus der sorgsam gefältelten Handgelenkkrause hervorschlüpften, in der Luft.

„Bravo! Herbst und Frühling haben entschieden etwas Verwandtes; im einen kommen die Blätter und im andern fallen sie ab. Da sind wir wieder auf dem Standpunkt, den wir vor einem halben Jahr innehatten. Sechs Monate nur, er hat nicht so lange vorgehalten, als ein Kind von seinem ersten vergnüglichen Anfang bis zum ersten Schrei braucht, mit dem es seiner Mutter accompagnirt. Eine lustige Historie, wie denkst Du darüber, Schwager? Verzeih', wenn ich Dich auch unter diesen veränderten Umständen der nahen Affinität halber noch fortduze und Dich mit dem Namen anrede, obwohl die Sprache für unseren Verwandtschaftsgrad keine besondere Bezeichnung hat. Sie thut Unrecht daran, denn es war von jeher einer der

Häufigsten und wird es bleiben, so lang' es hübsche Frauen giebt. Jedenfalls ist es auch die amüsanteste Verwandtschaft und hat die Anwartschaft, sich am Weitesten auszudehnen, ja eine wahrhaft unserer Zeit entsprechende, allgemein menschliche, da sie ein zärtliches Band zwischen alten Prinzen und jungen Laquaien sammt allem was in der Mitte liegt, schlingt. Aber noch mehr Unrecht thut der gute Felicien, die doppelte Verwandtschaft, in die Du Dich zu ihm gesetzt, derartig zu mißachten. Ich darf mir ein Urtheil darüber erlauben, da ich ebenfalls zu seinen Schwägern gehöre und an meinem eignen musterhaften Beispiel weiß, welche Rücksichten man oft im Familieninteresse nimmt. Nun, was sinnst Du, mein Theurer?"

Victor d'Aubigné hatte in den letzten Minuten mehrfach die Farbe gewechselt, seine Stirn glühte jetzt, sein Blick ruhte unschlüssig, zweifelnd auf dem Genossen und er murmelte: „Welches Recht hat er —?"

Der Abbé legte nachdenklich den beringten Zeigefinger an die Nasenwurzel. „Wenn ich es richterlich erwäge, genau das nämliche, welches Du hast, mich wie einen Schmetterling aufzuspießen. Das ist übrigens ein hübsches und besser zu verwerthendes Bild, da es eigentlich anmaßend ist, uns selbst mit diesen anmuthigen Kerbthieren zu vergleichen. Also richtiger, wir sind diejenigen, welche diese fangen und aufspießen und obwohl ich kein übermäßig großer Naturkenner bin, so glaube ich doch, daß hierbei gemeiniglich dasselbe Verfahren eingeschlagen zu werden und es fast in allen Fällen auf die nämliche Art und Weise zu geschehen pflegt, die eben die Natur, d. h. die in diesem Thal feierlich proclamirte Universalgöttin vorgeschrieben hat. Mithin thatest Du Felicien nichts Anderes, als was ich Dir that, nur mit dem Unterschiede daß Letzteres Dir bereits vollkommen gleichgültig war und Ersteres ihm unkluger Weise noch Verdruß bereitet zu haben scheint. Sehr unkluger Weise, denn Schmetterlinge haben Flügel und man kann sie nicht fangen, geschweige denn aufspießen, wenn sie nicht selbst diesem Vorhaben mit einiger Bereitwilligkeit entgegenkommen. Aber abgesehen davon, sprechen Dir die ortsgültigen Gesetze von vornherein ein unbedingtes Recht zu, das sich am Ueberzeugendsten in einer mathematischen Formel ausdrücken läßt, nach welcher der vorliegende Fall sich folgendermaßen verhält. A und B haben sich zusammengethan, um zu erfahren, ob die durch diese Addition hervorgebrachte Summe ihren Voraussetzungen entsprechen wird. Zugleich haben dies auch C und D gethan, nach einiger Zeit jedoch glaubt C Anlaß zu der Vermuthung zu haben, daß die Addirung von C und B ein, wenigstens zeitweise, angenehmeres Facit erzielt haben würde. Auf seine desfällige Nachforschung erfährt C, daß in der That auch B diese

Ansicht theilt, und es ist somit dasjenige eingetreten, was der Prophet von Hautefort als einen Irrthum des Herzens — oder wie man es sonst heißen will — bezeichnet, den länger festzuhalten die Meisterin grade ebenso verbietet, wie sie andrerseits unter diesen Umständen die Vereinigung von C und B gebietet. Es bleiben A und D, denen natürlich nichts im Wege steht, es in gleicher Weise zu machen, oder da im gegebenen Fall allerdings ein freilich für Philosophen thörichtes, aber trotzdem noch nicht überwundenes Hinderniß dazwischen tritt, sonst zu thun was ihnen beliebt, z. B. für D eine temporäre Abdition mit E, und eventuell durch das Alphabet weiter, einzugehen. Die Fähigkeit, mathematische Schlußfolgerungen zu ziehen, ist von unschätzbarem Werth, leider indeß liefert unser Freund Felicien den Beweis, daß er kein guter Arithmetiker ist, da er unter seine Freiheit, thun zu können was ihm beliebt, offenbar etwas subsummirt, worauf seine Rechnungsmethode sich selbst in den Ansätzen dieser Regeldetri jedes Recht abgesprochen hat."

D'Aubigné hatte stumm zugehört, allein sein Gesichtsausdruck zeigte, daß er der mathematischen Auseinandersetzung des Abbé keine Aufmerksamkeit zuwandte. Er blickte starr vor sich hin und entgegnete, als jener schwieg:

„Ich war ein Narr, vielleicht ein" — er verschluckte das Wort — „aber er ist ein Unverschämter, ein Heuchler, den ich tödten werde. Ordne Alles noch ehe der Tag vorüber ist, d'Aubriot, denn vor dem Abend verlassen wir, verlasse ich wenigstens diese Gegend —"

„Und gehst wohin?" fiel der Abbé lakonisch ein. „Nach Versailles? Paris? Der Aufenthaltswechsel wird amüsant sein und seine Vergnüglichkeit besonders dadurch noch erhöht werden, daß es keine lettres de cachet mehr für zudringliche Gläubiger giebt. Du weißt, ich liebe die classischen Citate und finde die Variante nicht übel: Fuit Bastilla, fuimus Troes. Aber zum Trost des hohen Adels werden die souveränen Bürger von Paris dafür gesorgt haben, daß ihr Schuldthurm erhalten geblieben. Glückliche Reise, Marquis, doch entschuldige mich bei den Herren, ich kann meine Sehnsucht nach ihnen noch bezähmen."

„Du magst Recht haben, doch das findet sich — später — sorge dafür, daß ich den mir zugefügten Schimpf von der Ehre, dem Adel meines Namens abwasche!"

Der Abbé d'Aubriot blickte den Sprecher mit einer Miene höchsten Erstaunens an. „Bah, mein Theurer, man sollte glauben, daß Du ein halbes Jahr lang im Grabe gelegen und während der Zeit Dich der verstand= kräftigenden Beschäftigung hingegeben habest, von den Ver= diensten eines mit der Elle zu messenden Stammbaumes zu träumen. Du redest eine merkwürdig altmobische Sprache und ich bitte Dich niemandem als diesen gelben Blättern anzuvertrauen, daß ich in irgend einem Winkel meines Kopfes noch ein Organ besessen, Deine Tollheiten zu verstehn. Ehre? Adel? Namen? In der That, Du bist ein Auferstehender, das heißt ein neu aus dem Mutterschooß der Erde Geborener, und es scheint, daß ich die mühsame Rolle einer Amme bei Dir übernehmen muß, dem lallenden Kinde die ersten für sein Gedeihen erforderlichen Begriffe einzusäugen. Ehre? O Kind, was ist Ehre? Hast Du sie, wenn er nun Dich zufällig tödtete, statt daß Du ihm den Degen durch den Leib rennst? Es gab einmal in grauen Zeiten — ein Sommer ist darüber vergangen — einen Gott und so gab es auch einmal eine adlige Ehre — ich will damit nicht behaupten, daß sie beide grade in sehr directer Causalverbindung standen, aber gewiß ist's, daß Eins ebensowohl eine zweckmäßige Erfindung war wie das Andere. Eine zweckmäßige, das heißt, so lange höchst klug ausersonnen, als sie ihren Zweck erreichte. Das war damals, als es einen Adel gab, welcher diese Ehre gewissermaßen wie einen Orden an der linken Seite trug, um das mit ihm zu thun, was die übrigen Menschenclassen nicht thaten, und sich dadurch vor diesen auszeichnete. Wenn jene Dich beschimpften oder Dir lästig fielen, so stachst Du sie einfach nieder, dem Standesgenossen aber erwiesest Du den Vorzug, dies erst einige Stunden später in Gegenwart einiger sogenannter

Freunde und mit höflichen Redensarten zu thun. Das war Ehre, und um weiter zu kommen, müssen wir die Frage hinzufügen, was ist adlig? Ich thue mir auch darin auf die Schärfe meiner Definition etwas zu gut, wenn ich diesen überlieferten Begriff kurz zuerst dahin erläutere, daß der Adel das Nämliche ist wie die Kirche, was so viel besagen will, daß beide grade so lange wirkliche Dinge sind, als Leute um sie her existiren, die an sie glauben. Das ist eine allgemeine Erklärung und ich will eine historisch-genetische hinterdrein schicken. Adlig sein, heißt Vorfahren wie alle andern Menschen auch gehabt haben, nur daß sie vor so und so viel Jahrhunderten einmal mit List oder Gewalt sich Güter ihrer Mitgeschöpfe und Herrschaft über dieselben aneigneten und diese schätzbaren Errungenschaften von Geschlecht zu Geschlecht forterben ließen, bis heutigen Tag's — immer vor diesem Sommer verstanden — den Nachkommen ein Vorrecht daraus entsprang, auf alle, die nicht derartige Vorfahren gehabt, hochmüthig herabzusehn, sie unter den Titeln verschiedenster Privilegien auszuplündern, von ihrer Arbeit zu leben, zu schwelgen, sie als etwas höchst Gemeines und sich selbst als etwas höchst edler Geartetes zu betrachten. Das war sehr hübsch, bequem und anmuthend und ich habe es mit Vergnügen mit gethan — Du siehst, ich spreche offenherzig aus, was meine vornehmen Standesgenossen, wenn sie nicht absolute Tröpfe waren, stets heimlich gedacht — und es thut mir herzlich leid, daß dies anstrengungslose Vergnügen ein Ende hat, für dessen bisherigen Genuß ich meinen verdienstvollen Vorfahren dankbarst verbunden bin, obgleich mein Dank oder Undank sie wenig mehr bekümmert. Leider indeß ruhte, wie gesagt, diese ganze Herrlichkeit darauf, daß Leute existirten, welche an unser vortreffliches Vorrecht darauf glaubten, das heißt auf der Dummheit der Millionen, die obwohl die Natur sie völlig wie uns geschaffen, uns dennoch wie höhere Wesen anstaunten und diesen bereitwillig auf dem Altar der Jahrhunderte ihren Schweiß, ihre Sparpfennige, Weiber, Töchter und Anbetung darbrachten. Ich wiederhole noch einmal, daß ich diese Dummheit als eine der köstlichsten Eigenschaften der Menschheit betrachte und daß ich nichts tiefer beklage, als daß die letztere just zu unserer Lebzeit der ersteren verlustig gegangen ist; aber andererseits sehe ich keinen besonderen Vortheil daraus entspringen, wenn man sich die Ohren zustopfen, die Augen zudrücken und sich zu eignem Trost vorrufen wollte: Ich höre nichts, ich sehe nichts und drum ist's auch nichts! Im Gegentheil, ich mache Augen und Ohren doppelt weit auf, um durch ihre Beihülfe möglichst Alles zu vernehmen, was mir zu verstehen, zu wissen und zu können erforderlich sein wird, um wenn auch mit einigen Modificationen das zu bleiben, was ich bis vor Kurzem war. Ich recurrire wiederum auf die Weisheit der Alten, denn grade für unsere augenblicklichen Verhältnisse hat ein wohlerfahrener Römer, der sich selbst in ähnlicher Lage befand, eine unübertreffliche Bezeichnung erfunden. Er war arm, unbekannt, einflußlos und hegte als verständiger Mensch den Wunsch, das Gegentheil von alledem, reich berühmt und mächtig zu werden. Da er außerdem noch Philosoph war, so wußte er, daß ihm dies ohne sein Zuthun oder etwa durch Ausübung besonderer Tugenden nicht in den Schooß fallen würde, sondern daß es sich darum handle, klüger als seine Mitmenschen zu sein, indem er alle Eigenschaften und Leidenschaften derselben, gute und schlechte, nur als Baumaterial für die Treppe betrachte, auf der er zu seinem erstrebten Ziele hinaufgelange. Das that er und wurde Advocat, der auf dem Forum mit köstlicher Beredtsamkeit genau immer zu dem Resultat zu kommen verstand, welches die unten versammelte Menge wünschte. Im Handumdrehen machte er aus Recht Unrecht und aus Unrecht Recht, donnerte mit ethischer Entrüstung Den zu Boden, den das Volk gern mit Füßen zu treten beabsichtigte, und wußte es einzurichten, daß Der, welcher vom tarpejischen Fels gestürzt werden sollte, statt dieser etwas unbehaglichen Procedur im Triumph vom Volke auf den Schultern nach Hause getragen wurde, wenn ihm, dem

Redner, die Capitalsanlage bei der Dankbarkeit des Geretteten ersprießliche Zinsen verhieß. Man pries ihn deshalb als den Beschützer der Unschuld und den unerbittlichen Verfolger des Verbrechens, nannte ihn den Erhalter der Gesetze und den Retter des Staates, hieß ihn muthig, obgleich er feig, hochherzig, obgleich er nur gewinnsüchtig war, gab ihm den Namen eines Vaters des Vaterlandes und machte ihn schließlich auch dazu, nämlich zum Consul Roms, so daß er genau alles Das erreicht hatte, was er sich zu erreichen vorgenommen, und darüber hinaus noch heutigen Tags von allen Schultröpfen der Erde als der glänzendste Redner, der weiseste Denker, der größte Staatsmann und der edelste Mensch des Alterthums verherrlicht wird. Dieser kluge Mann hieß, wie auch Dir, mein theurer d'Aubigné, begeisterte Lehrer einst es gesagt haben werden, mit Namen Cicero, und ich empfehle Dir seine hinterlassenen Schriften, weniger zu dem Zwecke, Deinen lateinischen Stil daran zu philologischer Musterhaftigkeit heraufzubilden, sondern als unerschöpflichen Quell der Belehrung, wie man es machen muß, wenn man nichts hat und nichts ist, etwas, das heißt möglichst viel, zu werden und zu erlangen. Du hast diesen classischen Excurs vielleicht als eine Nachgiebigkeit gegen meine Liebhaberei angesehn, er bildete indeß keineswegs eine Abschweifung, vielmehr führt er directesten

Weges auf uns beide selbst zu. Der Held desselben nämlich legte sich selbst die Bezeichnung eines homo novus bei und damit hat er vor bald zweitausend Jahren auf's Genaueste auch uns in unserer gegenwärtigen Lage charakterisirt. Weil die Menschheit um uns her ihre altvererbte und verdienstliche Dummheit aufgegeben, sind auch wir homines novi geworden, das heißt, Leute, die nichts mehr sind und nichts mehr haben, oder mit anderen Worten, wir sind wieder auf den Standpunkt zurückgebracht, auf dem sich unsere Vorfahren einst befunden, als sie vermittelst ihrer Klugheit die Einleitung zu dem getroffen, was in diesem Sommer ein so bedauerliches Ende genommen. Das will aber so viel besagen, daß jetzt an uns die Aufgabe herantritt, das einzige Erbtheil, welches uns hoffentlich aus ihrer Concursmasse verblieben, eifrig zu benutzen und für uns wieder so klug zu sein, wie jene es für sich gewesen. Wenigstens ist es, was mich betrifft, nicht meine Absicht, hinter ihrem Beispiel zurückzustehen und zu bleiben, was die Menschheit für gut befunden, aus mir zu machen. Du könntest mir einwenden, daß ich grade als den Grund dieser Veränderung das Aufhören der traditionellen Dummheit bezeichnet habe und daß deshalb der nicht mehr ausschließliche Besitz der Klugheit keinen Erfolg verspreche. Doch gottlob, Freund, in Wahrheit hört die Dummheit niemals auf, sie ist das einzige

Unsterbliche auf der Erde und hat auch diesmal nur ein
anderes Kleid angezogen, um die Klugheit zu nöthigen,
ebenfalls ihr Costüm zu wechseln. Und so komme ich auf
den Eingang meiner erbaulichen Erläuterung zurück, o
Kind. Ehre — Adel — Namen — das sind abgetragene
Stoffe, die weder gegen Wind noch Regen mehr Schutz
gewähren und dem, der sich öffentlich mit ihnen zu zeigen
die Narrheit hätte, das Gespött der Straßenjungen und
Steinwürfe auf den Hals ziehen würden. Equipire Dich
neu, mein Lieber, schlicht und geschmacklos wie die Mode
dieser Saison es erheischt, wie ich es gethan, ich, der
Bürger d'Aubriot, der die Kirche doppelt verabscheut, weil
er ihr selbst eine Zeitlang angehört, und der seinen Adel
als eine Lächerlichkeit und als ein für die Würde der
Menschheit schmachvolles Privilegium abgelegt hat. Der
deshalb mehr als jeder andere Bürger das Vertrauen des
Volkes verdient, weil er das diesem so lange zugefügte
Unrecht an sich selbst erkannt und mit reuevoller Begei=
sterung sich als den glühendsten Vorkämpfer der Freiheit
gegen die von Thron und Altar ausgeübte Bedrückung
erweist. Lege Deinen gestickten Rock und Deinen Degen
ab, Bürger d'Aubigné, Du brauchst sie nicht mehr, sondern
drücke die ungewaschene Hand Deines Bruders, schreie
lauter als er: Es lebe die Majestät des Volkes, des
großen, des edlen, des — dummen Volkes! und lies den

Cicero, der vor zweitausend Jahren ein homo novus war und Consul der Republik wurde."

Der Abbé hatte es mit der nämlichen graziösen Mischung von Laune, Esprit, komischem Pathos und scherzender Leichtigkeit gesprochen, welche das Amalgam der von ihm meisterlich geübten Kunst der Conversation der Zeit bildete. Es waren die zierlich eleganten Bewegungen eines spielenden Kätzchens, das mit einem Ball tändelt und die Zuschauer durch seine behenden Sprünge, sein leises Fauchen und die Biegsamkeit seiner Gliedmaßen belustigt. Doch dem schärfer Acht Gebenden verrieth ein weißer Seitenaufblick des Auges, ein Schlag der graziösen Tatze, ein seltsamer Ton, daß das spielende Ding nicht dem Geschlecht der zahmen Hauskatze angehörte, sondern daß unter der geschmeidigen Form sich eine andere Gattung barg, die in kurzer Frist nicht mehr mit Bällen und Mäusen tändeln, sondern dem Trieb ihrer Natur nachgebend mit wildem Sprunge in die Mitte der lachenden Zuschauer hineinbrechen würde, sich einen derselben als Beute hervorzuholen. Diesmal hatte Victor d'Aubigné aufmerksam zugehört, ein Gemisch von Bewunderung und Furcht lag in dem Blick, den er von den lächelnden Gesichtszügen seines Gefährten abgleiten ließ, und er versetzte zögernd:

„Ich weiß, es hat sich, während wir gedankenlos den

Sommer hier verbracht, Vieles in Frankreich verändert, und wenn wir von hier gehen —"

„Haben wir zunächst die der Gesundheit allerdings, wie man behauptet, förderliche Aussicht zu hungern," fiel d'Aubriot lustig ein, „ob dies uns aber nach den guten Diners unseres Freundes Felicien besonders anmuthend erscheinen wird, ist eine andere Frage. Im Uebrigen muß ich jedoch Deine schmeichelhafte Bezeichnung, daß wir den Sommer hier gedankenlos verlebt haben, für mein bescheidenes Theil ablehnen. Ich würde das des Menschen unwürdig halten, zumal in einer Umgebung, die von dem Licht der reinen Vernunft erhellt wird. Angenehm habe ich gelebt, wie ich es auch ferner zu thun hoffe, doch hinreichend Zeit bei dieser Beschäftigung behalten, nicht nur für mich, sondern sogar für Dich mit zu denken, denn der vorsichtige Mann vergißt nie, daß aller bisherigen Erfahrung gemäß auf das Heute immer ein Morgen zu folgen pflegt. Doch davon nachher, Du wolltest mir zuvörderst noch Deine Absichten und Ansichten über das Heut' mittheilen, und ich unterbrach Dich, weil Du mich dabei in eine Kategorie brachtest, auf deren Ehrenmitgliedschaft ich, trotz dem Vergnügen sie mit Dir zu genießen, Verzicht leisten mußte."

War der ehemalige Lieutenant der königlichen Garde der Ball, mit dem die aus der Handgelenkkrause schlüpfenden weißen Katzenfinger spielten? Ueber Victor d'Aubigné's Züge ging ein Ausdruck, welcher kundthat, daß er sich der Ueberlegenheit des lächelnden Willens vor ihm anheimgab, und zugleich, daß dieser einen Ton angeschlagen, welcher in ihm selbst heftiger nach zu vibriren begann. Er stotterte als Antwort:

„Sage Du, was ich thun soll, wenn Du es nicht für klug hältst und nicht willst, daß ich mich an ihm räche —"

„Bah, mein Lieber, Du bist wirklich ein großes Kind, das, was ich gesagt, für eine Predigt christlicher Nächsten= liebe gehalten zu haben scheint, welche im Uebrigen die Philosophie ebenfalls adoptirt, nur mit dem Unterschiede, daß sie bei der ihr eigenthümlichen größeren Schärfe der Begriffe jedem als das, was ihm das Nächste ist und was er über alles lieben muß, sein eignes Ich präcisirt. Wahr= haftig, jedes Deiner Worte enthält eine Verläumdung gegen mich, für die ich wenn ich noch ein Edelmann und nicht der über solche Thorheiten erhabene Bürger d'Aubriot wäre, nach Art unseres bisherigen Wirthes Rechenschaft von Dir fordern würde. Ich hätte von Dir verlangt, daß Du Dich nicht rächen sollst? Ich müßte kein Liebhaber sprachlicher Feinheiten sein, um zu unterschätzen, daß die Sprache den beiden Worten rächen und Recht den näm= lichen Klang verliehen und damit ausgedrückt hat, daß es ein unbestreitbares Recht des Menschen sei, sich zu rächen.

Räche Dich, mein Lieber, und wenn es einen Gegenstand giebt, den ich dessen würdig halte, so ist es grade der, den Du Dir zu diesem Behuf auserwählt. Ich bin ein vortrefflicher Mensch, der treulich dem Gebote folgt, keinen seiner Nebenmenschen zu hassen, denn ich wüßte nicht, welchen Nutzen diese gemüthliche Anstrengung mit sich führen sollte, aber wenn ich trotzdem gegen einen derselben eine Regung in mir fühle, die mit dem Hasse anderer Leute verwandt sein mag, so betrifft sie gleichfalls den Vicomte Felicien von Hautefort, dessen Narrheit mit einem biblischen Ausdruck derartig zum Himmel stinkt, daß meine Klugheit sich einen unüberwindlichen Abscheu gegen dieselbe nicht verhehlen kann. Räche Dich an ihm, Bürger d'Aubigné, denn Du begehst zugleich eine Handlung der Pietät damit, indem Du eine gerechte Strafe an dem ausübst, der das ehrwürdige Vermächtniß unserer Vorväter umgestoßen und die Schuld, wenigstens nach seinem Theil, daran trägt, daß gegenwärtig aus uns geworden ist, was wir sind. Deine Rachlust entspringt unverkennbar einem höheren Princip und es ist die Pflicht jedes vernünftig Denkenden, Dir bei der Ausführung derselben behülflich zu sein, um so mehr da sie sich gegen den schnödesten Undank richtet, der Dir das Verdienst, einer Schwester zu den Vergnügungen, welche die Natur ihr zugedacht, verholfen zu haben, auf solche Weise lohnt. Aber vergiß zugleich auch die Erfahrungen nicht, welche unser Freund, der Bürger Laval, bereits in ähnlichem Falle einmal hier auf Hautefort gemacht hat, und bedenke, daß es klüger ist, seinen Gelüsten einen Aufschub aufzuerlegen, als unbesonnen darauf zu bestehen, sie in einer Weise befriedigen zu wollen, die Dich leicht hinter das nämliche Gitterfenster führen könnte, an welchem wir das Gesicht des guten Laval manchmal über Gedanken haben brüten sehn, von denen er damals nicht ahnte, daß sie der Weinlaune einer Mitternacht und der plumpen Zärtlichkeit einer Bauerndirne ihre Befruchtung verdanken würden. Denn Du mußt nicht außer Acht lassen, mein Theurer, daß so menschenwürdig und zeitgemäß Deine Anschauungen sich seit Kurzem umgemodelt haben, Deine neuen Freunde, Mitbürger und Brüder doch noch nicht genug Kenntniß von den Verdiensten besitzen, welche der Bürger d'Aubigné sich um ihre Sache zu erwerben beabsichtigt, daß sie sofort in hellen Haufen herzuströmen würden, Dich als Märtyrer aus dem Gefängniß des Seigneurs von Hautefort zu erlösen. Man muß erst zeigen, was man leistet, ehe man Bezahlung verlangen und sich selbst seinen Gehalt bestimmen kann. Es ist recht traurig, daß zwei Inhaber von mehr als einem Schock tabelloser Ahnen genöthigt sind, sich solchen kaufmännischen Betrachtungen hinzugeben, allein ich fürchte, wenn wir jene das Stück zu einem Sous verkaufen wollten, wir fänden augenblicklich vom Rhein bis an die Pyrenäen keinen Abnehmer mehr dafür, sondern hätten noch die Unkosten davon, daß man uns eines Handels mit verdorbener und gemeinwohlschädlicher Waare beschuldigte."

Der „Bürger d'Aubriot" legte offenbar eine beneidenswerthe Fähigkeit an den Tag, die Zustände der um ihn her veränderten Welt mit unbeirrbarem Gleichmuth aufzufassen, während der Andere unschlüssig brütend stand und erst nach einer Weile entgegnete:

„Ich verstehe, was Du meinst, doch ich begreife nicht, was es uns nützen soll, die Freundschaft von Krämern und Schneidermeistern zu erwerben, wir müßten denn wie Mirabeau die Absicht verfolgen, uns einen Tuchladen anzuschaffen, um uns als Angehörige einer ehrenwerthen Bürgersippe in die National-Versammlung wählen zu lassen. Ich kann jedoch nicht läugnen, daß ich einestheils davor noch einigen Degout besitze, und anderentheils, scheint mir, gehörte selbst dazu etwas, das uns gegenwärtig mangelt —"

„Das wir uns mithin, falls wir diese Intention hegten, zuvor erst verschaffen müßten", ergänzte der Abbé. „Das wolltest Du offenbar hinzufügen und ich bemerke mit der Befriedigung eines tüchtigen Lehrers, daß Deine Ausdrucksweise einen entschiedenen Fortschritt an den Tag zu legen beginnt. Auch Deine richtige Gefühlsart stimmt damit überein, und der Degout, den Du gegen die Krämer und Schneidermeister — Du kannst sie meinethalben auch mit den Namen Advocaten, Aerzte, Kaufleute u. s. w. bezeichnen — verdient eine Prämie. Du hast damit ein genaueres Verständniß für das wichtigste Capitel unserer Betrachtung und gleichzeitig Deine Begeisterung für eine nicht nur anders costümirte Einrichtung des Staates, sondern für wirkliche Volksfreiheit offenbart. Klarheit in allen Dingen ist das erste Postulat für den Verständigen, definiren wir uns deshalb primo loco, was wir unter Volk, Bedrückung und Freiheit verstehen, oder fragen wir uns vielmehr zunächst, was ist des Menschen würdig? Die Antwort darauf, denke ich, unterliegt dem klaren Blick keinem Zweifel. Es ist des Menschen würdig, zu leben, wie wir es bisher gethan, d. h. nach der Vorschrift der Natur, die ihren Geschöpfen keine Arbeit und Mühsal zugedacht, sondern ihnen den Trieb verliehen hat, sich das anzueignen, was ihre Bedürfnisse erheischen und was ihrem Geschmack zusagt. Menschen, welche diesem gleichen Naturtriebe gehorchen, fühlen sich durch eine natürliche Sympathie mit einander verknüpft, und diese ist auch der Born, aus dem unsere neuerdings sich so lebendig manifestirende Theilnahme an dem Geschick des wirklichen Volkes entspringt. Ich sage, des wirklichen, denn leider hat ein verderbter Sprachgebrauch diesem edlen Begriff dadurch einen Makel angehängt, daß er in den Namen Volk auch die von Dir

mit Recht verabschenten Krämer, Schneidermeister ꝛc. ein=
schließt, während diese in Wahrheit den allein auf Erden
vorhandenen Gegensatz zu allen denjenigen, welche ein
menschenwürdiges Dasein zu führen verlangen, bilden, denn
sie handeln wider die Natur, indem sie unablässig thätig
sind, arbeiten, sich abmühen, für sich und ihre Nachkommen
ein Vermögen zusammen zu scharren, das sie aus der Sorg=
losigkeit des wirklichen Volkes gewinnen, der großen Ge=
meinschaft trefflicher, edler, nur allerdings etwas schmutziger
Leute, die nichts thun um sich zu bereichern und denen
doch unfraglich vermöge des Rechtes ihrer Zahl und der
Kraft ihrer Fäuste, sobald sie wollen, alles Wünschens=
werthe, was auf der Erde existirt, gehört. Für diese hoch=
herzige Classe muß jeder, der adlig war, wenn er es nicht
mehr ist, die innigste Zuneigung hegen und seinen ganzen
Widerwillen auf den beiden gemeinsamen Feind concen=
triren, der hochmüthig nach oben für sich selbst die einst=
malige Stellung des Adels im Staate zu gewinnen strebt
und, für sein zusammengerafftes Hab' und Gut zitternd,
andererseits die wackern und gehorsamen Kinder der Mutter
Natur mit dem verächtlichen Namen Pöbel belegt, um
dies wirkliche Volk ganz in der nämlichen Weise fortzu=
bedrücken, wie es früher geschehen. Es versteht sich, daß
wir als die Freunde wahrer Freiheit dies nicht dulden
können, Bürger d'Aubigné, und es wird nur kurze Zeit

mehr vergehen, bis es in Frankreich nur einen Ehrentitel und Ehrenstand mehr geben wird, nämlich denjenigen, dem geschmähten Pöbel anzugehören, ein Name, den jeder Volksfreund sich mit demselben Stolz auf die Brust seines schäbigen Rockes heften wird, wie ehemals die „Bettler" in den Niederlanden es mit diesem Schimpfwort gethan. Es ist allerdings richtig, daß die Krämer und Schneidermeister Deiner vortrefflichen Nomenclatur, den Lärm der in Frankreich tobt, begonnen haben, aber ich verehre mit Andacht die ewige Gerechtigkeit in der Welthistorie, welche diese degoutablen Anstifter desselben so schleunig selbst in die Grube, die sie uns gegraben, hineinpoltern läßt. Helfen wir ihnen nach, Bürger d'Aubigné, denn es wäre ein kindlicher Irrthum zu glauben, daß es sich schon in diesem Augenblick noch um einen Kampf gegen König, Adel und Kirche handelt. Die sind abgethan, wie der Schinder ein altersschwach, blind und taub gewordenes Racepferd abthut — was jetzt beginnt ist ein Vertilgungskrieg des wirklichen, guten und edlen Volkes, das die Narrheit seiner Güte und seines Edelmuths einsehen gelernt, gegen alle, die etwas besitzen. Jeder, der mehr hat, als ein Anderer, muß seinen Raub herausgeben, und thut er dies nicht willig, so nimmt man zuerst seinen Kopf als Angeld. Nun, Schwager und Freund, ich denke, wir gehören zu denen, die nichts haben, helfen wir den Unterdrückten, so werden sie uns helfen! Es ist ein lustiger und gerechter Krieg gegen die Blutsauger — präge Dir die Bezeichnung ein! — für den einige Millionen höchst gemeiner Soldaten parat sind, aber es fehlt überall noch an fähigen und entschlossenen Offizieren, sie zu organisiren, einzuexerciren, zum Sturm und zum Siege zu führen. In dieser militairischen Carriere kannst Du, wenn Du Dich tüchtig zeigst, es weiter als bis zum Lieutenant, der von einer kärglichen Gage lebt, bringen, mein Bester. Du kannst reich werden, wie unser Freund Felicien, denn es kommt viel zur Vertheilung, und kannst zum General=Adjutanten Seiner Majestät des Volkes avanciren, denn Seine Majestät ist gegen die, welche ihre Gunst zu ge= winnen wissen, hochherzig und verschwenderisch und ist dabei dummer noch als sämmtliche ihrer erlauchten Thron= vettern, bei denen seit Jahrtausenden kluge Säemänner Worte aussäen, um Orden und Titel, Gold und Macht zu ernten."

Ein kurzes Lachen schloß die Auseinandersetzung des Sprechers, doch es bedurfte keines besonders kundigen Auges mehr, um zu erkennen, daß es kein spielendes Kätzchen, sondern ein mit Gedankenschnelle zu wild geschmeidiger Pantherstärke herangewachsenes Raubthier war, aus dessen graziöser Bewegung und zierlich gefärbter Haut zwei glühende Augen hervorfunkelten, die ihre Bereitschaft an=

kündigten, sich mit tödtlich-sicherem Sprung auf eine in den Bereich ihres Gesichtes gelangende Beute zu werfen. Es überlief Victor d'Aubigné unwillkürlich, doch auch in seinem Blick glänzte ein gieriger Strahl auf und er suchte nach einer Antwort, die dem Bürger d'Aubriot zu lange ausblieb, denn dieser kniff ungeduldig die Mundwinkel zusammen, daß die gewöhnliche lächelnde Ironie seiner Züge einen häßlich verzerrten, unheimlich drohenden Ausdruck annahm, und sagte rauh, fast gebieterischen Ton's:

„Der Krieg, von dem ich Dir gesprochen, Freund, ist ein Bürgerkrieg, und Du weißt, daß es in solchem nur Freund oder Feind und für den letzteren keinen Pardon giebt. Es würde der Höflichkeit, mehr aber noch Deinem Vortheile entsprechen, wenn Du mich nicht länger auf eine deutliche Antwort warten ließest, als was ich Dich zu betrachten habe."

d'Aubigné fuhr erschreckt zusammen. „Ich habe Dir schon darauf erwiedert — als Deinen Schüler, der seinen Vortheil darin gewahrt, den Vorschriften seines Meisters genau zu folgen."

Die Falten um den Mund des Abbé's glätteten sich schattenlos wieder aus. „Gut geantwortet, wie es einem Schüler der neuen Religion geziemt, deren demüthiger Prophet ich nur bin. Doch ich lese trotzdem eine Skepsis in Deinem Gesicht — welcher Zweifel plagt Dich noch?"

„Daß mich däucht, Dein Unterricht hat etwas von Professorenart an sich, die sich nur auf die Theorie erstreckt. Wer verhilft dem Zuhörer zu ihrer Benutzung und Ausübung in der Praxis?"

„Wer?" d'Aubriot lachte auf, „der Zufall, Freund! Er ist ein launenhafter Gott, aber immerhin der einzig wirkliche, der die Wünsche seiner Verehrer nicht lange unerhört läßt. Thut er dies dennoch einmal, so behandelt man ihn wie die klugen Afrikaner ihren Vitzliputzli, das heißt, man prügelt ihn ein wenig —"

Die beiden neuen Freunde des wirklichen Volkes waren langsam weiter geschritten und befanden sich am äußersten Rande des Parkes, wo dieser an's offene Feld stieß. Die Octobersonne stieg schräg und müd' verschleiert herab, weithin lagen die Felder unbelebt, ein leiser Windhauch trug die weißen Fäden des Altweibersommers drüber hin. Nur an einem mit hohem, vergilbtem Gras überwucherten Wall, der den Park begrenzte, regte sich etwas, das in diesem Moment die Augen des Sprechers auf sich lenkend seine Worte unterbrach. Es mischte sich röthlich zwischen die Spitzen der welken Halme und zwei bewegliche Punkte wie die Augensterne eines Wiesels lugten daraus hervor; dann raschelte es leis' wie vom Geringel einer Natter, die durch dürres Blätterwerk schlüpft, und ein rothhaariger Kopf streckte sich so weit herauf, daß der

in die Richtung des knisternden Geräusches gedrehte Bli
des Abbé's ihn wahrnehmen mußte.

„Ah, Jacques, mein Freund", sagte dieser, ihn scharf
in's Auge fassend und ihm mit einem schnellen Schritt
entgegentretend, „seid Ihr's, ich freue mich Euch zu seh'n.
Was macht Euer Vater, der brave Mann, und was bringt
Euch her? Kommt heran und fürchtet Euch nicht, dies
ist der Bürger d'Aubigné, ein redlicher Freund des Volkes
und ein mildthätiges Herz, kein Blutsauger, der gesteinigt
zu werden verdiente. Und dies ist Jacques, mein Theurer,
der Sohn des wackern Freiheitskämpfers in Le Puy, von
dem ich Dir grad' eben erzählte, daß die elenden Aristo=
kraten der Bürgergarde ihm neulich, als er wohlfeileres
Brod für das arme, hungernde Volk verlangte, den Arm
zerschmettert haben. Du sagtest, mit solchem Manne würdest
Du Deinen letzten Lire theilen — hier hast Du die
Gelegenheit, sie fällt Dir vom Himmel selbst zu, nutze sie
so schnell Du kannst, der treue Jacques wird seinem
leidenden Vater den kargen Balsam, den unsere eigne
Armuth auf seine Wunde zu legen im Stande ist, über=
bringen. Nun, und was führt Euch zu mir, mein junger
Freund, denn Ihr habt mich gesucht, nicht wahr?"

Es war ein hochaufgeschossener Bursche mit fuchs=
rothem Haar und einem trotz seiner Jugend schon von
widrig eingeprägten Falten entstellten, verschlagenen Gesicht,

der sich jetzt ganz aus dem langen Gras hervorgearbeitet hatte und der Aufforderung folgend auf die beiden zukam. Victor d'Aubigné hatte, die Andeutung seines Gefährten verstehend, in die Tasche gegriffen und ein Geldstück herausgezogen, doch ein physischer Ekel hielt seine Finger einige Augenblicke in zaudernder Unschlüssigkeit, mit ihnen die schmutzige, ihm lüstern=listig entgegengestreckte Hand des Ankömmlings zu berühren. Statt seiner indeß erfaßte der Abbé diese schnell, drückte sie kräftig und legte sie dann zu demselben Behuf in die Hand d'Aubigné's, indem er hinzufügte:

„Jeder König — Gott strafe die Ruchlosigkeit, mit welcher der unsere sich an uns allen vergangen! — müßte sich durch den Handdruck des Sohnes eines solchen Ehrenmannes beglückt fühlen — er ist Goldes werth und ein Schimpf, daß Du ihn nur mit armseligem Silber zu vergelten vermagst, Freund. Doch Geduld, die Zeit des himmelschreienden Unrechts ist vorüber und es kommt eine edlere, in der niemand mehr darben soll, während die Diebe, welche dem betrogenen Volk seinen Schweiß stehlen, schwelgen. Nur ein Weilchen noch, bis wir den Betrügern, den Beutelschneidern, den Blutsaugern den Raub, mit dem sie sich gemästet, auspressen und den Tugendhaften zurückerstatten, was ihnen gebührt. Die Ersten sollen die Letzten sein, sagt die Bibel — haha, sie sollen mit den Zähnen klappern, wenn der arme Lazarus sich an ihren Tisch setzt und in Abrahams Schooß sitzt! Nun, und was habt Ihr für mich, mein lieber Jacques?"

Der Angeredete hatte das Geldstück, das er aus d'Aubigné's Hand empfangen, in die Tasche seiner zerlumpten Hose gleiten lassen und griff jetzt in den bauschenden Sack, den sein grobes und gleichfalls zerrissenes Hemd, das mit jener zusammen seine ganze Bekleidung ausmachte, über dem die Hüften umschnürenden Lederriemen bildete. Dann reichte er dem Abbé einen zu winzigem Format vielfach ineinander gefalteten Brief, welchen d'Aubriot mit ungeduldiger Hast aufriß und überflog. Seine Mundwinkel verzogen sich, je weiter er las, immer mehr zu einem spöttisch vergnüglichen Ausdruck; als er an den Schluß gelangte, lachte er und sagte:

„Der gute Bürger Laval läßt Dich grüßen, mein Lieber, und theilt mir eben mit, daß wir den Vitzliputzli nicht mehr zu prügeln brauchen. Hätte das Volk doch viele solcher Freunde, wie ihn! Geht, mein lieber Jacques, und thut was er Euch heißen wird und bringt ihm von mir als Antwort das Wörtchen: Bereit. Merkt es Euch wohl, Ihr braucht nichts weiter zu sagen. Und nun eilt Euch und zeigt uns, wie hübsch Ihr zu laufen versteht, denn wahrhaftig Ihr habt ein paar Beine, nach denen die schmuckste Dirne im Dorf schielen würde, wenn sie Euch sähe, und Lust bekäme, die ihrigen damit um die Wette zu gebrauchen. Seid nicht grausam und laßt sie nicht lange schmachten, sondern sorgt, daß Ihr recht bald wieder hieher zurückkommt, denn es ist eine Freude, Euch zu sehn."

Der lange Bursch grinste widerlich und eilte, sich auf dem offenen Felde wie ein Thier zusammenduckend fort. Sein noch eine Weile in der Sonne glimmerndes Haar lieh ihm in der Ferne Aehnlichkeit mit einem Fuchs, dann fuhr ein plötzlicher Windstoß über den dürren Acker, der den ganzen Sommer hindurch unbebaut dagelegen, und warf eine dichte Staubwolke hinter dem Davonlaufenden d'rein, die ihn dem Auge entzog. Westwärts trat die Sonne an den Bergrand und verwandelte sich in strahlenlose Gestalt, doch nicht zu einer glühenden Kugel, sondern zu fahler Scheibe, die glanzlos, mehr und mehr auslöschend, nieder= sank. Drunten im Park stand Alles unbewegt, wie in trübem Schweigen, nur in den Baumwipfeln flirrten die letzten Blätter und flatterten tanzend um das Geäst, als ob sie sich vor einem herandrohenden Unheil von ihren Stielen loszuringen suchten. Der Abbé warf einen flüch= tigen Blick in die Runde und sagte:

„Es wird Herbst. Man braucht kein Wetterprophet zu sein, um das zu weissagen, aber es ist auffällig, wie schnell diesmal die Jahreszeiten wechseln, denn heute Mittag war es noch Sommer, Deine Frau könnte es bezengen, d'Aubigné. Freilich schon etwas Altweibersommer, und es war Zeit, daß er ein Ende nahm; wenn ich mich nicht irre, hattest Du ihn Deinerseits ebenfalls zur Genüge durchgekostet und war'st seiner ebenso satt wie ich, und es ist gut, daß es Sturm giebt, der das Blut ein wenig auffrischt."

Er legte lachend seinen Arm in den des Gefährten und fuhr fort:

„Du hast mich allerdings heut' um das letzte Diner bei meinem Freunde Felicien gebracht, allein ich will feurige Kohlen auf Dein Haupt häufen und zur Vergeltung für Deinen Hunger mit Sorge tragen, denn wenn ich nach mir urtheilen darf, wird die Sättigung, von der ich eben sprach, sich auch bei Dir nicht bis auf den Magen erstrecken. Freilich kann ich Dir keine Schloßküche bieten, aber Genügsamkeit ist ein vortrefflicher Koch und gute Unterhaltung die Würze des Mahl's. Die beste Unterhaltung jedoch findet man, wie Du weißt, stets bei seinen Freunden, und da ich Dich zu diesen bringe, kannst Du Dich mir ohne Besorgniß über die Güte der Kost anvertrauen."

„Wohin willst Du mich bringen?" fragte d'Aubigné verwundert.

Der Abbé streckte seine Hand nach den Häusern des Dorfes Saint Pierre aus, die jenseits einiger Felder aus dem schnell zunehmenden Zwielicht heraufragten. „Du wirst willkommen sein, und ich denke, das ist vorderhand für Leute in unseren Verhältnissen genug. Wir werden ein wenig unbequeme Sitze, etwas mehr als nothwendig schmutzige Schüsseln und als Zukost eine ziemlich verdorbene Luft finden, aber das Dessert wird Dir dafür um so besser munden, denn es wird von einem ausgezeichneten Gourmand servirt sein, und darum verstatte mir, daß ich es wie Wirthe mit großen Raritäten mache, d. h. Deine Neugierde im Augenblick noch nicht befriedige, sondern ihre Spannung bis zum Auftragen der delicaten Schüssel forterhalte."

„Ich verstehe Dich in der That nicht — und dann, wo werden wir die Nacht zubringen?"

Victor d'Aubigné fragte es kopfschüttelnd, doch der Bürger d'Aubriot fiel ihm lustig auflachend in's Wort:

„Dafür laß Vitzliputzli, den vortrefflichen Obwalter sorgen! Jedenfalls denke ich Dir ein hübsches Nachtlicht versprechen zu können und Du sollst nicht frieren. Komm, unser Menü wartet, aber es ist, den ländlichen Verhältnissen entsprechend, etwas eigenthümlicher Art, nämlich insofern, als wir selbst an seine Zubereitung erst noch die letzte Hand legen müssen."

Es dämmerte vollkommen und sie schritten auf einem Seitenwege aus dem Park auf das Dorf zu.

Neunundvierzigstes Kapitel.

Die Windfahnen auf den vier alten Flankenthürmen des Schlosses liefen rastlos im Kreise. Jahrhunderte hatten dieselben mit ihrem Rost überzogen, so daß jede Drehung einen melancholischen Ton in das Dunkel hinausseufzte, das die früh hereinbrechende Nacht auf das graue Gequaber des Mittelalters häufte. Unverkennbar weissagten die schrill beweglichen Blechzungen über ihm Sturm, und die lautlosen Wipfel des Parkes, die jenen seit ihrer Kindheit zu lauschen gewohnt, gaben hundertfach die Responsorien zurück. Doch das sicher gefügte Mauergestein hatte diese ebenfalls schon von längst im Sturm gebrochenen Vorfahren der ächzenden Baumkronen vernommen, selbst unerschüttert neue emporschießen, sich ausbreiten und wieder vergehen gesehn und achtete der Warnung ihrer späten Nachkommen nicht. Es hatte Orkane erlebt, ohne ein Zittern seiner Grundvesten zu empfinden, und es wußte, daß noch ein Jahrtausend darüber verrinnen könne, ehe es zu fürchten brauche, daß ein Sturm es auch an die Vergänglichkeit seines Trotzes zu mahnen im Stande sein werde.

Nur die lauten Stimmen draußen vermochte es nicht abzuhalten, sich durch die Wände des alten Bau's fortzusetzen und in mannigfaltig umgewandelter Klangform in's Innere des Schlosses hineinzudringen. Als ob der Wind auf den Saiten einer Riesenharfe zu spielen beginne, so lief es sonderbar wehklagend durch die langen Corridore, es hob die schweren Gobelins an der Wand und ließ die Gesichter alter Ahnherrn daran sich in ihren geschwärzten Goldrahmen bewegen, wie wenn sie, von plötzlichem Leben beseelt, herabzusteigen trachteten. Winselnd kroch es heran, als komme etwas aus der dunklen Ecke, und sprang, in den Lichtschein gelangt, auf und war fort. Dann flackerten die Kerzen und leckten an feuriger Zunge empor, ein Stoß fuhr durch den Schlot in den Marmorkamin hinab, wühlte sich in die glühenden Scheiter desselben und schleuderte knisternde Funken bis an den hochlehnigen Brocatsessel, in dem Clemence von Hautefort nachlässig zurückgelehnt saß.

Sie befand sich ganz allein in dem großen Empfangszimmer des Erdgeschosses und hatte sich fröstelnd an das mit wechselnden Lichtern den Raum durchspielende Feuer gesetzt. Offenbar wartete sie, vielleicht schon eine Stunde lang, doch niemand kam. Das Schloß erschien wie verödet und die Laute des Windes das einzig Lebendige darin. Auf diese horchte die Einsame, wie sie sich steigerten, doch gedankenlos, gleichgültig. Ihr schönes Gesicht redete von Langerweile und ihr Auge zugleich von Abspannung und Erwartung. Sie hatte selbst etwas Lebloses, Entseeltes, allein nicht das eines Traumes, sondern wachen Schlafes. Nur manchmal regte sich ihr Knie unter dem hochbauschenden Reifrock und die Finger ihrer Hand glitten lässig über das schwer auf den Estrich niederwogende Kleid.

Clemence war unbestreitbar im Herbste schöner noch, als sie es im Frühling gewesen. Die Sommersonne hatte sie voller, farbenprächtiger gereift, und sie glich der Frucht eines Tropenbaumes, welche die Blüthe desselben an funkelndem Glanz überbietet. Wer sie sah, konnte nicht darüber staunen, sie an dieser Stelle zu finden, denn sie erregte den Eindruck, derselben naturgemäß anzugehören, wie die prunkvolle Ausstattung des Gemaches, das sie umgab. Unter den alten Ahnenbildern stellte sie selbst ein Bild dar, das der gegenwärtigen Herrin des Schlosses, das auf tausend anderen Schlössern des Adels in Frankreich ein Pendant fand. Vielleicht — das allein verrieth selbstverständlich ihre Erscheinung nicht — war sie nicht die Herrin des Schlosses in dem bei anderen Völkern gebräuchlichen Sinne, sondern die Herrin des Schloßherrn, in der Bedeutung, welche die Zeit diesem Worte im Frankreich des achtzehnten Jahrhunderts verliehen — jedenfalls aber ließ sie wiederum demjenigen, der sie sah, keinen Zweifel darüber, daß sie keine mädchenhafte Tochter des Hauses, sondern daß sie, so lässig und regungslos sie augenblicklich dalag, ein von der inneren Gluth entfesselter Leidenschaft zu ihrer üppigen Schönheit emporgereiftes Weib sei. Ihre lange Wimper senkte sich ab und zu wie in müder Schwere, und wenn sie sich wieder hob, schien etwas gleich der Aschendecke einer verglimmenden Kohle schleierartig über den Augenstern herabzunicken, dann aber schoß plötzlich ein zündender Funke hervor und that unter der scheinbar erkaltenden Hülle die Fortdauer eines verzehrend glühenden, sinnbestrickenden Feuers kund.

Nun wandte Clemence den Kopf, denn eine Thür öffnete sich mit leisem Knarren und es trat jemand ein. Die Lichter des Kamins fielen nicht hell genug hinüber, um zu unterscheiden, wer, und die Aufhorchende drehte langsam die Stirn wieder zurück. Doch dann sprang sie plötzlich empor und der Funke sprühte zwischen ihren weitgeöffneten Wimpern hindurch. Eine Frage schlug an ihr Ohr:

„Ist Felicien nicht hier?"

Es war die Stimme des Abbé d'Aubriot, und die schöne Frau trat ihm mit einer raschen Bewegung entgegen.

„Nein, ich habe ihn seit einer Stunde nicht gesehn, ihn nicht und niemand. Es ist recht unhöflich, jemanden, zumal ein schwaches Geschöpf gleich uns, bei diesem garstigen Pfeifen des Windes so allein zu lassen — ich kam mir vor wie die einzige Lebendige unter Todten — und ich beschäftigte mich damit, für den, welcher mich zuerst aus meiner Verlassenheit erlösen, verhältnißmäßig sich also immerhin noch als der Mitleidigste zeigen würde, eine Belohnung auszusinnen. Freilich ahnte mir am Wenigsten, daß Du der Barmherzige sein könntest —"

„Weil Du Deinen Preis einem Andern zugedacht?"

Das Kaminfeuer erhellte flüchtig die lächelnden Lippen des Antwortenden, dann fiel wieder Schatten über ihn, und die beiden sich gegenüber Stehenden vermochten nicht mehr als die Umrisse ihrer Gestalt voneinander zu erkennen.

„Nein", versetzte Clemence, „weil ich für Dich keinen Preis gewußt hätte, denn ein Lohn und der, welcher ihn bietet, wird lächerlich, wenn jener für den Empfänger nicht begehrenswerth erscheint."

„Ein Sprichwort sagt, daß der Schein trügt, und

daß derjenige lächerlicher erscheint, der einen Preis begehrt ohne ihn zu empfangen."

Der Wind accompagnirte wie mit einem leis auflachenden Gesumm den Worten, die Thür, durch welche der Eintretende gekommen, sprang auf, daß ein Luftstrom durch's Zimmer ging, und er bewegte sich zurück, sie wieder zu schließen. Dann sagte er:

„Wenn Du Felicien siehst, willst Du ihm mittheilen, schöne Clemence, daß ich ihn gesucht, ihm von seinem Schwager d'Aubigné zu sagen, derselbe werde sich morgen früh an dem Vorhaben betheiligen, zu dem Dein Gemahl ihn aufgefordert."

„Welches Vorhaben?" Sie wiederholte das Wort gedankenlos, und wie um etwas zu fragen, setzte sie im selben Tone hinzu: „Wo ist d'Aubigné?"

„Vermuthlich bei seiner Frau."

Es klang ohne Ironie, ebenso gleichgültig wie ihre Frage. Sie wiederholte abermals eines seiner Worte: „Vermuthlich — aber warum? Denn wir haben vorhin gehört, daß Vermuthungen täuschen."

„Weil ich mir denke, so weit ich ein Urtheil darüber haben kann, daß es bei solchem Wetter die rechte Stunde ist, sie mit einer schönen Frau zu verbringen, wenn —"

„Sie geistreich ist", fiel Clemence ungestüm ein. Er versetzte schnell:

„Die schönste Unterhaltung ist auch die geistreichste."

„Das ist ein schlimmes Compliment für mich, da in der rechten Stunde, wie Du sagst, niemand nach der meinigen Verlangen trägt."

„Bin ich niemand?"

„Du spottest meiner. Was ist Liebe, d'Aubriot?"

„Liebe ist Vernunft. Weshalb fragst Du?"

„Weil ich versuchen will, geistreich zu sein, zu philosophiren, nach dem Wesen der Dinge zu forschen, wie Du es liebst."

„Deine Lippen haben den Beruf Schöneres zu thun, und es sind nicht Worte, mit denen man das Wesen der Vernunft begreift."

Es ging abermals ein Luftzug durch den Saal, jedoch ohne das Knarren einer leise geöffneten Thür vernehmlich zu machen, durch den Schlot peitschte der Wind und die Kaminflamme schlug secundenlang hochaufflackernd in die Höhe. Sie überloderte mit grellem Licht das glühende Gesicht des schönen Weibes, über das die geisterhafte Beleuchtung einen fast unheimlich irrsinnigen Ausdruck hinfliegen ließ, dann erlosch Alles und Clemence flüsterte und ihr Athem streifte heiß und dicht an die Wange vor ihr:

„Warum wolltest Du mich höhnen, daß d'Aubigné bei seiner Frau sei?"

„Du bist ungerecht, schöne Freundin. Wenn ich Dich

höhnen gewollt, hätte ich ihn hierher gesandt und Dir von ihm sagen lassen, daß ich mich an seiner Stelle befinde. Ich that das Gegentheil und glaubte Dank zu verdienen — jetzt muß ich Dich lassen — aber darf ich Dich morgen an eine unbezahlte Schuld erinnern, Clemence?"

Kam da etwas mit dem Gewinsel des Windes aus der dunklen Ecke schattenhaft auf sie zugekrochen, wovor sie erschrak? Ihre Arme schlangen sich heftig um seinen Nacken: „Nein, bleib', gehe nicht — morgen ist eine Ewigkeit!"

Seine zierliche Figur offenbarte jedoch mehr Kraft als sie dem Augenschein verrieth, denn er hob, den Arm um ihren Leib legend, sie mühelos empor und trug sie auf den Sessel am Kamin zurück, den sie bei seinem Eintritt verlassen. Sie wiederholte noch einmal: „Bleib!" Doch ihre Hände suchten ihn nicht länger zu halten und glitten wie erschöpft von ihm ab, auf seinen Zügen, welche die verglühenden Scheiter jetzt in der Nähe beleuchteten, lag eine Mischung von Ueberdruß und Ungeduld.

„Morgen — vergiß nicht, Felicien zu sagen, um was ich Dich gebeten." Es war undeutlich, ob auch das erste Wort sie an den zuvor ertheilten Auftrag mahnte, oder ob er es als Bestätigung seiner letzten Frage wiederholte. Sie faßte es jedenfalls als solche auf und richtete, ihre Augen mit gewaltsamer Anstrengung funkelnd in die seinen heftend, noch einmal die Stirn empor: „Denke, daß ich auf Dich warte!"

Er hatte schon einige Schritte auf die Thür zugemacht, jetzt gewahrte er, sich umblickend, zum erstenmal die bestrickende Schönheit ihres Gesichtes und ihrer Gestalt vom rothen Schein des Feuers erhellt. Unwillkürlich hielt er inne, der Zug des Ueberdrusses um seine Lippen machte einem anderen, blitzartig um sie heraufzuckenden Ausdruck Platz und er murmelte: „Bei'm Himmel, dieser Felicien war nicht blind, als er Dein Bild als Göttin auf den neuen Altar seiner Vernunft setzte — und es wäre doch Schade um Dich —"

Sie verstand ihn nicht, nur die unter der Asche ihrer Augen glühende Leidenschaft gab ihm stumme Antwort und zog ihn noch einmal zurück. Er beugte sich, sie verlangend jetzt mit dem Blick umfassend, über die Lehne ihres Sessels und flüsterte:

„Gewiß, morgen, Du schöne Zauberin, Du wirst mich nicht vergeblich erwarten, doch damit wir uns nicht verfehlen, will ich Dir heute eine Mitgift geben —"

Er bückte sich an ihr Ohr und raunte ihr einige Worte zu und sie sah verwundert auf: „In das Haus meines Vaters?"

Er nickte. „Nur dort suche ich Dich, und Du weißt — es wird Dich hier niemand vermissen. Höchst ungerechter Weise freilich, aber Thatsachen muß man annehmen."

Ein graziöses Lächeln milderte den spöttischen Stachel der Worte, der ihre Zähne unwillkürlich in die purpurnen Lippen eingegraben. „Verlange von mir, was Du willst, und es soll geschehen", erwiederte sie. Sie dachte nichts, nur ihr schmachtender Blick hing an ihm und sie gab sich nicht der Mühe anheim, den Sinn des Abschiedsgrußes, den er ihr zuflüsterte, zu ergründen:

„Was ich von Dir verlange, ist zu Deinem Besten. Auf Wiedersehn!"

Nun war er fort und sie saß wieder allein. Wollte sie aufstehn, um gleich seinem Geheiß nach zu kommen? Sie machte eine Bewegung, doch träge Schwere ihrer Glieder zog sie zurück. Die Worte, welche er ihr zugeraunt, hatten ein traumartiges Bild in ihr wachgerufen, ihr war, als sitze sie im Pfarrhause, am Fenster ihres, den Prunkgemächern des gräflichen Schlosses ähnlich ausgestatteten Zimmers und blicke harrend hinaus. Da kam eine Gestalt durch die Dämmerung, vorsichtig um von Niemandem gewahrt zu werden, und ihr Herz klopfte. Es klopfte in Verlangen und Furcht zugleich, in mädchenhafter, namenloser Furcht, und sie eilte zitternd in das kahle Gemach ihres Oheims hinüber und kniete vor ihm nieder und sagte, die Stirn in seinen Händen verbergend:

„Er kommt und mein Herz klopft — was soll daraus werden? Du hast es uns nicht gesagt —"

Und der alte Mann glitt ihr träumerisch mit der Hand über das weiche Haar und antwortete: „Es sagt's uns niemand, Clemence, wir müssen es selbst wissen."

Nun war sie wieder drüben in ihrem Zimmer und preßte die glühenden Schläfen wider den Rand des großblumigen Divans und ihre Lippe murmelte: „Er sagt es und es muß wahr sein, denn er weiß Alles. Er muß auch wissen, was daraus werden soll, denn wüßte er es nicht — —"

Was sollte ihr das Buch, nach dem sie gegriffen, über dessen Blätter das Auge nach dem Wege hinausschweifte, der vom Schloß zum Pfarrhause heraufführte? Ja, was sollten ihr die Gedanken des deutschen Gelehrten über den „muthmaßlichen Anfang der Menschengeschichte"? Sie begehrte nur Eines zu wissen, ob die kalte Lehre der Erkenntniß die Freiheit, welche sie verkündete, auch auf den glühenden Schlag ihres Herzens erstrecke, ob sie dem Verlangen oder der Furcht desselben gehorchen müsse —?

„Du mußt es selbst wissen", hatte er gesagt — „Keiner gebietet das Eine, Keiner verbietet das Andere, als Du selbst —"

Ein Schauer durchrann, trotz der Wärme, die der Kamin ausstrahlte, den Körper des schönen Weibes. Wie

Nebelbilder reihte es sich zerschwankend aneinander, der Frost wich und Gluth wieder überlief sie. Doch ihr Herz klopfte nicht mehr, denn sie hatte gewählt und sie lachte der kindischen Furcht, die sie nicht mehr begriff.

Da zuckte ein Blitz durch die Traumesschwüle der Nacht, und der Morgen, der ihr folgte, senkte eine schwarz= umränderte Goldwolke hernieder und trug auf ihr die Tochter des Pfarrers als Herrin in das stolze Schloß von Hautefort.

Hastige, taumelnde Bilder! Die Sonne kam und ging — hatte sie erreicht, wonach drüben im öden Pfarr= haus ihr Herz in Verlangen und Furcht gepocht? War es der Name, der Pomp, das rauschende Kleid, die rothbe= rockten Diener gewesen?

Nein — ihr Vater hatte es wissen müssen, wonach es klopfte, und er hatte gesagt, es sei frei, zu thun was es wolle. Hatte es Anderes gethan? War sie nicht auch eine Tochter der neuen Vernunft und der Natur mit dem gleichen Anrecht auf das große Recht, das diese allen ver= liehen, ihre Spanne Dasein zu leben, zu genießen?

Ein garstiges Wort klang ihr im Ohr, das Urbain, ihr Bruder einst gesprochen. Zornig war sie damals emporgefahren, als er dem, den er noch für seinen Oheim hielt, erwiedert, ein Weib sei zu schwach, um die Lehren desselben zu ertragen.

Auch über jenen Zorn konnte sie jetzt lachen, über das häßliche Wort. Was bedeutete, was war es? Ein

Wort, nichts weiter — inhaltlos, gleichgültig, wenn seine Schmähung der Freiheit des Naturrechtes das Einzige nehmen wollte, was Leben, Genuß hieß.

Deutlich wahrnehmbar lag auf dem Antlitz des schönen Weibes der irrsinnige Zug, der schon zuvor wie ein unheimlicher Blitz darüber gezuckt. Clemence von Hautefort hob die Hände über ihr Haupt empor, und die weiten Aermel ihres Kleides fielen von den herrlichen Formen ihrer vollen, glänzenden Arme zurück. Sie umschlang mit der weichen Rundung derselben fest ihre eigne Stirn und murmelte:

„Eine Göttin der Vernunft, sagte er — es ist ein anderes Wort als das, welches Urbain sprach und doch sagte dieser dasselbe damit. Soll die Vernunft dürsten, weil die Thorheit den Becher von ihren Lippen zieht?"

Ihre Lider sanken matt auf die Augen und tief athmend legte sie den Kopf zurück. Ueber ihr Gesicht ging es wie Schattenspiel, traumversunken lag sie in dem lautlosen Gemach, ein sonderbares Bild, dem fremden Beschauer schwer zu enträthseln. Nur manchmal verrieth eine Regung des Knie's unter dem hochbauschenden Gewand pulsirendes Leben in dem dämonisch-seltsamen Gemälde, der Wind winselte seine Klagetöne und stiebte statt der Funken Asche jetzt aus der ersterbenden Gluth des Kamins über das reiche Gewand der verführerischen Schläferin.

Fünfzigstes Kapitel.

Als der Abbé aus dem Saal auf den Flur hinaustrat, stieß er auf einen alten Diener des Hauses, der eine flackernde Kerze trug, die er mit magerer Hand vor dem Zugwind zu schützen suchte. Der Alte erschrak, wie er einen Fußtritt vor sich vernahm und sah dem aus dem Dunkel Hervorkommenden ängstlich in's Gesicht.

„Gott sei Dank, Sie sind es, Herr Abbé!" murmelte er, ein Kreuz über sich schlagend, d'Aubriot fragte rasch:

„Hat der Doctor Lacordaire das Schloß wieder verlassen?"

„Ja, Herr Abbé."

„Und ist nach der Stadt zurückgeritten?"

„Ich vermuthe, Herr Abbé."

„Seit wie lange schon?"

„Es mögen zwei Stunden sein, Herr Abbé."

„Gut."

d'Aubriot wollte vorübergehen, doch der alte Diener streckte zitternd die Hand nach dem Rockärmel desselben aus und wiederholte mit seltsamer Stimme: „Ja, es ist gut, Herr Abbé."

Unwillkürlich blieb der Letztere wieder steh'n und fragte verwundert: „Warum?" Der Alte wandte scheu umherblickend den Kopf auf den dunklen Flur zurück und flüsterte:

„Verzeihen Sie mir, Herr Abbé — ich bin grau hier im Hause geworden, aber —"

Er sah sich nochmals um und fuhr hastig fort: „Ich weiß es wohl, Herr Abbé, obgleich Sie manchmal auch reden wie die Andern, so thun Sie es doch nur mit den Lippen, und ein frommes Herz darf Vertrauen zu Ihnen haben, denn Sie tragen das heilige Kleid und der Herr würde es nicht schänden lassen, wenn Sie es nicht auch in der Brust trügen, Herr Abbé. Doch darum sage ich, daß es gut ist, daß der Doctor Lacordaire heut' nicht hier geblieben, denn es ist wenigstens ein Gottloser weniger unter diesem Dach. Gehen Sie heut' Abend nicht mehr hinaus, Herr Abbé, denn der Herr wollte Sodom nicht verderben, wenn er einen Gerechten in ihm fände — bleiben Sie bei uns, ich habe seit meiner Kindheit in dem Hause gelebt, aber mir ist es noch nie zu Muthe gewesen, wie in dieser Nacht. Als der König von Babel den Herrn verspottete, da kam eine Hand und schrieb sein Urtheil an die Wand — ich habe sie auch geseh'n, Herr Abbé, eine weiße Todtenhand draußen im Sturm, sie schlug an's Fenster, und das Gericht kommt, wenn wir nicht beten. Der ewige Gott hat kein Erbarmen mehr mit denen, die seinen Namen geläugnet, und er schickt seine Würgengel, daß Heulen und Zähneklappern sein wird, wenn sie kommen. Und ich habe sie doch auf meinen Armen getragen, den Herrn Vicomte und die schöne Comtesse Diana, und nun wird der Fürst der Finsterniß um ihren weißen Nacken die Finger klammern, denn sie haben ihn gerufen und mein Gebet kann ihn nicht mehr abwenden. Oh, oh, geweint habe ich jede Nacht und auf meine Kniee gelegen — sie waren so gut und sind die Verworfensten geworden von allen die leben, und ich liebe sie doch immer noch und wollte tausendmal für sie sterben, wenn ich damit die ewige Seligkeit für sie wiedergewinnen könnte. Helfen Sie mir, Herr Abbé, und lassen Sie uns zusammen beten, vielleicht daß der Herr auf uns hört und in seiner Barmherzigkeit sein Gericht noch abwendet von diesem Haus der Gräuel und der Gottlosigkeit, das schlimmer ist als Sodom war und Gomorrha! Denn da sie sich von ihm kehrten, umgarnte der Böse sie mit seinen Begierden und Fleisches= lust; doch an diesen, den Verirrten, will ich Gnade üben, spricht der Herr, aber zermalmen die, welche die einzige

Sünde begangen, die nicht vergeben werden kann, die meinen Namen geläugnet und sich andere Götter gemacht aus dem Stolz und der Thorheit ihrer Gedanken, um die Schwachen mit sich zu reißen in den Abgrund der Verdammniß!"

Die Thränen stürzten dem Alten, der seine mageren Hände um den Leuchter zusammengeklammert hielt, aus den Augen, der Abbé maß das ehrliche Gesicht desselben mit einem ernst zustimmenden Blick und versetzte etwas näselnden Tones:

„Ja, ich weiß, daß Ihr ein treuer Diener seid, aber Gottes Gebot steht über der Anhänglichkeit, die ein Christ an Menschen haben darf. Es steht geschrieben, ihr sollt Vater und Mutter, Weib und Kind verlassen und mir anhängen — sind noch mehr Diener gleich Euch im Schloß, die den Willen des Herrn ehren möchten und ihr Herz entsetzt von der Ruchlosigkeit dieses Treibens abkehren?"

Der Alte nickte mit dem Kopf. „Noch einige gottlob weiß ich —"

„Sammelt sie," fiel d'Aubriot ein, „ohne daß jemand außer ihnen davon erfährt, und heißt sie fortgehn, zu Verwandten oder Freunden, in die Nacht hinaus, einerlei wohin. Es ist besser, unter dem Schutze des Ewigen draußen im Sturm zu sein, als hier unter denen, von welchen er sein Antlitz gewendet. Denn Ihr habt Recht,

auch mir, seinem Diener, sagt es die Stimme des Ge=
wissens, aus der Finsterniß dieser Nacht naht das Gericht
diesem Hause und trifft die Häupter der Schuldigen und
Unschuldigen, die in ihm geblieben. Flieht wie Lot von
dem Orte des Zorns und blickt Euch nicht um gleich dem
Weibe desselben, was Ihr auch sehen und hören mögt.
Ich will gehen und für Euch beten, für Euch und alle,
die sich von Mitschuld zu reinigen trachten, welche ihr
Verweilen an dieser Stätte des Fluchs auf sie geladen."

Die Kerze fiel aus der schreckzitternden Hand des
Alten, sie glimmte noch einen Moment auf dem steinernen
Boden des Flurs, dann löschte ein pfeifender Windstoß
sie aus, der durch die Thür hereinfuhr, welche der Abbé
geöffnet. Dieser warf einen Blick zum Himmel, schweres
Wolkengemenge wälzte sich darüber, manchmal sah eine
fahle Lücke, gespenstischem Auge ähnlich, dazwischen hin=
durch. Die Wetterfahnen der alten Schloßthürme ächzten
unsichtbar in der Höhe, die Bäume knarrten, wie von
Riesenhand um ihre Achse gedreht, Regentropfen, Staub
und wirbelnde Blätter schlugen in häßlichem Gemisch dem
Davonschreitenden in's Gesicht. Er murmelte zwischen
den Zähnen:

„Sie hatte Recht, es ist eigentlich eine Nacht, die
besser geeignet wäre, andere Erwärmung in ihr zu suchen,
doch wenn man Kaufmann geworden, so geht das Geschäft

dem Vergnügen vor, besonders wenn dies Beine hat, die nicht weglaufen. Der wackere Jacques wird dafür um so hurtiger gelaufen sein, denn seine plumpen Beine wittern auch einen Fang, und die Falle ist aufgezogen, aber es wird Zeit zu sorgen, daß die Maus hineinschlüpft." Ein tonloses Lachen klang gleich dem Flügelschlag einer Eule in den Sturm und der Monologisirende fügte hinzu: „Die Kirchenmäuse schlüpfen dafür hinaus, oder besser die Ratten, welche das Schiff verlassen. Es ist immer eine Handvoll Arme weniger und jedenfalls vortheilhafter, wenn der Herr ihnen gebietet, ihm treu zu bleiben statt ihrer Herrschaft. Der umsichtige Kaufmann verachtet wiederum auch ein Nebengeschäftchen nicht, wo ein so unübertrefflich lucrativer Handelsartikel, wie die Frömmigkeit es ist, am Wege liegt."

Ein Schritt, der ihm entgegenkam, ließ ihn verstummen, es klirrte etwas im Dunkel und eine feste Stimme fragte: „Wer verbirgt sich hier?"

Der Abbé war in der That unwillkürlich zur Seite getreten, jetzt kam er hervor und erwiederte frohlaunig auflachend:

„Des Menschen Sohn, Urbain Guéraud, dem Eure Thorheit oder vielmehr die unseres Freundes Felicien in solcher Nacht die Stätte genommen hat, wo er sein Haupt hinlegen soll, denn Du wirst empfinden, daß es unedel=

müthig von mir wäre, den armen d'Aubigné in seinem Kummer über das Familienzerwürfniß von heute Mittag, das Dir bekannt geworden sein wird, allein zu lassen. Bah, der philosophische Mensch ist eine sonderbare Chrysalide, daß aus ihr plötzlich zwei so närrische Insekten hervorzuschlüpfen vermögen, wie ein paar Edelmänner aus der alten Schule es sind, die sich über ein Ding veruneinigen — ich habe eine komische Tragödie gesehn, darin heißt ein solches Ding Hekuba, und nachher stechen sie ebenfalls auf einander los. Zum Teufel, was geht sie Hekuba und was geht sie Salis an! Aber wenn Leute schlechter Laune sind, da findet der Eine einen Vers hübsch und der Andere heißt ihn langweilig und das ist Grund genug für sie, auf das unsinnige Verlangen zu gerathen, sich gegenseitig eine Pinte Blut abzuzapfen. Wie es immer in der Welt gebräuchlich, müssen indeß vernünftige Menschen unter solcher Unvernunft mit leiden, und da d'Aubigné nach diesem unklugen Vorfall heut' Abend doch nicht in's Schloß zurückkehren konnte, so habe ich, von der allgemeinen Thorheit angesteckt, mich als barmherziger Samariter mit ihm im Dorf für diese Nacht einquartiert, schlecht und recht, wie das Sprichwort sagt, allein mit überwiegend zutreffenderer Richtigkeit des ersteren als des letzteren. Wir hätten daran denken können, Deine Gastfreundschaft in Anspruch zu nehmen, die besten Einfälle kommen jedoch uns armen Sterblichen immer, wenn es zu spät ist, denn da unser altmodisches Vorhaben uns morgen früh zeitig wecken wird, dürfte es nicht unpassend sein, möglichst bald das aufzusuchen, was der classische Euphemismus unseres derzeitigen ländlichen Hospes ein Bett zu nennen beliebt. Uebrigens meinen es die Götter — für die ich, wie Du weißt, stets noch eine kleine Schwäche bewahrt habe — verhältnißmäßig immerhin noch gut mit mir, da sie mir unerwartet die Gunst erweisen, mich Dir in die Arme zu führen. So habe ich wenigstens meinen Weg nicht umsonst gemacht, denn ich kann Dich bitten, Felicien, den ich im Schloß vergeblich gesucht, zu benachrichtigen, daß b'Aubigné ihn morgen um Sonnenaufgang bei der alten Ruine erwarten werde, welche durch jene moralische Erzählung, die Du einmal in unserer Gegenwart aus ihrer ehrwürdigen Vergangenheit heraufgeholt hast, einen besonderen Reiz für mich gewonnen hat. Es wird eine literarische Entrevue werden und der alte Thurm seine Freude daran haben, nach so vielen pikanten Vorerlebnissen noch der Zeugenschaft gewürdigt zu sein, wie man mit der Degenspitze den Beweis der Vorzüglichkeit oder der Jämmerlichkeit der Verse des Herrn von Salis führt. Gute Nacht, Guéraud! Der Wind bläst Epigramme, deren Pointe durch Mark und Bein geht. Auf Wiedersehn, wenn es heller ist!"

Der Sprecher begleitete die letzten Worte mit einem munteren Gelächter, während Urbain Guéraud nur mit einem kurzen: „Ich werde dem Vicomte von Hautefort die Mittheilung überbringen und er wird zur angegebenen Stunde dort sein", auf die lange Plauderei des Abbé erwiederte. Dann gingen beide aneinander vorüber, doch nachdem sie wenige Schritte in entgegengesetzter Richtung gemacht, hielten sie beide aufhorchend inne.

Urbain Guéraud's Hand hatte den Griff seines Degens umklammert, sein Blick irrte unsicher zurück und suchte die Finsterniß zu durchdringen. Sollte er dem instinctiven Drang, der ihn treiben wollte, gehorchen, umkehren und den lächelnden Schwätzer verhindern, seinen Weg fortzusetzen — lebendig oder todt?

Welchen Vernunftsgrund konnte er dafür aufstellen, welches Recht? Nichts als einen Instinct —

Trug der Nachtwind die geheimsten Gedanken durch das Dunkel herüber? „Bah, man ist kein Thier, das einem Instinct folgt, wenn man Philosoph ist", murmelte d'Aubriot spöttisch. Er lauschte noch einen Moment, und verhallend, sich nach dem Schloß zu entfernend, klang der Fußtritt ihm wieder an's Ohr.

„Auf Wiederseh'n, Urbain Guéraud! Ich halte auch Wort — sobald es heller ist."

Der Abbé setzte schneller seinen Weg zum Dorf fort,

der Schatten, den über diesen von der Seite her die Baumwand des Parkes geworfen, lichtete sich etwas und ließ auf dem helleren Untergrund des Bodens abermals eine menschliche Gestalt unterscheiden. Sie schien zögernd zu stehen, wie der abendliche Wand'rer vorüberschritt, bewegte sie sich langsam ihm zu und fragte ungewiß:

„Herr Guérand?"

d'Aubriot hielt rasch inne, und die Stimme, mit der er antwortete, klang unverkennbar erfreut. „Nein, mein lieber Jupin, doch ein Freund desselben. Was wünscht Ihr?"

Der junge Bauer zauderte einen Augenblick. „Sie sind es, Herr Abbé d'Aubriot?"

„Ich bin's und freue mich, Euch wie so oft schon wachsam zu sehn, Jupin. Seit längerer Zeit schon habe ich auf Euch Acht gegeben und weiß, daß Ihr leider Einer der Wenigen im Dorf seid, die zufrieden, fleißig und ehrlich sind und es im Falle der Noth treu mit uns meinen. Ich weiß auch, welches Verdienst Ihr Euch heut' Morgen erst erworben habt —"

„Hat Comtesse Diana davon gesprochen?" stotterte einfallend der unzweifelhaft glücklich Erröthende. d'Aubriot versetzte: „Sie ist's, die mich einen zuverlässigen Freund in Euch kennen gelehrt."

„Herr Abbé" — der junge Mann begann es noch

mit freudetrunkener Stimme — „ich fürchte, daß der Augenblick gekommen ist, wo ein zuverlässiger Diener —"

„Ein Freund, mein lieber Jupin", warf d'Aubriot freundlich ein, „doch was habt Ihr?"

Der Antwortende dämpfte seine Stimme. „Seitdem es dunkel geworden, schleichen Leute heut' ins Dorf, denen man anmerkt, daß sie nicht gesehen sein wollen, verwildertes Gesindel, als ob es aus den Bergen käme, das nicht zu uns gehört und doch wie ein Schatten in den Häusern, beim alten Gouton, bei Broschier und solchen verschwindet, die stets am Aergsten —"

Der Abbé unterbrach ihn erschreckt. „Was sagt Ihr? Um Gotteswillen, Jupin, eilt, nehmt ein Pferd —"

„Ich wollte auf's Schloß, Herrn Guéraud zu suchen und ihm mitzutheilen, was ich geseh'n."

„Nein, keinen Verzug, nicht um eine Minute, ich gehe statt Eurer zu ihm. Reitet zur Stadt — Ihr kennt den Doctor Lacordaire — jagt Euer Pferd zu Tode und sagt ihm, der Moment sei da und er möge augenblicklich mit den Seinigen uns zur Hülfe kommen, wenn ihm daran gelegen sei, die Comtesse Diana zu retten!"

Der junge Bauer stieß einen unwillkürlichen leisen Schrei aus. „O Gott — nein, ich will einen Anderen für mich schicken, ich muß in ihrer Nähe bleiben, wenn ihr Gefahr droht!"

„Um sie sicher zu verderben? Das Wichtigste ist, daß Lacordaire durch einen sicheren Boten Nachricht erhält und Ihr seid der Einzige, dem wir dies anvertrauen dürfen. Eilt, während wir sprechen, geht unersetzliche Zeit verloren! In anderthalb Stunden vermögt Ihr dort, in vier Stunden die Hülfe hier zu sein. Sagt, daß Herr Guéraud Euch sende, und —"

Allein der besinnungslos Fortstürzende hörte nicht mehr, und die Rede des Sprechers endete in ein klangloses Lachen. „Es ist doch ein artiger Gott, der Vitzliputzli, den man wahrhaftig nicht zu prügeln braucht, denn er erfüllt freiwillig mehr, als man von ihm verlangt. Ich brauche einen Boten und er schickt mir zugleich den in den Weg, den ich loswerden will, zum eignen Vortheil desselben, da es immerhin weniger unerquicklich ist, ein Pferd todt zu jagen, wie der Brave es unfraglich thun wird, als selbst um den Hals gebracht zu werden. Dieser Gott Vitzliputzli ist ein höchst ausgezeichneter Gott, vor dem ein denkender Mensch Ehrfurcht empfinden muß, und ich werde ihm, sobald sich mir die Mittel dazu darbieten, einen hübschen Altar errichten, etwa mit dem Bilde unserer lieben Frau der Vernunft darauf, das Felicien, ihrer Anbetung überdrüssig, cassirt hat. Freilich kann dieser liebenswürdige Gott, launisch nach Götterbrauch, seinen Verehrern auch einmal einen Strich durch die Rechnung machen, wie er es gethan haben würde, wenn der gute Urbain seinem Instinct nachgegeben und mir im Dunkel vorhin die Spitze seines Degens ein wenig vorweg durch den Leib gerannt hätte. Bah, erstens wäre ich immer noch mit dabei gewesen, und dann, was wäre mir schlimmsten Falles passirt, als daß ich nicht mehr nöthig gehabt hätte, länger in dieser gemischten Gesellschaft von närrischen Propheten, klugen Tröpfen, Huren, Schnapssäufern und Gurgelschneidern dabei zu sein, und das wäre auch zu ertragen gewesen. Da indeß der große Vitziliputzli es nicht so gewollt hat, so müssen wir aus Dankbarkeit auch etwas zu seiner Erheiterung beitragen und den Spaß, da sich ein günstiger Calcul darbietet, ein wenig en gros betreiben. Allerdings ist Le Puy nicht Paris, doch falls Cäsar jenes gekannt hätte, würde er unfraglich auch von ihm gemeint haben, es sei besser dort der Erste, als in Rom der Zweite zu sein, und selbst wenn man sich zu einem Triumvirat bequemen müßte, wäre die Frage noch immer discutirbar. Die Falle ist aufgestellt und zwar eine aller ausgesuchtester Construction, so daß die Maus selbst hineinfallen müßte, wenn sie die Witterung eines Fuchses hätte, und uns bleibt nichts übrig, als das Gitter zufallen zu lassen, die Katze herbei zu holen und in dem leer gewordenen Mause= nest ein wenig das Dach auf den Kopf zu stellen, was die Menschen in ihrer sinnreichen Sprache eine Umwälzung ober eine Revolution benennen. Es hat etwas ungemein Erfreuliches, Augenzeuge zu sein, wie einfacher Natur die Weltgeschichte im Grunde ist und wie wenig complicirter Mittel sie sich zu ihren Intentionen bedient. Sie gelangt an einen Abschnitt, wo sie die Absicht verfolgt, einen König zu entthronen, Regierung, Recht und Gesetz zu stürzen, die Millionäre zu Bettlern und die Strolche zu Grafen zu machen, das Oberste zu Unterst zu kehren, mit einem Wort eine Revolution zu bewerkstelligen — und was braucht sie an jedem Platze der Vereinigung sogenannter menschlicher Intelligenz dazu? Ein paar Schwärmer, einen schwach= köpfigen Menschenfreund, einen Advocaten ohne Praxis, einen Arzt ohne Kranke, einen ausgezischten Schauspieler, einen weggejagten Lehrling, einen verabschiedeten Beamten, einen cassirten Offizier, einen bankerotten Kaufmann, einige Gauner, das Doppelte an Verbrechern, die dem Galgen entlaufen, und Halbverhungerten, die sich satt essen wollen, eine Handvoll Betrunkener und einen Haufen Bestien. Nimmt man etwas Witz, ein wenig posaunenartige Ehr= lichkeit und die nöthige Portion consequenter philosophischer Weltanschauung hinzu, so ist das Recept zum Verjüngungs= trunke der alternden Menschheit fertig, dem nur noch Eines fehlt — ein Priester, der ihn in den Kelch füllt, aus dem er den christlichen Versöhnungswein ausgeschüttet. Nun, ich denke, da Urbain Guéraud seinem Instinct bis morgen

Schweigen auferlegt hat, so wird auch dieses Hauptingrediens zu dem Gebräu der Weltgeschichte den alten Bellavern nicht mangeln."

Der Abbé d'Aubriot pfiff, dem im Dunkel verschwundenen jungen Bauer schneller jetzt nachfolgend, eine lustige Melodie des alten Frankreich in den Wind. Er unterbrach diese nur noch einmal, indem er murmelte:

„Es liegt bei der klaren Durchsichtigkeit aller dieser Dinge mir einzig ein mystisches Räthsel in der Anziehungskraft, welche die nicht abzuläugnende Schönheit dieser tollen Diana unverkennbar auf die beschränkten Köpfe in allen Classen ausübt, während ich keinen Schritt darum zurück machen würde, wenn ich wüßte, daß sie mich statt ihrer classischen Namensschwester und im Costüm derselben im Park erwartete. Im Gegentheil, es würde mich bei dem Gedanken —"

Er schüttelte sich ohne auszusprechen und bog, am Beginn des Dorfes angelangt, in den Weg ein, der zu dem Hause des Bauern Gouton hinabführte und den er mit der Sicherheit eines auch im Dunkel mit ihm durch Gewohnheit Vertrauten eilig entlang schritt.

Einundfünfzigstes Kapitel.

Clemence von Hautefort lag immer noch, einem seltsamen, in brennende Farben getauchten Gemälde gleich, regungslos in dem Sessel am Kamin, und ein nicht un= ähnliches Bild bot das über ihrem Haupt befindliche Gemach dar. Aehnlich und verschieden zugleich; es war das Zimmer Marie d'Aubigné's, und auch diese lag zurückgelehnt in dem weiten, bequemen, seideüberzogenen Armsessel, der ihr zur Vollendung ihrer kunstvollen Toilette zu dienen pflegte. Ein paar vor einem der hohen Pfeilerspiegel entzündete Kerzen erhellten, auch hier leise in der Zugluft schweifend, mit unruhigem Halblicht den hohen, mit seladonblauer Seide drapirten Raum und warfen ihren matten Reflex auf das röthliche Fleisch der mythologischen Bilder über den Flügelthüren. Der rothhaubige Arras hockte, den krummen Schnabel in seinem weißen Gefieder verbergend, auf einem der Arme des goldenen Gestells und das winzige

Hündchen lag zusammengerollt und manchmal im Halb=
schlaf fröstelnd auf weichem Teppich daneben. Nur ab
und zu bei einem eigenthümlichen Klageton des Windes
hob der Papagei erschreckt den Kopf und stieß einen ver=
drossenen Laut aus, dann fuhr auch der Hund mit leise
winselndem Gebell empor, als wolle er etwas unsichtbar
Herannahendes mit seiner winzigen Stimme in's Dunkel
zurückscheuchen, und seine Herrin öffnete ängstlich die ge=
schlossenen Lider.

„Zünden Sie doch mehr Lichter an, es ist ja grabes=
finster hier!" sagte sie den Kopf vom Fenster abbrehend,
heftig mit vorwurfsvollem Ton. Der Befehl war nicht
mehr, wie sonst in diesem Gemach an Mademoiselle Zoë,
sondern an Madame Jeannette Maulac gerichtet, die vor
der jungen Frau kniete und ihr die engen Atlasschuhe
von den Füßen löste. Sie gehorchte, stand auf und kam
mit einem spöttischen Augenzwinkern hinter dem Rücken
ihrer vertauschten Gebieterin dem Geheiß derselben nach.
Nun brannte die doppelte Zahl der Kerzen und warf
feurige Zungen aus den Spiegeln zurück, aber trotzdem
schien es dadurch nicht heller geworden, sondern als ob
nur dem Zugwind neues Material damit geboten, sein
flackerndes Spiel zu betreiben. Madame Jeannette hatte
ihren vorherigen Platz wieder eingenommen, doch kaum
sich wieder ihrer unterbrochenen Beschäftigung auf's Neue

zugewandt, als die unzufriedene Stimme der Marquise sie abermals aufscheuchte.

„Man sollte glauben, es sei Juli, so unerträglich heiß ist es hier drinnen. Ich begreife nicht, daß Sie selbst dies nicht empfinden."

Das Gesicht der unmuthigen Sprecherin unterstützte ihre Worte allerdings, denn fliegende Hitze hatte es plötzlich mit rother Gluth überflogen, und Madame Jeannette Maulac stand wiederum schweigsam geduldig auf, trat an's Fenster und öffnete nicht ohne Anstrengung einen Flügel desselben. Doch im selben Moment schlug auch der Sturm herein, daß sämmtliche Lichter fast erlöschend an dem Wachsstamm der Kerzen hinunterleckten, der Vogel schrie und der Hund stieß ein mattes Geheul aus, von der heftig einbringenden Luft emporgehoben schien die in reizvollster Attitüde auf dem großen Thürgemälde hingestreckte Göttin der Schönheit in die Höh' fahren und sich den flammenden Augen des jugendlichen Kriegsgottes entziehen zu wollen, und Marie d'Aubigné rief zornig:

„Wollen Sie mich tödten? Ich erfriere ja fast und fange an zu glauben, daß Sie toll sind! O ich Unglückliche, was habe ich mir verblendeter Weise selbst angethan!"

Die Adresse, an welche sich die letzte seufzende Bemerkung richtete, war unverkennbar und mochte hauptsächlich dazu beitragen, Madame Jeannette's bereits etwas hochgespannte Geduld zu erschöpfen. Sie schloß das Fenster wieder, doch nicht schweigend diesmal, sondern sie versetzte:

„Die gnädige Frau trägt freilich selbst die Schuld. Wenn man voreilig ist, muß man nachher dafür büßen."

Das war respectlos, oder war es noch mehr als das, etwa doppeldeutig obendrein? Von den Lippen der Marquise zitterte ein Laut, der wie: „Fort!" klang, den die interimistische Zofe mehr von der Bewegung des Mundes ablas als hörte und nach einer traditionellen Verbeugung mit scheinbar stoischer Gleichgültigkeit Anstalt machte, dem verabschiedenden Gebote Folge zu leisten. Doch fast ehe sie noch einen Schritt zur Ausführung dieser Absicht gethan, flog ein Ausdruck tödtlicher Angst über die leichenhaft blaß gewordenen Züge ihrer Gebieterin und diese rief mit beinah' flehender Stimme:

„Was wollen Sie, Jeannette? Sie wollen mich doch nicht verlassen — allein lassen — jetzt — hier?" — und sie sah, sich halb in ihrem Sessel aufrichtend, mit schreckensirren Augen umher.

„Ich meine gehört zu haben, daß die gnädige Frau mir befohlen, zu gehn."

„Nein, Sie täuschen sich, Jeannette — bleiben Sie — ich bitte Sie darum."

Madame Maulac wiegte sich graziös in den Hüften,

ihre Stöckelschuhe knarrten und ihr Mund lächelte. Sie hatte im Lauf des Sommers nicht verlernt, ihre Fingerspitzen mit anmuthigster Gelenkigkeit in den Schürzentäschchen spielen zu lassen, und versetzte:

„Die gnädige Frau könnte mehr Vertrauen zu mir haben, ich bin auch kein unerfahrenes Mädchen und weiß, daß wir Frauen manchmal ebenso schnell in verschiedenartige Stimmungen verfallen, wie es uns bald heiß, bald kalt zu sein scheint. Sobald man verheirathet ist, hat das nichts zu bedeuten, worüber man erschreckt zu sein brauchte, und ich würde der Frau Marquise den Rath ertheilen, sich einfach von mir die Schnürbrust öffnen zu lassen, da dies fast immer sich als ein sofort wirksames Hülfsmittel gegen solche Unbequemlichkeiten erweist."

Die Sprecherin bewegte sich in zierlich tänzelndem Schritt auf ihre Herrin zu, welche, sobald sie sich von ihrer plötzlichen Furcht, allein gelassen zu werden, befreit sah, die Stirn wieder mit geschlossenen Lidern zurücklehnte und antwortlos den lächelnd ertheilten Rathschlag an sich ausführen ließ. Madame Jeannette entwickelte die ganze Gewandtheit ihres ehemaligen Zofenthums und zeigte an der Geschicklichkeit, mit der sie die Regungslose und selbst keinerlei Beihülfe Leistende aus der Einzwängung ihrer kostbaren Tagestoilette zu erlösen verstand, daß ihre Kunstfertigkeit unter der Veränderung ihres Namens und

Standes nicht gelitten hatte. Nur zeigten sich, von jener unbemerkt, zugleich auch ihre Augen und Hände ein wenig indiscreter, als der Zweck ihrer Dienstleistungen es erforderte, doch allem Anschein nach nicht ohne befriedigenden Erfolg, denn sie zählte gleich darauf nachdenklich=listigen Blick's an ihren rosig zugespitzten Fingern, blieb unschlüssig zwischen dem Dritten und Vierten derselben stehn, nickte, schnippte in die Luft, lächelte und ließ einen Moment darauf die weniger als früher schlanke und erlöst aufathmende Figur der Ruhenden unter einem weiten mit gestickten Blumen übersäeten Hauskleide verschwinden, das vom Nacken bis auf die gleichfalls in bequeme, pelzgefütterte Hausschuhe geschlüpften Füße hinabfiel. Der Arras hatte seine Schläfrigkeit überwunden und nahm offenbar ebenfalls ein Interesse an dem Vorgang, denn er streckte die Flügel, reckte den Hals und setzte mehrere Male zu einem Ton an, der wie ein Laut des Erstaunens oder der Bewunderung klang: „O — o —"

Die Zugluft war so stark, daß sie sogar einen Flügel der offenstehenden Thür leis' bewegte, die in's Nebenzimmer zu dem breiten mit rosenfarbiger Seide umrahmten Himmelbett und zu dem Marmortischchen mit dem Madonnenbild darüber hineinführte. Es hing noch an der nämlichen Stelle wie im Frühling und ebenso lag noch das geschnitzte Elfenbeincrucifix davor; der Sommer und die neue Religion waren über beide hingegangen, ohne ihrer zu gedenken und ihnen den althergebrachten Platz streitig zu machen. Die junge Marquise öffnete bei dem knarrenden Laut der Thür ihre Augen wieder und wandte den Blick ausdruckslos in die Richtung, während ihre Zimmergenossin fragte:

„Fühlen gnädige Frau sich jetzt nicht freier?"

„Freier?" wiederholte Marie d'Aubigné — „o wären es die Kleider allein —"

Es war ihr unwillkürlich entglitten und sie brach hastig ab und sammelte ihre Gedanken. „Eine unheimliche Nacht" — und sie schauerte zusammen — „drinnen liegt ein kleines Buch in rothem Einband auf dem Borde hinter der Madonna, bringen Sie es mir, ich bitte Sie."

Madame Jeannette schüttelte verwundert den Kopf, nahm ein Licht und ging. Sie suchte lange, denn zuvörderst fand sich kein Buch mit rothem Einband auf dem Bord, sondern es war hinter einem Pfeilerschrank niedergeglitten und dicht mit Staub bedeckt, den die Entdeckerin erst behutsam mit einer Grimasse des Widerwillens abblies. Nachdem sie dies gethan, mußte sie sich nothwendig darüber informiren, was das Buch eigentlich enthalte, nach welchem die junge Frau eine so plötzlich=seltsame Anwandlung empfand, und sie fühlte sich noch eigenthümlicher enttäuscht, denn es war unverkennbar kein Roman, von dem sie begriffen hätte, wozu Jene Verlangen nach ihm hege, sondern auf den Blättern, die sie aufschlug, standen Verse, und obendrein durchaus unverständliche, vermuthlich spanische oder italienische. Nein, auch das nicht einmal — Madame Jeannette's Gelehrsamkeit erstreckte sich bei näherer Prüfung so weit, daß sie an den Buchstaben erkannte, daß dieselben keiner dieser wenigstens halbgebildeten Nationen, sondern der rohen Sprache des barbarischen Volkes drüben auf der andern Seite des Rheines angehören mußten, des einzigen, das sich solcher plumpen Schriftzeichen bedienen konnte. Auf dem Titelblatt an der Stelle, wo sich der Autorname zu befinden pflegte, stand: „Johann von Salis", und auf dem vorhergehenden Blatt stand es noch einmal, doch nicht gedruckt, sondern in großer, deutlicher Schrift, und darüber in französischer Sprache: „Marie von Hautefort zum Gedächtniß blauer Frühlingstage."

„Puh!" machte die Auffinderin des geforderten Buches verächtlich, als ob ein Rest des Staubes, der dasselbe vorher überzogen, ihr nachträglich in die Nase gedrungen sei, und den kleinen Band künstlich auf den Fingerspitzen balancirend, kehrte sie zu Marie d'Aubigné zurück, die ihr erwartungsvoll entgegensah und mit ungewohnter Hast die Hand nach dem Gebrachten ausstreckte. Es hatte den Anschein, als ob ihre Furchtsamkeit in dem Augenblick, in dem sie das Buch berührt, von ihr gewichen sei, ja, als ob sie jetzt fast wünsche, allein zu bleiben; doch zwei Menschen stimmen nicht jederzeit in ihren Wünschen überein, und wie sie zuvor Madame Jeannette's Entschluß zum Gehen durchkreuzt hatte, so ließ diese sich jetzt in ihrem Vorhaben, zu bleiben, durch das auf dem Gesicht der Marquise ausgedrückte entgegengesetzte Begehren — und muthmaßlich grade deßhalb — nicht beirren. Sie fand tausend geringfügige, aber unzweifelhaft nützliche, nöthige und lobenswerthe Beschäftigungen vor und ging leise trällernd im Zimmer umher, indem sie sich von Zeit zu Zeit durch einen Blick nach dem Sessel darüber vergewisserte, ob sie bei dem, was sie betrieb, ebenfalls einer zeitweiligen Beobachtung ausgesetzt sei. Ihre Thätigkeit aber entsprang offenbar einem Doppeltriebe, zunächst einem Madame Jeannette innewohnenden Wissensdrange und sodann der Reflexion, daß, je seltener sich eine Gelegenheit diesem zu genügen darbiete, sie um so gründlicher ausgenutzt zu werden verdiene. Es war auch das unfraglich ein richtiger philosophischer Grundsatz und die Inhaberin desselben verwerthete ihn mit unermüdetem Eifer dahin, daß sie sich auf's Genaueste über den Inhalt jedes unverschlossenen Behälters, Schubfachs oder Kästchens im Zimmer zu orientiren suchte, ja in der Erfüllung der Aufgabe, welche sie sich gesetzt, die Gewissenhaftigkeit so weit trieb, daß sie etwaige nicht zu öffnende Kästchen,

Etuis oder dergleichen interessante Gegenständchen so lange prüfend in der Hand wog, bis sie sich aus dem Gewicht eine ungefähre Vorstellung von dem, was sie enthalten mochten, zu bilden befähigt worden.

Madame Jeannette Maulac hätte noch um einen Schritt weiter gehen und sämmtliche ihr erreichbare Juwelen in ihren Schürzentäschchen verschwinden lassen können, ohne daß sie zu besorgen gebraucht hätte, daß ein etwa dadurch veranlaßtes Geräusch die Augen der bisherigen Besitzerin dieser anlockenden Schmuckgegenstände auf sie ablenken möge. Ja, für einen psychologischeren Blick als denjenigen, über welchen die Gattin Herrn Maulac's bei aller sonstigen Behendigkeit ihres Sehvermögens verfügte, lag in Marie b'Aubigné's Zügen ein Ausdruck, als ob sie in diesem Moment die Stirn nicht darum regen würde, wenn es ihr auch noch so deutlich zum Bewußtsein käme, daß eine begehrliche Hand sich nach ihren kostbarsten Perlen und Diamanten ausstrecke.

Sie mußte in der That die barbarische Sprache des kleinen Buches verstehen, da dies es war, das ihre Aufmerksamkeit dergestalt fesselte, doch ließ sich nicht klar erkennen, welche Wirkung der Inhalt desselben eigentlich auf sie ausübte. Ein in ihren Schläfen pochendes Roth widersprach dem glanzlos trüben Blick, vor dem die Lettern verschwammen und durcheinander gingen, dann zitterte es an der langen Wimper und schimmerte allmälig hell und heller durch ihren dunklen Saum, und die Blätter irrten unter der Hand der jungen Frau bis zum ersten zurück. Darauf starrten die Augen nieder und die Lippen bewegten sich schattenhaft schmerzlich, als wiederholten sie unhörbar etwas, das jene mit regungslosem Blick umklammerten.

War das die elegante, geistreiche, fächertändelnde Dame, die am Morgen dieses Tages zwischen den fallenden Blättern des Parks hindurch auf die einsame Schwester zugeschritten war, von dieser als das Wichtigste, was sie beschäftigte, die Ueberlassung einer Kammerzofe zu erbitten? Die achselzuckend spöttisch und hochfahrend sich gegen den bitteren Gram im Auge und auf den Lippen der Schwester mit philosophischem Gleichmuth umpanzert, gleich dem flatternden Laub die schluchzenden Abschiedsworte derselben von sich geschüttelt hatte? Welche unsichtbare Hand hatte den Panzer durchbrochen, ihr selbst jetzt eine Thräne in's Auge zu rufen, und wem galt diese, wen beweinte sie?

Enthielten die Verse des kleinen Buches doch ein Menschenschicksal, herzerschütternd, todestraurig? Einen Roman etwa, den Niemand sonst verstand, der in blauen Frühlingstagen still und sonnig und schuldlos in der Tiefe des Herzens begonnen? Dann kam der Sommer mit Sonnenglut und Blitz aus schwüler Luft, die das Herz mitentflammten, wild durchloderten, mit Irrsinn blendeten,

daß es nach kurzen Monden im Herbst des Jahres ge=
altert, müd und welk gleich den fallenden Blättern, auch
im Herbste des Lebens schon versank? Doch es wollte
den Sommer, dem es sich anheimgegeben, noch festhalten,
je deutlicher es selbst fühlte, daß er entrann, und es lachte
und höhnte trotzig die Warnungsstimme Derer, die laut
aussprachen, was die eigne, krampfhaft übertäubte Stimme
in ihm leise flüsterte — da trug der Zufall einen Klang
aus der unendlichen Ferne des Frühlings in den Herbst
herüber, einen süßen Duft aus den schuldlos blauen Tagen,
und er löste die gebändigte Stimme, daß sie anklagend
heraufbrach, daß sie mit bitterem Schrei der Verzweiflung
die Brust zersprengen wollte — und schuldbelastet, hoff=
nungsleer starrte das Auge aus der Oede in das nicht
mehr erreichbare, verlorene Paradies hinüber, aus dem der
eigene Sündenfall es vertrieben und zu dem keine Reue
mehr zurückführte.

Hatte Marie d'Aubigné ein solches Menschenschicksal
auf den Blättern des kleinen Buches gelesen, so einfach,
deutlich, todeswech, daß sie selbst bitterlich darüber weinen
mußte?

Denn das that sie jetzt und reizte fast Madame
Jeannette's Neugier nach dem von ihr so verächtlich be=
handelten rothen Einband. Doch diese beherrschte eine
derartige jedenfalls unzeitgemäße Anwandlung, da sie, in

Betrachtnahme des unumstößlichen Satzes, daß weinende Augen doppelt blind sind, insofern sie sowohl vom Herzen als von den Thränen geblendet zu werden pflegen, den Moment einer vortheilhafteren Benutzung unterziehen zu können glaubte, und sie streckte ihre niedliche Hand nach einem kleinen, mit Rubinen besetzten Kreuze aus und machte, gleichzeitig fast, auch eine Bewegung, die nämlichen Fingerspitzen gewohnheitsmäßig in ihrem Schürzentäschchen verschwinden zu lassen.

Was war das? Der Wind? Oder hatten — denn genau so klang es — wirklich ein paar menschliche Finger an die Scheibe gepocht?

Auch Jeannette überlief ein Zittern an allen Gliedern, nicht um des eigenthümlichen Tones willen, da ihre schnelle Ueberlegung ihr keinen Zweifel darüber beließ, daß ein Mensch nicht an ein Fenster im zweiten Stockwerk klopfe, sondern weil die Marquise erschreckt das Buch fallen ließ und gerade in der Sekunde aufsprang, welche ihre Zimmergenossin dazu als am durchaus ungeeignetsten zu betrachten Grund besaß.

„Hörtest Du es auch?" stieß Jene verwirrt aus. Sie hätte scheu den Kopf vom Fenster abgewendet und blickte auf die Zofe, welche die ängstliche Hast, mit der sie ihre Hand in der Tasche zu verbergen gestrebt, nicht rückgängig zu machen im Stande war. Doch Herrn Maulac's Gattin faßte sich gewandt und fand eine rasche Begründung für ihre eigene Unruhe aus.

„Als ob es ein Geist gewesen, gnädige Frau", stammelte sie.

Der Kalkul, den sie mit dieser Antwort verfolgte, erwies sich jedoch nicht als zutreffend, denn statt die Augen der Marquise dadurch von sich ab und auf das Fenster zu lenken, flog diese mit einem zitternden Laut noch näher auf sie zu. Madame Jeannette hatte aber das Unbehagliche Gefühl, daß es ihr noch nicht gelungen sei, auch das seidene Bändchen, an dem das Rubinkreuz befestigt war, gänzlich über den Rand der Tasche verschwinden zu lassen, und in dieser Bedrängniß sah sie keinen anderen Ausweg, als mit dem Ausdruck des Entsetzens plötzlich die Hände vor's Gesicht zu schlagen und sich hastig ebenfalls wie vor dem Anblick einer unheimlichen Erscheinung mit dem Rücken gegen die Scheibe zu drehen.

„Hast Du etwas gesehen — was siehst Du?" fragte Marie d'Aubigné bebend.

„Ich weiß es nicht, doch es schien mir wie ein weißes Gesicht, gnädige Frau —"

Die Sprecherin knebelte mit der einen Hand ihre Lippen, um nicht aufzulachen, und stopfte mit der andern eilfertig den Rest des verrätherischen Bandes in die schützende Tiefe. Doch unerwarteter Weise that ihre Herrin jetzt das Gegentheil von dem, was sie zuvor gethan. Sie murmelte die Worte nach: „Ein weißes Gesicht —" und ihr Herz stockte, aber sie drehte langsam den Kopf und suchte mit starrem Blick das Fenster.

Sie mußte es auch sehen, das Gesicht, einmal noch sehen, wie sie den Duft, den Klang, welchen es aus den blauen Tagen zu ihr gesendet, vernommen. Genau in jedem Zuge kannte sie es — und da stand es gerade so, wie sie es erwartet —

Ganz deutlich, die schwermüthige Stirn draußen gegen die Glaswand lehnend, ein junges, blasses Antlitz, nicht von regelmäßiger Schönheit, doch edel durch die gedanken= volle Tiefe seiner feinen Züge. Fremdartig hob der von braunem Haar umrahmte Kopf sich aus dem goldüber= ladenen Prunk eines militärischen Kleides, das dem eigen= thümlichen Charakter des Gesichtes nicht entsprach, ja fast widersprach, wie in gleicher Weise der dreigezackte, sich spitz erhebende Federhut, dessen Rand sich bis über die Mitte der Stirn hinabzog. Es war seltsam, so wild der Sturm draußen tobte, bewegte sich doch keine der Federn, die einem Kranze ähnlich sich auf den Hut herablegten, und unter ihnen blickten, regungslos wie sie, zwei helle Augensterne groß und stumm und unsagbar traurig in Marie d'Aubigné's Gesicht.

„Salis —" sagte diese unbewußt, „Salis —"

Sie zuckte wie von jähem Schmerz zusammen, es war ihr, als ob ein Schleier sich über das Glas breite, hinter dem die weißen Züge langsam auseinanderrannen. Doch sie verschwanden nicht, sie veränderten sich nur und kehrten zurück und auch der Schleier lichtete sich wieder. Dann stand ein anderes Antlitz da, ebenfalls die Augen fest hereinheftend, aber begleitet von einem höhnischen, einem dämonischen Zucken der Mundwinkel —

„d'Aubriot!" schnarrte plötzlich, sich künstlich zu seinen höchsten Kehltönen zwingend, der rothhaubige Arras, und er pfiff, mit seinem Erfolg zufrieden, den Anfang einer in jedem Munde befindlichen Opernmelodie hinterdrein, die auch seinen Beifall errungen! „Tu l'as voulu —".

Allein im nächsten Moment kreischte er sehr unharmonisch auf und flatterte, sich in seine feine Stahlkette verwickelnd und erbarmungswürdig an ihr herabhängend, zwischen den Stäben seines Goldgestells umher, denn ein schriller Klang unterbrach ihn und seine Herrin starrte auf das Fenster, dessen Glas sie besinnungslos durch einen in jähem Wurf auf das höhnisch sie anlachende Gesicht geschleuderten Arm= leuchter in Scherben zerschmettert hatte. Ein Windstoß brach herein und es lief irr über ihre Züge — sie horchte, draußen im Korridor tönte ein Schritt, und sie flog auf die Thür zu. Doch im dunklen Gange verließ die Kraft sie und sie legte sich erschöpft mit der wie im Wahnsinn

pochenden Brust auf das Geländer der Treppe. Eine
Lampe warf tiefer unten flackerndes Streiflicht, sie sah
das helle Gewand Diana's und hörte die Stimmen Feli=
cien's und Urbain Guéraud's. Der Erstere sagte: „Also
mit Deiner Zustimmung, Urbain?" und dieser erwiederte
mit einem Ton, der die Horchende, sie wußte nicht, weß=
halb, eisig überlief: „Was Du thun magst." Einen Augen=
blick noch, dann raffte Marie d'Aubigné ihre Kraft zu=
sammen, hob sich schwankend empor und wankte, von einem
mechanischen unwiderstehlichen Drange getrieben, sich auf
das Treppengeländer stützend, den unten Verschwindenden
nach.

Madame Jeannette Maulac war allein in dem Zimmer
zurückgeblieben und schüttelte einigemal hintereinander den
Kopf mit einem Ausdruck, der deutlich besagte, daß die
letzten Vorgänge ihr Begriffsvermögen um ein nicht Un=
beträchtliches überstiegen. Endlich faßte sie das Resumé
ihrer unklaren Gedanken in die gemurmelten Worte zu=
sammen:

„Sie ist verrückt geworden," und indem sie es als
ihre nächste Obliegenheit betrachtete, die offen gebliebene
und abscheulich knarrende Thür zu schließen, fügte sie
hinzu:

„Es gibt offenbar eine Vorsehung, die gewollt hat,
daß in diesem Augenblick nicht meine liebe Freundin Zoë,

21*

sondern ich mich in diesem Zimmer befinde, und es würde gottlos von mir sein, die Pflichten, welche sie mir so deutlich auferlegt hat, unerfüllt zu lassen. Monsieur Maulac hat nicht nur die Ehre, daß ich zeitweilig seinen Namen trage, er ist auch ein kluger Mann, der diese kostenlose Auszeichnung verdient und er sagt, dies alte Gebäude sei durchaus nicht so unerschütterlicher Natur, wie es für Kurzsichtige den Anschein habe, denn es fräßen Mäuse an seinen Grundmauern und bei einem tüchtigen Unwetter könne man sich in Acht nehmen, daß es Einem nicht plötzlich einmal über dem Kopf zusammenfalle. Es hat von Jugend auf etwas Quecksilber in mir gesteckt — was allerdings zu dem Holz, aus dem Monsieur Maulac geschnitzt worden, nicht besonders paßt — aber heut Abend fühle ich es mit ungewöhnlicher Deutlichkeit in den Beinen, als beabsichtigten sie ebenfalls das prophezeite Unwetter anzukündigen und mich zu ermahnen, erforderlichen Falles von ihnen den rathsamsten Gebrauch zu machen. Bei solchem Vorgefühl aber gebieten Vernunft und Gewissen= haftigkeit unzweifelhaft, das Werthvollste wenigstens aus dem bedrohten Hause zu retten, zumal wenn sie wahr= nehmen, daß bei Denjenigen, welchen diese Pflicht zunächst obläge, an Stelle jener die Gedankenlosigkeit, um mich nicht härter auszudrücken, und die Gleichgültigkeit ge= treten ist."

Madame Jeannette Maulac machte, während sie
lächelnden Mundes ihren Monolog sprach, die Runde an
den Behältern, Schubfächern und Kästchen, über deren
Inhalt sie sich zuvor orientirt hatte, und ließ dem Rubin=
kreuz in ihr Schürzentäschchen nachfolgen, was Vernunft
und Gewissenhaftigkeit ihr zu retten geboten. Doch leider
hatten diese beiden vortrefflichen Tugenden nicht vorahnend
auch für eine größere Raumausdehnung der pflichtgetreuen
Taschen Sorge getragen, so daß sich die Aufnahmsfähigkeit
derselben bald erschöpft zeigte. Die Inhaberin hielt einen
Moment unschlüssig in ihrer nutzbringenden Beschäftigung
inne und blickte nachdenklich auf den sich wie zu einem
festlichen Anlaß eifrig mit dem krummen Schnabel putzenden
Arras, dann lachte sie: „Du bist klüger als Du aussiehst,
Plapperer, und hast das Richtige getroffen." Sie ahmte
flötend die Töne nach, welche der Papagei vorher ausge=
stoßen: „Tu l'as voulu," und die Melodie weiter trällernd,
häufte sie in ihrer Schürze selbst zusammen, was die zier=
lichen Täschchen derselben nicht mehr zu fassen vermochten
und Madame Jeannette Maulac's angeborene Tugenden
doch zu retten erheischten.

als sie mit Henri Comballot vor dem Veilchenduft im alten Stadtgraben oder richtiger aus jenem Veilchenduft vor Henri Comballot geflohen, und es überrieselte Eve Jacmon schaurig und süß im selben Augenblick. So hurtig wie damals lief sie auch jetzt, doch nicht um vor dem Lang= geliebten zu flieh'n, sondern um ihn zu erreichen, ihm nahe zu sein, ohne daß er es ahnte. Sie hatte ein Recht darauf, denn sie war ja seine Braut und eine Braut ebensoviel wie ein Weib, das Recht und Pflicht besaß, in Noth und Tod bei dem Manne auszuharren. Nun stand Eve zum erstenmal tief nach Athem ringend still. Sie bog um eine Ecke der Felswand und vor ihr wich das Dunkel, eine Fackel warf rothe Lichter über die Berg= halden zur Seite, nur ein Zwischenraum von einem halben Tausend Schritte etwa trennte die kleine Schnellläuferin noch von dem Nachtrab der Nationalgarde.

Sollte sie ihre behenden Füße nutzen, auch diesen Zwischenraum aufzuheben, zu dem Manne mit den freund= lichen Augen, der sich neben Henri an der Spitze des Zuges befand, zu eilen und ihm Mittheilung von dem zu machen, was sie bei den Häusern am Flußufer gesehn und gehört?

„Nein" — sie schüttelte klug das Köpfchen — „denn die Männer glauben nicht, daß wir auch Muth und Kraft wie sie haben, und sie würden mich zurückschicken oder irgendwo unterwegs in einem Hause einsperren, und —"

Zweiundfünfzigstes Kapitel.

Marie d'Aubigné hatte den Flur des Erdgeschosses erreicht, als ihre Geschwister und Urbain Guéraud drunten in den Saal eingetreten waren. Es trieb sie gewaltsam, das Ohr an die Thür zu legen und zu horchen, doch der Wind winselte und das Holzgebälk umher knisterte, daß die Lauscherin nichts als die Laute des Sturmes und das ruhlose Klopfen in ihrem eigenen Innern vernahm. Sie besann sich und eilte plötzlich, durch das Dunkel tastend, davon, durch mehrere Korridore, dann in einen schmalen Nebengang hinein. Ein Lichtschimmer fiel vom Ende desselben herüber und sie gewahrte verwundert, daß die sonst stets verschlossene Tapetenthür, durch welche jener hereindrang, wie vom Luftdruck aufgestoßen, sich leicht hin und her bewegte, so daß ihr an die offene Spalte gelegtes Auge das Innere des Saales, zu dem der Gang sie von der andern Seite geführt, übersehen konnte. Diana, Felicien und Urbain Guéraud standen schweigsam unfern der Thür noch, durch welche sie eingetreten, Clemence lag noch wie zuvor in dem Sessel am Kamin. Sie schien zu schlafen, oder schlief wirklich, ein Diener zündete Kerzen an und ging eilig, als ob er etwas zu versäumen fürchte. Dann schritt Felicien auf den Kamin zu, blieb in einiger Entfernung von demselben stehen und sagte: „Clemence!"

Sie regte sich nicht und er wiederholte es lauter. Nun fuhr sie auf und sah ihm fragend in's Gesicht.

Marie d'Aubigné gewahrte dies Gesicht deutlich und es überschauerte sie kalt, denn ihr war, als gleiche es in dem flackernden Kerzenlicht genau einem andern, das eben erst ihr so in die Augen geblickt. Ebenso schwermüthig lag es auf der weißen Stirn, so schmerzlich umzog es die Lippen, so traurig ernst blickten die Augen auf das schöne Weib in dem Sessel am erloschenen Kamin.

„Clemence", sagte Felicien mit entschlossener Stimme, „ich komme zu Dir und Du weißt, weshalb. Ich habe Dich geliebt und um der Liebe willen, die Du getödtet, vergebe ich Dir, was Du mir gethan. Doch in meinem Hause ist keine Stätte mehr für Dich, denn meine Pflicht ist's, seine Ehre zu wahren, und sie darf Dich nicht in ihm dulden; meine Pflicht fordert, daß ich den Frevel nicht schweigend in mir begrabe, sondern ihn vor der Welt verdamme, damit die Menschheit nicht an dem irre werde, was die Natur ihr als Heiligthum verliehen. Geh' — ich will kein herbes Wort hinzufügen, doch mein Wille ist unabänderlich, daß Du in dieser Stunde mein Haus verläßt. Du hast das Band zwischen uns zerrissen, Du bist frei — geh', wir sehen uns niemals wieder."

Clemence hatte sich erhoben, sie nahm jetzt erst ihren Bruder und Diana im Hintergrunde des Zimmers wahr, dann hielt sie das Auge, ohne mit der Wimper zu zucken, groß und blitzend auf das trübe Antlitz des Sprechers gerichtet. In ihren Zügen lag es fast wie freudige Ueberraschung und sie that ohne Widerrede schweigend einige Schritte auf die Thür zu. Doch vor ihrem Gatten hielt ihr Fuß noch einmal inne und es zuckte um ihren Mund. Nicht wie Zorn und Haß, nur ein spöttisches Lachen und sie sagte:

„Nein, Du sprichst kein herbes Wort, denn es heißt mich nur in die Sturmnacht hinausgehen. Nein, Du trägst keine Schuld, denn als Du das Band zwischen uns knüpftest, fügtest Du hinzu, es sei zerreißbar. Du bist gerecht, denn Du wahrst die Ehre Deines Hauses der Tochter des Pfarrers gegenüber, die ein Fleck in ihm ist, der an der adeligen Stirn der Tochter des gräflichen Schlosses nicht haftet. Du bist mild, schuldlos, gerecht und klug, Felicien von Hautefort — nimm meinen Dank zum Abschied!"

Felicien verbarg abgewandt sein Gesicht in den Händen, Urbain Guéraud trat ihr entgegen und sagte kalt: „Das Haus unseres Vaters wird Dir für heut Nacht Obdach gewähren; er weiß, daß Du kommst — geh'!"

„Auch Du, thörichter Narr?" Sie stieß es bitter aus und ihr Auge funkelte ihn höhnisch an — „sprichst Du nach, was Dein Marmorgötze, zu dem Du betest, Dich gelehrt hat, um Deiner zu spotten? Geht ihr! Denn was euch von mir unterscheidet, ist nur, daß ihr euch selbst belügt!"

Sie warf das Haupt stolz in den Nacken und verließ den Saal, das Schloß. Draußen empfing der Wind sie und peitschte ihr heißes Gesicht, doch sie lachte ihm entgegen: „Gibt es vielleicht einen Gott, der Zufall heißt und sich einen Spaß daraus macht, uns mit dem zuvor zu kommen, was wir wünschen?"

Auch auf der andern Seite des Schlosses kämpfte eine flatternde Gestalt in der Finsterniß gegen den Sturm. Es war Marie d'Aubigné, die nach den Worten ihres Bruders in dem engen Gange zusammengesunken war, dann hatte sie sich taumelnd, wie von einem furchtbaren Gedanken emporgetrieben, aufgerafft und wankend, so haftig ihre Kraftlosigkeit es vermochte, als folge etwas hinter ihr drein, eine Seitenthür erreicht. Nun schleppte sie sich durch den lichtlosen Park, empfindungslos, sie fühlte den

Wind nicht, denn ihre Glieder waren von Innen heraus erstarrt, und sie hörte nicht, daß ihr Mund mit irrem Klang in die Nacht hinaus sprach:

„Er war's — und mein Urtheil hat er gesprochen — hinaus — fort! Er wird mich richten, wenn er mich findet, mich und mein Kind — in den Thurm, daß ich seine Augen nicht mehr sehe, denn sie brennen und mein Herz ist eine Kohle — o, er ist noch mild und gerecht, daß er mich in den Thurm schickt — thu' mir auf, Azalais, ich komme —"

Die Geistverwirrte tastete mit den Händen an der raschelnden Heckenwand weiter, und Madame Jeannette hatte nicht nöthig, so vorsichtig umherzulugen, ehe sie mit ihrer sorgsam zusammengerollten Schürze die Treppe hinunterhuschte. Sie erreichte unbemerkt das Erdgeschoß und stand im Begriff, in den Flügel des Schlosses, der die Wohnung Herrn Maulac's enthielt, zu verschwinden, als die Saalthür sich öffnete und Urbain Guéraud hervortrat. Er trug ein Licht in der Hand und rief: „Es ist geläutet worden, hört denn Niemand?" Jeannette drückte sich mit einem leisen Ton des Schrecks an die Wand, und er vernahm ihn und wandte sich in die Richtung, aus der er erklungen. Sie stand zitternd mit ihren geretteten Schätzen allein im Moment, ehe der Suchende sie wahrnehmen mußte, drehte dieser verwundert den Kopf in einen Nebengang ab.

Von dort her kam etwas schleichenden Fußes ein halbes Dutzend von älteren Dienern des Schlosses, die zusammengeschnürte Bündel unter dem Arm trugen, voran der graukvöpfige Alte, der vorher den fortschreitenden Abbé zurückgehalten. Er prallte, um die Ecke des Korridors gelangend, zurück, wie er plötzlich Urbain Guéraud gegenüberstand, der ihn und seine Begleiter verwundert mit den Augen messend fragte:

„Wohin wollt Ihr? Warum kommt Niemand?"

Der alte Diener suchte sein Bündel zu verbergen und stotterte eine unverständliche Antwort, Urbain blickte ihn scharf an und fiel ein:

„Ihr lügt! Was bedeutet dies?"

Nun hob der Alte würdig den Kopf. „Nein, ich lüge nicht, Herr Guéraud, ich habe nie gelogen. Wir verlassen das Schloß, denn der Herr sendet seinen Boten und gibt Denen, die an ihn glauben, ein Zeichen, den Ort zu fliehen, welchen sein Zorn verderben will."

„Seid Ihr toll geworden, daß Ihr den Sturm fürchtet?"

„Nein, das Gericht, Herr Guéraud, es pocht an die Thüren."

„Ihr faselt, Alter; schließt die Thüren gegen menschliche Eindringlinge und legt Euch zur Ruhe!"

Der Diener zögerte eine Secunde mit seiner Er=
wiederung.

„Ich bin ungelehrt, Herr Guéraud, aber wenn Sie
mir nicht glauben, fragen Sie Den, welcher die Zeichen
Gottes besser zu deuten weiß, als wir —"

„Wen soll ich fragen? Ich verstehe Euch nicht, Alter."

„Den Herrn Abbé —"

„Den Abbé d'Aubriot?" Ein Blitz zuckte aus Urbain
Guéraud's plötzlich sich weit öffnenden Augen und er packte
mit fester Hand den Arm des alten Dieners. „Hat er
Euch gesagt und was hat er gesagt?"

„Daß die Rache des Himmels heut Nacht über dies
Haus hereinbrechen werde und daß wir eilen sollen, es zu
verlassen", entgegnete der Alte schluchzend. „O Herr
Guéraud, es thut mir so weh, denn ich habe die Kinder
— den Herrn Vicomte und die gnädige Comtesse Diana
so lieb gehabt, und es bricht mir das Herz. Auf meinen
Knieen habe ich bis jetzt gelegen und gebetet, doch es hilft
Keiner Denen, die den Herrn verleugnet und seinen Schutz
nicht anrufen können. Ich wollte ja des leiblichen Todes
für sie sterben und wir Alle wollten es ja, wenn wir
nicht den ewigen Tod fürchten müßten in der Gemeinschaft
der Verdammten!"

Urbain war todtenblaß geworden, er beherrschte ge=
waltsam seine zitternden Lippen und versetzte ruhig:

„Ich weiß, Ihr seid fromm und treu, und wenn es wäre, wie Ihr sagt, würde ich Euch Recht geben, und selbst Euch ermahnen, zu thun, was der Abbé Euch geheißen, denn Ihr sollt Euer Seelenheil nicht um Menschen gefährden, und ich weiß, daß nur Euer Glaube für Eure Treue bürgt. Doch Ihr täuscht Euch, das Gericht wird nicht über dies Haus kommen, denn der Herr desselben ist aus der Verblendung, die ihn befallen, erwacht, und hat in dieser Stunde das Weib, das an dem Gebot Gottes gesündigt, verstoßen. Ich aber habe ihm zugestimmt, obwohl es meine Schwester war —"

Der Alte hatte ihm im Beginn ungläubig in's Gesicht geblickt, nun stürzten ihm Thränen aus den Augen und er fiel auf die Kniee und stammelte:

„So hat der Ewige und Barmherzige mein Gebet doch erhört — o wie soll ich ihm danken für seine Gnade —?"

„Dadurch, daß Ihr Eure Treue gegen Die beweist, die er Euch als Herren gesetzt, und Denen helft, denen er geholfen. Steht auf, Alter, und eilt! Nicht von dem Zorn Gottes droht diesem Hause mehr Gefahr, doch von der List des Teufels. Habt Ihr Muth, ihm zum Heil Eurer Herrschaft zu begegnen, das leibliche Verderben von ihr zu wenden, und bürgt Ihr für die Treue aller Dieser, die mit Euch sind?"

Der alte Diener war mit jugendlicher Kraft und strahlenden Augen aufgesprungen. „Wir haben Muth, Herr Guéraud, wenn Gott mit uns ist, und sie sind treu, ich bürge für Jeden mit meinem Kopf."

Urbain riß ein Blatt aus seiner Brieftasche und schrieb hastig beim Flackern des Lichtes einige Worte darauf, dann gab er es einem der Diener. „Nehmt ein Pferd und reitet, so schnell Ihr könnt, in die Stadt, zum Arzt Lacordaire — und Ihr lauft in's Dorf zu Denen, die an Gott glauben, sammelt sie und bringt sie hierher —!"

Der Alte schüttelte trübe den grauen Kopf. „Es sind Wenige, an den Fingern der Hände zu zählen."

„Und Ihr", fuhr Urbain, zu ihm gewendet, eilig fort, „geht umher, schließt das Thor und die Thüren des Schlosses. Holt alle Waffen, die sich in demselben befinden, zusammen, nehmt Jeder davon und bringt die übrigen hieher! Der Vicomte und ich sind im Saal und werden euch sagen, was weiter geschehen soll."

Er wendete sich und ging rasch zurück. Die Diener flüsterten erregt und tauschten Muthmaßungen aus, doch der Alte trieb sie mit verklärt leuchtendem Gesicht zur Eile. „Thue Jeder, was ihm geboten, wir sind wieder in Gottes Hand, er wird nach seinem Rathschluß fügen, was geschehen soll, wenn wir erfüllen, was unsere Pflicht ist!"

Sie gehorchten ihm Alle und einen Moment später pfiff der Zugwind wieder durch den leeren Flur. Droben auf den Treppen klangen die Fußtritte der unter der Anleitung des Alten nach Waffen Suchenden, draußen tönte ein Hufschlag im Schloßhof und verhallte, sich eilig entfernend, im Sturm. Madame Jeannette horchte noch einen Augenblick, dann schlüpfte auch sie aus ihrem Versteck. Sie murmelte nachdenklich:

"Ich glaube, Monsieur Maulac gehört nicht zu Denen, für welche die alte Runzelhaut sich verbürgt hat, aber es scheint, als ob die Mäuse, an die er glaubt, heut Abend stärker am Nagen sind, als er vielleicht selbst vermuthet. Es ist immer die Hauptsache, sich in der neuesten Mode au fait zu halten und wenn diese gegenwärtig die Bibel wieder aus der Ecke sucht, so halte ich es für geziemlich, auch für eine Nacht des Spruches zu gedenken, daß Mann und Frau Eins sein sollen. Das Christenthum hat entschieden das Verdienst, wenn man es richtig auffaßt, immer mit dem Vortheil des Gläubigen Hand in Hand zu gehen, und es war eine Unvorsichtigkeit, es abzuschaffen. Wir sind freilich wieder in Gottes Hand, sagt der Alte, ich will mich indeß doch lieber erkundigen, was der kluge Monsieur Maulac über diese Bürgschaft denkt. Das ist auch eine Pflicht, und abermals eine christliche, denn sie ist eine gegen den Nächsten."

Sie huschte eilfertig durch die dunklen Gänge, ihre zusammengerollte Schürze löste sich bei dem hastigen Lauf und hie und da fiel mit klingendem Aufschlag einer der von ihr behüteten Gegenstände zu Boden. Doch sie hielt sich nicht auf, tastend nach dem Entschlüpften zu suchen, sondern beschleunigte, ihre Erwägungen stumm fortsetzend, immer mehr ihre Schnelligkeit, so daß sie athemlos ihr Ziel erreichte. Dies Ziel war, wie sie es ausgesprochen, das für eine Gattin natürlichste: Herr Maulac, der in dem ihnen zu gemeinschaftlichem Aufenthalt dienenden Zimmer saß und stumm den Bericht Madame Jeannette's über das, was sie vernommen, anhörte. Dann veränderte er nicht seine Theilnahme, sondern den Sinn, durch welche diese sich bethätigte, und blickte stumm auf den glitzernden, funkelnden und lichterziehenden Inhalt der Schürze, welchen die Besitzerin derselben mit einigen erläuternden Worten auf dem Tisch ausbreitete, und Herr Maulac nickte jetzt, stand auf und erwies sich ohne Hast und mit ruhiger Hand behülflich, den gleißenden Gegenständen eine solidere, doch zugleich sie auf möglichst geringen Raum reduzirende Verpackung zu Theil werden zu lassen. Dabei öffnete er zum ersten Mal kurz, aber billigend den Mund und sprach aus, daß es unter solchen Umständen durchaus angemessen gewesen sei, diese Dinge in sicheren Verwahrsam zu nehmen, daß aber andererseits, nachdem dies geschehen, daraus jetzt auch die Pflicht erwachse, dieselben umsichtig vor jeder möglichen weiteren Gefährdung zu behüten. Eine derartige Gefahr sei indeß nach der Aufforderung des Herrn Guéraud, die Waffen zusammenzuholen, im Schlosse selbst nicht unzweifelhaft, und ein wie abscheuliches Unwesen die Nacht draußen auch betreibe, erachte er es doch für jene weitere Pflicht, sofort irgendwo in ihr eine Sicherung gewährende Zufluchtsstätte für das glücklich Gerettete ausfindig zu machen, da Perlen und Diamanten die Eigenschaft inne wohne, auch bei rohen Gemüthern, sobald sie sich im Besitz der physischen Kraft dazu fühlten, den Reiz zu erwecken, sich ihrer zu bemächtigen.

Herr Maulac sagte Das mit völlig ausdruckloser Miene, die, wenn ein unsichtbarer Zeuge zugegen gewesen wäre, bei diesem nicht den leisesten Verdacht hätte erwecken können, daß der Sprecher auch nur die geringste Anwandlung eines eigenen derartigen Reizes unterdrücke. Er nahm, während er es sprach, noch einige Rollen von ziemlich beträchtlichem Gewicht aus einem Wandschranke, dessen Schlüssel er bei sich getragen, ließ dieselben in die Tasche gleiten, wählte in besonnener Weise, wie etwa zu einer nächtlichen Pflichtfahrt auf offenem Wagen, die wärmsten Kleidungsstücke seiner Garderobe aus und rieth Madame Jeannette das Nämliche zu thun. Dann tauchte offenbar noch ein ergänzender Gedanke in seinem Kopfe auf, denn er maß wie mit dem prüfenden Blick eines Schneiders die Figur seiner Gattin, begab sich schweigsam nochmals an seinen Kleidervorrath und suchte aus diesem einen zweiten vollständigen Anzug hervor, mit dem er unter der beigefügten lakonischen Bemerkung zurückkehrte, daß es noch andere Dinge gäbe, die bei rohen Gemüthern einen ähnlichen, wie den zuvor erwähnten Reiz wach riefen und daß es deshalb gerathen sein dürfte, in der Ungewißheit einer solchen Nacht jenen ebenfalls in möglichst vorbedenkender Weise Sicherung zu gewähren. Auch dies sagte Herr Maulac gänzlich ausdruckslos und verrieth durch keine Veränderung seiner automatenhaften Züge, daß er zu Geschöpfen gehöre, welche der Erweckung eines derartigen Reizes fähig seien, sondern durchaus mit dem Gleichmuth eines verschiedene Eventualitäten genau abwägenden Geschäftsmannes. Daß er eine entschieden Vortheil verheißende damit ausfindig gemacht, bewies die schnelle Zustimmung, mit der seine Gefährtin nickend und lachend den ihr ertheilten Rath sofort zur That umzusetzen begann, allein obgleich sie sich dieser Verwirklichung ohne jede Rücksicht auf die Anwesenheit anderer Augen hingab, so bewiesen diejenigen Herrn Maulac's doch wiederum an der vor ihnen stattfindenden Handlung keinerlei weiteres Interesse, als die Vollendung derselben mit möglichster Beschleunigung herbeigeführt zu seh'n, ein Stoicismus, welcher selbst den Lippen des anstatt Madame Jeannette's jetzt dastehenden zierlichen jungen Burschen einen Laut ärgerlicher Bewunderung abnöthigte. Dann löschte Herr Maulac mechanisch, wie er es an jedem Abend zu thun pflegte, das Licht, und sich in ihre Bürde theilend verließen beide das Zimmer und das Schloß, das sie zu ihrer getreuen, auch in Nacht und Sturm aushaltenden ehelichen Genossenschaft vereinigt hatte. Es klang als ob ein paar Ratten durch die dunklen Gänge in's Freie schlüpften, dann drängte der Wind sich durch die geöffnete Hinterthür, schnurrte einen Augenblick an den Wänden entlang und erstarb wieder, denn Herr Maulac hatte, pflichtgetreu wie er das Licht gelöscht, auch die Thür wieder hinter sich geschlossen.

Drüben im Saal des Schlosses hatte Urbain Guérand ebenfalls einen Bericht abgestattet. Er war bleich, wie er die Diener verlassen, zurückgekommen und hatte gesagt: „Ihr müßt fort, sogleich!"

Felicien und Diana blickten ihn mit schweigendem Erstaunen an und er theilte mit, was er vernommen und was er angeordnet. „Hätte ich Thor meinem Instinct gehorcht", fügte er zornig hinzu, „und ihn getödtet!"

Diana hatte stumm zugehört, nun lachte sie. „Bist Du zu der Erkenntniß gekommen, daß Dir die Bezeichnung gebührt, welche Dir vorhin von anderer Seite zuertheilt worden, und die Du jetzt selbst Dir beilegst? Wahrhaftig, Du bist ein Thor, Urbain Guéraud, und nicht der Alte, Du siehst Gespenster. Weil b'Aubriot sich über die Furchtsamkeit des albernen Graukopfs lustig gemacht und ihn in seinem Wahn bestärkt hat, ziehst Du den Schluß, daß er gegen uns Böses im Schilde führe. Deine Logik leidet unter dem Sturm — heiß' die Diener sich zur Ruh' legen, Felicien und laß es auch uns thun! Vergieb, wenn ich Dich gekränkt — Du hast es gut gemeint, doch Deine Besorgniß um uns trübt Dir den Blick."

Sie richtete die letzten Worte begütigend, aber abgewendeten Auges wieder an Urbain, der den Arm ihres Bruders faßte und seine Entgegnung zu diesem sprechend erwiederte:

„Ich bitte Dich, Felicien, höre auf mich, verlaßt das Schloß, so widernatürlich es klingen mag, daß ich von Dir begehre, in solcher Nacht Deine Schwester dem Unwetter preiszugeben. Doch mein Vater ist alt, was er vermag, was er können muß, kann auch die Jugend, wenn ihre Rettung es verlangt. Mein Auge mag trübe sein, es ist nicht blind und es sah lange, daß diese Nacht herankam. Ich bin nicht furchtsam und der Sturm erschreckt mich nicht, aber aus den Worten des Abbé höre ich, daß er, wenn nicht selbst dabei thätig, zum Mindesten weiß, daß der Sturm, von dem Lacordaire uns die Nachricht gebracht, daß er in Versailles losgebrochen, sich auch auf uns zuwälzt, wie er ganz Frankreich überbrausen wird. Ich verstehe jetzt, was die Hierherkunft d'Aubriot's heut' Abend und seine Mittheilung bezweckte, daß er und b'Aubigné Dich morgen um Sonnenaufgang droben bei der Ruine erwarteten. Falls wir einen Argwohn gefaßt, sollte dieser eingeschläfert, uns die Ueberzeugung aufgedrängt werden, daß ihr Fortbleiben aus dem Schloß in dieser Nacht keinen anderen Anlaß als den eines ritterlichen Feingefühl's habe, während sie in ihr einem durchaus anderen Racheplan nachhängen, als die zugefügte Beleidigung morgen mit dem Degen auszulöschen. Du hast Recht, diesen Worten Glauben zu schenken, war das Werk eines Thoren und ich bereue es zu spät, doch um so dringender ist es, daß Ihr handelt, ehe die Reue bei Euch zu spät kommt. Ich fordere Euch nicht auf, das Schloß Eurer Väter feig im Stiche und der Willkür vielleicht nur einer Handvoll zusammengelaufenen Gesindels zu überlassen, denn ich bleibe in ihm zurück und will es mit Denen, die ihre Treue für Euch bewahrt haben, bis zum letzten Augenblick vertheidigen. Ihr aber müßt —"

„Vertheidige nur die Menschheit gegen Dich selbst, Urbain Guéraud, weiter bedarf es nichts!" unterbrach Diana ihn mit heftiger Stimme. „Ich habe zugestimmt, diejenigen aus diesem Hause zu weisen, welche der Wahrheit, die Dein Vater uns verkündet und der Ehre der Menschheit sich unwürdig gezeigt, weil meine Augen es gesehen und mein Ohr es gehört. Du aber schuldigst aus dem Mißtrauen Deines Wahnes Dir Fremde, das Volk, welches diese Menschheit darstellt, an, mißt ihm frevelhafte Absichten zu —"

„Die es an hundert anderen Schlössern, welche vom Erdboden verschwunden sind, bereits zur Ausführung gebracht" fiel Urbain ein. Doch Diana heftete jetzt voll, mit freudiger Zuversicht den Blick auf ihn und erwiederte:

„Und mit Recht, wie das Volk in Paris die Bastille zerstört hat, denn sie waren Zwingburgen der Willkür, der Lüge und der Bedrückung, und Gerechtigkeit löschte ihre lang angesammelte Schuld in ihrer Vernichtung aus. Doch dieses Haus ist von Verbrechen rein, die Tyrannei von Menschen an Menschen begangen, und ich fühle keine Schuld auf mir, auf uns, die Sühne erheischte. Mich selbst verlassen, vor mir selbst fliehen müßte ich, wenn ich Dir folgte, denn es hieße der Menschheit in's Gesicht schleudern, daß ich fürchtete, sie vergelte Liebe mit Haß, Wohlthat mit Undank, Vernunft mit Wahnwitz. Du hast das Wort gesprochen, solche Furcht wäre feig — doch ich kenne diejenigen besser, welche Deine Anschuldigung mit Verdacht belasten will, denn mein Herz schlägt für sie, wie es in ihnen schlägt, und es gehört kein Muth dazu, wie ich zu handeln, wenn man sich nicht selbst die Kraft schwächt, zu empfinden wie ich. Geht Ihr, wenn Ihr es für klug haltet! Ich lege auch allein in diesem Hause mich so ruhig zum Schlaf, als ob unübersteigliche Mauern es umgürteten, denn ich verlange nichts als das Recht, das die Natur mir wie allen verliehn — Ruhe zu finden, wenn ich müde bin."

Sie fügte das Letzte mit verändertem Ton, scherzend hinzu und reichte beiden freundlich die Hand. „Gute Nacht, Felicien, schlafe auch Du — gute Nacht, Urbain. Ihr seid erregt, denn Euer Herz ist es, das seinen Gram verbergen will. Doch was geschehen, mußte sein, Ihr selbst habt es gewollt. Unsere kleine Welt hier ist einsamer geworden, laßt uns um so fester in treuer Gemeinsamkeit an der Aufgabe halten, die unserem Leben für die Welt draußen zugefallen. Lebt wohl! Dich erwarte ich noch droben, Felicien, eh' Du zur Ruh' gehst."

So weich, so träumerisch fast hatte sie lange nicht mehr gesprochen, Urbain sah ihr verwirrt nach, wie sie mit einer Kerze in der Hand gelassen, ein Bild schönheitsvoller Ruhe, der Thür zuschritt, sich auf der Schwelle noch einmal wandte und verschwand. Er fühlte noch ihre Hand in der seinen, zum erstenmal seit der unendlichen Ferne jener Zeit, in der droben am Rande des sonnigen Weihers die kleine Mädchenhand ihn gehalten, und ein traumhafter

Zauber ging über seine Sinne. Hatte sie nicht dennoch Recht vielleicht, mußte sie es nicht haben in der unsagbar einfach=eblen Erhabenheit ihres Denkens? Und war er nicht wirklich ein Thor, die Furcht zu hegen, die ihn gefaßt, die namenlose Furcht nur um ihretwillen, deren Herz seine Angst so ruhevoll fortlächelte? War es möglich, daß Ge=fahr von Menschentücke und Wuth nicht ohnmächtig vor diesem reinen Auge zu Boden sank?

Er preßte seine Hand an die Stirn, die beiden Männer standen sich schweigend eine Weile gegenüber. Der Sturm tobte, sich mehr und mehr noch verstärkend, der alte Diener erschien auf der Schwelle und meldete, mit freudestrahlendem Blick auf dem Antlitz seines jungen Herrn verweilend, daß er den Befehl Urbain's vollzogen und die im Schlosse vorhandenen Waffen auf dem Flur aufgehäuft habe. Es war eine größere Anzahl, als die Hinausschreitenden erwartet hatten, Manches verrostet, seit Jahrhunderten bestaubt und vergessen, mittelalterliche Hieb= und Stichwaffen in Keulenform und mit grotesken Schneiden und Spitzen, riesenhafte, unbehülfliche Feuer=gewehre dazwischen, hinreichend fast ein halbes Bataillon damit in phantastischer Mannigfaltigkeit auszurüsten. Im Gegensatz dazu stand die Zahl der Bauern, welche der Bote aus dem Dorf mit sich gebracht, ein halbes Dutzend zumeist älterer Leute. Sie waren willig gefolgt und

bildeten eine erwartungsvolle Gruppe; auf Urbain's Be=
fragen, ob sie am Abend etwas Auffälliges im Dorf
bemerkt, schüttelten sie den Kopf. Der Diener vom Schloß
hatte sie in ihren Häusern gefunden, welche sie seit der
Dunkelheit nicht verlassen, nur Einer wußte, daß zwei
der Herren vom Schloß am Nachmittag zu dem alten
Gouton gekommen, um die Nacht in der Hütte desselben
zu verbringen. Es war ihm aufgefallen, denn Gouton
besaß weder ein Weib mehr noch Töchter, aber er meinte,
die vornehmen Herren fänden manchmal an sonderbaren
Dingen Vergnügen, das wisse er von Kindheit auf. Urbain
musterte die Anwesenden und fragte:

„Wo ist Jüpin?"

Nicht im Dorf, der Sprecher von zuvor wußte zu=
fällig auch das. Jüpin war vor einer Stunde fort=
geritten.

Ueber Urbain Guéraubs Züge schlich mehr und mehr
ein Ausdruck des Zweifels. „Jüpin ist achtsam", murmelte
er für sich, „und wenn dem Schloß wirklich eine Gefahr
drohte, hätte er mir Nachricht gebracht."

Er dachte nach, sollte er mit den im Flur Ver=
sammelten in's Dorf eilen, um sich noch jetzt d'Aubriot's
und d'Aubigné's zu bemächtigen? Doch unter welchem
Vorwand und zu welchem Zweck, wenn der Abbé sich in
der That nur an der Furchtsamkeit des alten Dieners

belustigt hatte, wenn beide nur im Dorf geblieben waren, um für das Rencontre am nächsten Morgen in der Nähe zu sein? Urbain Guéraud's Gesicht bekam allmälig etwas Verlegenes. Welchen Aufruhr hatte er veranlaßt, muthmaßlich aus Einbildung, wie Diana richtig gesagt, für nichts! Wenn obendrein Lacorbaire seine Bürgergarde aus der Stadt zur Hülfe sandte? Es war lächerlich — mehr als das, herausfordernd und für einen andern, einen Fall der wirklichen Noth verderblich. Er sah verstohlen auf Felicien, dessen schwermuthsvolles Gesicht offenbar im Geheimen immer noch anderen Gedanken nachhing und sich nur zerstreuten Blickes an dem Vorhaben in der Halle betheiligte, dann wendete Urbain sich zu den harrenden Dienern und Bauern und sagte kurz:

„Wir haben euch hierhergerufen, weil der Sturm und das ungewöhnliche Dunkel die Besorgniß nahe legten, das Gesindel welches sich, wie ihr wißt, in der Umgegend umhertreibt, könne solche Nacht benutzen, sich zusammen zu thun und einen Einbruch in das Schloß zu versuchen. Bleibt bis der Morgen kommt und laßt stets einige von euch die Runde machen, während die Andern sich ausruhen. Ich selbst will noch einen Gang draußen ums Schloß thun, dann kehre ich zurück und hoffe Dich noch wach zu finden, Felicien, wenn Du bei Deiner Schwester gewesen."

Er ging rasch, um den Widerspruch, in den die von ihm getroffenen Anordnungen mehr und mehr mit seiner eigenen Ueberzeugung gerathen waren, zu verbergen. Die Finsterniß draußen hatte noch zugenommen, es wäre jetzt unmöglich gewesen, eine dicht vorüberstreifende Gestalt wahrzunehmen, und noch weniger hätte das Ohr den Klang eines Fußtrittes zu hören vermocht. Ein tausendstimmiges Concert seufzender Aeste und raschelnder, hochaufwirbelnder Blätter wogte durcheinander, es war die Ouvertüre des Herbstes und das Sterbelied des Sommers. Die Hand des Todes griff nach allen Blüthen, welche jener in's Leben gerufen, für kurze Tage mit Duft und Farbenglanz beseelt, und unsichtbar in der kalten Luft· schon webte sie das große Leichentuch, das Gewesene unter ihm zu begraben.

Unter Urbain Guéraud's Stirn schwirrten die Gedanken, wie das dürre Laub um seine Füße. Auch sie dürr, trostlos, hoffnungsleer — was war der Einzelne in dem Wirbel von Millionen und welchen Werth besaß seine Vernunft, sein Mitleid, seine Entsagung? Ein Blatt, im Winde kreisend, wie die andern — konnte das Dasein für den, der nicht thöricht wähnte, mit seinem Athem den Sturm bekämpfen zu können, ein weiteres Ziel haben, als sich selbst und dasjenige, worauf dies Selbst ruhte, aus dem tollen Strudel zu retten und von sicherer Zuflucht aus gleichgültigen Auges das Schauspiel des großen Unterganges zu betrachten?

„Sie muß fort", murmelte er, „es ist doch gut, wenn Lacordaire kommt, sie muß, und wäre es mit Gewalt. Fort aus diesem Lande, über welches das Verderben schreitet — irgendwohin. Was nützt der Aufschub, das Zögern, wenn man weiß, daß die Fluth kommt, daß sie kommen muß? Es sind Kinder, welche sie die Sündfluth heißen, denn es wird die Sintfluth sein, die große, allgemeine, die nicht die Sünde, sondern mit ihr die Tugend, die Schönheit, die Vernunft und Menschlichkeit verschlingen wird, um nichts auf ihren Wassern treiben zu lassen, als Thiere der Vorwelt, welche der Abgrund zu neuem Vertilgungskrieg heraufwirft. Was war's, das Nostradamus geweissagt? Im Jahre 2000 werde ein Greis auf einem Stein des Louvre zusammengebückt rufen: „Gebt ein Almosen dem letzten eurer Könige!" Ich höre ein Geheul der wilden Jagd in der Luft: Schlagt das Haupt vom Nacken des Königs von Frankreich! und das Beil blitzt und Gebrüll von Millionen gellt hinterdrein: Schlagt jedem das Haupt vom Nacken, der etwas Anderes sein will als wir, die Bestien, denen Frankreich gehört, um es zu zerfleischen!

Fort! —"

Er schritt schnell weiter, öd', lichtlos und gespenstisch

stieg, matt aus dem Dunkel tauchend, die Façade des Pfarrhauses, dem er zueilte, vor ihm auf. Er umwanderte das langgestreckte Gebäude, auf der Rückseite fiel ein fahler Schimmer aus dem Arbeitsgemach seines Vaters, das Fenster des Zimmers war unten mit einem weißen Tuch verhängt, doch auf einen Vorsprung der Mauer tretend, gelang es ihm, darüber fort hineinzublicken.

Mathieu Guérand saß und las, wenigstens hielt er ein Buch vor sich und bewegte schattenhaft die Lippen, aber seine Augen gingen über die Blätter weg und hafteten auf einem Gegenstand, den Urbain von seinem Standpunkt aus nicht zu gewahren vermochte. Trübe, glanzlose Augen, an denen sich keine Wimper regte, sie blickten aus dem eingefallenen Gesicht hervor, als ob sie einem Hundert=
jährigen angehörten, und ihre Starre sprach nichts, was ein anderer Blick zu verstehen befähigt war. Sie hatten etwas Erschreckendes in dem leeren Nichts ihres Ausdrucks, als seien sie nur ein todter Spiegel mehr, der willenlos jedes Bild aufnahm, das von Außen in ihn hin=
einfalle.

Konnte ein Sommer so altern? In fast jugendlicher Lebenskraft mit leuchtendem Strahl des Antlitzes stand die Erscheinung des Greises noch vor Urbain, als am Abend nach seiner Ankunft Felicien von Hautefort an der Hand der Schwester zum erstenmal das Pfarrhaus be=

treten, sich dem geheimnißvollen Bunde desselben hinzugesellt hatte. Und jetzt —

Nein, da regte sich doch noch etwas in den todten Augen. Wie Eis am Rande zu schmelzen und flüssig zu werden beginnt, so kam es und perlte langsam unter den weißen Brauen auf, dann fiel eine Thräne auf das vergilbte Buch und ein Ausdruck schlich über das leblose Gesicht. Auch er müd' und ohne Glanz, und doch war er die Sonne, welche das Eis in den Augen zum Schmelzen gebracht, und er trug einen Namen, den jeder Blick verstand, und dieser Name hieß: Liebe.

Auch der Lauscher verstand die stumme Sprache des Blick's und gleichzeitig mit ihr, wer der Gegenstand sein müsse, auf dem jener ruhe. Er täuschte sich nicht, denn einige Secunden später bewegte sich aus der seinem Auge nicht erreichbaren Ecke her ein anderer Schatten als der des Pfarrers über die kahle Wand und Clemence trat in Urbain's Gesichtskreis.

Sein Gedächtniß, das schon einmal zwischen dem Jetzt und Einst verglichen hatte, zwang ihn auch bei der Schwester dazu. Sie war ebenfalls gealtert, doch wie die Centifolie, die sich aus der Knospe entfaltet hat, und er blickte fast betroffen auf ihre Schönheit, die in wundersamem Gegensatz zu der Dürftigkeit des melancholischen Zimmers stand. Die Schönheit einer Venus des Morgenlandes umfloß sie, es war, als sähe man heimliches Feuer unter ihrer dunklen Haut pulsiren, als knistere es in dem aufgelösten, schwer über den Rücken fließenden, schwarzen Gelock. Aber als ob der Kuß einer Lemure aus dem heißen Blut des schönen Körpers die Seele fortgetrunken, so lag auch über Clemence's Antlitz starre Empfindungslosigkeit, eine entsetzensvollere Apathie in den blühenden Zügen der Jugend als in denen des überlebten Alters.

Wem glich sie so? Wofür hätte er sie gehalten, wenn er sie fremd auf den Straßen von Paris angetroffen?

Ein Schauer überrann Urbain — sein Auge irrte wieder von ihr ab — und wer war's, der die Schuld daran trug, daß es so war?

„Clemence", sagte in diesem Moment Mathieu Gueraud mit weicher, gramvoller Stimme. Er streckte die Hand nach ihr aus und sie ließ sich mechanisch von ihm heranziehen. „Sie haben Dich verstoßen, ich antworte ihnen: Bleib' bei mir, Clemence, denn Du bist mein Kind, und was Du gethan —"

„Ich habe gethan, wovon Du mir gesagt, es sei mein Recht", fiel sie frostig ein. „Wäre es eine Schuld, so trüge nicht ich sie."

Sie zog ihre Hand zurück und die seine glitt wie leblos an dem Stuhl nieder, auf dem er saß. Als er aufsah war sie verschwunden und er starrte auf die Thür, die sie hinter sich geschlossen. Seine Lippen bewegten sich klanglos, dann stand er auf, trat an ein Schubfach, suchte etwas hervor und kehrte damit an den Tisch zur Lampe zurück. Er bückte sich auf den Gegenstand, den er geholt, und derselbe warf ab und zu einen Lichtreflex durch das Gemach, doch ohne daß Urbain zu erkennen vermochte, was es sei. Nun gelang es ihm durch eine Veränderung seiner Stellung und er sah, daß es eine lange, haarspitze Dolchklinge war, an welcher der Greis in fieberhaftem Eifer mit einem Tuche rieb, als ob er einen daran haften= den Rostfleck forttilgen wollte. In seinen Augen lag jetzt ein irrer Glanz, er rieb und hielt die Klinge vor sich hin und rieb wieder, immer hastiger, mit zitternder Hand. Dann sprang er plötzlich von seinem Sitz abermals empor und horchte — man sah die athemlose Anspannung des Ohr's in seinen Zügen — und er eilte fort durch die auf den Flur führende Thür hinaus. Es dauerte eine Weile, bis er zurückkam und etwas in der Hand mit sich trug, das er gleichfalls auf den Tisch legte. Diesmal erkannte der Blick des draußen Stehenden es sofort, es war ein Beil, und der Alte griff wiederum nach dem Tuch und begann auch das Beil abzureiben. Wenn er einen Moment ermüdet inne hielt, betrachtete er sein Werk mit dem gierig verschlingenden Blick eines Juweliers, der einen

Stein von unschätzbarem Werthe schleift und das blitzende Feuer, welches diesen ankünbigt, herauffunkeln sieht. Doch er schüttelte nur mit dem weißen Kopf, wenn er von seiner Arbeit pausirte, als sei alle Mühe fruchtlos, und begann sie wieder auf's Neu wie mit lahm zusammenbrechenden Fingern, reibend — reibend —

Es überlief Urbain noch schauernder als zuvor — war der Greis irrsinnig geworden? Ohne es zu wissen fast, streckte er die Hand aus und klopfte an die Scheibe.

Nun fuhr Mathieu Guéraud in die Höh' und starrt auf das Fenster. „Kommst Du, weil Du glaubst, daß ich bereue, was ich gethan?" fragte er laut mit fester Stimme. Sein Blick hatte sich plötzlich verwandelt und glänzte mit dem alten Strahl aus den tiefeingesunkenen Augenhöhlen der hinfälligen Gestalt, Urbain war unwillkürlich in's Dunkel zurückgesprungen und faßte seine Stirn mit der Hand.

Hatten ihm die Worte gegolten? Wem sonst? Er war der Bruder der Verstoßenen und hatte mit gerichtet, verdammt, wo der Vater die Liebe bewahrt und vergeben. Wer von ihnen ehrte das Recht, das höchste, einzige der Natur, das dem Menschen Freiheit über sich selbst zusprach? Wenn Clemence sich selbst nicht verurtheilte — wen ging es an?

Sollte er nochmals klopfen und Einlaß begehren? Wozu? Auch er fühlte sich müde, todesmüde.

„Morgen —"

Er kehrte auf dem Weg, den er gekommen, zurück, wo derselbe sich spaltete, wandte er sich dem Dorf noch einmal zu und schritt bis an die ersten Häuser hinunter. Kein Licht und kein menschlicher Laut, nur der Wind heulte um die schlafversunkenen Dächer. Vom Kirchthurm schlug es verhallend die zehnte Stunde; Urbain zählte die Schläge verwundert, ihm war gewesen, als müsse die Nacht bereits zur Hälfte vorüber sein. Der Sturm riß für einen Augenblick die schweren Wolkenmassen am Firmament auseinander und ließ einen einsamen Stern grab' über dem Schloß ein bläuliches Licht herabwerfen, und seinen Schritt beschleunigend eilte der nächtliche Wandrer dem Schein desselben entgegen.

Nirwana.

Drei Bücher aus der Geschichte Frankreichs.

Roman

von

Wilhelm Jensen.

Vierter Band.

Breslau.
Verlag von S. Schottlaender.
1877.

Dreiundfünfzigstes Kapitel.

Als Lacordaire in Le Puy eintraf, begann auch dort die Dämmerung und der Felsen Corneille verschwand bereits im Zwielicht, wie der Reiter die ersten Häuser der Stadt erreichte. Er hatte den Weg mit ungewöhnlicher Schnelligkeit zurückgelegt, seine Uhr zeigte ihm, daß kaum mehr als eine Stunde verflossen war, seitdem er Schloß Hautefort verlassen. Nun verwandelte sich mit einem Schlage die einsame Stille der Landstraße um ihn und ein lärmend bewegtes Treiben nahm ihn in seine Mitte.

Trotz der hereinbrechenden Dunkelheit, der abendlich vorgerückten Stunde und der rauhen Luft, die aus den Bergschluchten heraufströmte und Wirbel in den Straßen zu bilden begann, als ob sie diese zur Wahlstatt eines nächtlichen Zusammenstoßes ihrer verschiedenen feindlichen Heeressäulen zu machen beabsichtigte, waren die Hauptgaſſen und Plätze der Stadt noch von durchziehenden Menſchenhaufen oder dunklen Gruppen, die irgendwo Poſto gefaßt, angefüllt. Die letzteren ſprachen zumeiſt eifrig oder hörten auf einen einzelnen Redner in ihrer Mitte, während die beweglich auf und abfluthenden Haufen ſangen, lachten und jauchzten; zwiſchen beiden Anſammlungen durchſchlüpften einzelne Geſtalten, die unparteiiſch nach allen Richtungen etwas austheilten, das die Empfänger der Mehrzahl nach an ihren Kopfbedeckungen oder in den Knopflöchern ihrer Röcke und Blouſen befeſtigten. Es waren kleine blau-roth-weiße Cocarden und ebenſo gefärbte Bänder, hie und da jedoch erſcholl demjenigen, der ſie offenbar unentgeltlich darbot, eine Verwünſchung entgegen, Einer wandte ſich achſelzuckend ab, während der Andere das Geſchenk in Empfang nahm, allein nur zu dem Behuf, um es im nächſten Moment demonſtrativ unter die Füße zu ſchleudern und zu zertreten. Doch ſuchte er, wenn er dieſe kühne That vollbracht, meiſtentheils ſich ſchleunigſt aus dem Bereich der Augenzeugen derſelben zu entfernen, da die überwiegende Majorität unverkennbar ſich mit Begeiſterung mit dem von ihm verächtlich zerſtörten Symbol ſchmückte. „Es lebe Lafayette, der Befreier, der Held der amerikaniſchen Freiheit!" rief eine enthuſiaſtiſche Stimme, und ein lautes Hoch, in das auch Mädchen- und Frauenſtimmen einfielen, folgte hinterdrein. „Er hat geſagt, diese Cocarde werde die Reise um die Welt machen! — Er hat die Menschenrechte verfaßt! — Der König weigerte sich, sie anzuerkennen, aber er hat sie durchgesetzt! — Es lebe Lafayette! Es lebe der König! Es lebe Mirabeau! — Nein, Mirabeau nicht, er verkauft die Freiheit! Es leben die Bürger von Paris!"

Die Stimmen hallten erregt durcheinander, doch sie hatten nichts Tumultuarisches und ließen in dem Hörer keine Befürchtung einer Ruhestörung und geplanter Unordnung aufkommen. Die Massen hatten sich, von einer Nachricht um die Feierstunde des Tag's in freudige Bewegung versetzt, zusammengefunden und tauschten ihre vielfachen Meinungen aus, aber sie bestanden überwiegend aus dem ehrsamen und arbeitsamen Bürgerstande Le Puy's, der discutirend und politisirend sich in der kühlen Octoberabendluft erwärmte und zum größeren Theil Frau und Töchter mit sich auf die Straße geführt hatte, um auch diese an dem improvisirten Vergnügen theilnehmen zu lassen. Manchmal klang ein herzliches Gelächter hindurch, ein kleines Mädchen zupfte leise mahnend den Rock der Mutter: „Mich friert!" oder, „Ich bin hungrig!", eine mitleidige Frauenstimme sagte: „Die arme Königin, mitten in der Nacht von den rohen Menschen aus dem Bette gejagt!" — „Nun das ist am Ende noch nicht das Schlimmste", antwortete es, doch die Sprecherin erwiederte empört: „Die Königin ist doch eine Frau und was kann es denn Abscheulicheres geben, als wenn man eine Frau nöthigt, sich wie sie aus dem Bett kommt, vor Männern flüchten zu müssen!"

Es lagen zwei merkwürdige Gegensätze, rührende Kindlichkeit und schneidende Kritik in den einfachen Worten weiblicher Entrüstung, Lacordaire vernahm sie im Augenblick seines Vorüberreitens an einer Gruppe, hielt unwillkürlich sein Pferd an und sagte:

„Brav und wahr gesprochen! Freu't euch und seid stolz darauf, ihr Bürger, daß ihr Frauen habt, die so denken und nicht wie die Weiber von Paris, welche die Mordnacht in Versailles angestiftet!"

Bis dahin hatte niemand ihn erkannt und auf ihn Acht gegeben, doch jetzt rief's: „Es ist Lacordaire! Er lebe! Er ist unser Befreier, ist unser Lafayette! Er hat zuerst in der Stadt unser Recht vertreten, unsere Freiheit geschützt!"

Die umher Befindlichen drängten von allen Seiten herzu und verlangten die Hand des Arztes zu schütteln. „Unser Lafayette!" wiederholten sie begeistert, und eifrige Hände schmückten überall wohin sie zu reichen vermochten, das Pferd mit blau-roth-weißen Bändchen und Cocarden. Es sah niemand, daß ein trüber Zug das Gesicht des unerwartet Gefeierten bei dem Zuruf verdunkelte, doch er beherrschte die Bitterkeit, die der Vergleich ihm auf die Lippen drängen wollte, und erwiederte freundlich:

„Heißt mich nicht so, ich verdiene den Namen nicht, denn ich bin ein einfacher Bürger wie ihr, und Alles, was ich gethan, ist daß ich das gute Recht des Schwachen gegen die Willkür des Stärkeren vertheidigt habe. Thut das Nämliche, ihr Freunde, wacht darüber jeder, daß des Andern Recht ungefährdet bleibe, dann behütet ihr euer eignes und macht dem Namen der Freiheit Ehre. Dann macht ihr aber vor Allem auch dem Namen unserer alten und tüchtigen Stadt Ehre, denn wenn ihr so denkt und handelt, da wird eure Ehrenhaftigkeit, euer rechtlicher Sinn und eure Besonnenheit am Besten auch dafür sorgen, daß die Ordnung in Le Puy jederzeit erhalten bleibt und daß man einst rühmend von ihm sagen kann, es habe sich durch die Trefflichkeit seiner Bürger fast vor allen Städten unseres Vaterlandes ausgezeichnet —"

Vielstimmiger Beifall und Jubel übertäubte den Schluß seiner Worte. „Recht und Ordnung! Lacordaire soll unsere Stadt regieren! Wir schützen alle mit ihm die Freiheit und die Ordnung! Es lebe die Nationalgarde! Es lebe Lacordaire!"

Der Arzt wollte gegen etwas protestiren, allein er sah die Unmöglichkeit ein, sich Gehör zu verschaffen, und murmelte nur vor sich hin: „Wackere Leute, es wären ihrer genug überall, ein neues, verständiges, blühendes Frankreich aus ihnen zu schaffen, und ich wußte, was ich sprach, Urbain Guéraud, als ich Dir sagte, daß es ein Verbrechen sei, an der Menschheit zu verzweifeln. Doch an der nächsten Zukunft, die vor uns liegt —"

Sein Blick überschweifte die Menge, welche das Pferd am Zügel gefaßt und, die Breite der Straße füllend, vor, neben und hinter dem Reiter diesen wie im Triumph in der Richtung auf den Marktplatz zu geleitete. Jeder Polizeibeamte hätte seine Freude an der Ruhe zu haben vermocht, die trotz dem Stimmendurcheinander die gleichmäßig fluthende Bewegung charakterisirte. Kein roher Ton, keine Unschicklichkeit — es war ein innerer Geist der Ordnung, der über dem scheinbaren Chaos waltete, kein weiblicher Klagelaut tönte aus dem dichten Gewoge.

„Jeder ist von dem, was er sagt, überzeugt und daß er Gut und Blut hingeben würde, nach dem zu handeln, was er als nöthig für sein und für das gemeine Wohl erkannt. Aber wenn plötzlich die Gefahr mit aufgehobenem Arm vor ihnen stände, den Muth des trunkenen Wahnsinn's im weißen Auge und das Gebrüll des Thieres auf schäumender Lippe — da würde jeder dieser guten Bürger die Sorge für das gemeine Wohl, für den Gegenstand seiner Begeisterung dem Andern überlassen und nach Hause eilen, um für sich und seinen Nächsten bedacht zu sein.

Nicht aus Feigheit, o nein — nur weil er nicht weiß, daß er Millionen Arme hat, das Ganze zu beschützen und aufrecht zu erhalten, sondern weil er meint, er habe in solchem Augenblick die heilige Pflicht, vor Allem Weib und Kind, Haus und Hof zu schirmen. Und darum hast auch Du Recht, Urbain —"

Ein Gesang, den die Menge anstimmte, unterbrach die schwermüthigen Gedanken des Reiters. Es war eine von irgend Einem improvisirte und mit südlicher Lebendigkeit von allen Lippen sofort wiederholte Strophe, welche laut im Dämmerlicht hinauf und hinabklang:

„Es lebe Lafayette!
Es lebe Lacordaire!
Die Stadt braucht einen Arzt,
Drum wählt den Arzt zum Maire!"

Die bisher breite Straße verengerte sich jetzt zu einer von hohen Häusern umgebenen schmaleren Gasse, durch welche sie auf den Markt ausmündete. Lacordaire hob sich in den Bügeln und suchte vergeblich sich Gehör zu schaffen. Er rief laut: „Bürger, achtet das Gesetz und verletzt es nicht, denn in seinem Bestehen findet jeder allein Schutz und die Ordnung ihre Bürgschaft —!" doch der Gesang verschlang seine Worte:

„Es lebe Lacordaire!
Es lebe Lafayette!"

„Zum Teufel mit Lafayette! Nieder mit ihm und mit seiner Nationalgarde! Es lebe der Herzog von Orleans und jeder, der kein Verräther des Volks ist!"

Es war ein plötzliches wildes Geschrei, das aus der Finsterniß der engen Gasse das Lied unterbrach. Zugleich stürzte ein dunkler Menschenhaufen dem herannahenden Zuge entgegen und einen Augenblick darauf füllten Gekreisch von Frauenstimmen, Hülferufe, Aufschreie der Angst und erschrecktes, kopfloses Getümmel die Luft. „Auf den Markt! Drängt das Gesindel zurück! Es ist nur eine Handvoll Leute! Vorwärts!" riefen einige aus der Mitte, doch verstärktes Gebrüll: „Schlagt sie nieder! Macht's mit ihnen, wie die braven Sansculotten es mit den Verräthern in Versailles gemacht haben!" antwortete von vorn — ein Moment noch und es rauschte, wie ein zurückebbendes Meer, händeringend, strauchelnd, wehklagend in wilder Panik an dem Pferde vorüber. Männer riefen nach ihren Frauen, Töchter nach den Vätern, eine Woge stürzte in die nächstgelegenen Thüren und staute sich auf und neue rissen sie fort. Dann hielt Lacordaire völlig allein vor den Verursachern des wüsten Getümmels, die eine Secunde lang vor der Blitzesschnelle ihres eigenen Erfolges zurück= zustutzen schienen. Sie bestanden in der That kaum aus einem Dutzend dem niedrigsten Pöbel angehöriger, unver= kennbar halb betrunkener Gestalten, die sich jetzt mit Knitteln und Messern bewaffnet auf den zurückgebliebenen Reiter warfen. Doch gleichzeitig schlug dieser dem Pferde scharf die Sporen in die Seiten und setzte entschlossen mitten in die feindliche Schaar hinein. Die Hufe des Thieres schleuderten den Vordersten zu Boden, die Nachfolgenden wichen, von dem unerwarteten Muth des einzelnen Mannes, der sie anzugreifen schien, überrascht und verdutzt anseinander, und ehe sie zur Besinnung gelangt, hatte der Arzt unversehrt den offnen Markt erreicht. Dann aber stürzten seine Verfolger mit wüthendem Gebrüll und tobenden Rufen, die offenbar andere ihrer Gesinnungsgenossen aufmerksam zu machen bezweckten, hinter ihm drein. Sie hatten jedoch kaum ebenfalls den Markt erreicht, als sie abermals zurückstutzten, denn vom Rathhause her, auf das Lacordaire sich zugewandt, blitzte ihnen etwas neues Unerwartetes entgegen. Es war eine Anzahl hellaufflammender Fackeln, welche die zusammengeeilte Bürger-, oder wie der General Lafayette ihr in ganz Frankreich den gleichmäßigen Namen beizulegen gewünscht hatte, die Nationalgarde der Stadt beinahe vollständig in Reih' und Glied aufgestellt gewahren ließen. Vor ihrer Front befand sich Henri Comballot, der auf das sich erhebende Getöse hin schnell einen Theil seiner Mannschaft in Bewegung setzte und ohne zu wissen, wem die Verfolgung gelte, den Reiter schon in der Mitte des Marktes den Nachstürmenden entriß. Diese, trotz ihrer Betrunkenheit die Geringfügigkeit ihrer Zahl vor der plötzlich auftauchenden Uebermacht erkennend, bogen seitwärts aus und warfen sich in die nächsten Gassen zurück, doch kaum eine Minute später war es, als seien sie verzehnfacht wieder aus dem Boden herausgewachsen, jeder Winkel und jede Kellerthür schien sie auszuspeien, und unter dem Geheul: „Nieder mit den Volksverräthern! Nieder mit der Nationalgarde!" wälzten sich aus verschiedenen Richtungen dicht zusammengeballte Knäuel gegen die Bürgerwehr heran. Die im Wind schweifenden Fackeln beleuchteten grell die Gesichter der Anrückenden, wilde, stupide, öfter noch bestialische Züge, denen Gier, Verbrechen und Laster unauslöschliche Stempel aufgedrückt. Auf einigen der in vorderster Reihe befindlichen Stirnen flammte roth das Zeichen wirklicher Brandmarke, es war der letzte Abschaum einer städtischen Bevölkerung, in dessen blutigen Augenhöhlen nicht einmal der Funke eines politischen Fanatismus, sondern einzig das gierige Feuer das Straßenräubers und Meuchelmörders loderte. Blind, wüthenden Stieren gleich, stürzten die Massen heran, die Wächter der Ordnung sahen sich mit solcher Plötzlichkeit in einen Kampf verwickelt, daß ihre Glieder vor dem ersten Anprall zurückwichen und ein betäubendes Gebrüll: „Es lebe die Armuth! Nieder mit den Blutsaugern!" sie auseinander zu sprengen schien. Allein die nächste Minute schon zeigte ein verwandeltes Bild. Henri Comballot hatte mit unbeirrter Kaltblütigkeit, die seine Jugend nicht erwarten ließ, einen Theil der Seinigen in geschlossener Masse zusammengerafft und warf sich mit ihnen unerschrocken in das dichteste Getümmel hinein. Von droben aus einem der höchsten Fenster des Hauses, das dem Rathsherrn Jacmon gehörte, blickten ein paar ängstlich weit geöffnete und doch zugleich stolz leuchtende Augen unverwandt hinunter auf das tobende Gemenge und in der Mitte desselben, überall wo die Gefahr am Aeußersten drohte, gewahrten sie stets die weißen Federn, welche den Hut des jungen Hauptmanns der Nationalgarde von Le Puy auszeichneten. Nun lichtete es sich um den Punkt, auf dem Eve Jacmon's Blick herzklopfend haftete, es sank wie sturmgepeitschte Schatten nach allen Richtungen ab, Henri Comballot's Mannschaft hatte den unerwarteten Ueberfall siegreich zurückgeschlagen, behauptete das frei gewordene Centrum des Marktes und ging ihrerseits jetzt in geordneten Gliedern zum Angriff über. Hie und da bedeckten hingestreckte Körper den Platz, einige regungslos, andere krümmten sich stöhnend, ein ohnmächtiges Wuthgebrüll ihrer an die Häuser und in die Gassenmündungen zurückgedrängten Genossen antwortete ihnen. Doch es war ersichtlich, daß diese den Kampf auf's Neue aufzunehmen beabsichtigten. Offenbar verstärkten sie sich durch Zuzug immer mehr, die Stimme des jungen Hauptmanns gebot ihnen lauthallend den Platz zu räumen, und da ihm nur drohendes Geschrei und Flüche erwiederten, commandirte er: „Vorwärts!"

Doch in dem Moment, in welchem abermals der Zusammenstoß erfolgen mußte, ertönte von der hohen Treppe eines Hauses her eine andere Stimme, die den vielfachen Lärm bewältigend: „Halt!" rief. Es war das Haus, in welchem dereinst der Advocat Demogeot gewohnt und auf der obersten Treppenstufe aus der Thür hervor war der Schwiegersohn desselben getreten, der „Bürger" Laval, und erhob Gehör verlangend die Hand. Die Stellung, die er in der Stadt einnahm, mußte in der That, wie Lacordaire es am Morgen gesagt, eine einflußreiche sein, denn er erreichte fast augenblicklich seinen Zweck, das Getöse der Aufrührer legte sich, wie von unsichtbarer Hand beschwichtigt, beinah' mit einem Schlage, und Laval rief schallend, daß es den Markt überhallte:

„Bürger, seid ihr wahnsinnig geworden, euch untereinander zu zerfleischen? Was wollt ihr, gegen wen wüthet ihr? Sind wir nicht ein Leib, das ganze Volk, und ihr zwingt den einen Arm desselben den andern zu lähmen, zu zerschmettern? Wer soll die Freiheit vertheidigen, den Feind des Vaterlandes bekämpfen, wenn ihr euch gegenseitig tödtet? Muß ich es sein, der euch dies sagt, ich, der ich so kurz erst die Ehre genieße, als Bürger dieser altehrwürdigen Stadt anzugehören? Schmach über die Trunkenheit, die ich auf euren Gesichtern sehe und die eure Vernunft blendet, daß ihr nicht wißt, was ihr thut und die besten Männer von Le Puy nöthigt, euch zu Boden zu schlagen! Geht nach Hause, schämt euch eurer Unbedachtsamkeit, heftet die blau-roth-weiße Cocarde an eure Mützen, wie es jedem Freunde unseres Landes, der Freiheit und der Ordnung ziemt, und ruft: Es lebe die Nationalversammlung, es lebe Lafayette, der Hüter der Rechte des Volkes und der Ordnung!"

Der Sprecher schwenkte seinen Hut, an dem eine große Cocarde in den Nationalfarben leuchtete, eine Secunde lang hafteten fast alle auf dem Marktplatz befindliche Augen mit dem Ausdruck der Ueberraschung und Verwunderung auf ihm, dann stimmte die Nationalgarde erfreut in seinen Ruf ein, während ihre Gegner, sich verdutzt von dem zornigen Blick abwendend, der sie aus den Zügen Laval's getroffen, den Platz zu räumen begannen und sich innerhalb einer Minute, wie vom Boden überall verschlungen, lautlos und spurlos verloren. Der Vermittler und Verhinderer der Fortsetzung des Blutvergießens stieg von der Treppe herunter und trat unter die bewaffnete Mannschaft. Er ging auf den jugendlichen Hauptmann derselben zu — ein Gemurmel folgte hinter ihm drein:

„Er meint's doch anders, als wir gedacht — er ist doch ein braver Kerl — der Bürger Laval lebe!" — und er reichte Henri Comballot die Hand. Dieser nahm die dargebotene etwas zögernd und sagte:

„Daß uns aus Ihrem Hause solche Unterstützung kommen würde, hätten wir kaum erwarten zu können geglaubt." Doch Laval fiel rasch ein:

„Unterstützung? Deren bedurfte Ihr Muth wahrhaftig nicht, mein lieber Hauptmann! Ich habe manchen alt-renommirten Kriegsmann gesehn, allein ich muß sagen, die Umsicht und Unerschrockenheit eines jungen Bürgers hätte ihn heut Abend beschämen können. Mit Ihnen und mit solchen Leuten wollte ich die Ruhe in Paris aufrecht halten, daß sich keine der abscheulichen Scenen dort wieder ereignen sollten, die in letzter Zeit dem reinen Schilde der Freiheit ihren Schmutz aufgeheftet haben."

Ein unwillkürliches Lächeln der Befriedigung stahl sich nach der Aufregung des Kampfes um Henri Comballot's Lippen. Lacordaire war ebenfalls herzugetreten und Laval begrüßte auch ihn mit einem Glückwunsch, doch der Arzt erwiederte den Gruß nur kurz und versetzte:

„Graf Laval hat völlig Recht in dem was er gesagt, denn im Grunde ist die fragliche Unterstützung weniger uns als dem Pöbel zu Theil geworden, da derselbe ohne die vermittelnde Dazwischenkunft den Kampf auf's Neue begonnen und dieser augenblicklich unzweifelhaft mit einer vollständigen Niederlage für ihn geendigt haben würde. Einmal wird eine solche doch nothwendig werden, und ich weiß deshalb nicht, ob unter den gegebenen Umständen wirklich von einem Glückwunsch für unsere Stadt die Rede sein kann."

Aus dem Augenwinkel des Bürgers Laval zuckte ein unmerklicher Blitz, dann entgegnete er lachend:

„Sie sind skeptisch, wie alle Aerzte, Doctor Lacordaire, und Ihre Ungläubigkeit nimmt mich nicht Wunder. Aber andrerseits sind Sie durch Ihren Beruf auch zu sehr an den Anblick des Blutes und des Todes gewöhnt, als daß Sie den Abscheu eines Nicht-Arztes bei solchem Schauspiel ganz zu begreifen vermöchten. Ihre Anschauung mag klüger sein, doch, verzeihen Sie mir, für uns gewöhnliche Naturen scheint es mir fast menschlicher, auch mit der Canaille Mitleid zu haben, wenn man sieht, daß sie durch besinnungslose Trunkenheit verleitet wird, wie ein Stier auf ein rothes Tuch loszufahren und sich gleich dem Vieh abschlachten zu lassen. Sie nennen mich Graf, obgleich Sie wissen, daß ich diesen armseligen Titel abgelegt habe, und ich fühle den Stachel, welchen Ihre Anrede zu führen beabsichtigt, daß der einstige Graf derartige Sympathie mit der von Ihnen verabscheuten Gemeinheit offenbart. Allein ich kann Ihnen nur antworten, daß ich nicht mit dem hohlen Namen mich zugleich auch meiner menschlichen Empfindung entäußert habe, und daß wenn Sie mir Ihre Anerkennung verweigern zu müssen glauben, ich mich mit der Ueberzeugung meines eignen Bewußtseins begnügen muß, der Vernunft wie der Unvernunft unserer Stadt in gleicher Weise behülflich gewesen zu sein, Widernatürliches und Unmenschliches zu verhindern."

„Er hat Recht," murmelten mehrere Stimmen umher. Wie eine zu fröhlicher Volksbelustigung im Freien versammelte Menge beim Ausbruch eines plötzlichen Gewitters in unbegreiflich schnellerer Weise in tausend Schlupfwinkel verschwindet, um bei'm ersten wiederkehrenden Sonnenstrahl ebenso schnell sich auf's Neue zu vereinigen, so hatte der Markt sich im Zeitraum von fünf Minuten abermals dicht mit friedlichen Bürgern angefüllt, die händeschüttelnd, gratulirend und Lobsprüche ausspendend sich unter die Hüter der Ordnung mischten und im Vollgefühl des sicheren Schutzes, der sich eben so glänzend bewährt, eifrig ihre vorhin unterbrochenen Erörterungen fortsetzten. Nur die Frauen und Töchter waren, von dem vorherigen Schreck noch gewarnt, in den Häusern jetzt zurückgeblieben, doch sie füllten statt dessen die Fenster derselben und die zahlreichen Fackeln beleuchteten eigenthümlich das Bild eines anmuthigen Kranzes hübscher Gesichter, der den menschenbedeckten Platz umrahmte. Es gewährte den Eindruck eines friedlichen abendlichen Festes, zu dem nur der sich mehr und mehr verstärkende, in Stößen um die Dächer pfeifende Wind nicht harmonirte, aber dem fremd Hinzutretenden hätte kein Gedanke aufzutauchen vermocht, daß sein Blick einen Raum überschweife, der vor kaum einer Viertelstunde der Schauplatz eines blutigen Kampfes mehr noch zu werden gedroht, als er es bereits gewesen.

„Ja, Laval hat Recht — er hat uns allen einen Dienst geleistet!" murmelte es um Lacordaire, und dieser fühlte, daß die mit seinem Takt und doch zugleich mit offener Freimuth gesprochene Erwiederung des blonden Grafen eine einfache Wahrheit enthielt, welche vom menschlichen Standpunkte die Erwägung ihrer Klugheit oder Nützlichkeit unwillkürlich beschämte. Dem Trieb seiner edlen Natur rasch nachgebend, streckte der Arzt die Hand aus und entgegnete etwas verwirrt:

„Verzeihen Sie mir, Graf Laval oder schlechthin Laval, wie Sie vorziehen, daß man Sie benennt — wenn Ihr Zweck ein guter war, so war es auch die That —"

Der sonst so klar über den Ausdruck seiner Gedanken Gebietende fand offenbar im Augenblick nicht die richtigen Worte, da in diesen noch immer ein Mißtrauen, ja ein fast noch stärker als zuvor beleidigender Zweifel lag, während der Ton der Stimme unverkennbar das Gegentheil auszudrücken beabsichtigte, und es war ihm sichtlich höchst erwünscht, daß ein unerwarteter Vorgang in seiner Nähe ihn unterbrach. Die Menge wich an einer Stelle artig auseinder und eine helle weibliche Stimme wiederholte näher herankommend mehreremale: „Bitte, lassen Sie mich — ich danke — bitte, Monsieur, ich habe Eile." Die Augen der Frauen und Mädchen in den Fenstern richteten sich neugierig alle auf den hellfarbigeren Punkt, der die dunklere Männerkleidung drunten durchbrach und in leichter Schlangenlinie, der Hauptsache nach jedoch unverrückt die Richtung grade auf die Mitte des Marktes innehielt, in der Lacordaire, Laval und Henri Comballot in einer kleinen Lichtung der Menge zusammenstanden. Nun schlüpfte plötzlich ein Mädchenkleid aus dem Rande dieses freien Kreises hervor und die Trägerin desselben stand einen Moment herzklopfend still und suchte mit großen, kühnen, freudestrahlenden Augen diejenigen des jungen Hauptmanns der Nationalgarde, dann flog Eve Jacmon auf Henri Comballot zu, schlang beide Arme fest um seinen Nacken und drückte, lachend und aufschluchzend zugleich, den Kopf glückselig an seine Brust.

Es war, wie gesagt, Lacordaire durchaus nicht unlieb, in seiner Erwiederung unterbrochen zu werden, aber zugleich überraschte ihn in Wirklichkeit die Art dieser Unterbrechung selbst, so daß er, wie alle Umstehenden, eine Weile sprachlos auf die Beiden blickte, von denen Henri Comballot, unge-

wiß ob er wache oder träume, ebenfalls nur stumm die plötzliche Erscheinung mit seinen Armen umfaßt hielt. Doch er that es mit einem Glanz in den Augen, der jedem besagte, daß er sie gegen eine Welt vertheidigen werde, wenn diese etwa die Absicht hegen sollte, ihm wieder zu entreißen, was in so traumhafter Unbegreiflichkeit ihm wie vom Himmel zugefallen. Eve aber hob jetzt die Stirn, sah mit purpurnem Gesicht doch ohne ihre frühere Zaghaftigkeit, ja übermüthig und wie in trunkener Seligkeit zu Lacor=
daire auf und sagte mit einer Stimme, unter der es sich wie das Jauchzen einer Kinderseele hervorrang:

„Er ist ja mein Liebster, mein Bräutigam, mein Alles — ach, ihr wißt's nicht, wie Einem das Herz klopft, wenn man so droben steht und herunterblickt und sieht, wie sie alle auf ihn zustürzen mit den wilden, häßlichen Gesichtern, und weiß, er ist so furchtsam, so zaghaft, so muthlos, wie kein andrer Mann sonst in der Welt, wie nur das Herz Einem selbst in der Brust klopft. Da fühlt es auf ein=
mal, wie stark und kühn und muthig es selber ist und gelobt sich plötzlich es zu sein und will es fortan immer sein, wenn — o wenn — ja wenn — und da jauchzt es auf, denn er, dessen Lippen so stumm und blöde und feig sind wie die des thörichten ängstlichen Mädchens, das ihn so lang' schon lieb gehabt und ebenso lang' schon weiß, daß er nur sie lieb hat — er ist da drunten der Bravste,

der Tapferste, der Beste von allen — und da muß sie hinunter um es ihm zu sagen, zum Lohn es ihm vor allen Ohren zu sagen, ebenso muthig jetzt auch, wie er, und so glücklich und so stolz auf ihn — und da bin ich, Henri, denn ich weiß ja, daß Du in diesem Augenblick auch den Muth hast, zu sagen, daß es so ist —"

Sie lachte, schluchzte, schwatzte und drückte den Kopf in trunkener Freude an seine Brust zurück, doch außer ihr selbst lachte kein Mund in dem kleinen Kreise, der sie als Zeuge des unerwarteten Vorgang's umschloß. Es lag ein so unaussprechlicher kindlicher Herzensjubel im Klang ihrer Stimme, ein so reiner, himmlischer Strahl des Glück's in ihrem Kinderantlitz — nach einer Stunde vielleicht mochte das Herz ihr in der Erinnerung dessen, was sie gethan, wieder ängstlich in Scham und Bangigkeit klopfen, aber in diesem Moment dachte, erwog und fürchtete sie nichts, sondern that nur was sie thun mußte, was Stolz und Seligkeit der Liebe ihr geboten. „Brav', Mädchen! Küsse ihn, Eve Jacmon, er hat's verdient! Er verdient Dich und Du ihn, Eve!" tönte es freudig zustimmend um sie her und alle Augen blickten gerührt auf die beiden Liebenden, die so oft wo sie ganz allein gewesen, sich wortlos und scheu gegenüber gestanden, und nun vor den Augen der Stadt sich zum erstenmal umschlangen und küßten, als wären sie einsam droben auf Eve Jacmon's

rosenduftigem Stübchen oder im sonnigen Grund, über dem
nur die weißen Himmelswolken fortzögen und um den nur
unsichtbar jubelnde Lerchen in's Blau hinaufstiegen. Sie
hielten sich und so einsam auch schien es ihnen in der
dichten Menschenschaar — der Wind fuhr in kalten Schauern
über sie hin, aber ihnen war's, als streife Frühlingsluft
und Veilchenduft um ihre Stirn, die Herbstnacht schwand
und die ewige Sonne leuchtete ihnen bis in's Herz hinab.
Lacordaire's Hand glitt haftig an seine Wimper, er trat
zu den beiden, die sich jetzt ließen und verwirrt wie aus
einem Zaubertraum um sich blickten, und sagte, ihre Hände
fassend, mit liebreich bebender Stimme:

„Nein, ihr träumt nicht — es ist ein Märchen und
doch wahr. Seid glücklich und glaubt an seine Wahrheit,
wie Kinder es thun, und seine gütige Fee schütze euch beide!
Jetzt geht, ihr Glücklichen — führ' ihn heim, Eve, daß euch
keine Minute des schönsten Abends eures Lebens entrinnt!"

Er wandte sich bewegt ab, ein junger Bürger trat
heran und sagte mit komischem Ernst militärisch salutirend:
„Auch ich erlaube mir Glück zu wünschen, mein Hauptmann,
und bitte um die Auszeichnung, mir das Commando für
heut' zu übertragen, da unser Feldherr durch einen plötz=
lichen Ueberfall zum Gefangenen gemacht worden ist und
deshalb als unfähig betrachtet werden muß, in diesem
Augenblick noch die nöthige Geistesgegenwart zu besitzen.

uns vorschriftsmäßig in'Reih' und Glied zu sammeln, auf=
zulösen und nach Hause zu schicken."

„Ja, komm, Henri!" bat Eve glücklich, den Arm des
Geliebten fassend und ihn fortziehend. Allein er löste sich
sanft von ihr und erwiederte flüsternd: „Geh' voran,
Eve, und erwarte mich in Deinem Stübchen! Ich komme
gleich, Eve, nur meine Pflicht muß ich vorher thun."
Sie ließ ihn jedoch nicht. „Nein, es ist jetzt Deine
Pflicht, bei mir zu bleiben, mich nicht zu verlassen, keinen
Augenblick mehr." Und sie hielt ihn, und in dem Blick,
den er nicht von ihr loszumachen vermochte, lag es deutlich
bestätigt, daß der junge Bürger zuvor Recht gehabt und
daß sein Hauptmann sich den eben erst errungenen Sieg
wiederum habe entreißen lassen, um in die Gefangenschaft
eines lächelnden, bittenden, mit weißen Händchen und
schelmischen Augen kämpfenden Gegners zu gerathen, der
jeden Befreiungsversuch im Keim erstickte, da er nicht nur
die Arme, sondern noch fester mit unsichtbaren Händen die
Seele des Gefangenen selbst in seinem Zauberbann hielt.
Und Henri Comballot schwankte und kämpfte noch und sagte
doch auch zugleich schon widerspruchsvoll: „Nein, Bernard, ich
danke Euch, die Pflicht muß das erste sein — aber wenn Ihr
meint, daß ich sie Euch' — ja, wenn Ihr wolltet, Bernard —"

Eve Jacmon lächelte und Lacordaire that es, wie alle
jetzt, die als Zeugen des neuen, anmuthigeren Kampfes

sich umherdrängten, in dem der junge Held zu unterliegen, aber besiegt einen noch schöneren Preis davon zu tragen im Begriff stand. Der Arzt fiel ein: „Geh' Henri, Du hast das Herz auf dem rechten Fleck; da braucht man nur dem zu folgen, was es selbst gebietet, und Du brauchst es nicht in Worten auszudrücken, denn Deine Augen reden klar genug, Freund, was es in dieser Stunde befiehlt. Geh'!"

Er verbündete sich mit Eve und schob den kaum mehr Widerstrebenden freundlich fort, doch im selben Moment entstand eine Art von Unruhe an dem Punkt des Marktes, wo die Gasse in diesen mündete, durch welche Lacordaire sich bei seiner Ankunft in unerwarteter Weise hatte Bahn brechen müssen, Fragen und Antworten tönten durcheinander, die Menge wich bereitwillig auseinander und ließ einen Reiter hindurch, der langsam vorwärts gelangend, sein schweißbedecktes, von hastigem Ritt noch an allen Gliedern zitterndes Pferd auf die Mitte des Platzes zulenkte. Lacordaire hatte bei seinen letzten Worten unwillkürlich den Blick in die Richtung des Geräusches gewandt, dann hielt die Hand, welche soeben Henri Comballot von sich gedrängt, die Schulter desselben wiederum mit instinctiv krampfhafter Bewegung zurück. Im flackernden Fackellicht hatte er die unruhig mit dem Blick voraus suchenden Züge des Herannahenden erkannt und sah ihnen einen Moment regungslos wie einer unheimlich auftauchenden Erscheinung entgegen, während das Blut aus seinem Gesicht zurückfloß. Doch im nächsten Augenblick eilte er selbst, dem Reiter zuvor zu kommen und rief ängstlich-hastig:

„Was bringt Ihr, Jüpin? Sucht Ihr mich? Ist jemand krank?"

Der junge Bauer brauchte kaum zu antworten, denn noch ehe er sich vom Pferd herabgeschwungen, hatte der Arzt schon die Antwort auf seine Fragen in der Miene des Boten gelesen. Nun flüsterte er eilig einige Secunden mit ihm, die ruhige Besonnenheit war von ihm gewichen, er legte den Mund an Henri Comballots Ohr und raunte diesem ebenfalls hastige Worte zu, welche der junge Glückliche mit einem schmerzlich entsagenden Seufzer erwiederte.

Eve Jacmon's Augen hafteten mit ahnungsvoller Unruhe auf dem verwandelten Gesichtsausdruck des Geliebten, sie stammelte ängstlich eine Frage und er beugte sich zu ihr, flüsterte auch in ihr Ohr eine Mittheilung und sie schluchzte auf, klammerte die Arme um seinen Nacken und flehte besinnungslos: „Geh' nicht — o geh' nicht, Henri!"

Auch Lacordaire stand schwankend, ein tiefes Mitleid kämpfte mit der fiebernden Erregung, die sich jetzt seines Antlitzes bemächtigt hatte. „Ja, bleib'", murmelte er, „was geht es Dich an, in dieser Stunde an? Es wäre zu grausam — laß Bernard das Commando führen —"

Doch Henri Comballot hatte seine ganze Festigkeit

wieder erlangt. Er tauschte einen tiefen, in die Seele hinabbringenden Blick mit der Geliebten aus, die er seit kurzen Minuten sich zu eigen gewonnen, und sagte ernst:

„Jetzt ist es Pflicht, Eve —"

Aber er redete nicht aus, denn sie fiel ihm fast gleichzeitig in's Wort. „Vergieb mir, Henri, und vergiß, was der Schreck, der Schmerz gesagt, nicht ich. Ich bin kein furchtsames Mädchen mehr — geh', Henri, thue was Du mußt — ich habe Muth — wäre ich denn Deiner werth, wenn ich ihn nicht hätte? Du bist mein Held — sollte ich wollen, daß er um mich feig würde, die nach Hülfe zu ihm rufen, verließe? Sie ist ja besser, schöner, edler als ich —"

Eve hatte noch schluchzend begonnen, dann aber zuckte es nur um ihre Mundwinkel und sie beherrschte sich gewaltsam. Doch bei den letzten Worten erstickte ihre Stimme wieder in übermächtig hervorbrechenden Thränen, sie umschlang ihn auf's Neu und küßte ihn und stammelte: „Geh', und rette sie — und sag' ihr, wenn sie Einen lieb habe, so über Alles in der Welt, dann wisse sie, wie es Eve um's Herz gewesen sei, als sie Dich zu sich gerufen und ich gesagt: Geh' — —"

Niemand gab augenblicklich mehr auf die beiden Acht. Eine halblaute Parole war von Mund zu Mund weiter durch die halb aufgelösten Reihen der Nationalgarde ge=

laufen und dieselbe zog sich ohne Zuthun ihres Führers von selbst in festere Glieder zusammen und schied die nicht zu ihr gehörigen Elemente aus. Lacordaire schritt an den Vordersten entlang, auf jedes seiner Worte erwiederte unbedingte Zustimmung, und Bereitwilligkeit blickte in gleicher Weise aus den Gesichtern derer, die noch ohne genauere Kenntniß über das geblieben, um was es sich handelte. Zu diesen zählte offenbar auch der Bürger Laval, der bisher neben dem Arzt gestanden, sich jetzt indeß nicht an diesen, sondern so daß Lacordaire es zu hören vermochte, an einen der jungen Bürgergardisten mit der Frage nach dem Wiederanlaß ihrer Aufrangirung wandte. Doch ehe der Angeredete zu entgegnen vermochte, drehte der Arzt sich schnell um und versetzte:

„Es bietet sich Ihnen jetzt Gelegenheit, Laval, den Dienst, welchen Sie der Stadt zuvor geleistet, zu krönen, indem Sie, falls sich dies als nöthig herausstellen sollte, Ihren wohlthätigen Einfluß abermals zur Geltung brächten, um in unserer Abwesenheit etwaige Ruhestörungen im Keim zu unterdrücken. Sie würden, wenn solche einträten, mehr als vorhin noch dadurch im wohlverstandenen eigenen Interesse der Aufrührer handeln, denn eine Wiederholung der Auftritte von heut' Abend würde uns nach unserer Rückkehr nöthigen, unerbittlich der ferneren Möglichkeit derartiger Scenen ein Ende zu machen; Sie haben gesehen und selbst gesagt, daß wir die erforderliche Stärke dazu besitzen und ich kann Ihnen auf mein Wort versichern, daß es uns an der rücksichtslosesten Energie und dem Muth die wirkliche Freiheit nöthigenfalls durch vollständige Vernichtung ihrer falschen Freunde ungefährdet zu erhalten, ebenfalls nicht mangeln wird. Ich vertraue deshalb für diese Nacht unsere Stadt und die in ihr befindliche Unvernunft Ihrer Obhut und glaube Ihnen damit zugleich den besten Beweis meiner Anerkennung des Verdienstes, das Sie sich vorhin erworben, auszusprechen."

Es lag eine wohlberechnete und nicht mißzuverstehende Warnung in den Worten verborgen, doch in den Ton derselben mischte sich kein Klang des früheren Mißtrauens, sondern sie legten unverkennbar die Absicht an den Tag, eine Begütigung des vorher ausgedrückten Zweifels zu vollziehen, ein Zweck, den sie auch im vollsten Maße erreichten, denn Laval ergriff die Hand des Sprechers und versetzte:

„Ich freue mich des freilich etwas später, als ich es verdient gehabt hätte, erfolgenden Vertrauens, Lacordaire, das Sie mir kundgeben. Sie täuschen sich nicht, sondern ich tausche mein Wort, sowohl das alte eines Cavaliers wie das neue eines Freundes der Freiheit mit dem Ihrigen, daß, so weit mein Einfluß reicht, die Ordnung und Sicherheit in unserer Stadt heut' Nacht nicht gefährdet sein wird, und auch ich füge Ihnen die Versicherung hinzu, daß ich nöthigenfalls mit rücksichtslosester Energie diese Zusage, welche ich Ihnen gemacht, aufrecht erhalten werde."

"Ich danke Ihnen." Der Arzt drückte jetzt herzlich die Hand Lavals; in dem Ton, mit dem dieser sein Wort auf das gegeben, was er verheißen, hatte etwas so Ueberzeugendes gelegen, daß der Psycholog nicht länger an der strikten Erfüllung desselben zu zweifeln vermochte. Nun trat auch Henri Comballot aufbruchbereit hinzu — Eve Jaemon war verschwunden, sie befand sich wieder droben an dem Fenster mit den Rosen davor, doch sie blickte nicht heraus, denn die Kraft, mit der sie sich drunten beherrscht, war dahin und sie lag auf die Knie gesunken und weinte laut, so laut daß man es bei nächtlicher oder mittägiger Stille vielleicht durch das offene Fenster bis auf den Markt hinüber vernommen hätte. Jetzt aber nicht, denn drunten erklangen Commandoworte, denen Zurufe aus hundert Kehlen folgten; dann tönte der feste Schritt eines militärisch geschlossenen Körpers herauf und Eve raffte sich gewaltsam empor. Am Ausgang des Marktes schon glänzten die weißen Federn auf dem Hut des jungen Hauptmann's, nun tauchten sie zum letztenmal auf und bogen um die Ecke. Noch loderte eine Anzahl von Fackeln und erhellte den dunklen Zug — einem nächtlichen Leichengefolge glich er — dann verschwanden auch sie, eine um die andere in der nämlichen Richtung. Jetzt die letzte, und der Platz ward finster und leer, eilig, wie furchtsam huschten nur noch einige Gestalten kaum mehr wahrnehmbar im Dunkel herüber und hinüber, Thüren schlossen sich geräuschvoll, man hörte, daß die Hand des Schließenden besondere Sorgfalt darauf verwendete, und der Wind allein, der in der Stille jetzt deutlicher hörbar zum Sturm anschwoll, durchbrauste mit seltsamen Klagetönen, manchmal dumpf dröhnend, als mühe er sich, die Grundmauern der alten Stadt zu erschüttern, dann wieder, gleich dem Gehenl eines Hundes widrig unheimliche Laute ausspinnend, die dunkle Einsamkeit.

Es war, als ob er der kleinen Lauscherin droben am Fenster etwas zuraune, worauf sie ihm mit leiser Stimme antworte. „Muth?" sagte Eve vor sich hin, „Furcht vor Nacht und Sturm, wenn er vielleicht in Gefahr, verwundet, hülflos ist? Wenn er nach mir riefe und ich ihn retten könnte?"

Sie wandte sich und that hastig einige Schritte auf die Thür ihres Zimmers zu. Dann goß die kleine Lampe auf dem Tisch ein aufsteigendes Roth über ihre Kinderzüge und ein Zagen mischte sich in den kühnen Entschluß, der aus ihren hellen Augen geleuchtet. Sie murmelte innehaltend:

„Doch wenn jemand mich erkennt, — werde ich nicht vor Scham sterben müssen — ?"

Allein im nächsten Moment schüttelte sie ruhig die unschuldsvolle Mädchenstirn. „Wäre das Muth, ihn sterben zu lassen, aus Furcht vor Dingen, die Andere sagen könnten? Ich weiß es seit heut', die Liebe hat andere Gesetze, wenn ihr Gefahr droht, als die Schicklichkeit, und sie fragt nicht, was man von ihr sprechen wird, sondern sie thut, was sie muß. War es denn minder unschicklich, wie die Leute sagen, was ich vorhin gethan? Und gälte es mein Leben, wär' es noch einmal so, ich müßt's doch wieder thun. Und wenn er mit den freundlichen Augen mir zugelächelt, es sei recht, da kann's nicht schlecht, keine Sünde gewesen sein. Er würde auch jetzt, mein Herz klopft's, sagen: „Thu's, Eve, Du selbst mußt es wissen!" Ob er noch nie geliebt hat? Woher wüßt' er es denn, daß man es selbst wissen muß?"

Eve Jacmon huschte vorsichtig und aufhorchend aus der Thür, nach einigen Minuten kam sie aus dem gegenüberliegenden Zimmer ihrer Brüder mit einem Arm voll denselben angehöriger Kleidungsstücke zurück. Sie wählte schnell einen Anzug daraus aus, schloß die Thür ab, zog die Vorhänge an dem Fenster zusammen und that das Nämliche, was Madame Jeannette Maulac ungefähr um die nämliche Stunde that, nur mit so ängstlicher Scheu, als ob ihr eignes Bild im Spiegel schon ein Zeuge ihres Thun's sei, vor dem sie sich fürchte — dann glich sie, einen Filzhut tief in die Stirn drückend täuschend ihrem jüngsten Bruder, löschte eiligst die Lampe, horchte nochmals an der Thür und schlüpfte die Treppe hinunter. Draußen empfing sie kalt der Wind, doch Eve Jaçmon's Muth stammte aus dem Herzen, das so warm schlug, daß die frostigen Schauer der Octobernacht ihm nichts anzuhaben vermochten. Sie lief, so schnell ihre kleinen Füße sie zu tragen im Stande waren, durch die finstern, menschenleeren Gassen in der Richtung, welche die weißen Hutfedern eingeschlagen hatten; Niemand begegnete ihr, von Notre Dame schlug es windverhallend neun Uhr, unbemerkt erreichte sie die letzten Häuser der Stadt. Nun rauschte die Loire ihr im Dunkel zur Rechten entgegen, aus den Schänken am Rande des Flusses blitzten Lichter, eine gedrängte Masse von Gestalten bewegte sich um die Baracken. Eve's Weg führte hart daran vorbei und sie hielt zaudernd an, auch hinter ihr ertönten jetzt Schritte, sie huschte zur Seite und kauerte sich in den Graben, der die Straße begrenzte. Mehrere Männer schritten, ohne sie wahrzunehmen, an ihr vorüber, Einer sprach gedämpften Tones und sie erkannte die Stimme des Bürgers Laval, die sie vorhin vernommen, als er von der Treppe seines Hauses zu den Kämpfenden gesprochen. Er sagte:

„Ich habe dem guten Lacordaire mein Wort gegeben, daß heut' Nacht die Ordnung in der Stadt durch nichts gestört werden solle, und ich werde dies Wort einlösen und unerbittlich mit eigner Hand jeden Dummkopf nieder= stoßen, der Miene machen sollte, wie vorhin meinem aus= drücklichen Verbot zuwider zu handeln. Die Zügellosigkeit dieser betrunkenen Narren, die über den Arzt herfielen, stand im Begriff, Alles umzustoßen und uns die Schlinge um unsern eignen Hals zuzuschnüren. Sagt es jedem, daß ich Gehorsam verlange, vor Allem jetzt Ruhe, oder ich ziehe meine Hand von der Sache ab —"

Sie gingen vorüber. Die Worte hatten einen sonder= baren Klang, von dem Eve nicht wußte, ob er sie beruhige oder ihr im Gegentheil eine unbestimmte Besorgniß ein= flöße, doch sie fühlte, daß es jedenfalls am Gerathensten sei, die Nähe desjenigen, der offenbar einen mächtigen Ein= fluß auf die Gestalten, vor denen sie sich fürchtete, aus= übte, zu benutzen, um gleichsam unter seinem Schutz, ohne sein Vorwissen freilich, an den von Menschen umlagerten Schänken vorüber zu gelangen. Entschlossen trat sie wieder in die Mitte des Weg's und folgte den Voranschreitenden nach. Die Lichter aus den Häusern blitzten näher, sie drückte den Hut noch tiefer in die Stirn, unter dem breiten Rande desselben musterte sie herzklopfend die Figuren, denen sie zuschritt. Es waren die nämlichen häßlich= unheimlichen Gesichter, welche am Abend den Kampf auf dem Marktplatz begonnen, nur als ob der seltsame Bann

eines Magiers auf ihnen liege, jetzt von einer fast ge=
spenstischen Ruhe. Sie zischelten untereinander, und die
verschiedenartigen Waffen, welche alle in den Händen trugen,
warfen ab und zu Reflexe. Nun verstummte auch ihr
Geflüster, als der Bürger Laval zwischen sie hineintrat —
Was wollten sie, weshalb versammelten sie sich hier?
Eve dachte nur flüchtig=vergeblich darüber nach, ihr Be=
streben der Aufmerksamkeit zu entgehen, nahm all' ihre
Gedanken in Anspruch. Sie erreichte leichter als sie zu
hoffen gewagt, ihren Zweck, denn Laval's Erscheinen hatte
alle Blicke der sich um ihn Drängenden von dem Wege
abgelenkt, sie huschte nach links vorüber und befand sich
in kaum einer Minute allein auf der dunklen nach Süden
führenden Landstraße. Doch trotzdem lief sie noch immer
in athemloser Hast, tiefschwarz stiegen an beiden Seiten
die Felswände der Straße auf, die Loire brauste und
schäumte weißlich aus der Tiefe, ein Eulenschrei klang hoch
herab vom Gestein. Es kam Eve plötzlich, als sehe aus
dem Schaum des Wassers ein blasses, aufgedunsenes Gesicht
zu ihr in die Höh', es war todt, aber ungeachtet dessen
lachten seine Lippen mit widerwärtigem Ausdruck. Sie
erkannte es auch und zugleich, daß es nur eine Spuckgestalt
ihrer Einbildung sei, die das Gedächtniß ihr vorgegaukelt,
weil sie sich erinnerte, daß man damals hier irgendwo die
Leiche des Advocaten Demogeot gefunden, an dem Morgen

Eve Jacmon unterbrach sich mit einem leisen fröh=
lichen Lachen, als sei alle Angst, die sie erlebt und bis
hierher gebracht, nur ein Traum gewesen, dessen Schreckniß
bereits von ihr abgesunken — „und da ich einmal so weit
gekommen, möchte ich die schöne Gräfin Diana doch auch
einmal sehen und wissen, ob die Augen, mit denen Henri
sie ansieht, mir vielleicht Stoff zu einer ersten Ermahnung
unter vier Augen geben können, wie es nöthig sein soll,
daß Frauen sie manchmal für ihre Männer in Bereit=
schaft haben."

Da tauchten auch die weißen Federn drüben am Be=
ginn der nächtigen Colonne auf, und Eve Jacmon lachte
wieder furchtlos, übermüthig, glückselig wie ein Kind über
einen köstlichen Einfall und folgte, immer die letzten Fackeln
im Gesicht behaltend und mühsam die Ungeduld ihrer Füße
zügelnd, hinterdrein.

Vierundfünfzigstes Kapitel.

Nun kommt es vielgestaltig durch die Nacht, drüben aus den Nebelschluchten, die der Mont Mezin zum Tanague, zum Gerbier des Jones hinüberwirft, an dessen Fuß die Loire aus der Tiefe heraufbringt. Wie mit dem Wind taucht es aus den Klüften der Sevennen und steigt in's Thal hinab. Ist's eine Rotte von Wölfen, die Wildkatze oder der Luchs, die geräuschlosen Fußes mit Augen, die im Dunkel sehen, an den schlüpfrigen Abstufungen hinschleichen? Ein Stein bröckelt los und rollt aufschlagend in die Tiefe, doch den Tritt des nackten Fußes, der ihn gelöst, vernimmt das Ohr nicht, oder der Wirbel, der die Hochfläche von Ost und West zugleich umkreist, reißt den leisen Klang mit sich. Herbstaufruhr tobt in den Lüften, wie die Jagd des gespenstischen Reiters, aus den Wolken rieselt's naß und schneidend dazwischen, kalter Regen mit Schnee gemischt. Eine Nacht, wie geschaffen für das Raubthier, aus seiner tagscheuen Höhle hervorzubrechen und unbemerkt an die Mauer hinanzukriechen, hinter der es, gierig in die Luft witternd, seine Beute im Schlaf weiß.

Drunten, wo das Thal beginnt, sammelt's sich in dunklen Haufen und zieht am plätschernden Fluß entlang. Er ist noch klein wie ein Bach, doch aus jeder Seitenschlucht strömt es ihm zu und verbreitert ihn, und wie mit den im Dunkel schäumenden Wassern schwillt die Masse, die sich an ihnen gen Norden fortbewegt. Eine Stunde vergeht und ein Theil einer zweiten, da hält der lebendige Strom, zu Hunderten schweigsamer Gestalten angeschwollen, an der Ecke, wo sich von der königlichen Landstraße der Weg seitwärts nach dem Dorf Saint Pierre abzweigt.

„Halt! Seid ihr's?" Drei Männer lösen sich wie Schildwachen von der Felswand und treten den Herannahenden entgegen; die Stimme des Abbé d'Aubriot fragt: „Sind alle zur Stelle?"

„Die Köpfe ab!" antwortet es sonderbar klingend, wie ein bräuchlicher Gruß aus der Finsterniß, und ein Anderer:

„An zweihundert sind wir. Wittern die Zobelfüchse Unrath?"

Es ist eine rohe, unflätige Stimme, doch der zierliche

Abbé legt die Hand lachend auf den zerlumpten Aermel des Sprechers und entgegnet:

„Die Pelze sollen euch nicht entwischen, aber es handelt sich nicht um die Füchse allein. Wir haben eine Wolfsfalle aufgestellt und warten, daß der Bursche seine Tatzen hinein steckt, um ihm die Krallen abzuhacken. Kommt und seid still! Heut' Nacht giebt es Arbeit und dann keine mehr so lang' ihr lebt. Dies ist der brave Gouton, den ihr kennt, dem sie sein Weib gemordet, und dies der Bürger d'Aubigné, der das Volk liebt, wie ich und die Aristokraten und Blutsauger haßt wie ihr. Wir werden euch führen und was wir euch thun heißen geschieh zu eurer aller Vortheil. Kommt und hört das Weitere!"

Er nimmt den Arm des Vordersten aus der Schaar die von den Sevennen gekommen. „Die Köpfe ab!' murmelt es wieder, und eine andere Stimme spricht heiser in den Wind: „Ankou!" Dann nähert es sich geräuschlos dem Dorf und wie es die Häuser am Bach erreicht schlägt die Uhr drüben vom Kirchthurm die elfte Stunde der Octobernacht. —

Urbain Guéraud zählte die Schläge, wie einige Herbstabende zuvor um die nämliche Stunde König Ludwig der Sechzehnte von Frankreich es im Schlosse von Versailles gethan. Der Sturm machte eine eigenthümliche, fast minutenlange Pause, als lausche auch er, und man hörte deutlich Schlag um Schlag. Es lag etwas Feierliches darin, kräftig und in vollem Metallklang anshallend; die Glocke stand, mit menschlichem Dasein verglichen, offenbar noch in der Blüthe ihrer Jahre und hatte die Anwartschaft, noch einer langen Reihe vorüberziehender Menschengeschlechter Geburts- und Todesstunde zu künden, ehe sie dies Amt mit ihrem letzten Schlag auch an sich selbst auszuüben würde.

Urbain, der neben Felicien noch drunten im Saal des Schlosses sich befand, dachte es, und seltsam begegneten fast genau über seinem Haupt ihm die Gedanken Diana's. Sie hatte die Kerzen in ihrem Zimmer gelöscht und ein Fenster geöffnet, an dem sie stand und in die Nacht hinaus blickte. Erinnerungen und Gegenwart gingen an ihr vorüber, manchmal vereinzelt, weit getrennt, dann wie Zwillingsschwestern Hand in Hand. Nur war das Antlitz der Einen lächelnd, lenzesheiter und die Andere neigte ernst und gedankentrüb die Stirn.

Nun schlug die Uhr und auch Diana zählte. Sie sagte vor sich hin: „Wie viele, die gleich den Blättern des Sommers hier verflogen sind, haben auf den Klang gehorcht. Hoffnungsvoll und in banger Erwartung, fröhlich und mit Thränen, diese mit heißem Wunsch, die fliehende Stunde zu halten, jene sie rascher zu beflügeln, Mancher ahnungslos, daß er den altvertrauten Schlag zum letztenmal vernommen. Und so kommen sie ewig neu und gehen, und ich gleich ihnen. Wozu? Um zu leben — für Andere zu leben, gleichgültig selbst, ob die Uhr den Beginn eines Frühlingsmorgens oder den Schluß eines Herbsttages kündet?"

Hand in Hand ging das Zwillings-Geschwisterpaar draußen im Dunkel vorüber, da gesellte sich aus dem verhallenden Glockenton etwas Drittes hinzu und warf Nebel über jenes. Es war das Gedächtniß einer Sommernacht, nur der Mond fehlte, der sie geisterhaft bestrahlt, doch das Bild kam Diana zurück, das traumhaft aus den Gängen des Parkes damals vor ihr aufgestiegen. Ludwig der Vierzehnte und sein „Freund" Le Nôtre und um sie her das verschollene Gewimmel, das lautlos die Wege füllte. Die Augen der Hinausschauenden gewahrten es trotz der Finsterniß, es war wiederum da, regte, drängte und vermehrte sich zwischen den dürren Heckenwänden und kam geräuschlos heran. Nur wußte sie jetzt, daß es eine Vision sei. —

Da schlug der Wind ihr wie mit geballter Hand plötzlich in's Gesicht und ein heftiger Stoß von Zugluft fuhr durch das Zimmer. Die Thür mußte aufgesprungen sein, sie knarrte in ihren Angeln und Diana wandte sich träumerisch zurück, um sie zu schließen. Doch in der Mitte des Gemaches stand jemand vor ihr, faßte zitternd ihren

Arm und Urbain Guéraud' Stimme flüsterte in fieberhafter Erregung:

„Du mußt mit mir, ich bringe Dich in den Thurm! Sie kommen doch, sie sind da —"

Allein nur ein unwillkürlicher Laut des Schreck's antwortete ihm und die Hand, die er gefaßt, riß sich bebend von ihm los. Er hörte den leichten Fuß Diana's über den Boden fliegen, ein Stuhl fiel, dann erwiederte ihre Stimme in zitternder Heftigkeit aus dem fernsten Winkel des Zimmers:

„Was willst Du? Was suchst Du hier? Du bist wahnwitzig! Wo ist mein Bruder? Ich rufe nach ihm, wenn Du nicht gehst! Verlaß mich! Augenblicklich!"

„Alle haben, alle werden Dich verlassen, nur ich nicht! Ich will nichts, als Dich retten — besinne Dich, hör' auf das, was ich sage, Diana! Das Volk, das Du liebst, dem Du Wohlthaten erwiesen, kommt, es ist da und füllt den Park. In einigen Minuten wird es nach Dir schreien, und sein Dank, seine Liebe wird so ungestüm an die Thüren pochen, daß sie zusammenstürzen. Gesegnet sei der Instinct, der mich, eh' die Verblendung über mich gekommen, zu Lacordaire um Hülfe schicken ließ. Das Schloß ist fest und wir werden uns vertheidigen bis die Rettung kommt, unsere Antwort wird ihrem Anpochen entgegenbonnern und uns Zeit gewähren. Du aber mußt in Sicherheit, in den Thurm, denn es ist möglich, daß auch einzelne von ihnen mit Schußwaffen versehen sind —"

Er sprach's in fliegender Hast und unter jedem seiner Worte schwand das plötzlich gleich dem Sturm heraufgebebte Herzklopfen Diana's mehr und mehr, glättete das athemlose Wogen ihrer Brust sich aus. Sie erhob sich furchtlos jetzt und trat wieder auf Urbain zu, die Besinnung war ihr zurückgekommen und sagte ihr, daß er Recht habe und daß die Regung der dunklen Gestalten im Park, welche sie selbst eben zuvor wahrgenommen, keine Vision, sondern Wirklichkeit gewesen, aber trotzdem antwortete sie mit der alten Festigkeit unerschütterter Ueberzeugung:

Vergieb mir, ich täuschte mich, doch auch Du täuschst Dich. Wenn Hülfsbedürftige, Bittende draußen sind, so öffnet die Thüren und laßt sie herein!"

„Bittende, hundert vielleicht, in der Sturmnacht? Auf solche Bitten gehört eine lautere Antwort —"

„Nein!" fiel sie heftig ein, „ich verbiete es! Wo ist Felicien? Ich will mit ihnen reden und Du wirst beschämt hören was sie erwiedern!"

Sie war einen Moment an's Fenster zurückgekehrt und hatte abermals einen Blick auf die dunklen Massen hinausgeworfen, die sich, kaum erkennbar, drunten noch immer in einiger Entfernung lautlos bewegten. Nun eilte sie an Urbain vorüber und die Treppe hinunter. Er folgte ihr nach, im Erdgeschoß herrschte rege Lebendigkeit, die Diener und Bauern aus dem Dorf standen harrend mit ihren Waffen, Urbain ertheilte schnelle Anordnungen und wies jedem einen Posten an, den derselbe nicht zu verlassen habe. Diana war in den Saal geeilt, wo Felicien einsam stand. Er blickte wortlos unthätig in die erloschene Asche des Kamins, an dem Clemence gesessen, beim Eintreten der Schwester fuhr er zusammen, sah sie abwesenden Auges an und murmelte:

„Urbain hat Recht — laß uns sterben, es ist gut. Nur Du, Diana — rette Dich, rettet Euch — jeder, für den das Leben noch ein Glück enthält —"

„Dann würde ich seine Last vor Dir abwerfen", antwortete sie mit bittrem Klang. „Habe Muth, Felicien! das Leben gilt nicht unserem Glück, sondern dem Anderer, ihrer, die mich erwarten."

Er sah ihr wortlos nach, wie sie auf die zur Terrasse hinausführende Thür zuschritt und dieselbe ruhig öffnete. Ein Gemenge von Stimmen schlug ihr jetzt vom Springquell her entgegen und es rief: „Vorwärts! Es ist Zeit!" Dann stutzte die lärmend daraufhin anrückende Menge unwillkürlich einen Moment wieder zurück und ein Gemurmel des Erstaunens fragte:

„Was ist das? Was will die Aristokratin?"

Ein Licht vom Saal her beleuchtete die weiße Ge=

stalt Diana's, daß sie den im Park Befindlichen erschien, als sei eines der marmornen Götterbilder desselben herabgestiegen, um Wacht vor der Thür des bedrohten Schlosses zu halten. Selbst den Rohesten überlief ein Schauer vor der märchenhaften Erscheinung, die wehrlos und furchtlos vor die wilden Haufen hinaustrat und die suchenden Augen mit ruhiger Zuversicht in's Dunkel tauchte. Sie hatte das Wort, das ihr entgegenscholl gehört und versetzte:

„Wer ihr sein mögt und was ihr sucht — wer bethört euch, daß dieses Haus Aristokraten umschließt, nicht Menschen wie ihr, die Noth und Trauer kennen gleich euch und ihr Herz dem Mitgefühl offen, die Hand zur Hülfe bereit haben? Was treibt euch in der Nacht hieher, was begehrt ihr? Sucht ihr Schutz vor dem Sturm — kommt, die Thür steht euch geöffnet —"

Der Lärm, der ihr entgegengetönt, hatte, wie gesagt, einige Augenblicke nochmals verwunderter Stille Platz gemacht, doch jetzt erhob sich in den hinteren Reihen der Masse, die sich heranwälzte ein höhnisches Gelächter und thierähnliche Stimmen schrieen:

„Was gafft ihr und hört, was die Dirne schwatzt! Reißt sie herunter für den, der sie haben will! Vorwärts! Uns friert, es ist Zeit zum Einheizen!"

Ein Stoß, der die Vordersten gleich einer sturmgepeitschten Woge gegen das Schloß warf, folgte und zugleich klirrte zerschmettert ein Theil der Schloßfenster, denn über die Köpfe der zunächst Andrängenden flog ein Hagel von Steinen wider die Façade des Gebäudes. Diana schwankte sprachlos zurück, ein Stein hatte ihre Stirn gestreift, ihr Blick ruhte starr, regungslos auf den gegen sie anstürmenden Rotten, unter deren erster Reihe sie jetzt Abscheu erregende Züge unterschied, wie sie solche noch niemals gesehen. Gleich fratzenhaften Zerrbildern menschlicher Gesichter aus einem Angsttraum stürzten sie, Gier und Wuth im Blick, die Terrasse herauf — da umfaßte ein Arm Diana von hinten und riß sie durch die Thür zurück — "Feuer!" commandirte Urbain Guérauds Stimme besinnungslos, ungefähr ein Dutzend Schüsse blitzte auf und krachte, und wie von der glühenden Eisenstange des Menageriewärters getroffene Schakale stieß der Haufen, der die Terasse fast schon erfüllt gehabt, ein schreckentpreßtes Wuthgebrüll in die Luft und stob eine Anzahl sich im Todeskampf auf den Marmorstufen windender Gestalten zurücklassend, in kopfloser Flucht auseinander, wieder in die Finsterniß des Parkes hinein.

Es waren kaum fünf Minuten verflossen gewesen, seitdem Diana Urbain in ihrem Zimmer verlassen. Haftig hatte er den Vertheidigern des Schlosses ihre Posten angewiesen und war dann ihr in den Saal gefolgt, um zu gewahren, wie Felicien apathisch auf die geöffnete Thür blickte, durch welche sie hinausgetreten. Mit dem Sprunge eines Löwen flog Urbain auf sie zu, doch im selben Moment klirrten die Scheiben in Trümmer und er umschlang die Wankende und schlug die Thüre hinter sich zu —

Daß er den Befehl zum Feuergeben ausgestoßen, wußte er selbst kaum, erst das Krachen der Schüsse sagte ihm, daß er es gethan. Er hielt Diana noch im Arm, sie lag wie bewußtlos, doch mit weit offenen Augen und sah ihm starr in's Gesicht; dann glitt ihre Hand mechanisch über die Stelle ihrer Stirn, welche der Steinwurf gestreift. Es war eine unbedeutende Verletzung, der man es ansah, daß sie kaum schmerzhaft zu sein vermochte, doch lag es wie ein ungeheurer, tödlicher Schmerz in ihren bleichen Zügen und eine Starre über ihren Gliedern, die sie jeder eigenen Willenskraft zu berauben schien. Sie widersprach nicht mehr, sie ließ stumm mit sich geschehn, wie Urbain sie jetzt Felicien mit den Worten übergab: „Bring' Deine Schwester in den westlichen Thurm, er ist der festeste und unzugänglichste —"

„Ja, fort von den Entsetzlichen —" stammelte Diana. Es waren die ersten Worte, die sie sprach, und sie klangen wie von halbgelähmter Zunge. Felicien führte sie fort, Urbain rief einen Theil der Schloßvertheidiger zusammen. Er blickte auf seine Uhr und sagte:

„Haltet tapfer aus! Die Schurken sind überrascht

von dem Empfang, den sie nicht erwartet, und berathen einen anderen Angriffsplan. Sie glaubten, ohne auf Widerstand zu stoßen, durch die erbrochene Thür eindringen zu können, doch sie werden diesen mißlungenen Versuch nicht wiederholen, sondern einen gleichzeitigen Sturm rundumher auf das Schloß unternehmen, um uns über den Punkt zu täuschen, auf dem sie einzubringen beabsichtigen. Lasse niemand sich durch ihr Geschrei beirren, jeder bleibe auf seinem Posten und verlasse denselben nur, wenn ich selbst "Hierher zur Hülfe!" rufe. So werden wir wenigstens einen Theil des Schlosses behaupten können, bis der Beistand nach dem ich geschickt, eintrifft. In einer Stunde kann die Nationalgarde von Le Puy hier sein, in anderthalb wird sie es jedenfalls. Dann wird die nächtliche Jagd sich gegen die Bestien selbst wenden —"

Er brach ab, denn ein tobendes Geschrei rings um das langgestreckte, castellartige Gebäude bewies das vollständige Zutreffen seiner Voraussicht. Selbst die Fenster des Erdgeschosses waren überall so hoch über dem Boden, daß ein Ersteigen derselben ohne künstliche Hülfsmittel zu den Unmöglichkeiten gehörte, die Belagerer richteten deshalb ihren getheilten, gleichzeitigen Angriff gegen die zahlreichen Zugänge und ein Schmettern von schweren Hiebinstrumenten gegen die starken Thürflügel und Thore erdröhnte überall.' Unverkennbar waren es die Aexte aus dem Dorf Saint Pierre, deren die Stürmenden sich bedienten, doch ihr Gebrüll überschrie noch den Lärm der Schläge. „Reißt die buntgefiederten Vögel aus ihrem Nest! Erdrosselt sie! Erwürgt sie! Sie haben das Blut des Volkes vergossen! Rache! Blut! Zerreißt sie mit den Zähnen!"

Schüsse krachten wiederum, Geheul, Winseln, Flüche antwortete ihnen hier und dort, und eine dunkle Masse wälzte sich abermals zurück, während an anderen Punkten das Donnern der Aexte fortdauerte. Etwas weiter abwärts im Park saß eine kleine unbetheiligte Gruppe, die eine Art Generalstab des Bauernheeres zu bilden schien; an der Stimme ließen sich d'Aubigné und Clement Jouve oder Jourdan erkennen. Am Meisten sprach der Abbé d'Aubriot, gleichgültigen Tones, lächelnd und spöttisch wie im Salon einer vornehmen Gesellschaft.

„Du hättest hier Gelegenheit, Bürger d'Aubigné", sagte er, „Deine strategische Meisterschaft zu beurkunden und ein Probestück abzulegen, wer in dieser schätzbaren Wissenschaft es zu Versailles weiter gebracht, Du oder der gute Felicien. Bah, ich vergesse, daß Du nur Lieutenants-Rang besessen, während der Vater unseres Freundes über genug Louisd'or verfügte, ihm eine Hauptmannsstelle zu kaufen, also würdest Du wohl den Kürzeren bei der Prüfung ziehen. Außerdem ist es freilich ja nur ein Manöver, damit unsere jungen Soldaten warm werden —"

Ein Bote kam gelaufen. „Der Teufel sitzt drinnen, wir kommen nicht hinein. Sie sind fast ebenso stark wie wir und haben bessere Waffen!"

Doch d'Aubriot fiel ihm in's Wort. „Vorwärts! jeder Sohn der Freiheit nimmt es mit vier von diesen knechtischen Schergen auf, ihr wäret mithin noch immer viermal so stark wie sie. Aber ich kann euch versichern, daß sich kaum ein Dutzend Leute drinnen befindet, das Widerstand leistet, und ihr seid zweihundert. Wollt ihr Frankreich erobern und könnt nicht ein Haus aufbrechen? Schämt euch und reißt die Mauern Stein um Stein auseinander!"

„Die Köpfe ab! Und wenn ihr sie habt, die drinnen gesteckt, bringt sie mir, daß ich den Nachtisch anrichte."

„Du bist ein Gourmand und Sybarit, Bürger Jouve", lachte der Abbé, „aber Dein Appetit wird nicht zur Bewältigung aller der Delicatessen der großen Mahlzeit, zu welcher die Zeit uns geladen, ausreichen. Du müßtest Dir eine künstliche Eßmaschine dazu anschaffen."

Es war grade noch Lichtschein genug in der Nacht, um Clement Jourdans lange weiße Finger heraufschimmern zu lassen. Sie stachen von einem dunklen Untergrunde ab und bewegten sich auf diesem in methodisch eigenthümlichem Rhythmus gleich denen eines Clavierspielers auf und ab. Dann erhob er sich von seinem Platz und entgegnete mit klagend verdrossener Stimme:

„Mich friert, es ist abscheulich kalt und zu einer guten Mahlzeit gehört vor Allem Wärme —"

Eine Verdoppelung des Geheuls vom Schloß her unterbrach ihn und ein andrer Bote kam herangestürzt und schrie:

„Sie haben einen Eingang gefunden, sie sind drinnen!"

„Desto besser, wenn es vorher geschieht", versetzte der Abbé, ebenfalls aufstehend, phlegmatisch. „Komm, Bürger Jouve, und wärme Dich."

Die Meldung trog nicht, ein Theil der Belagerer hatte Gegenstände aller Art zusammengethürmt und daran emporkletternd unbemerkt das Fenster eines Zimmers erreicht. „Hierher zur Hülfe!" rief Urbain Guéraud und warf sich den in die Gänge unvermuthet Einbrechenden entgegen. Ein wildes Gemenge im Dunkel begann, der mit einstürmende Wind löschte die Mehrzahl der Kerzen aus, doch die auf den bedrohten Punkt eilenden Vertheidiger behaupteten muthig den engen Corridor und drängten sogar ihre Gegner Schritt um Schritt wieder zurück. Aber kaum eine Minute des Kampfes war verronnen, als ein donnerähnliches Krachen von der Rückseite des Schlosses her den Einsturz einer Hauptthür verkündigte, und im selben Moment auch schon wälzte sich eine andere tobende Angriffsmasse im Rücken der kleinen Schaar Urbain Guéraud's heran. „Zurück! In den Thurm!" rief er verzweiflungsvoll — „schützt eure Herrin, das Schloß ist verloren!"

Gellendes Triumphgeschrei antwortete ihm von allen Seiten, dann übertönte plötzlich ein schriller Pfiff von draußen das wilde Getöse. „Zurück!" schrie es auch dort und die Eingedrungenen stürzten wieder der erbrochenen Thür, dem Fenster zu, durch das sie gekommen. Ungläubig nachblickend stand Urbain mit dem blutgerötheten Degen in der Hand allein zwischen den wie durch magische Verwandlung veränderten und verstummten Wänden des Ganges. Er war unverletzt, doch der unerwartete Vorgang im Augenblick der hülflosen Noth befiel ihn fast mit momentaner Ohnmacht nach der Erregung des Kampfes, daß er den Kopf eine Secunde lang wider das Gebälk legte, ehe er den spurlos Verschwundenen nach ebenfalls an die Thür eilte. Ein röthlicher, zu den sturmfliegenden Wolken aufstrahlender Schimmer erhellte draußen vom Dorf her die Nacht, Urbain griff mit zitternder Hand mechanisch nach seiner Uhr und murmelte: „Unmöglich, sie können es noch nicht sein, sie müßten Flügel zu Gebot gehabt haben —"

Aber gleichzeitig schlug ihm aus dem wirren Getöse der unsichtbar gewordenen Horden deutlich der Ruf an's Ohr:

„Die Bluthunde aus der Stadt sind da! Sie kommen den Aristokraten zur Hülfe! Flieht! In die Berge zurück! Rettet euch!"

„Ich vergaß, der Liebe stehen Flügel zu Gebot — selbst der hoffnungslosesten." Urbain sagte es mit einem melancholischen Lächeln um die Lippen, doch er athmete zugleich tief auf und fügte hinzu: „Wackrer Freund! Wäre Lafayette Dir gleich gewesen, so hätte es auch für das Königsschloß in Versailles, vielleicht für Frankreich noch eine Rettung gegeben —"

Drüben im Park knirschte d'Aubriot mit wuthzitternder Stimme dem Getümmel, das ihn umgab, entgegen. „Wußtet ihr nicht vorher, daß sie kommen würden? Seid ihr feig, kindisch, wahnwitzig? Vorwärts! Schlagt diese elenden Bürger zu Boden, die neuen Constabler der Könige, der Pfaffen, der Aristokraten, der Tyrannen und Blutsauger! Füchse sind's, deren Klugheit den Hals ins' Fangeisen gestreckt und ihr seid Wölfe! Wollt ihr wieder in eure Berge zurück, in die Molchslöcher und Eulenhöhlen, hungern, dursten, frieren, oder wollt ihr nach Le Puy, wo Alles zusammengehäuft ist und auf euch wartet, was die Privilegirten, die Wucherer, die Diebe euch, denen es gehört, seit Jahrhunderten gestohlen — —?"

Fünfundfünfzigstes Kapitel.

Die von Le Puy dem Schlosse zu Hülfe eilende Nationalgarde, welcher der von Urbain Guéraud abgesandte Bote bereits unterwegs begegnet war, vernahm schon jenseits des Dorfes, daß ihre Ankunft eine sehnlich erwartete sein mußte. Der Sturm, der abwärts in kürzester Entfernung jeden Schall ungehört fortriß, trug den Nahenden das hundertstimmige Durcheinandertoben vom Schlosse entgegen und Lacordaire feuerte, erschreckt aufhorchend, den Geschwindmarsch seiner wackeren Schaar noch mehr an. Die Dorfgasse war völlig lichtlos, doch nicht unbelebt, wie es von draußen den Anschein gehabt, denn kreischend stoben vor den Einrückenden überall Weibergruppen auseinander und flutheten in ihre Häuser zurück, vor deren Thüren sie in gespannter Erwartung nach dem Lärm des Kampfes hinübergelauscht. Nun theilte Lacordaire ortskundig seine Mannschaft in zwei Hälften, von denen er die eine unter

Führung Bernard's durch den Park gegen das Schloß vorrücken hieß, während er selbst mit der anderen und Henri Comballot den nächsten Weg durch die sich in grader Richtung hinaufserstreckende Allee einschlug. Jüpin befand sich als Führer bei den ersteren, um ihnen den Ort zu deuten, an welchem die beiden getrennten Abtheilungen wieder zusammentreffen, zuvor jedoch den Feind in ihre Mitte bringen sollten, um ein Entweichen desselben nach dem Dorfe hin zu verhindern.

Urbain erkannte vom Schloß aus die Ausführung dieser Taktik an der Zerspaltung des rothen Fackelscheines. Er war nicht gewillt ein müssiger Zuschauer bei dem bevorstehenden Kampfe zu bleiben, über dessen glücklichen Ausgang er keinen Zweifel hegte, der aber trotzdem die volle Verwendung aller vorhandenen Kräfte gebot, und hatte seine kleine bewaffnete Mannschaft gesammelt, um mit ihr dem gemeinsamen Gegner an geeigneter Stelle in den Rücken zu fallen. Auch Felicien war hinzugekommen, Urbain fragte hastig: „Wo ist Diana?" und jener antwortete: „Droben — es ist, als hielten ihre Sinne Alles noch für Traum, den sie mit unbeweglichen Augen anblickt."

Der kleine Zug setzte sich in Bewegung, dann beschleunigte er seinen Schritt zum Lauf, denn auf kaum Schußweite flammten im Park die Fackeln auf und erhellten den Kampf, der in demselben Moment begann. Es war die von Bernard geführte Abtheilung der Bürgergarde, die zuerst auf den Feind gestoßen und in geschlossener Reihe gegen ihn vorrückte. Die Rotten der auf einen Haufen zusammengedrängten Bauern und Flüchtlinge aus den Sevennen waren ihr an Zahl mindestens um das Vierfache überlegen, doch sie besaß den Vorzug besserer Waffen und größerer Gewandtheit in der Handhabung derselben; in der phantastischen Beleuchtung boten die intelligenten, unerschrockenen Gesichter der jungen Bürger ein hübsches Bild. Man sah, es war die jugendliche Elite der Stadt, sich der Bedeutung ihrer Aufgabe und der festen Entschlossenheit bewußt, für diese ihr Leben einzusetzen. Zwischen ihnen und seinem Standpunkt gewahrte Urbain deutlich in der Mitte der Feinde jetzt d'Aubigné und d'Aubriot. Seine Zähne knirschten unwillkürlich aufeinander, doch Alles bot sich nur einen Moment seinem Blick, denn die nächste Secunde schon verwandelte es in Getümmel. Die Aufrührer hatten die geringe Anzahl ihrer Widersacher erkannt und warteten den Angriff derselben nicht ab, sondern warfen sich, von dem lauten Commando des Abbé's angefeuert, ihnen entgegen. Eine Salve krachte auf und ein Theil der Vordersten stürzte, doch die Uebrigen wälzten sich, ihre Hiebwaffen über den Kopf schwingend über die Todten und Verwundeten vorwärts. Ihre Masse und ihr Ungestüm brachten die schmale Linie der Bürger zum Wanken, von einer vorausgeschleuderten Axt grade auf die Stirn getroffen fiel ihr junger Führer und ein Siegesgeheul übertäubte das Aechzen der Sterbenden. Da verwandelte sich abermals das Bild, Fackeln sprühten zur Rechten auf und im Sturmschritt fiel durch den Park hervorbrechend die Schaar Henri Comballot's den Bauern in die Flanke. Der Stoß, den sie ausübte, befreite die fast durchbrochenen Genossen von ihren Drängern und der nächste Augenblick zeigte die beiden Hälften der Nationalgarde wieder vereinigt und mit festen Gliedern die erschütterten Haufen ihrer Gegner umklammernd. Auch in den Augen der Bürger blitzte jetzt Erbitterung und heißer Grimm, die Träger der Fackeln benutzten diese als Waffen und schlugen mit den lodernden Bränden in die Mitte der verwirrten Feinde hinein, deren äußerer Rand, wie unter Sensenschlägen umsinkende Schwaben, niederbrach. Wutherstickt knirschte d'Aubriot's Stimme aus dem Gewimmel: „Verdammt! Wo bleiben die Schurken! Sie kommen, wenn es zu spät ist!" und Urbain Guéraud gab seiner kleinen Schaar das Zeichen, hinter der Heckenwand, die sie bisher verborgen, hervor den Weichenden in den Rücken zu brechen, um ihre Niederlage zu vollenden. Den Degen in der Hand stürzte er sich zornglühenden Blick's in die Richtung, wo der Abbé stand — da tönte plötzlich von hinten aus dem Dunkel des Park's irgendwo der angstvolle Aufschrei einer weiblichen Stimme, und im selben Moment gewahrte Urbain, daß die siegreichen Reihen der Nationalgarde in unbegreiflicher Weise gleich den Aehrenhalmen eines Kornfeldes durcheinanderschwankten, in das sich der erste wirbelnde Stoß eines Gewittersturmes hineingewühlt. Er starrte wie betäubt auf das Phänomen, das die erhitzte Phantasie ihm vorzugaukeln schien, es war, als hätten die Bürger ihre Waffen gegeneinander gekehrt und bekämpften im Wahnwitz sich selbst. Dann unterschied das entsetzte Auge wilde, dunkle Gestalten, die mit Aexten, Beilen, Hacken, Hiebwaffen aller Art gleich einer Fluth von hinten über Henri Comballot's ahnungslose Schaar heraufwogten. Raubthierähnlich packten sie im Gemenge die jungen Bürger mit den Fäusten und erwürgten sie Mann an Mann, und dämonisch überhallte d'Aubriot's Gelächter wieder den Aufruhr:

„Die Mausefalle! Laßt keinen entschlüpfen! Hussah! Bringt dem Gott Vitziputzli die Opfer, auf die er wartet! Er schenkt euch Le Putz dafür! Vorwärts!"

Noch ein Ringen der Verzweiflung gegen die aus dem Boden auftauchenden Gegner, die der Bürger Laval, von Sturm, Nacht und Lärm begünstigt, unbemerkt bis hart in den Rücken der Nationalgarde geführt, dann lösten die noch Uebrigen der letzteren, von allen Seiten umringt und angegriffen, sich in haltloser Flucht auf. Einzelne Theile durchbrachen die Feinde und gelangten in's Freie, wo sie verfolgt den Kampf fortsetzten, um sich selbst zu retten. Die Mehrzahl der Fackeln war zu Boden gestürzt und erloschen — „In's Schloß!" rief Urbain Guéraud den Fliehenden entgegen und Lacordaire's Stimme wiederholte den Ruf im Dunkel. Auch Henri Comballot gebot fest und unerschrocken: „Ins Schloß zurück! Sammelt euch dort — —"

Der Wind verwehte seine Worte, ein wüstes, planloses Durcheinander kreuzte sich überall, in dem Freund und Feind sich nicht mehr unterschieden. An mehreren Punkten stießen die wilden Banden Lavals mit denen des Abbé zusammen und sie fielen übereinander her, bis ein Zufall den Irrthum erkennen ließ. Andere warfen sich raubgierig auf vereinzelte, dem Schloßcomplex angehörige kleinere Gebäude, um zu plündern. Dadurch gewannen die Trümmer der Bürgergarde Zeit, dem Befehl ihres Führers Folge zu leisten und eine Art von Rückzug gegen das Schloß zu bewerkstelligen. In kleinen Trupps kämpften sie hier und dort, weit voneinander, die Zersplitterung ihrer Gegner und die Finsterniß verhüteten, daß sie nicht von erdrückender Uebermacht umzingelt wurden, ehe sie die Schutz bietenden Mauern erreichen konnten. Zornig durchklangen das Ganze die lauten Stimmen Lavals, d'Aubigné's und d'Aubriot's, welche vergeblich die Ihrigen zu sammeln

und den Bürgern den Weg zum Schloß abzuschneiden
suchten. „Schafft Licht! Licht!" rief der Abbé wüthend,
„die Meute erwürgt sich selbst und die Füchse entwischen!"
Doch fast gleichzeitig mit seinen Worten loderte es bereits
auf, eine Feuersäule stieg aus einem der Nebengebäude,
das die Plünderer mit einer Fackel in Brand gesetzt und
erhellte mit blutigem Schein die nächtliche Wahlstatt.
Heulend wühlte sich der Sturm in das brennende Holz=
dach und wirbelte eine Funkengarbe zu den Wolken, der
rothe Flammenschein ließ Urbain Guéraud und Lacordaire
von einer kleinen Schaar umgeben erkennen, wie sie vor
einer Thür des Schlosses die Versprengten sammelten. Es
war noch eine ziemliche Anzahl, die von verschiedenen
Seiten zusammenströmte, doch plötzlich stieß der Arzt einen
Schrei aus, deutete mit der Hand in die Richtung der
Terrasse und stürzte im nächsten Augenblick, seine Gefährten
mit sich reißend, wieder in den Park hinaus. „Zu mir!
Rettet sie!"

Es war ein wundersames, fast märchenhaftes Bild,
das seinen Blick auf sich gelenkt. Auf dem freien, tages=
hell bestrahlten Platz zwischen der Terrasse und dem
Springquell stand eine einsame weiße Frauengestalt. Sie
war wie eine Nachtwandlerin, nur weit offenen Auges, aus
der Schloßthür hervorgetreten und wäre einer Marmor=
statue gleich erschienen, wenn der Wind nicht flatternd ihr

Gewand und das Haar an den Schläfen bewegt hätte. Doch sie selbst stand, röthlich überglänzt, regungslos im Toben des Sturmes und im Aufruhr der Menschen, von dem ihr Ohr nichts zu vernehmen schien; wie mit den todten Augen eines Götterbildes sah sie ruhevoll einer an dem dreiköpfigen Cerberus vorüber auf sie losstürmenden Rotte entgegen. Laval befand sich an der Spitze der letzteren, er hatte seine Kopfbedeckung verloren, sein blondes Haar flog ihm um die Stirn und er rief:

„Da habt ihr eine erste Beute! Es ist ein hübsches Stück, sagt man, doch ich verlange nichts davon. Theilt euch drein!"

„Wortbrüchiger Schurke!" Lacordaire war allen Uebrigen voraufgeflogen und warf sich mit seiner Waffe schützend vor Diana. Auch Laval befand sich um ein halbes Dutzend Schritte seinen Begleitern voraus und stutzte einen Moment scheu vor dem todverachtenden Blitz, der ihn aus den Augen des Arztes traf, zurück. Doch er lachte zugleich höhnisch auf:

„Ein Edelmann bricht sein Wort nicht, Lacordaire! Ich habe Dir zugesagt, daß die Ruhe heut' Nacht in Le Puy nicht gestört werden solle — geh' hin und sieh nach, ob ich mein Versprechen gehalten!"

Es war ein Kampf, wie er sich einst um den regungslosen Körper des Patroklos erhob. Wie entseelt stand

Diana unbeweglich, es schrie, drängte, taumelte um sie her, zwanzig Hände beschirmten sie, doch hundert drangen auf sie ein. Von hinten umschlang sie Urbain Guéraud's Arm, wie er es schon einmal in dieser Nacht gethan, und willenlos wie damals ließ sie ihn gewähren. Dann plötzlich stieß sie den ersten Schrei aus und rang sich los und stürzte vorwärts. Von einer Hellebarde getroffen schwankte Lacorbaire eine Secunde lang in der Luft und brach lautlos zu Boden und neben ihn hin mitten im Getümmel kniete Diana und faßte stumm, wie eine Mutter ihr krankes Kind seine Wangen zwischen ihre Hände. Er schlug noch einmal die Augen auf, sah mit letztem leuchtenden Blick in ihr herabgebeugtes Antlitz und sagte: „Ich durfte für Dich sterben, Diana —". Dann erlosch der Glanz — Urbain Guéraud schrie wahnsinnig auf, er hatte die Geliebte wieder mit der Linken umfaßt und kämpfte einem Löwen gleich mit der Rechten, sie zu schützen. Aber zehn Arme streckten sich zugleich nach ihr aus und packten sie — da rief es mit schwärmerischer Begeisterung, wie dem Tod entgegen jubelnd: „Rettet sie! Es giebt noch Einen, der beglückt ist für sie zu sterben!" Und die Hände, die Diana schon gehalten, ließen zurückschwankend los, denn Jüpin, der herkulische junge Bauer hatte, seine Arme weitausbreitend, die Vordersten der Angreifer umklammert und drängte sie mit der Wucht seines Körpers einen Moment

zurück. Von Hieben zerschmettert und von Stichen durch=
bohrt brach er im nächsten Augenblick todt zu Boden,
allein dieser hatte hingereicht, Urbain zu befreien, Henri
Comballot mit einer zusammengerafften Schaar stürzte
herzu und deckte den Rückzug. Eine Minute verging, dann
hatte Urbain mit seiner schönen Last das Schloß erreicht,
seine Retter folgten ihm und die Thür der Terrasse, die
schon einmal als Bollwerk gegen die Anstürmenden gedient,
schlug diesen abermals entgegen. Eine Salve krachte aus
den Fenstern des Saal's, und die Rotten, denen ihre
Beute entgangen, stürzte auf das Commando Lavals, der
das im Moment Vergebliche des Sturmes erkannte, heu=
lend zurück.

Rings um das große Gebäude tobte, in Einzelgefechte
aufgelöst, der Kampf. Keine der streitenden Gruppen hatte
Zeit, auf die andere Acht zu geben, es glich auch hier in
verkleinertem Bilde dem Getümmel auf dem Gefilde um
Troja's Mauern. Die jungen Bürger suchten das Schloß
zu gewinnen, ihre Gegner sie daran zu hindern. Jetzt
loderte von rechts ebenfalls eine Feuersäule zum Himmel,
zwischen den laublosen Bäumen hindurch ließ sie erkennen,
daß sie sich aus dem Dach des Pfarrhauses her aufwälzte,
von dem das Geschrei einer plündernden Horde herüber=
tönte. Felicien hatte eine Seitenthür des Schlosses
erreicht und vor ihrer Oeffnung Posto gefaßt, um Fliehenden

Einlaß zu gewähren, ein lärmender Gesindelhaufen von Lavals Schaar wälzte sich jetzt auf ihn zu, doch nicht drohend, sondern mit rohem Gelächter und Gekreisch, unverkennbar im Augenblick nicht mit der Absicht, von dieser Seite einen Sturm auf das Schloß zu unternehmen. „Haltet die Dirn!" schrie es, ein Weib mit aufgelösten Haaren, in Nachtkleidern floh athemlos, keuchend, um Hülfe rufend vor ihnen auf. Felicien starrte ihr in's Gesicht, es war Clemence, unwillkürlich eilte er ihr entgegen und rief, auf die Thür deutend: „Hieher!" Sie stutzte bei seiner Stimme und erwiederte: „Zu Dir, der mich dort hinausgejagt? Lieber zu ihnen!"

Ein irrsinniges Lachen begleitete ihre Worte und sie machte eine Bewegung zur Umkehr. Trotzdem flog er weiter auf sie zu, doch ehe er sie erreichte bog ein anderer Trupp um die Ecke und schnitt ihm den Rückweg zum Schloß ab. d'Aubigné und der Abbé befanden sich an der Spitze desselben, der Erstere vom Kampf erhitzt, mit wildtrunkenen Augen rief:

„Suchst Du mich, Hautefort? Du wolltest den Degen mit mir kreuzen, ich bin da!"

„Wir versprachen zu kommen, sobald es heller sei!" fiel d'Aubriot lustig lachend ein, „und mich däucht, es ist hell genug jetzt. Doch laß die Thorheit, d'Aubigné, und schone das Blut Deines doppelten Schwagers! Die Andern werden schon mit ihm fertig werden und wir haben Wichtigeres zu thun. Komm!"

Allein Victor d'Aubigné stieß ein heftiges: „Nein!" aus. „Wir sind Edelmänner und es ist kein Zufall, daß wir uns so treffen mußten. Keiner legt Hand an ihn! Halt!"

Die Bande, welche bereits im Begriff gestanden, sich auf Felicien zu werfen, hielt instinktiv vor den gebieterisch gesprochenen Worten inne und ein Theil derselben bildete einen Zuschauerkreis umher, während ein kleinerer sich einer anderen Beute bemächtigt hatte, an der sie für den Augenblick vollständig Genüge zu finden schien. Es war Clemence, die vergeblich aus der Mitte eines sich um sie raufenden Gemenges um Hülfe rief, doch niemand gab darauf Acht, der Abbé versetzte zu d'Aubigné gewendet, ironisch:

„Wenn Du ein Narr sein willst, sei es wenigstens geschwind und laß mich nicht zu lange darüber in Zweifel, wen von euch beiden ich eigentlich zu beweinen habe. Diesmal scheint Deine altmodische Liebhaberei um ihres piquanten Beigeschmacks willen Beifall zu finden, ich rathe Dir aber, nicht zum zweitenmale ein Privileg zu beanspruchen, dem Jehovah unserer Tage, beß die Rache ist, ein Opfer aus den Klauen zu reißen, um es allein zu verspeisen. Seine Göttlichkeit, das souveraine Volk läßt sich keine derartige noble Passionen gefallen —"

„Ich halte Dich nicht ab, zu rauben und zu plündern, wenn Du es willst, hindere mich nicht in meinem Thun!" fiel d'Aubigné mit einem verächtlichen Anflug ein. Der Abbé zuckte die Achsel, drehte sich gleichgültig ab und murmelte: „Dummkopf, laß Dich tödten, es fällt mir nicht ein, Dich daran zu hindern."

Felicien erwartete seinen Gegner mit dem Degen in der Hand und Victor d'Aubigné trat ihm ebenso entgegen. Es funkelte hell aus den Augen des letzteren, doch es war nicht das gierige Feuer im Blick des Raubthiers, sondern etwas Menschlicheres lag im Gegensatz zu den grinsend dreinstarrenden Gesichtern der umherlagernden Rotte darin; seine Züge sprachen den Wunsch, den Vorsatz aus, den ehemaligen Freund zu tödten, doch mit gleichen Waffen, in offenem Zweikampf, nicht hinterrücks im Bunde mit Mördern. Ein edleres Etwas hatte offenbar noch die Oberhand über ihn zu gewinnen vermocht, und Victor d'Aubigné bot in diesem Augenblick unter dem Auswurf, der ihn umgab, eine fast ritterliche Erscheinung dar. Die brennenden Gebäude nordwärts und südwärts vom Schlosse erhellten den Raum mittagshell, auf dem die beiden Gegner sich gegenüberstanden. Nun hoben sich die bläulich funkelnden Klingen, einen Moment hielt d'Aubigné die seinige noch zurück und sagte: „Bis zum Tod! Ich hasse Dich, Hautefort, doch versuche, daß Du mich tödtest, denn Du haft das bessere Recht dazu" — dann kreuzten sich leis= klirrend die Degen. In den ersten Gängen schienen die Kämpfer sich gewachsen, allein bald zeigte der Fortgang Felicien's Ueberlegenheit. Sein Gesicht blickte ausdruckslos und müd' drein, es war, als habe es keinen Antheil an der mechanischen Bewegung der Hände, die jetzt ihren Gegner nöthigten, einen Schritt zurückzuweichen. Und nochmals einen Schritt, trotz der verzweifelten Gegenwehr d'Aubigné's, dann zitterte die Waffe in der Hand desselben und flog klirrend zu Boden. Er stürzte auf's Knie und Felicien's Degenspitze funkelte eine Secunde lang tödtlich ihm vor den Augen. Aber gleich darauf senkte sie sich ebenfalls und jener sagte trüb: „Steh auf und laß uns auf's Neue beginnen —"

In d'Aubigné's Antlitz schoß glühende Scham, er raffte seine Waffe auf und stürzte mit dem Ruf: „Dein Geschenk ist ein elendes und hat keinen Werth mehr! Tödte mich und vergieb mir!" besinnungslos auf Felicien zu, der dem Stoß nur auszuweichen brauchte, um seinen Gegner mit sicherer Hand niederzustrecken. Victor d'Aubigné gewahrte nicht, daß Felicien von Hautefort wankte und mit der Hand nach der Stirn griff, aus der ein plötzlicher Blutstrom ihm den Blick überschleierte. Ein aus dem Kreise der Zuschauer geschleuderter Feldstein hatte ihn ge= troffen und er wich dem blind geführten Stoße nicht aus, sondern der Degen durchbohrte ihm mit furchtbarer Kraft vorwärts getrieben Brust und Herz, hielt ihn, aus dem Rücken wieder hervorbringend noch einen Augenblick aufrecht, dann fiel er ohne einen Laut auszustoßen leblos zu den Füßen seines Gegners, der, ihn irr anstarrend, betäubt neben ihm zusammenbrach. Er hörte das Triumphgebrüll aus hundert Kehlen umher, das seinen Sieg feierte, nicht mehr, vernahm nicht, daß der Abbé herantrat und spöttisch lachte:

„Diesmal hatte der Gott Vitziliputzli sich in einen Stein verwandelt, sonst flösse hier das Blut eines noch größeren Narren als das des guten Felicien. Sei ihm dankbar, Hautefort! Was kümmerts Dich jetzt, wie viele Liebhaber sich an Deiner Schönen noch ergötzen mögen, und es ist durchaus gleichgültig, ob Du hier liegst oder nie die Thorheit begangen, auf Deine Kosten eine so hübsche Meinung von der Menschheit zu hegen."

Er drehte sich zu dem Haufen, der ihn umringte, und befahl: „Vorwärts! Wir haben kostbare Minuten mit dieser Albernheit verloren und der Bürger Laval wird uns im Schloß zuvorkommen. Tummelt euch, ihr Söhne der Freiheit! Ehe der Morgen anbricht, müssen wir die wackren Bürger von Le Puy mit unserem Gruß aus dem Schlaf singen!"

Die Menge vereinigte sich mit anderen Schaaren, die

sich dem Schloß zuwandten. d'Aubriot war bei den Worten, mit denen er von dem todten Felicien Abschied genommen, eine Erinnerung gekommen und er schritt auf eine Gruppe zu, die etwas seitwärts am Anfang eines der Parkgänge zwischen den raschelnden Heckenwänden sich mit rohem Gelächter um einen am Boden liegenden Gegenstand drängte. Wie er hinzutrat, erkannte er in dem letzteren Clemence, fast nackt, nur noch mit flatternden Streifen ihres zerrissenen Nachtgewandes bedeckt. Sie sprang mit irrglühenden Augen auf und ihre üppigen Arme schlugen um sich, doch andere Arme faßten sie, umschlangen ihren Leib und warfen sie unter cynischem Lachen auf den Boden zurück, daß sie in ohnmächtiger Widerstandslosigkeit wie zuvor balag. Ueber das Gesicht des Abbé's flog ein Zug selbstsüchtigen Bedauerns, er murmelte:

„Es war im Grunde etwas treulos, Dich zu vergessen, und wäre thöricht gewesen, wenn es sich um eine Liebesnacht gewöhnlichen Stils gehandelt hätte. Doch egoistischer jedenfalls wäre es, der Nachfolger dieser göttlichen Canaille sein zu wollen, und ich opfere meine Selbstsucht großmüthig dem allgemeinen Wohl. Adieu, schönes Bild! Wie ich Dich kenne, wirst Du nicht die Grausamkeit haben, meiner Vergeßlichkeit allzu herbe Vorwürfe zu machen, und außerdem hätte nach den in so delicaten Dingen herrschenden Gesetzen bis zu diesem Augenblick d'Aubigné noch die Pflicht gehabt, sich darein zu mischen, nicht ich."

Er stand still und wiederholte: „d'Aubigné? Ich habe eine Ahnung, als ob dieser Narr mir lästig werden könnte. Bah, für Tollhäusler giebt es Zwangsjacken —"

Ein sich neu heranwälzender Lärm unterbrach ihn; zugleich schlug links vom Pfarrhause eine höhere Lohe als bisher auf, die in Wirklichkeit mit einer riesigen Flammenzunge in die Wolken zu lecken schien, und der Abbé lachte:

„Haben die frommen Söhne der Freiheit dem Herrn Zebaoth ein Dankopfer auf seinem eigenen Tische angezündet?"

Er täuschte sich nicht, der neue Brand ging von der Kirche aus, die in gewaltigen Feuermassen aufloderte, nachdem die Urheber desselben sich der hauptsächlichsten Kostbarkeiten des Altars bemächtigt hatten. Eine tobende Schaar schleppte vom Pfarrhaus her einen weißhaarigen Mann herbei und schrie: „Wir bringen den Pfaffen! Sperrt ihn in sein Haus und laßt ihn in den Himmel hineinbraten, wie er uns in der Hölle geröstet!" und die, welche Mathieu Guérand gepackt hielten, stießen ihn gegen die Thür der brennenden Kirche. Er ergab sich widerstandslos in sein Schicksal und murmelte nur dumpf den Namen „Demogeot" vor sich hin, doch plötzlich verwandelte sich seine Lage in unerwartetster Weise und zwar durch einen Theil der Mannschaft

Lavals, der sich zur Plünderung des Gotteshauses abgesondert hatte, und aus seiner Mitte rief es jetzt: „Haltet! Das ist kein Pfaffe, sondern ein Freund des Volks — der Mann, der in der Stadt den Popanz von Nôtre Dame zerschlagen! Er lebe hoch!"

Die noch eben gegen Mathieu Guéraud gerichtete Wuth verwandelte sich in ein rasendes Jubelgeschrei; die Arme, welche ihn verbrennen gewollt, hoben ihn auf die Schulter und trugen ihn im Triumphzug auf das Schloß zu. So nahten sie gegen d'Aubriot heran, der bei dem Anblick eine Grimasse schnitt und verächtlich die Mundwinkel verzerrte. Aber dann lachte er wie gewöhnlich: „Man muß jeden Götzen ehren, so lange er Anbeter besitzt, und es ist kluger, ruhig die Stunde abzuwarten, in der sie ihn selbst zu prügeln anfangen", und schritt, ehrerbietig seine Kopfbedeckung vor dem Gegenstande der augenblicklichen Verehrung abziehend, an den Pfarrer hinan.

„Dein großes Verdienst wird großartig belohnt", sagte er; „nur das Volk in seinem Edelmuth ist hochherzig und dankbar und vergißt die Wohlthaten nicht, die man ihm erzeigt."

Mathieu Guéraud blickte ihm ausdruckslos in's Gesicht, ohne zu antworten, der Abbé mußte sich umdrehen, um ein krampfhaftes Zucken seiner Lippen zu verbergen, das sie bei der von ihm gesprochenen Anrede befallen. „Die

Familie Hautefort kann mir die Dankbarkeit des hoch≠
herzigen Volkes bezeugen", murmelte er hinterdrein. Vom
Schloß her erhob sich ein Durcheinandergetöse, Ausbrüche
des Grimmes und der Wuth, die auf eine Anzahl aus
den Fenstern des Gebäudes blitzender Schüsse folgte, und
der Abbé hörte seinen Namen rufen. Er sah auf, die
Menge hatte sich an ihm vorüber gewälzt, nur ein junger,
schmächtiger Bursche mit feinen Gesichtszügen irrte waffenlos
auf dem vereinsamten Platze umher und schien mit angst=
vollen Augen den Zwischenraum, der ihn vom Schloß
trennte, zu bemessen, als ob er den Plan im Kopf ver=
folge, in unbewachtem Moment hinüber zu eilen. Unwill=
kürlich heftete d'Aubriot forschend den Blick auf die kleine,
fast knabenhafte und auffällig graziöse Gestalt — „mich
däucht, dem Burschen spannt sich der Rock stärker über der
Brust", sagte er, „als daß er mit Mordgedanken umgehen
sollte, und interessanter, als daß es zu jeder anderen
Stunde recht wäre, ihn in seiner offenbaren Rathlosigkeit
allein zu lassen." Doch gleichzeitig erkannte er, daß es
Laval gewesen, dessen Ruf ihm an's Ohr geschlagen, denn
derselbe kam schnell auf ihn zu und sagte mit den Zähnen
knirschend:

„Die Canaillen sind feig, sie sehen, daß ein halbes
Hundert von ihnen ihren schmutzigen Athem am Boden
verröchelt und sind nicht mehr zum Sturm auf das Schloß

zu bringen. Wo hast Du gesteckt? Die Nacht verrinnt und wir müssen auf andere Mittel denken."

„Du hast Recht, es ist nicht Zeit, sentimentalen Visionen nachzuhängen." Der Abbé blickte sich noch einmal um, allein Eve Jacmon, deren Unmännlichkeit sein Blick unter dem erborgten Gewande herausdiagnosticirt, hatte diese auch in anderer Art bewiesen und war ohne das von ihr geplante Wagniß auszuführen, scheu wieder in den Schatten zurückgehuscht.

Sie sah die nutzlose Gefahr ein, der sie sich in dem von den Flammen erhellten Umkreise des Schlosses ausgesetzt, in das hinein zu gelangen unmöglich geworden, und sie eilte bitterlich schluchzend der in der Nähe vor Entdeckung am Meisten Schutz verheißenden Bergwand zu. Dort kauerte sie sich unter einem dunklen Felsvorsprung zu Boden und starrte mit gefalteten Händen nach dem großen Gebäude hinüber, von dem sie wußte, daß Henri Comballot sich mit dem Rest der Seinigen in dasselbe hineingerettet hatte.

Sechsundfünfzigstes Kapitel.

Es war schon einige Zeit vergangen, seitdem die letzten Flüchtlinge Aufnahme im Schlosse gefunden. Eine von dem jungen Hauptmann der Nationalgarde angestellte schnelle Musterung hatte ergeben, daß die Zahl der übrig Gebliebenen und für die Vertheidigung Verwendbaren Alles in Allem gegen vierzig betrug, und ohne eine Minute in unentschlossener Zaghaftigkeit zu verlieren, ordnete er mit ruhiger Sicherheit Alles was zunächst nothwendig erschien, um einer Wiederholung der Ueberrumpelung von zuvor vorzubeugen. Das Bild des todten Lacordaire zitterte ihm überall vor den Augen und seine Lippen zuckten in tiefem Schmerz. Die Welt kam ihm verödet vor, in der er jenen nie wieder erblicken sollte, nur der Gedanke an Eve, an den Abend, welcher dieser Nacht voraufgegangen, rief ihm die Köstlichkeit des Lebens zurück, doch auch dieser verknüpfte sich mit der Angst vor den Gefahren, die in der unbeschützten, noch ahnungslosen Stadt die Geliebte bedrohten. Aber es galt in dieser Stunde nicht der Todten und Abwesenden, der Lebenden und Gegenwärtigen galt es zu gedenken, und Henri Comballot wehrte muthig dem Herzen, den bitteren Gram und das angstvolle Pochen desselben Macht über die sichere Ruhe des Kopfes gewinnen zu lassen. Dieser allein konnte möglicherweise noch, was sich bis jetzt gerettet, auch vor dem schließlichen Untergang bewahren, so ungleich die Zahl der Kämpfer drinnen und draußen allerdings sich gestaltet hatte. Allein jedenfalls galt es das Aeußerste zu versuchen, das Schloß bis zum Eintreffen einer immerhin denkbaren Unterstützung gegen die zehnfache Uebermacht zu behaupten, und nachdem die Gegner die erste Verwirrung, in der sie vielleicht mit einzubringen vermocht gehabt hätten, nicht benutzt, zeigte sich bald, daß die kleine, aber wohlbewaffnete und pünktlich die Befehle ihres Hauptmanns ausführende Besatzung in der That das stattliche Gebäude zu einer nicht im ersten Anlauf einzunehmenden Festung umgewandelt hatte. Ein dreimaliger Sturm der Belagerer war unter Hinterlassung einer nicht unbeträchtlichen Reihe von Todten und Verwundeten in ein wildes Zurückfliehen umgeschlagen, und die Vergeblichkeit der lauten Zornesworte, mit denen der Bürger Laval die vereinigten Schaaren der Bauern und des städtischen Pöbels anzufeuern suchte, ihren Anprall zu wiederholen, bewies, daß der Muth der brüllenden Rotten, das Schloß mit stürmender Hand einzunehmen, sich beträchtlich verringerte. Der dichte Gürtel, den sie anfänglich ringsum gebildet hatten, lockerte sich und zeigte nur noch an solchen Stellen Ansammlungen unmittelbar unter den Mauern, wohin aus Mangel an Oeffnungen in den letzteren die Schußwaffen der Vertheidiger nicht reichten. Doch auch an dem begonnenen Versuch, den Widerstand dieser Mauern selbst zu brechen und ihr Bollwerk zu zerstören, erlahmten die Hände bald. Das Mittelalter hatte seine Steine aufeinander gethürmt, daß sie der Zertrümmerungslust eines Jahrtausends trotzen sollten, und Axt und Eisenstange glitten wirkungslos von dem Basaltgefüge des mächtigen Unterbaues ab.

So hatte der nächtliche Kampf abermals eine, diesmal für die plündernden Horden ungünstige Veränderung erlitten, und mit der Unentschlossenheit, welche sich ihrer unverkennbar bemächtigte, stieg die Hoffnung der kleinen Besatzung, sich durch Umsicht und Ausdauer wenigstens bis auf Weiteres in ihrer jetzigen Stellung behaupten zu können. Henri Comballot war überall in dem weiten Gebäude, er besichtigte, verstärkte die schwächeren Punkte, vertheilte seine Mannschaft gleich dem Commandanten einer belagerten Festung und ermuthigte durch sein Beispiel wohin er kam zu unerschrockenem Ausharren, während

Urbain Guéraud sich nach seinem Wiedereintreffen im Schlosse einzig der Aufgabe widmete, eine Wiederholung des Ereignisses zu verhindern, das Lacordaire's und Jüpin's Opfertod zur Errettung Diana's nothwendig gemacht hatte. Diese lag in einem Zimmer des oberen Stockwerks auf einem Sessel zurückgelehnt und Urbain wich nicht mehr von ihrer Seite, denn er fürchtete, daß ein augenblickliches Verlassen hinreichen könne, die Gefahr, in welche sie sich bereits zweimal selbst versetzt, von ihr in verhängnißvoller Weise erneuern zu lassen. Sie hatte jetzt offenbar das Bewußtsein dessen, was um sie vorging, wieder erlangt und eine erschütternde, stumme Klage lag in ihren Zügen. Sie regte sich nicht, nur die Wimper schlug sie manchmal auf und ließ den Blick, in dem allein noch ein Strahl des Lebens zitterte, auf ihrem schweigsamen Wächter ruhen. Dann wurde er bang und flehend und ihre Lippen bewegten sich zum erstenmal und sagten:

„Verlaß mich nicht — oder wenn Du von mir gehen mußt, tödte mich vorher!"

Einige Stunden waren kaum verflossen, seitdem sie drüben in dem anderen Zimmer ihm heftig geboten:

„Verlaß mich!" Trotz den Schrecken der Nacht überrann es ihn seltsam aus ihren Worten, die zum erstenmal ihn bleiben hießen, sich seinem Schutz anheimgaben, er trat an sie hinan und versetzte:

„So lang' ich lebe, Diana, verlasse ich Dich nicht —"

„So lang' Du lebst —" sie wiederholte es zusammen=
schauernd, dann schrie sie auf: „Das sagte er auch und
hat es gehalten und ist todt — ich habe ihn getödtet!
Hör' nicht auf mich — geh' — verlaß mich, rette Dich!
Bei mir wartet der Tod und Du sollst nicht sterben!"

Er faßte sanft ihren Arm und setzte die erschreckt
Emporgesprungene in den Sessel zurück. „Sind wir nicht
einmal schon zusammen gestorben — da droben?" ent=
gegnete er mit sonderbar bebender Stimme. „Damals ver=
gönntest Du es mir —"

Die Erregung, welche sie plötzlich in die Höh' ge=
rissen, war gebrochen. Sie gehorchte seiner Hand wie ein
Kind, nur ihre Antwort widersprach ihm: „Nein, wir sind
nicht todt und wir wollen nicht sterben, Urbain. O Du
hattest Recht — Du hattest Recht — und doch ist es so
schön zu leben!"

Sie legte die Hände über ihr Gesicht und schluchzte.
Auch er schwieg, draußen war im Moment der Lärm, der
bisher unablässig getobt, in räthselhafter Weise verstummt
und einen Augenblick lag Todtenstille über Allem. Nur
der Wind brauste durch die von Steinwürfen zerschmet=
terten Fenster und trug jetzt einen eigenthümlichen Ton
mit sich. Schaurig und melodisch zugleich, es war der
Klang der Kirchenglocke, die sich in dem brennenden Thurm

langsam von selbst zu bewegen begann. Diana horchte eine Weile darauf hin, dann erhob sie sich wieder, doch mit verändertem, ruhigem Ausdruck und trat auf das Fenster zu. Urbain wollte sie abermals zurückhalten, aber sie wehrte ihm gelassen und sagte:

„Laß, Freund! Fürchte nicht, daß ich eine Thorheit begehe, denn ich möchte leben, wenn es sein kann."

Sie nahm seine Hand und zog ihn mit an's Fenster und fuhr mit seltsamem Klang der Stimme fort:

„Was ist das, Urbain — ist es Furcht und Feigheit, wenn der Tod wirklich droht, daß plötzlich das Herz vor ihm bangt und das Leben in seiner alten Schönheit ihm zuwinkt? Hörst Du die Glocken? Mir ist, als klängen sie nicht dort, nicht jetzt — aus ferner Sonnenzeit tönen sie zum erstenmal herüber, wie aus einem Frühling, der mit ihnen heraufkommt und mir etwas in der Brust schmelzend löst, das sich lang', lang' wie Eis um sie gelegt. Mit unsichtbarer Hand zieht es mir schleiernde Nebel von den Augen herab — ich weiß, wer sie darüber gehäuft, Dein Vater war's, mit magischem Wort beschwor er sie herauf und setzte mir berauschenden Trunk an die Lippen. Ich schauderte, denn sein Feuer verwandelte sich in mir zu Todesstarre, doch ich trank ihn, denn jeder Tropfen ließ mich durstiger schmachten, und er sagte, ich müsse zuvor sterben an ihm, um wieder zum Leben aufzuwachen.

Ich klage ihn nicht an, doch er war ein Mensch, ein Greis, der selbst seine müde Seele mit dem Inhalt des Bechers verjüngen mochte, den er mir aufdrang — ich aber hatte warmes, lebendiges Blut noch, und aus ihm floh die Wärme und der Herzschlag und nur der Frost durchgrauste mich. Da klingen zum erstenmal die Glocken wieder wie einst, sie lösen den Bann des Greises, mir ist, als trügen sie mich aus der dumpfen Tiefe seines Hauses an's Sonnenlicht zurück. Meine Brust athmet frei und mein Herz jauchzt, daß das Leben schön ist — entsetzlich schön, denn die Todten drunten blicken mich mit regungslosen Augen des Jammers an, daß sie nicht mehr sind. Für mich sind sie gestorben, mein Leben zu erhalten, es ist ein heiliges Vermächtniß, das sie mir hinterlassen, und ich will es bewahren, es nutzen wie sie es gewollt, will leben, um glücklich zu sein, um die zu lieben, die mich lieben —"

Sie brach verwirrt ab und setzte hastig hinzu: „Wo ist Felicien, wo ist Marie? Sie irrte, und alle Wahrheit des Lebens ist Verzeihen, Trösten, Lieben —"

Die Glocke vom Thurm klang rastloser, lauter, in schaurig wehklagendem Geläut'. „Sie tönt zum letztenmal", murmelte Urbain; er riß gewaltsam seine Augen von dem seltsam aufleuchtenden Antlitz Diana's, das ihn eine Secunde lang anders denn je angeblickt, und bog mechanisch die

Stirn aus dem Fenster der in eine wild bewegte Flammen=
pyramide verwandelten Kirche zu. Dann wollte er zurück=
kehren, doch eine plötzliche Rauchwolke schwebte gegen ihn
heran und bannte nochmals seinen Blick. Sie hatte etwas
Räthselvolles, Gespenstisches, denn sie stand in keinem
Zusammenhange mit den beträchtlich entfernten Bränden
zur Linken und Rechten, sondern kam von unten, wie aus
dem Boden herauf. Nun zerriß der Wind sie und unter
ihr lief es wie eine feurige Schlange an der Wand des
Schlosses entlang und sie leckte mit glühenden Zungen
empor, hundertfach, tausendfach. Sie dehnte riesig an=
schwellend den Rücken und schnob zischend Qualm und
Funken aus dem Rachen —

Urbain fuhr zurück, faßte Diana's Hand und riß sie
mit sich fort. Der Theil einer Minute hatte genügt, wind=
gepeitschten Rauch durch die zertrümmerten Scheiben herein=
dringen und das Zimmer erfüllen zu lassen, und er löste
das Räthsel der sonderbaren Stille, die seit einiger Zeit
dem früheren ununterbrochenen Getöse der Stürmenden
Platz gemacht. Der Bürger Laval und der Abbé d'Aubriot
waren auf das von ihnen gesuchte Mittel verfallen und
achthundert Hände hatten fast mit Gedankenschnelle das=
selbe zur Ausführung gebracht, die dürren Heckenwände
des Park's niedergerissen, herbeigeschleppt und sie mit los=
gebrochenem Geäst und Gebälk, Stroh und Riedmassen

ringsum an der Windseite um die Schloßmauern an den Stellen aufgeschichtet, wohin die Schußwaffen der Vertheidiger nicht reichten. Dann setzten hineingeschleuderte Fackeln an zwanzig Punkten zugleich die schnell entzündeten Reisighaufen in Brand, knisternd loderte es auf, leckte gegen einander und vereinigte seine Flammen. Rundum schlug die Lohe empor und bildete eine rothe Wand, hinter der das Schloß verschwand, die vom Sturm gepackt und in jede Oeffnung des Gebäudes hineingeschleudert wurde, daß Rauch und Hitze die Vertheidiger desselben von ihren Posten fortdrängten, und ein wie aus hundert Thierkehlen aufbrüllendes Freudengeheul übertäubte das Prasseln des Flammenmeeres, höhnisches, triumphirendes Geschrei: „Räuchert die Füchse aus ihrem Bau! Gebt Acht, wo sie hervorbrechen werden! Tod den Räubern, den Dieben, den Blutsaugern! Es lebe die Freiheit! Rache für das Blut des Volk's, das sie vergossen!"

Urbain hatte Diana durch einen Gang mit sich hinüber zu der vom Wind abgelegenen Seite des Hauses gezogen. Drunten im Erdgeschoß riefen laute Stimmen durcheinander: „Wir ersticken! Das Schloß beginnt zu brennen! Rettet euch! Wohin?" Henri Comballot stand zum erstenmal bleich und rathlos. „Wohin?" murmelte er nach. Der Zeitraum einer Viertelstunde kaum hatte seine neu belebte Hoffnung in Verzweiflung umgewandelt, das Schloß selbst war bereits vom Feuer gefaßt und brannte unlöschbar, Schritt um Schritt kam das unabwendbare Verderben daher.

Auch Urbain Guéraud entfiel zum erstenmal der Muth und er sagte dumpf: „Es ist vorbei." Der Sturm verbreitete die zündenden Massen mit wahnsinniger Schnelligkeit, er wälzte feurige Colonnen durch die Corridore, ihre Vorboten, dichtgeballte Rauchwolken drangen schon durch die Spalten der Thür wiederum in das Zimmer, wohin Urbain Diana geführt. Auch diese erkannte deutlich jetzt, daß keine Rettung mehr sei. „Vorbei —" wiederholte sie, „die wiedergewonnene Schönheit des Lebens war kurz —"

„Wir müssen hinunter, zu den Anderen, eh' die Flammen uns hier erreichen, Diana —"

Sie fiel ihm in's Wort: „Nein, laß uns allein sterben —"

Ein Krachen der Thür unterbrach sie und ein greller Schein blitzte auf. Mit vielen Zungen zugleich leckte es durch die Wand und Gluthathem strömte herein. Betäubte er Diana's Besinnung und fürchtete sie, zu wanken, daß sie plötzlich den Arm nach Urbain Guéraud's Nacken ausstreckte, als wolle sie ihn umschlingen, um auf ihn gestützt der letzten Schrecknis in's Auge zu blicken?

Nur eine Bewegung des Armes war's, keine Ausführung, denn er sank ebenso schnell zurück und statt dessen wandte Diana den Kopf unwillkürlich dem Fenster zu und Urbain that dasselbe. Waren die Scheiben, die hier in einem der von den Belagerern weniger beachteten Eckthürme unzertrümmert geblieben, bereits von der Hitze, die das ganze Schloß umhüllte, zersprungen, oder hatte der Wind sich gedreht und sie eingedrückt? Sie klirrten in Scherben und zwar mehrere zu gleicher Zeit, Urbain starrte eine Secunde ungewiß darauf hin, dann griff er nach seinem Degen und stürzte gegen das Fenster. Ein verwildertes Gesicht unter flatterndem gelbweiß erbleichtem Haar, mit düster verfilzten Brauen und in Flechten aufgewickeltem struppigem Bart sah in's Zimmer hinein, in den kleinen von dicken Lidern umwallten Augen blitzte es triumphirend auf, als sie die beiden Gestalten vor sich gewahrten und eine rohe, verbrannte Faust streckte sich durch die von ihr zerschlagene Scheibe, um das von Innen geschlossene Fenster zu öffnen. Offenbar war es Einer von dem Gesindel draußen, der irgendwo an Vorsprüngen der Mauer emporgeklettert, um, eh' das Schloß völlig in Flammen stand, seine Raubgier darin zu befriedigen, und mit Blitzesschnelle, bevor Urbain sich zu sammeln vermochte, hatte er das Hinderniß beseitigt, mit dem Sprung eines wilden Thieres behend dem Degen des jungen Mannes ausweichend, sich auf diesen geworfen und ihm seine Waffe entwunden. Doch ebenso schnell ließ er von dem Entwaffneten wieder ab, umklammerte mit riesenhafter Kraft den Leib Diana's und hob sie mit dem dumpf gurgelnden Ruf: „Ankou!" vom Boden empor. Eine blitzartige Erinnerung durchzuckte Urbain, er erkannte den nächtlichen Flammenschürer auf der Basaltkuppe des Vorberges des Mont Mezin, der sie damals aus der Hülflosigkeit ihrer Lage dem Leben zurückgegeben, und er faßte besinnungslos die Schulter Jean Arthons und stammelte: „Was willst Du —?"

Der Bretagner wandte ihm einen Moment mit triumphirendem Blick das wilde Antlitz entgegen. „Ankou betrügen, wie er mich betrogen hat!" versetzte er heiser lachend. „Hurtig! Seine Schakals bellen, er kommt und es ist Zeit! Aber sie hat meine Hand gefaßt und gesagt, es thäte ihr leid, wenn man mich mit Hunden hetzen würde, wie einen Wolf, und ich antwortete ihr, sie solle mich daran erinnern, was sie Jean Arthon gethan. Ankou vergißt, was er versprochen, doch ich nicht. Sie ist Deine Braut, ich weiß es noch, und darum darfst auch Du mit! Aber niemand sonst — die Andern gehören Ankou, der sie sucht, und gehen mich nicht an! Rasch!"

Er schwang sich sicher mit Diana aus dem Fenster und ließ sich an einem Strick, den er um das Fensterkreuz befestigt, auf ein niedrigeres, plattes Vordach hinunter, auf dem er seine lebendige Last sanft niedergleiten ließ und vorsichtig an den Außenrand des Daches kroch, um nach allen Seiten hinabzulugen. Man sah, daß seine Glieder gewohnt sein mußten, sich furchtlos in die schwindelerregendsten Felsenwände einzukrallen und daß ihm das Herabklimmen hier wie Spielerei erschien. Urbain hatte unwillkürlich sich noch einmal der Thür des Zimmers zugewandt und dem Verbot des Bretagners zum Trotz: „Hierher!" gerufen. Doch die Flamme schlug ihm hochausleckend als Antwort entgegen, ein Lavastrom überwogte die Treppe, er sah, daß keine Möglichkeit mehr bestand, aus dem Erdgeschoß herauf zu gelangen. Nur die Stimme Henri Comballot's vernahm er noch von Unten durch das prasselnde Getöse des Feuers: „Zu mir alle! Jetzt gilt es das Letzte!" und Urbain flog ebenfalls an das sich mit dichtem Rauch schon umnebelnde Fenster zurück und glitt an dem Strick auf das Dach hinunter. Jean Arthon hielt Diana wieder, einem Kinde gleich, auf seinem Arm, allein er zögerte und blickte erwartungsvoll über sich, wo es in phantastischem weißlich-schwarzem Gemenge aus dem Gemäuer hervorquoll. Dann sagte er plötzlich: „Jetzt kommt's" und sprang vorwärts, wie eine dichte Wolke schnaubte vom Sturm zusammengeballt schwarze Rauchmasse herab und entzog in einem Nu Urbain die hart vor ihm Befindlichen aus dem Blick. Er sah nicht, er hörte nur, daß der Bretagner einen Sprung in das Dunkel hinunter machte, und that mechanisch dasselbe. Die Höhe war nicht beträchtlich gewesen und weiche Erde milderte noch den Stoß des Aufschlags, offenbar hatte ihr unerwarteter Retter vorbedacht diesen Punkt, den Boden zu erreichen, ausgewählt. Nur der Rauch drohte fast die Brust zu ersticken, er kam, sich unablässig erneuernd, wie eine vorwärts schreitende Mauer daher, trieb dadurch jedoch auch die Belagerer jetzt an dieser Stelle vom Schloß in den Park zurück. Aber zugleich verschleierte er Urbain die Richtung, welche die Vorauseilenden eingeschlagen und er irrte planlos im Dunkel. Da rief es seinen Namen, unvorsichtig laut, angstvoll, und es kam weiß durch den erstickenden Qualm zurück. Jean Arthons Stimme scholl dumpf warnend, fast in zornigem Drohen dazwischen, doch Diana erwiederte unbeirrt: „So geh! Er hat mich zweimal gerettet und ich gehe nicht ohne ihn." Knurrend kam der Alte ebenfalls zurück, nun hatte sie gefunden was sie gesucht, hielt Urbains Hand fest mit der ihren und zog ihn nach sich. Der Bretagner schritt wieder voraus, er hatte seinen zottigen Mantel über Diana's verrätherische Kleidung geworfen und lugte wiederum, einem Spürhund ähnlich mit allen Sinnen zugleich durch den sich lichtenden Rauch. Sein Fuß stieß gegen etwas Weiches im Wege, es war die Leiche eines Gefallenen, die er hastig betastete und mit einem zufriedenen Kehllaut ihrer Kopfbedeckung und den

Oberkörper umschließenden Lumpen beraubte, um auch
Urbain's Erscheinung dadurch, so weit der drängende
Moment es verstattete, unkenntlich, dem Aeußern der Be=
lagerer ähnlicher zu machen. Dann nahmen sie auf seine
Anordnung beide ihre Begleiterin in die Mitte und ver=
ließen die nicht länger erträgliche Hülle, welche sie bis
jetzt den feindlichen Augen entzogen. Mochte das Ver=
derben draußen auf sie warten, hier drohte es ihnen bei
längerem Verzug in der abscheulichsten Gestalt der Er=
stickung, die bereits ihre Sinne zu betäuben anfing. Hinaus
um jeden Preis — sie betraten den freien, von glühendem
Luftstrom überwogten Raum, doch es war Luft wenigstens,
welche die erschöpfte Brust einzuathmen vermochte und die
den Gliedern Kraft zurückgab. Häßliche, rothbestrahlte
Gesichter tauchten zur Rechten und zur Linken in einiger
Entfernung unter den laublosen Bäumen des Parkes auf,
vor den Fliehenden befand sich eine Lücke, der Jean Arthon
den Schritt beschleunigend und Diana mit sich reißend,
zustrebte. Auf Steinwurfsweite winkte ihnen ein schutz=
verheißendes Dunkel entgegen und sie legten in einer
Secunde die Hälfte des Weges zurück, als Diana's Fuß
strauchelte. Er war abermals wider einen regungslosen
Körper auf dem Boden gestoßen und zugleich erschollen
von rechts her Rufe: „Was für eine Beute hat der da
gemacht? Haltet ihn! Er muß theilen! Fangt sie auf!"

Der Bretagner hatte schnell die Arme wieder um Diana geschlungen und trug sie in hurtigem Lauf, allein ihr herabhängendes weißes Kleid verrieth sie und die beschäftigungslose Gruppe, welche ihrer ansichtig geworden und eine besondere Beute witterte, stürmte zur Verfolgung auf sie zu. Die mächtige Brust Jean Arthon's keuchte unter der Last und Geschwindigkeit seines Lauf's, die trotzdem nicht mit der des nachsetzenden Schwarms auf die Dauer zu wetteifern im Stande war, er stöhnte wie ein Gebet und Verwünschung zugleich: „Ankou —!"

Hörte der Gerufene ihn? Plötzlich stutzte der verfolgende Hause dicht hinter den Fersen der Flüchtigen, ein gellendes Geschrei durchschnitt von der Westseite des Schlosses her die Luft: „Hierher! Die Füchse sind ausgeräuchert und brechen aus dem Bau! Hierher!" und wie eine rasende Meute ließen die Verfolger abschwenkend von dem einzelnen Wild und warfen sich aufheulend gegen das Schloß zurück. Das Dunkel nahm die Geretteten auf, Diana suchte sich loszuringen, um den Blick zu wenden, doch der Alte hielt sie willenlos wie mit Eisenklammern umspannt und setzte seinen Lauf bis an die Grotten der Felswand fort. Dort ließ er sie niedergleiten, vergönnte ihr jedoch auch jetzt keine Rast, sondern zog sie, ihrem Widerstreben zum Trotz gemeinschaftlich mit Urbain eilig den zu den Trümmern der alten Burg steil aufwärts führenden Weg hinan. Einige Minuten lang überhallte wildes, vielhundertstimmiges Kampfgetöse den Aufruhr der Elemente, das Brausen des Sturm's und Prasseln des Feuers, das Krachen des zusammenbrechenden Gebälks und das letzte, wie verzweiflungsvolle Wehklage verzitternde Geläut der Kirchenglocke, dann ward es still. Der Brand hatte die Stricke gefaßt, an denen die Glocke schwebte, und sie stürzte in den auflodernden Flammenschlund hinunter, an der Westseite des Schlosses aber lag der Rest der tapfern Nationalgarde von Le Puy, den die Noth zu einem letzten Ausfall in geschlossener Phalanx, einen Durchbruch zu versuchen, hervorgetrieben, von der Uebermacht erdrückt, todt und sterbend am Boden. Nur wenige, ihr junger Hauptmann unter ihnen, lebten noch, schwerer oder leichter verwundet, und die blutbespritzten Sieger schnürten ihnen mit Stricken die Glieder zusammen und schichteten unter Gelächter und gierigem Rachegeheul einen Holzstoß, ihre wehrlosen Opfer lebend darauf zu verbrennen. Sie weigerten sich Anfangs, der Stimme des Bürgers Laval zu gehorchen, der herzueilte und die Gefangenen ihren Händen entriß, aber ihre Widersetzlichkeit verwandelte sich in Beifallsjauchzen, als er lachend hinzufügte:

„Laßt die guten Bürger von Le Puy doch auch etwas von dem heilsamen Schauspiel genießen, wie die Söhne der Freiheit den Verräthern des Volkes lohnen! Nehmt sie mit euch, daß wir auf dem off'nen Markt Gericht über sie halten und über alle, welche die Stadt noch an Ihresgleichen hat! Das Volk, das sich befreit, ist groß und furchtbar in seinem Zorn, aber es ist ebenso erhaben und gerecht und mordet nicht, wie die Aristokraten, die Blutsauger, sondern es richtet. Es raubt nicht, sondern es nimmt den Wucherern, um der Armuth zu geben. Hier haben wir Gerechtigkeit geübt, eilt, nach Le Puy, daß die Kunde uns nicht zuvorkommt und die Feiglinge mit ihren Schätzen entfliehen, an denen das dürftige Volk sich laben soll!"

„Die Köpfe ab!" rief Clement Jouve's Stimme, lautes Beifallsgeschrei antwortete ihm, man sah es der Ordnung seines Anzugs, seinen unbefleckten weißen Händen an, daß er nicht an dem Kampfe Antheil genommen, doch ein unheimlicher Glanz rieselte jetzt aus seinen Augensternen auf die Gefangenen nieder. Laval trat an Henri Comballot hinan, der nur leicht an der Stirn verwundet, doch von dumpfer Verzweiflung gebrochen, regungslos dalag und sagte höhnisch:

„Du wirst uns an dem, was wir in der Stadt vorhaben, nicht mehr hindern, nicht wahr, und es wird nicht mehr nöthig sein, daß ich Dich und Deinen Freund Lacordaire abhalte, das Blut des Volkes zu vergießen. Aber Du verdienst für Deine Tapferkeit eine Auszeichnung und ich verspreche Dir — Du weißt von Deinem Freunde, daß ich mein Wort halte — daß man Dich noch mit Deinem hübschen Schatz verkuppeln soll, ehe man euch —"

„Eve —" schluchzte der junge Mann zum erstenmal verzweiflungsvoll, „o Eve —"

Der Bürger Laval lachte satanisch. „Eva? Du bringst mich auf einen hübschen Gedanken — Du sollst ihr Adam sein, so könnt ihr zusammen in das Paradies eingehen —"

„Von wo aus Du in ihrem und ihr beide in Abrahams Schooß herabblicken und Augenzeugen sein könnt", fiel d'Aubriot, der ebenfalls herangetreten war, lustig ein, „daß das edle, hochherzige und große Volk niemals mordet und raubt wie ihr und so wenig grausam ist, daß es euch zu den Freuden des Paradieses verhilft. Ich glaube Deinen genialen Gedanken zu verstehen, Bürger Laval, und mache Dir mein Compliment; nur ein liebevolles Herz wie Deines und ein Gourmand dazu vermag ein so delicates Gericht für den Gaumen des guten Volkes aus= zusinnen. Doch Du hast Recht, wir müssen eilen, uns an die servirte Tafel zu setzen."

Laval warf noch einen Blick befriedigten Hasses auf das brennende Schloß und murmelte: „Der erste Gang war gut und Hautefort's Appetit ist gestillt, denke ich. Hast Du seine Schwester geseh'n?"

Der Abbé zuckte die Achsel. „Sie läutern sich ver=

muthlich noch da drinnen, die Eine ihre Sündhaftigkeit und die Andere ihre Tugend. Bah, ich hätte beinah' gesagt, für die Sünderin könne es mir aus Dankbarkeit leid thun, doch sie hat es immerhin besser, als die schöne Azalais einst, und ich bezweifle, daß sie augenblicklich Dankbarkeit für mich hegt, ich bin mithin auch zu keiner Sentimentalität verpflichtet."

Er pfiff den Anfang einer lustigen Melodie, ein Durcheinandergekreisch und Gelärm weiblicher Kehlen erscholl vom Dorf Saint Pierre her und gleichzeitig stieg dort an mehreren Punkten rothes Gewölk zum Nachthimmel auf. Die Weiber hatten die Häuser derer entzündet, welche, gleich Jüpin, bis zuletzt zum Schlosse gehalten und bei der Vertheidigung desselben ihren Tod gefunden; mit grausamem Hohngelächter riefen sie den wehklagend umherirrenden Frauen und Kindern der Gefallenen zu, bei diesen im Schloß ein warmes Unterkommen für die Nacht zu suchen. Die Bestie in der Natur aller, die bis heut' gefesselt gewesen, hatte sich losgerissen und schleifte nur hie und da noch einen Rest von Menschlichkeit gleich einem Stück der zerbrochenen Kette mit sich; die Mehrzahl raste vor Blut= und Brandgeruch trunken umher. Der Sturm schnob aus den brennenden Holzdächern Funkenströme durch die Dorfgasse, wenige Minuten vergingen, so geschah was jeder, der nicht im besinnungslosen Wahnwitz gehandelt, vorhersehen gemußt. Auch die Häuser der Brandstifterinnen selbst fingen Feuer, mit der Geschwindigkeit des Gedankens fast sprang der rothe Hahn von Dach zu Dach, es wälzte sich heran und lockte den Sturm und ließ sich von ihm packen und fortwirbeln, dann stand das ganze Dorf in Flammen. Betroffen starrten einige der Weiber in die Gluth, welche sich gegen ihr eignes Besitzthum gewendet und suchten von ihren Habseligkeiten zu retten, doch die Arme Anderer hielten sie zurück und Geschrei des größeren Theiles füllte die Luft:

„Laßt brennen was brennen will! Wozu braucht ihr's noch? Für unsere Lumpenbetten finden wir seidene in der Stadt! In Le Puy ist Alles! Vorwärts!"

„Nach Le Puy!"

Es war der Ruf, mit dem es von allen Seiten heranzog und sich durch das Thal fortwälzte. Männer, Weiber, Kinder, die Flüchtlinge aus den Sevennen, die Bauern von Saint Pierre, der Pöbel aus der Stadt, die Gefangenen in der Mitte haltend, sie mit Stößen, Flüchen und rohem Witzwort weitertreibend, wenn sie ermattet umsanken. Bewußtlosen Fußes die weißhaarige Gestalt Mathieu Guéraud's, noch immer ein Gegenstand der Verehrung, auf beiden Seiten von unterstützenden Armen gefaßt und mitgezogen; dort Clemence, unter einem Weiberschwarm jetzt, der Lumpen über ihre Nacktheit geworfen, irrlachend, mit flatterndem Haar und unheimlich glühendem Blick; ein zierliches Bonmot und Gelächter in der Gruppe, aus der d'Aubriot, der Bürger Laval und Jouve-Jourdan hervorragten, dann abseits schwankend und schweigsam Victor d'Aubigné — ein lärmender, langgedehnter, häßlicher Zug, roth bestrahlt von den Flammen, die das ganze Thal zu überwogen scheinen, bis er sich in den Felsen verliert, wo die Loire in diese hineinschäumt.

Die Todten sind zurückgeblieben, Freund und Feind, ohne daß Jemand sich um sie bekümmert. Auch ein Röchelnder noch hie und da, das schmerzverzerrte Gesicht von blutigem Schein übergossen — was geht es die lebendigen Söhne der Freiheit an, wer für die Freiheit gefallen? Das Gevögel aus der Luft und die Wölfe aus den Sevennen werden kommen und einen neuen Vertilgungskampf um sie beginnen; der Zweck in diesem Thal ist erreicht, die alte Zwingburg der Tyrannen eingeäschert, sie selbst mit ihren Bewohnern vom Boden ausgelöscht und die Hüter der Ordnung in Le Puy oder vielmehr die Todfeinde des wirklichen, hochherzigen Volkes in der Mausefalle gefangen, für die der Bürger Laval und der Abbé d'Aubriot das Schloß von Hautefort als riesigen Köder benutzt.

Nichts lebt mehr auf der großen Brandstätte, aus der jenes als flammende Gigantenfackel aufragt und bis an die schwarzen Basaltsäulen droben hinan die alten Burgtrümmer von Capdeul noch tageshell bestrahlt. Umgestürzt liegen die weißen Marmorgötter im Park, nur ihre olympischen Genossen ragen noch gluthüberlodert von den Zinnen. Dann stürzen auch sie, eine schweigsame, im Fall noch heiter lächelnde Gestalt um die and're — da klingt noch ein letzter Laut des Lebens unter ihnen herauf, ein mit winziger Stimme winselndes Gebell, ein sonderbarer Ruf: „Victor d'Aubigné!" und hinterdrein der Anfang einer Opernmelodie: „Tu l'as voulu —". Dann ein kreischender, geller Vogelschrei, die seladonblauen Tapeten krümmen sich zusammen, dumpfprasselnd stürzt eine Minerva durch den brechenden Plafond, reißt im Fall die üppig-schöne Göttin der Liebe und ihren kriegerischen Bewunderer von der Thür herab mit zu Boden, und Hündchen und Arras sind still, wie Alles, außer dem krachenden Gebälk und dem Sausen des sturmgepeitschten Flammen-Ocean's.

Siebenundfünfzigstes Kapitel.

Wie die rothen Feuergarben drunten im Thal, schießen die Erinnerungen durch die Nacht, sie locken weißes Gespensterantlitz aus tiefen Schatten herauf —

Urbain Guéraud wandte sich auf der Mitte des Weges, der zu der Ruine hinaufführte, um. Ihm war, als komme ein Fuß hinter ihnen drein, als rolle ein Stein weiter abwärts in die Tiefe, den er und seine beiden Begleiter nicht vom Boden gelöst. Allein den zurückgewendeten Blick blendete das Feuermeer drunten und es huschte von Schatten davor durcheinander, von wirklichen, die sich mit Bildern der Phantasie, mit irrlichtartig aufglimmenden und verzitternden Gedanken und Empfindungen mischten. Es war nichts Neues, was Urbain, seitdem [die Sonne gesunken, erblickt und gehört, die Nacht hatte nur ihm selbst ein Beispiel von dem vorübergeführt, was alt wie die Menschheit war und die Sonne seit dem Anbeginn derselben ge=

sehen. Was besagte sie anders, die früheste Erzählung aus der ersten Kindheit des Menschengeschlecht's? Der stärkere Bruder erschlug den schwächeren, als nur vier Wesen ihrer Art noch die Erde sich streitig machten — und Abels Todesschrei war die aufgellende Ouvertüre des großen die Erde und Jahrtausende überhallenden Tonstückes, das seine Billionen von Disharmonien aus Thränen und Hohn, Schmerzenslauten und Triumphgeschrei, dem Sausen des Speeres und Schwerterklang, Stöhnen und Siegesgeheul zusammensetzte. Eine unaufzählbare Fülle immer neuer Töne in unermeßlicher Scenerie und niemals endenden Auftritten der ungeheuren Handlung des possenhaft sinnlosen Welttrauerspiels. Immer dasselbe Motiv und die nämlichen Acteurs in verändertem Costüm. Hier Einzelne mit Dolch und Gift unter frommer Maske und süßer Lüge verborgen, dort Völker mit speienden Feuerschlünden sich gegen einander wälzend, sich zu Tausenden zerfleischend, der Mörder, der in's Dunkel gekauert, seines ahnungslosen Opfers harrt, es hinterrücks mit der Keule zu Boden zu schlagen, nun offen hervorbrechende Räuberschaar, plündernd niedersengend, verwüstend. Immer dasselbe in allen Zeiten, unter allen Menschengeschlechtern seit jenem ersten sagenhaft-symbolischen Morde, immer der zähnefletschende, zum Sprung geduckte Tiger, sich auf den Schwächeren zu werfen, die Gier, welche die Natur in ihn gelegt, zu befriedigen. Und zwischen diesem sinnebetäubenden gellen Wuthgebrüll, das die Grundmelodie von Allem bildete, tönte spöttisch das Geklingel, die Schalmei und das Schäfergeläut, der Sonntagsglockenklang von Recht und Sitte, von Mitgefühl, Liebe, Barmherzigkeit, Religion — Urbain lachte mit schneidend bittrem Ton auf. Phrasen, hohles Wortgeklingel dem großen Raubthiere, dem blutdürstigsten seiner Gattung, der Bestie Menschheit gegenüber! Narren, die an die Wirklichkeit jener Worte glaubten und mit der ohnmächtigen Würde und Schönheit derselben allein, ohne die Eisengitter des Käfigs, ohne glühende Stange die Naturgier des millionenköpfigen Thieres bändigen zu können wähnten! Es folgt dem blinden Triebe seines Instinct's, und jedes Gesetz, das ihm zu rauben, zu würgen verbietet, ist Bedrückung desselben, denn es giebt nur ein Recht für die wilde Bestie, das der Krallen und Zähne. Sie sind die einzige Wahrheit des Lebens und schöne Lügen alles Andre, dem auch nur ein Mittel zu Gebot steht, seine veredelte Herrschaft zu behaupten — die Gewalt, die Unterdrückung.

Kampf gegen Kampf! Einen unerbittlichen Zügel in das schäumende Gebiß! Despotie oder Untergang!

Dumpf brandete es in Urbain Guéraud's Hirn wider einander. Allein mit seiner nächtlichen Begleiterin ihm zur Seite war er dem entsetzensvollen Untergange ent=

ronnen, vor dem er umsonst gewarnt, den er Schritt um Schritt herannahen gesehn. Was geschehen lag in furchtbarer Klarheit da, doch das Wie begriff er noch kaum; aber ein anderer Gedanke wälzte sich wieder darüber, daß es in seinen Gräueln doch nur eine verschwindende Episode des ungeheuren Zusammensturzes sei, dessen erste Stöße Frankreich erschütterten. Er murmelte düster die Namen d'Aubriot's und Laval's — das waren sie, die lachend das Verderben heraufgeführt, Jahrhunderte lang, und die geschmeidig jetzt in die gährende Tiefe hinabsprangen, um in verwandelter Gestalt wieder emporzutauchen und als die Ersten mit erhobener Faust gegen das morsche Bollwerk zu donnern, das ihre eigene phosphorescirende Fäulniß zerfressen hatte. Gemeiner in der parfümirten Kammer ihres Hirns als der Abhub des Pöbels, den zu beherrschen sie sich noch der Phrasen der Gerechtigkeit und Freiheit bedienen mußten, habgieriger, grausamer, gewissenloser — das waren sie, nicht die, welche Hautefort zerstört und sich jetzt in Le Puy auf ihre Beute warfen — die Hunderte von d'Aubriot's und Laval's, die in Versailles im Begriff standen, Frankreich zu verwüsten und zu berauben, noch mit Orden und Titeln, Talar und Kreuz geschmückt, doch gleißnerische, selbstsüchtige Schurken bis zum höchsten Range, zu dem eines Herzogs von Orleans hinauf. Und um sie her, in gleicher Weise von den Phrasen der Gerechtigkeit und der Freiheit, die ihrem Munde entströmten, geblendet, saßen die, welche für das wirkliche Heil des Volkes in begeisterter Hoffnung mit an das morsche Bollwerk der Tyrannei donnerten, ahnungslos, daß jene nur eine Weile hohnlachend ihre redlichen Hände benutzten, um, wenn sie ihre Arbeit gethan, die schmutzige Fluth des Pöbels und den glänzenden Schaum des hochgeborenen Verräther=thums über ihnen zusammenschlagen, sie zwischen beiden begraben zu lassen. Urbain Guéraud's Auge sah es aus dem Dunkel der Zukunft auftauchen, ihm war, als reiße der Sturm um ihn einen Vorhang in die Höh', und aus unabsehbarem Gemetzel schossen Ströme von Blut. Es wogte übereinander wie Wolkencolosse und von den zucken=den Blitzen erhellt standen die d'Aubriot's und Laval's auf den Nebelgebilden und schrieen mit höhnischen Gesichtern anfeuernd in das apokalyptische Getümmel hinab — da, und ein schneidendes Lachen brach wieder aus der Brust des fernen Beschauers — da reckten sich tausend Fäuste aus dem Abgrund auch nach ihnen empor und packten ihre Füße und zerrten sie mit wahnwitzig zum Himmel gellen=dem Gelächter selbst in die Tiefe hinunter, die Alles in weltallsgroßem Rachen verschlang —

Urbain Guéraud fuhr sich mit der Hand über die Stirn. Wie ein körperliches Bild hatte es deutlich vor seinen erregten Sinnen gestanden — nun zerrann die

Phantasmagorie des erhitzten Blutes, der Nachtsturm des Hochplateau's, das sie erreicht, schlug ihm wild in's Gesicht, der Gedanke an die jüngste Vergangenheit, an sein eigenes Geschick brandete aus der Leere herauf, in der die Schöpfung der Phantasie verschwunden. Tobt die Freunde — ausgelöscht auf immer der edelste Hauch, der Menschenbrust je beseelt, dem Nichts zurückgegeben, eine Welt, zerschlagen von einem Thier. Urbain sprach schluchzend Lacordaire's Namen, schmerzlich hinter ihm den Feliciens. Wußte Diana schon, daß auch ihr Bruder den Irrthum, den göttlichen Wahn gesühnt hatte, die Menschheit nach den Empfindungen des eigenen Selbst zu gestalten?

Und doch, war er rein von jeder Schuld gewesen? Oder hatte er in dem, was er gethan, auch nur einem Triebe der Natur nachgegeben, im feineren Sinne sich selbst von einer Schranke befreit, die seinen Wünschen hindernd entgegengestanden?

Wer war schuldlos? Clemence? Marie? Sie büßten schwer, denn sie glichen in Gefangenschaft aufgezogenen Vögeln, denen eine Hand plötzlich das Gitter des Käfigs fortgenommen. Ihre Flügel waren zu schwach, sie in die reine Luft emporzutragen, und flatternd stürzten sie in schwüler Tiefe in die Gluth der dämonischen Flamme, der es sie entgegentrieb, die mit heißem Athem den Rest ihrer

Flugkraft verschlang. Sie büßten schwer, aber gerecht, denn auch sie hatten nichts gewollt als die Schranken umstoßen, in welche sie selbst gebannt, als Freiheit für ihre eigene Willkür.

Wer hatte Anderes gewollt? Wer war frei von Schuld? Nur der alte Mann drüben, sein Vater —

Das Bild vom Beginn der Nacht stand plötzlich wieder vor Urbain's Augen. Er sah den Greis mit dem fieberhaft ausdruckslosen Blick auf die lange Dolchklinge herabgebückt, in irrer Hast mit den mageren Fingern daran reiben, und es überlief ihn unheimlich, er wußte nicht weshalb. Wer sich keiner Schuld bewußt war, mußte an der Schwelle des leeren, hoffnungslosen Daseins dem Nichts fest und gleichmüthig in's Antlitz blicken können. Oder hatte die Erkenntniß den Geist des Vaters verwirrt, daß die kühle Wahrheit, die er gelehrt, nicht für das heiße Blut der Jugend sei, daß sie, gleich scharfem Winde das Blut seines Kindes nur höher, zu loderndem Brande angefacht und die eigene Tochter verkohlt zu seinen Füßen niedergeworfen?

Wo war der Greis, wo sie alle? Verschlungen muthmaßlich von dem großen Krater, den die Nacht aufgerissen, der nur zwei Leben verschont hatte.

Plötzlich überrann es Urbain Guéraud wieder, doch nicht aus den kalten Schauern des Sturmes heraus, warm,

belebend, ein göttlicher Hauch, wie auf einem Frühlings=
Sonnenstrahl herabschwebend. Was hatte er gesucht, wo=
nach gefragt? Da schritt es vor ihm im weißen Gewand,
das der Rauch mit schwarzen Flecken verdunkelt hatte —
doch an die Stirn, die sich über ihm emporhob, reichte
kein Schatten hinan. Sie war's, die einzige, die schuld=
lose über den Makelbedeckten — gab es doch eine Ge=
rechtigkeit, eine Vergeltung so feiner Art, daß sie allein
auch das Verderben nicht anzutasten vermocht?

Ja, da schritt sie vor ihm, von anderem Stern her=
abverirrt unter die Niedrigkeit der Erdenbewohner, für
den Blick derselben eine göttliche Thörin. Aus der Güte,
der Unschuld, der Herrlichkeit ihres Herzens hatte sie sich
eine Binde gewunden und ihre reine Stirn damit umhüllt,
hinter ihr eine bessere Welt erträumt, von der sie selbst
nichts begehrte, als das Recht für alle anderen, das Glück
des Lebens zu genießen.

Und sie war ihm geblieben, die höchste, reinste Blüthe,
die aus der schuldbeladenen Erde heraufgestiegen — sie,
um derentwillen die Erde, das Leben allein noch Schönheit
besaßen — was hatte er denn verloren? Sie galt es zu
retten, fort aus dem Lande des Verderbens, in ein anderes,
wo sie arm wäre wie er und er für sie arbeiten würde,
wo er einen Werth für sie hätte als einzig noch lebende
Erinnerung des Vergangenen — wo sie eines Tages, wenn

die Schrecken dieser Nacht fern abgesunken und Sommer=
sonne wieder heraufgestiegen, ihn anlächeln und sprechen
würde: „Ich danke Dir für die einzige Treue, die ich
auf Erden gefunden, Urbain Guéraud und vergebe Dir,
daß Du mich liebst —"

„Nach Deutschland!" murmelte der junge Mann,
„dort lebt ein Volk noch, dessen bessere Zahl seine edelsten
Geister zur Ehrfurcht vor der Schönheit, der Reinheit des
Weibes emporgehoben, es zu thun vermocht haben, weil
Achtung vor dem Weibe sich in den Stämmen der Ger=
manen schon von den grauen Tagen herauf fortvererbt
hat, in denen ihre jugendliche Kraft das verfaulte Römer=
reich zu Boden brach — dort ist noch ein Zufluchtsort
für sie, im Frankreich dieser Tage, das jenem entsetzensvoll
gleicht, nicht mehr —"

Die Flüchtlinge hatten die Ruine von Capdenl er=
reicht, Diana hielt einen Moment athemlos inne und
fragte, zu ihrem Führer gewendet: „Willst Du uns hier=
her bringen?" Doch der Bretagner schüttelte stumm den
Kopf, dann versetzte er wortkarg: „Anlou's Augen sehen
bis hierher", und er bog zwischen einem Theil der Trümmer
durch wieder in die freie Hochebene hinaus. Diana warf
noch einen Scheideblick in's Thal zurück. Riesenhaft
loderte am Rande desselben, zu einer Flammensäule jetzt
vereinigt, das brennende Schloß in die Luft, weiter hinauf

das Pfarrhaus und die spitze Feuerpyramide der Kirche, thalabwärts glich das Dorf einem niedrigeren wogenden Gluthmeer. Weit in der Runde erhellte der ungeheure Brand wie Mittag alle Kuppen und Schroffen der Berge bis an den Mont Menzin hinan, dessen höchsten Gipfel die Herbstnacht deutlich erkennbar mit dem ersten Schnee bedeckt hatte; von den Basaltmassen, an denen die nächtlichen Wanderer hinschritten, rieselte der Widerschein in rothen, phantastischen Strömen.

Diana sprach kein Wort und keine Regung ihres Gesichtes verrieth, was unsagbar ihre Brust bewegte. Nur ihre Hand hob sich langsam und deutete noch einmal hinunter, der volle Glanz fiel auf die Marmorschönheit ihres Antlitzes, dann schritt sie weiter. Sie hob zum Mindesten den Fuß, allein im selben Moment stockte derselbe nochmals, ein Laut ziterte von ihren Lippen und ihre Hand streckte sich wieder, doch wie abwehrend aus.

Was war's, das sie plötzlich gesehen? Blendung webte noch buntfarbigen Funkenschleier vor ihren Augen, doch ihr war es gewesen, als ob durch ihn hindurch dicht vor ihr um das schwarze Gestein herum ein irrblickendes Menschengesicht sie angestarrt. Die Züge eines Weibes, von wirrem dunklem Haar umrahmt, jung und greisenhaft zugleich, unheimlich und todestraurig. Dann flatterte es wie Blumen über die öden Trümmer, gespenstisch im herbstwelken, gelben Gras, oder war es die Schleppe eines weiten, langen Gewandes gewesen, das mit kunstvoll gestickten Blüthen übersäet zwischen dem Schutt verschwand?

Oder war es überhaupt nur ein Trugbild der fiebernden Sinne, von Blendung und Phantasie erzeugt? Diana's Wille hatte den Funkenschleier vor der Wimper jetzt zerstreut und sie blickte klar auf den Punkt, der ihr die Erscheinung vorgegaukelt. Nichts Lebendes regte sich dort mehr, nur der Wind raffte dürres Laub zusammen und warf es raschelnd gegen den alten Thurm, aus dem Jean Arthon zum erstenmal im Zwielicht auf sie zugekommen. Dann hatte Urbain Guéraud an einem Sommerabend aus der grauen Vorzeit des düstren Gemäuers eine Erinnerung heraufgeholt, die jetzt plötzlich vor Diana's Gedächtniß wie mit schattenhaften Händen in die lebendige Gegenwart jenes Abend's hineingriff. Es kam ihr zum Bewußtsein, daß der Erzähler damals mit schärferem Blick bereits in die Herzen seiner Hörer geschaut, und in bedeutungsvollem Wort dumpf warnende Mahnung von seinen Lippen geflossen war.

Das war es gewesen, sie erkannte auch das jetzt. Die Züge ihrer Schwester hatte die Erinnerung ihr heraufgezaubert, wie diese damals nach dem Schluß der Erzählung mit Clemence an den Thurm hinangeschritten und unruhvollen Auges in die schaurige Tiefe des Verließes, das er barg, hinabgeschaut. Nur hatte die Einbildung den Gesichtsausdruck Marie's phantastisch mit dem Bilde jener Unglückseligen vermischt, das sich in irrsinniger Verzweiflung aus dem Dunkel des lebendigen Grabes vor Diana's Augen heraufgestaltet —

„Was hast Du?" fragte Urbain Guéraud die Innehaltende besorgt. Sie erwiederte hastig: „Du hast nichts gesehen?" und er verneinte, und sie deutete auf die Stelle, wo das Gaukelbild verschwunden war, und sagte schmerzlichlaut: „Azalais —"

Der Bretagner hatte unruhvoll in die feurige Thalgluth hinabgestarrt, seine Züge verriethen, daß Ankou's tödtliches Auge ihn daraus anblickte, er faßte ängstlich Diana's Hand wieder und zog sie hastig weiter durch Schutt und Gestrüpp. Nun erlosch das grelle Licht, das bisher den Weg erhellt, und nur ein dämmernder Widerschein aus den Wolken fiel noch auf das pfadlose Blachfeld, auf dem der Führer seinen beschleunigten Schritt wieder mäßigte. „Wohin bringst Du uns?" fragte Urbain jetzt, doch der Alte antwortete nichts. Er murmelte nur in den Wind: „Ich hätt's dem gedankt, der vor dreißig Jahren mich und Madelaine dorthin gebracht."

Hinter ihnen schlüpfte es aus dem zerfallenen Mauerwerk des Thurmes und der rothe Gluthreflex von drunten fiel auf Marie d'Aubigné's Züge. „Wer hat mich gerufen?" murmelte sie, „hier ist Azalais."

Die gestickten Blumen ihres weiten Hauskleides flatterten mit raschelnden Laub gemischt seltsam durch das zerbröckelte Geklüft, das lange Föhrenhaar über ihr kämmte der Wind und sie kauerte sich zwischen scharfen Gesteinzacken zu Boden und starrte in den Flammenocean zu ihren Füßen. „Es war Armand Polignac", flüsterte sie geheimnißvoll, als raune sie es in das Ohr eines unsichtbaren Hörers, „er und die schöne Gräfin Roussillon. Wohin gehen sie, wohin will er sie führen? Zu wem?"

Sinnverwirrte Angst stieg in ihre Augen und sie sprang auf. „Zu ihm bringt er sie, zu ihm, der sie liebt, und sie lassen mich hier, allein, mit der Kette um den Nacken! Aber ich will es nicht, sie soll nicht zu ihm — Salis — Salis —!"

Sie stürzte fort, dann hielt sie plötzlich wie von einem Ruck festgehalten an und murmelte: „Ich kann nicht weiter — sie wissen's wohl, daß meine Kette zu kurz ist, und sie lachen meiner und haben die Burg meiner Ahnen angezündet, daß die Flammen heraufschlagen sollen und mich verbrennen —"

Nun horchte sie gespannt auf, ein leiser, vorsichtiger Schritt tastete über die Trümmer und eine knabenhafte, anmuthige Gestalt tauchte auf und folgte der Richtung in welcher die Flüchtlinge verschwunden. Dann stieß Eve Jacmon einen Schreckenslaut aus, denn zwei Arme hatten sie von rückwärts heftig umklammert und eine leidenschaft= lich flehende Stimme zischelte ihr in's Ohr:

„Du bist Hugo Marescalc — sei still, daß sie es nicht hören, und löse mich von der Kette! Ich weiß, daß Du mich liebst, und wenn Du mich frei machst, will ich Dir Liebes thun. Nur verlange nicht zu viel, denn ich habe ihm Treue gelobt, und wer die Treue bricht, muß sterben!"

Eve riß sich besinnungslos aus den umstrickenden Armen und stürzte fort. Doch sie strauchelte schon bei'm ersten Schritt über das Steingeröll und fiel. Ein ihr fremdes Grausen, wie alle Schrecken der Nacht es ihr nicht einzuflößen vermocht, hatte sie zum erstenmal in ihrem Leben gefaßt und sie streckte schaudernd und abwehrend die Hände gegen die aus den Trümmern aufgetauchte unheim= liche Erscheinung aus, von deren Armen sie sich schon wieder umklammert glaubte. Aber ihre Hände griffen in die leere Luft und sie raffte sich athemlos auf und warf einen scheuen Blick zurück. Ihre sonderbare Verfolgerin stand nur um einen Schritt von ihr entfernt und rang ihr mit stöhnend vorgebogener Brust nach, als ob sie sich mit Anspannung aller Kräfte von etwas loszureißen suchte. Doch vergeblich und sie wimmerte:

„Komm zurück zu mir — ich kann nicht weiter, die Kette schneidet mir bis in's Herz. Du gehst auch und bist so jung noch und so grausam schon! Freue Dich, daß Du kein Mädchen bist, denn die Männer sind Henker! Sie küssen unsere Lippen und morden unsere Seele! Komm zurück, ich will Dir geben, was Du verlangst! Ich will auch erbarmungslos sein und uns alle rächen an Deiner Jugend! Du hast Recht, je mehr er mich verachtet, desto tödtlicher werden seine Augen mich treffen, und Du bringst mich zu ihm, daß ich zu seinen Füßen sterbe!"

Eve Jacmon hörte nicht mehr, grausend eilte sie über das vom rothen Wolkenabglanz dämmernd erhellte öde Gefild, auf dem sie, noch eben erkennbar, die Umriße der Fliehenden gewahrte, denen sie in ihrer Rathlosigkeit nachgefolgt. „Es muß die schöne Gräfin Diana sein", hatte sie sich gesagt, als diese mit ihrem Begleiter an dem Versteck vorübergeschritten, in dem Eve sich am feuchten Boden einer Felsengrotte zusammengekauert. Nun lief sie, die fast aus dem Gesicht Verlorenen wieder zu erreichen, und schluchzte: „O Henri, Du bist auch ein Mann, doch Du bist nicht grausam, kein Henker, kein Mörder, wie die Entsetzliche sagt, sondern der beste, der treueste und edelste Mann, den sie tödten wollen, vielleicht schon getödtet haben —"

Sie stand still, sah zu den rasenden Wolken des Himmels empor und warf sich mit gefalteten Händen auf die Knie. „O Gott, sei Du nicht erbarmungslos, wie die Menschen, und laß mich ihn nur einmal noch wieder sehen, dann will ich sterben!"

Sie sprang auf und eilte den Andern nach, die Dunkelheit begünstigte sie jetzt, daß sie denselben, ohne entdeckt zu werden, in kürzerem Abstand folgen konnte. Sollte sie sich ihnen anschließen? Sie wagte es nicht, die Scheu, die von Kindheit auf ihr vor den Hochgeborenen eingeprägt, die unausfüllbare Kluft, welche sie von der Gräfin trennte, war zu groß. Freilich das gemeinsame Unglück vereinigte wohl Menschen, aber was war ihr kleines Leid gegen das der Tochter des alten Geschlecht's, die ihr Schloß, ihre Herrschaft, Alles verloren und wie ein gehetztes Wild in Sturmnacht und Kälte aus dem Glanz ihres bisherigen Daseins hinausflüchten mußte.

Ihr kleines Leid? Eve Jacmons kleines Leid? O Gott, wollte sie sich denn selber höhnen, grausamer als die Schreckensnacht die wonnevollen Hoffnungen des Abends gehöhnt? Konnte es ein ungeheureres Leid, ein tödlicheres Bangen, Noth und Jammer geben, als es in ihrer Brust pochte und der Verzweiflung jedes Menschenherzens ebenbürtig war? Um was vermochte auch die Gräfin mehr zu zittern, als um ihr höchstes Glück?

Nein, das Unglück, die Angst machten die Menschen gleich, und Eve lief schneller, die Voranschreitenden einzuholen, mit ihren Herzen zu bangen, zu hoffen —

Aber was war das höchste Glück für die schöne Diana von Hautefort? Es kam Eve Jacmon plötzlich, daß ihr gesagt worden, viele, die besten Männer, der hochherzigste selbst, den sie kannte, der Arzt mit den tiefgeheimnißvollen Augen, seien von hoffnungsloser Liebe für jene verzehrt, sie aber liebe keinen, denn sie trage kein warmes, nur ein gerechtes, der Noth sich erbarmendes, stolzes Herz in der Brust. Und Eve hielt wieder in ihrer Hast inne — was sollte sie, wenn die Leute wahr gesprochen, bei der stolzen Gräfin, deren Schmerz dann nicht mehr dem ihrigen ebenbürtig war, da das Herz ihn nicht adelte, unerreichbar über jedes gemeine Leid emporhob? War sie, das schlichte Bürgerkind, in der Todesangst um den Verlust, der sie bedrohte, dann nicht reicher, stolzer, glücklicher noch im tiefsten Grunde des Herzens, daß es so unsagbares Bangen zu empfinden vermochte? Was konnte die Armuth der Trauer um den Verlust todten Besitzthums ihr bieten, die in dieser Nacht erkannt, daß alle Güter der Erde leer und armselig seien ohne die lebendige, süße, heilige, herzzersprengende und zum Himmel dehnende Liebe?

Zögernd schritt Eve, wie zuvor, den Flüchtigen nach.

Sie hatte keine Wahl mehr, als ihnen zu folgen, denn sie fühlte, daß sie sich jetzt, wenn sie sich nicht dicht an die Ferſen derſelben heftete, in der nächſten Minute hülflos verirren und keinen Ausweg mehr in dem Haidegeſtrüpp finden würde, das rings um sie her in großen ſchwarzen Flecken aufſtarrte. Der Sturm fuhr noch immer in ungeſchwächten Stößen über die weite Hochfläche; er packte die hie und da verkrüppelt, wie um ihre Achſe gedrehten Baumknorren und entlockte ihnen ſchaurig aufſeufzenden Ton, in den der kreiſchende, ſchnell verwehte Schrei eines unſichtbaren Nachtvogels, ab und zu auch der zwiſchen dumpfem Knurren und heiſerem Gebell die Mitte haltende Kehlton eines Wolfes einſtimmt. Gelbe Kalkblöcke, als ob der Wind sie, Sandkörnern gleich, verſtreut, ſchimmerten aus dem Dunkel und zwangen Eve, die Augen faſt gleichzeitig auf den Boden und auf ihre Führer zu heften, um nicht zu ſtraucheln und dieſe nicht aus dem Geſicht zu verlieren. Manchmal geſchah das Letztere doch, denn auch der Wiederſchein aus den Wolken erſtarb jetzt mehr und mehr, dann deutete ihr nur das unregelmäßige Klirren eines vor ihr auf das Geſtein aufſchlagenden Eiſens die Richtung, in der ſie hurtiger nachfolgte. Sie wußte nicht, wohin sie kommen würde, nur daß sie ungefähr nordwärts ging und ſich Le Puy, wenn auch nicht auf directem Wege wieder nähern mußte, und sie ſagte ſich, daß sie, ſobald der Tag komme, Mittel finden werde, in die Stadt zurück zu gelangen, um in Erfahrung zu bringen, ob Henri Comballot ebenfalls dort eingetroffen. Der Gedanke war ein Trost, ein Halt, ein Etwas wenigstens in der Finsterniß um sie und in ihr, und Eve Jacmon's kleine Füße, so weit sie auch in dieser Nacht schon umhergeirrt, ermüdeten nicht. „Bis sie zusammenbrechen", murmelte sie, „bis an's Ende der Welt, wenn ich ihn wiederfinde —"

Ein waldiger Felsrücken stieg nun vor den nächtlichen Wanderern auf, der, sich gegen den Horizont abhebend, einer von grauen Zacken unterbrochenen Mauer glich. Sie thürmte sich höher und näher, der nicht erkennbare Weg, auf dem Jean Arthon sicher voranschritt, führte über durcheinander gerüttelte Felsmassen empor, zwischen denen schlanke, im Wind ächzende Nadelbäume aufschossen. Es ward Eve immer schwerer, nicht die Richtung zu verlieren, denn durch unsichtbare Lücken wand der Pfad sich aufwärts bis zur Höhe des Grates und sie näherte sich ihren ahnungslosen Wegweisern immer mehr. Nun ging es auf dem Rücken fort, weite lichtlose Fläche lag zur Linken, rechts hob sich eine lange, steil abfallende Felswand von hellem Gestein, in welchem das Auge sonderbare dicht neben und übereinander gelagerte dunklere Flecken von verschiedener Größe unterschied. Der Bretagner schritt an einer Anzahl derselben vorüber, dann blieb er stehen und tastete mit der Hand an der Felswand umher. Er stieß einen befriedigten Gutturalton aus und faßte einen Gegenstand, an dem er zog, wie um die Haltbarkeit desselben zu prüfen. Auch diese Probe fiel zufriedenstellend aus und er murrte in den Bart: „Die Wölfe haben gute Kost diesen Sommer gehabt und sich ihre Zähne nicht an dem Strick ausgebissen.

Es war die herabhängende Strickleiter, an der Clement Joude sich zuletzt in der Aprilnacht niedergelassen, als er kleinmüthig und von Frost geschüttelt seine Flucht in die Sevennen angetreten. „Hier hinauf", sagte Arthon kurz zu Urbain Guéraud, „es ist leichter als der Weg, den wir aus dem Fenster hinunter gemacht", und Urbain folgte ohne zu zögern und schwang sich mühelos bis zu dem kaum acht Fuß über dem Boden befindlichen Eingang der Höhle empor. Dann unterstützte der Alte Diana und nach einer Minute hatte das Innere der Bergwand sie aufgenommen. Ein Funke, den jener einem Stein entlockt, sprühte auf, der Bretagner entzündete den Rest einer aus seinem Fellmantel hervorgesuchten Kerze und sagte, sich umschauend:

„Ein Schwalbenloch ist's nur, für Vögel, auf die der Sperber herunterstoßen will, und es sind keine seidene Betten darin. Aber im Schloß machte Ankou's Athem es zu heiß, und für eine Brautkammer, denke ich, hat's Raum

genug. Ich will zum Wind und ihm sagen, daß er die
Hexen vom Schornstein abhält".

Er wandte sich, um die Höhle zu verlassen, doch ein
Schreckenslaut von Diana's Lippen und sie selbst kam ihm,
gegen den Ausgang vorausfliehend, zuvor. Sie hatte stumm,
mit ruhigem Blick den phantastisch von der kleinen Kerze
beleuchteten engen Raum betrachtet, als seien ihre Gedanken
nicht dort; dann zuckte plötzlich ein angstvoll irrer Strahl
in ihren Augen auf. Hatte sie etwas Entsetzliches gewahrt,
das sie besinnungslos fortriß? Sie durchlief zitternd den
finsteren Gang und tastete nach der Strickleiter, um sich
wieder hinunter zu lassen, hinter ihr dröhnte eiliger Schritt,
Rufe schlugen ihr an's Ohr und ihre Hand suchte ver=
gebens im Dunkel. Ihr Herz klopfte wahnsinnig und sie
murmelte mit irrem Ton: „Brautkammer —?" und Jean
Arthon fand den Platz, auf dem sie gestanden, leer, denn
von tödtlichem Bangen widerstandslos gefaßt, war sie in
die Tiefe hinabgesprungen. Unverletzt hatte sie den Boden
erreicht, doch im selben Moment tönte ein weiblicher Schrei
dicht vor ihr und sie raffte sich auf, flog auf eine Gestalt
im Dunkel zu und stammelte: „Schütze mich — bleib'
bei mir — wer bist Du — Dich bringt der Himmel!"

Eva Jacmon fühlte sich zum zweitenmal in dieser
Nacht von flehenden, hülfesuchenden Armen umklammert,
aber kein Grausen durchrann sie diesmal, nur eine süße

Empfindung, die sie das Räthselhafte des Vorgangs völlig vergessen und ihre Arme liebreich und fest um die Bittende schlingen ließ. Ihr Ohr hatte einen Klang vernommen, den sie kannte, der bis vor wenig Stunden noch in ihrem eigenen Herzen mit namenloser Wonne und Angst gebebt, sie begriff nicht, wie er an diesem Ort auf diese Lippen kam, doch sie empfand mit der Schnelligkeit eines Herzschlag's, daß sie thöricht, ungerecht, grausam gehandelt, als sie die schöne Diana von Hautefort beschuldigt, eine stolze Gräfin zu sein, die nur um den Verlust todten Besitzthums trauere. Sie war ein Weib, das vor dem Verlust höchsten Menschenglückes bangen mußte, denn es war unmöglich, daß sie in diesem Augenblick vor dem Gewinn desselben zitterte, wie Eve es bis heut' gethan und wie es ihr mit seltsam vertrautem Klang erscheinen gewollt — und Eve Jacmon stotterte haftig:

„Ich bin ein Mädchen — es sind die Kleider meines Bruders, die ich trage — zürnen Sie mir nicht darum, ich mußte es ja —"

Ihre Lippen, die so lange stumm der Bangniß der Brust den Ausweg verschlossen, flossen über, in einer Minute hatte Diana Eve's Namen und den Henri Comballot's zehnmal vernommen, wußte Alles, was Eve Jacmon selbst nur wußte, und sah in das Herz, in die Seele derselben hinab, wie der Blick durch crystallenes Gewässer bis an den tiefen, von rosigen Muscheln bedeckten Grund hinunter bringt. Und Diana's Herzklopfen erlosch, sie beugte sich und küßte liebevoll die Lippen des Mädchens und sagte:

„Ich war eine Thörin, Eve — der Schreck einer Einbildung hatte mir droben die Besinnung genommen. Doch wenn Du bei mir bist, fürchte ich mich nicht. Komm, gieb mir Deine Hand und laß sie mir, so lang' wir schlafen werden — Du hattest Recht, Du mußtest thun, was Du gethan, und ich liebe Dich darum und kenne Deine Züge, noch eh' der Tag sie mir zeigt."

Urbain Guéraud und der Bretagner waren ebenfalls jetzt herabgekommen, in des Ersteren Stimme lag etwas ungewiß Zauderndes und zugleich ein bitterer Klang, als er Diana fragte, was sie plötzlich derartig zu besinnungslosem Thun erschreckt habe. Sie antwortete verwirrt, daß es ihr bei'm Schein der Kerze gewesen, als ob ihr ein weißer Schädel aus einer Ecke der Höhle entgegengegrinst. Das habe sie thöricht entsetzt, doch sie sei der Vision dankbar, da diese ihr dazu verholfen, Eve zu finden. Und nun erklärte sie mit sichererem Ton, wer Eve Jacmou sei und wie sie hiehergekommen. Sie schmälte das Mädchen, daß es sich der Gefahr ausgesetzt, ihre unbewußten Führer im Dunkel der öden Hochfläche zu verlieren, und schauderte bei dem Gedanken, daß Eve allein zurückgeblieben und von Wölfen bedroht worden sein könne. Es war, als ob

Diana alles Schrecklichere, womit die Nacht ihr nicht nur
gebroht, was sie ausgeführt, wie in einem rauschartigen
Zustande plötzlich vergessen habe. Sie gedachte der Todten,
doch in seltsamer Wendung, wie neidenswerth sie, die
Lebenden, seien, noch in solchen Höhlen athmen, sich wärmen
und zum Schlaf legen zu können, ⬛ sie zog Eve jetzt
hastig mit sich und wieder an der Strickleiter zu dem
engen Raum empor, aus dem sie vorhin mit so angstvoller
Eile entflohn. Jean Arthon war schon vor ihr dorthin
zurückgekehrt und ein in der Mitte des Felsgemaches am
Boden loderndes Feuer empfing sie, über den Resten der
verkohlten Scheite entzündet, an denen Jouve=Jourdan sich
zuletzt, vor dem Aufbruch zu seiner nächtlichen Wanderung
zaudernd, gewärmt. Damals war es Frühling gewesen
und jetzt rauhe Herbststurmnacht, doch Diana erschien diese,
trotz ihrer leichten Kleidung, warm und kaum der Flamme
bedürftig. Sie ließ Eve's Hand nicht aus der ihren,
sondern ging mit ihrer jungen Begleiterin an den Wänden
ihres seltsamen Aufenthaltsortes umher. Nur zuvor hatte
sie bei dem Schein des Feuers dem Mädchen prüfend in's
Antlitz geblickt, dasselbe zärtlich zwischen ihre Hände ge=
nommen und nochmals geküßt und gesagt: „Dein Gesicht
ist so lieb, wie Du selbst, und Du wirst ihn wiederfinden,
ich will ihn mit Dir suchen, bis ich ihn gefunden". Und
Eve Jacmon's kleines Herz klopfte zum ersten Mal wieder

ruhevoller, seitdem sie die Stadt verlassen, fast glücklich. Es klang so weich und liebreich, so tröstend und mitempfindend von den schönen Lippen, daß es sie wie mit süßer Zuversicht überströmte, es müsse sich erfüllen, was jene gesprochen, und sie faßte die Hand ihrer hohen Freundin und drückte sie mit wonniger Dankbarkeit fest an ihren Mund. Nun stieß Diana einen fast freudigen Laut aus, bückte sich und hob etwas vom Boden, das sie Urbain rasch entgegen hielt.

„Siehst Du", sagte sie, „ich hatte mich nicht getäuscht, da ist es!"

Es war der abgebleichte Schädel eines kleinen Thieres, den ihre Finger ihm darboten, doch ohne jedes Grausen jetzt, beinahe mit ihm tändelnd. Urbain Guéraud blickte stumm darauf nieder, der Bretagner hatte aus seinem Mantel ein dürftiges Lager bereitet, trat nun heran und sagte:

„Den Kopf trug einmal ein Kaninchen auf dem Hals, es wollte sich nicht von einem Marder fressen lassen und fiel herunter in den Rachen eines Wolf's. Der biß mit einem einzigen, sonderbaren Zahn ihm in's Genick und da lag's. Es war eine and're Zeit, Ankou hatte damals seine Jagd noch nicht angefangen, aber jetzt kollern sie übereinander, hunderttausend, auf den Flüssen treiben sie, wie todte Fischbrut, wenn man sie aufthürmte, sie kämen bis an die weißen Augen des Mezin hinan. Ich wollte auch ein's davon, das er mir versprochen, und ich lauerte ihm auf in der Nacht, wo es vorüber mußte, doch Morgen ward's und es kam nicht, denn ein Marder hatte es vorher gepackt und erwürgt. Das war Betrug und Raub, denn es gehörte mir und nur mein Recht war's, sein Blut zu trinken, mich an seinem Zucken zu weiden. Ich habe die Fährte des Marders gesucht, er muß mir das Blut, das er getrunken, aus seinem eignen herausgeben, denn ich bin der Wolf — aber Ankou hat seine Spur ausgelöscht und deshalb hasse ich ihn und habe euch aus seinen Tatzen gerissen, daß er auch vor ohnmächtiger Wuth in den Stein beißen soll, wie ich es in der Nacht gethan, als er mich betrog."

Der Bretagner hatte es in singendem Ton, dumpf heiser und abgerissen hervorgestoßen, nun sah er von dem knisternden Feuer, in das er hineingestarrt, auf und fügte hinzu:

„Schlaft! Es ist gut, zu schlafen, und das Beste, nicht wieder aufzuwachen. Der da lacht über uns alle!"

Er griff nach dem Schädel des kleinen Thieres, riß ihn aus Diana's Hand und schleuderte ihn ergrimmt in die Flamme. Dann wandte er sich dem Ausgang zu, doch jene hielt ihn freundlich zurück und fragte:

„Wohin willst Du?"

„Hinaus!"

„Um braußen zu schlafen? Hier ist Raum für uns alle."

„Ich will nicht schlafen, Ankou schläft auch nicht. Aber ich schlief, als der Marder kam und mich bestahl. Laßt mich!"

Er sprach es unweigerlich, Diana streckte ihm die Hand entgegen. „Hab' Dank, Arthon, daß Du uns das Leben erhalten."

Es klang schlicht und kurz, doch in den wenigen Worten lag eine freudige Ueberzeugung, ein aus dem Herzen kommender Dank, der sonderbar in Urbain Guéraub's Seele nachhallte. Der Alte schüttelte wortkarg den Kopf. „Dankt nicht für etwas, das ihr noch nicht kennt. Ich hätte Ankou nicht geflucht, wenn er mich mit meinem Vater in die Tiefe gerissen."

Er ging und Urbain wollte ihm folgen, aber Diana faßte ruhig seine Hand. „Auch Du wolltest uns verlassen? Bleib'".

„Du thatest es vorhin", entgegnete er, und es flog roth über ihr Gesicht und sie antwortete hastig: „Ich sagte Dir, weshalb. Zürnst Du, weil ich Dir nicht gedankt, der mir zweimal das Leben gerettet? Ich hoffe, daß es Dir seinen Dank noch lang' beweisen kann. Gute Nacht, Urbain! Laß uns schlafen, träumen, vergessen —"

Sie streckte sich auf das rohe Lager, das der Bretagner

am Boden bereitet, es war ein Bild von märchenhaftem Zauber und süß phantastischer Schönheit, über das die züngelnden Flammen wechselnd Licht und Schatten hinspielen ließen. Die beiden jungen weiblichen Gestalten ruhten, sich gegenseitig stützend nebeneinander, doch in dem ungewissen Schein täuschte die Kleidung Eve Jacmon's, und es war, als halte der Arm einer Geliebten ihren Nacken umschlungen, deren Hand selig lächelnd ein schöner Jüngling entschlummernd an seine Lippen gezogen. Verstohlen ruhte Urbain Guéraud's Blick eine Weile noch auf dem friedevollen Bilde, dann streckte er sich ebenfalls auf der anderen Seite des Feuers auf den harten Boden. Todesmüdigkeit ließ den Fels ihm weich erscheinen und verschlang sein Denken, löschte die entsetzliche Erinnerung hinter ihm, doch namenlose Sehnsucht, die es wie mit einem sonderbaren Stachel aus dem Anblick, der sein Auge festgebannt, durchdrungen, hielt das Bewußtsein der Gegenwart um seine Sinne fest und scheuchte den Schlaf. Nur der märchenhafte Bruder desselben kam und beugte sich über ihn und flüsterte ein Wort, das die Lippen laut wiederholten:

„Diana —"

„Schläfst Du noch nicht, Urbain? Was willst Du?"

„Wir müssen fort aus Frankreich — nach Deutschland hinüber. Willigst Du darein?"

„Wohin Du willst — Du gehst mit uns, Eve, nicht wahr?"

Doch Eve hörte nicht mehr, denn sie schlief, und Henri Comballot's Hand ruhte auf ihrer Lippe. Auch die andern Stimmen schwiegen, halblaut nur murmelte der Sturm draußen durch das Felsloch in der Decke des seltsamen Schlafgemach's, Diana's Stirn glitt leise an die warme Brust neben ihr hinab und der Traum kam und schloß auch ihre todmüden Lider. Stille Athemzüge, nur die Flamme knisterte heimlich noch eine Weile, dann öffnete Eve Jacmon noch einmal verwundert die Augen. Hatte sie geträumt, daß ein Mund plötzlich sie geküßt, so innig- so herzerlösend wie der Kuß, mit dem sie selbst am Vorabend dieser Nacht zum erstenmal Henri Comballot umfangen?

Sie richtete sich halb auf und blickte umher. Der Arm ihrer schönen Lagergenossin glitt bei der Bewegung langsam von ihrem Nacken, eine Secunde lang sah sie ein traumhaftes Märchenlächeln auf den Lippen Diana's von Hautefort. Doch es ging nur wie der Schimmer eines entschwebenden Sternes an Eve's Augen vorüber, denn im selben Moment fiel der letzte Scheit des Brandes verglühend zusammen und zog den süßen Schleier des Traumes auch wieder über Stirn und Herz der räthselhaft Aufgeweckten zurück.

Achtundfünfzigstes Kapitel.

Die in richtiger Voraussicht zu Le Puy durch den Arzt Lacordaire frühzeitiger als irgendwo anders in Frankreich gebildete Bürgergarde war der einzige, aber gefürchtete Schutz der Ordnung im ganzen Velay gewesen, dem das Gelüst der städtischen wie der ländlichen Aufrührer nicht in offenem Kampfe zu begegnen gewagt hatte. Doch nach dem langsam und mit sicherem Bedacht vorbereiteten Untergange derselben in der „Mausefalle" des Bürgers Laval und des Bürgers d'Aubriot, zerriß mit einem Zauberschlage die eigenthümliche Stille, die über dem kleinen, abgeschlossenen Lande zwischen den Sevennen und dem Gebirg der Margeride bisher gelagert. Wie aus einer von der Hand eines neuen Kadmos ausgestreuten Saat wuchsen ringsum aus jeder Scholle blindwüthige Drachenhäupter mit menschlichen Gliedern herauf, die uralten Söhne Echion's, des Schlangenmannes, Pelor's, des Riesen, des erdentsprossenen Chthonios und des übermächtigen Hyperenor, in's Leben gerufen, um zu morden, zu würgen, zu zer= fleischen, zuerst Alles was um sie her athmete, dann in tollem Wahnsinn sich selbst. Vom nächtigen Sturm ge= tragen flog die Kunde des lodernden Thales von Hautefort in jede Hütte, jedes Erdloch des Velay und riß eine Brand= fackel aus dem Grimm und der Gier der Dracheneingeweide ihrer Bewohner hervor. Ihre Lippen spieen Flammen aus ihre Zähne lechzten nach Blut und ihre Krallen hieben sich in den Nacken von tausend Opfern. Es war, als suchten sie durch verzehnfachte Wuth die verlorene Zeit zweier Monate, ehe sie dem Beispiel der Bauern in der Auvergne und Dauphiné gefolgt, einzubringen; bevor der Morgen anbrach, lag jedes Schloß des Adels, jeder Landsitz eines Begüterten vom Ursprung des Allier bis unter die Thore von Brioude zerstört, was an Edelleuten, Beamten, Wohlhabenden überhaupt sich nicht vorher bereits geflüchtet, ermordet, verbrannt, zerstückelt, unter martervollsten Qualen hingeschlachtet. Der Redliche, für vernünftige Freiheit selbst Begeisterte theilte das nämliche Loos mit dem Schurken, mit dem, welcher in Wirklichkeit ein Bedrücker des Volkes gewesen; die sich widersetzten und Wehrlose, Weiber und Greise, Kinder jedes Alters fielen derselben Rachsucht anheim. Unzählige Feuersäulen deuteten die Mordstätten; daß sie fast überall gleichzeitig aufstiegen, bewies, daß die

Urheber derselben auf ein erwartetes Signal geharrt und dann einen geheim angelegten, umfassenden Plan in's Werk gesetzt hatten, dessen blutrothe Fäden von Le Puy aus in jeden Felswinkel des Landes hineinliefen. Der Wein, aus den Kellern der brennenden Gebäude hervorgeholt, entströmte den Fässern, welche die Gier zerschlug statt sie zu öffnen, und einer Hornißschaar gleich fiel es darüber her. Bewußtlos blieben viele am Boden, andere rafften sich taumelnd, stieren Auges, auf und stürzten Schaum und Wuth auf dem Munde zwecklos weiter, wo es kein Leben mehr auszulöschen gab, todte Gegenstände zu zertrümmern, zu verwüsten. Aus der Mitte derer, welche einen Rest von Besinnung behauptet, tönte das Doppellosungsgebrüll: „Nach Le Puy! Zur Jagd auf die Aristokraten, auf die Bluthunde, die sich in die Felsen geflüchtet!"

Die Mehrzahl folgte der ersteren Parole und mit dem Anbruch des Morgens wälzten sich von allen Seiten betrunkene, mit Hacken, Beilen und Keulen, mit geraubten Flinten, Säbeln, Piken und Dolchen bewaffnete Rotten auf die Stadt zu. Wo sie auf Kreuzwegen zusammentrafen, fielen sie sich wie tolle Hunde gegenseitig an, bis ihre intelligenteren Führer durch Beredtsamkeit die Ordnung wieder herstellten und den vereinigten Trupp dem gemeinsamen Ziele entgegen fortlenkten. Fast in jedem Haufen standen solche an der Spitze und leiteten mit Versprechungen,

Phrasen, Aufreizungen die plumpe Masse der Fäuste. Verlaufene Komödianten, Winkelabvocaten, aus erbrochenen Gefängnissen befreite Verbrecher; doch auch der bereits durch den Beginn der Revolution zu Grunde gerichtete Pächter, der Meier, den die Gutsuntergebenen bis vor Kurzem als ihren Todfeind betrachtet, der jetzt aber, zuerst in das Schloß seines Herrn eingebrungen, diesem unter dem Ruf: „Es lebe das Volk!" mit eigner Hand die Hirn= schale zerschmettert hatte, der umherziehende Charlatan, der Geistliche, der seine Soutane zerrissen, ein rothes Tuch über seine Tonsur geschlungen und höhnend den Sterbenden das Sacrament des Weines aus hohler Hand in's Gesicht gespritzt hatte. Die gährende Hefe der Rohheit und Unwissenheit, von dem Abschaum geführt, den Laster, Gewissensbetäubung und zügellosseste Begierden aus mensch= licher Brust heraufzukochen vermocht, so brandete es in Gischt und Gier wider die Stadt heran, trunken von Wein und Blut, vom Uebermaß des Genusses erschöpft und angeekelt, doch in blindem Trieb, diesen Ekel in neuem Genuß jeder Art zu ersticken. Sie kamen, von dem Be= wußtsein erfüllt, daß kein Fußbreit des Velay und seiner Hauptstadt ihnen mehr Widerstand entgegen zu setzen fähig sei, als Herren über Leben und Tod, Haus und Habe, als Richter der Henker, der Blutsauger, jedes Verräthers an der heiligen Sache der Freiheit. Es war noch eine andere Losung, welche ihre Reihen durchlief und einen Zusammenhang ihrer einzelnen, wildschäumenden Strudel mit dem großen, unheimlichen Strome kundthat, der die Tiefen der gewaltigen tosenden Hauptstadt Frankreichs unterwühlte, der fast der Totalität der sinnlos Schreienden selbst unverständliche und nur von den Führern in seiner Bedeutung begriffene Ruf: „Es lebe der Herzog von Orleans, der Retter der Freiheit! Nieder mit ihren Verräthern! Nieder mit Lafayette! Auf's Schaffot mit den Blau=roth=weißen!"

Die Maulwürfe des modernen Echion, bis vor zwei Jahren noch Louis Joseph Philipp von Chartres, seitdem Herzog von Orleans, dann als Abgeordneter der Stadt Paris zum Nationalconvent Philipp Egalité genannt, hatten mit goldenen Pfoten gut gewühlt, und das Losungs= gebrüll der sinnberaubten Massen hieß in Wirklichkeit: „Nieder mit Jedem in Frankreich, der noch so viel Ver= nunft, Pflichtgefühl und Gewissenhaftigkeit bewahrt hat, um sich dem aus der Finsterniß schlangengleich herauf= schleichenden Bestreben Philipps von Orleans, des Obersten, Ruchlosesten und Verworfensten unter dem Pöbel, dem Abschaum und der Hefe Frankreichs zu widersetzen, über Brandstätten und Leichenberge durch das Blut seines königlichen Vetters die Treppen des Louvre hinan zu waden und die Krone der Bourbons auf seine eigene von

Lastern und Verbrechen gebrandmarkte Stirn herab zu stehlen! Nieder mit Recht, Gesetz, Sitte und Menschlichkeit, mit dem Eigenthum und dem Leben jedes Widersachers, bis er seinen Zweck erreicht, die plündernden, mordenden Söhne der Freiheit ihn als den Verdientesten Ihresgleichen, als den Vertrauensmann jeder Niedertracht und Schurkenthat auf den Thron gehoben, um unter seiner Aegide das neue goldene Zeitalter in Frankreich zu sichern, das Jedem Reichthum ohne Arbeit, Befriedigung des Hasses, jedes Triebes nach Genuß verheißt, der Fäuste besitzt, um nieder zu schlagen und zu erbeuten!"

Und dennoch, nicht die Gold ausstreuenden Sendboten, er selbst, Louis Joseph Philipp Egalité von Orleans war in Wirklichkeit der Maulwurf, der blinden Auges in den Gängen, mit welchen er das alte Fundament der Mauern des Louvre unterwühlte, nicht voraussah, daß die Aasgeier, das Nachtgevögel und Schlangengezücht, das er aus den Abgründen und Höhlen der Finsterniß heraufrief, nachdem es seine Gier an den Lilien gesättigt, sich auch auf ihn mit bluttriefendem Gebiß stürzen werde — der den Tag nicht voraussah, an dem jene ihn selbst auf das Schaffot mit dem Geheul schleifen würden: „Du stimmtest für den Tod Deines Vetters, um sein Nachfolger zu werden, nun folgst Du ihm nach!"

So viel Gräuel bereits geschehen, unauslöschbare

Blutflecken auf dem Boden des schönen Landes und in der Geschichte der Menschheit, es war doch nur eine kurze Ouvertüre erst, wie Urbain Guéraud gesagt, daß der erste sagenhafte Brudermord es für jene Geschichte der Menschheit gewesen. Aufgrollend nur noch ballten sich die Wolken über Frankreich, welche die verdorbene Luft von Jahrhunderten gesammelt. Tausendfach zündend fuhren die ersten Blitze herab und der Brandgeruch verkohlter Leichen begann als Atmosphäre den Boden zu überweben, doch noch war der Tag fern, an dem die Erde selbst zerklaffen und die gährenden Feuermassen ihrer Tiefe zu den Gewitterstürmen der Oberwelt mit emporschleudernd, Sieger und Besiegte, Menschen und Bestien unterschiedslos in ihrem aufgerissenen Schlund verschlingen sollte. Noch wendete die Kadmische Saat sich nicht gegen sich selbst, und Nidhöggr, der Neidbrache, saß noch zusammengekauert unter der Esche Yggdrasil, dem Baum des Schreckens, und nagte an ihrer Wurzel. —

Was hatte Johann von Salis am Abend des sechsten October warnend zu König Ludwig dem Sechzehnten gesprochen? Er fürchte den Herzog Philipp von Orleans, weil er einen Menschen kenne, dessen Züge und Haltung, dessen Blick, Stimme, Charakter und Sinnesart denen des Herzogs wie die eines Zwillingsbruders glichen, weil er wisse, daß dieser nicht nur sein Vertrauter, sondern daß der Graf Riquet de Laval wie jedem Laster ergeben, so auch jedes Verrathes, jeder Gemeinheit und jeder Schurkenthat fähig sei. Weil die Natur beiden in gleicher Weise Falschheit und Heuchelei als Stempel aufgeprägt, weil Habgier und Rachsucht die einzigen Hebel seien, die beider Seele bewegten.

Jetzt war Graf Riquet de Laval der Herrscher über Leben und Tod in der Stadt Le Puy, im ganzen, von Bergmauern umgürteten Lande der alten Bellaver, bis an die Thore von Brioude und Saint Etienne, deren Nationalgarde mit Anspannung aller Kraft sich kaum gegen den schwellenden Drachenleib des eigenen Pöbels behauptete und mit Sicherheit das Schicksal der tapferen Schaar Henri Comballot's getheilt haben würde, wenn sie den ohnmächtigen Versuch gemacht hätte, den hülflosen Bürgern der Nachbarstadt zuzueilen. Und ohnmächtig und hülflos gleich ihnen zuckte fast der ganze Süden Frankreichs unter den gierzitternden, willenlos noch von der höheren Intelligenz ihrer Führer jedem Ziele der letzteren zugelenkten Fäusten, gegen die das Reich, das König Ludwig der Sechzehnte noch von Gottes Gnaden beherrschte, vom Canal La Manche bis an das Mittelmeer keinen Arm mehr zu erheben besaß. Doch in zwei Dingen hatte der neue Freund des Volkes an der Loire sein großes Vorbild an der Seine überboten, das sich noch nicht Philipp

Egalité und Paris noch nicht sein Eigenthum nannte, während der Bürger Laval seinen aristokratischen Titel bereits wie ein abgetragenes Kleid von sich geschleudert hatte und die Stadt, in welcher er die Herrschaft an sich reißen gewollt, ihm gleich einer zuckenden Leiche zu Füßen lag.

So fanden sie die Rotten, welche sich mit dem Morgenlicht heranwälzten, bereits. Seit einigen Stunden erst befand die Stadt sich in der Gewalt der Bürger Laval und d'Aubriot, doch sie war schon völlig wieder beruhigt, fast die Stille eines Friedhof's lag über Häusern, Gassen und Plätzen. Die Hülferufe, das Jammern und Flehen aus den Betten aufgerissener Frauen und Mädchen war wieder verstummt, der ohnmächtige Versuch einzelner Familienväter und Söhne, die Ihrigen zu schützen, zu Boden geworfen und mit dem Blut der verzweifelt gegen zehnfache Uebermacht Ringenden bezahlt. Unter gellem Hohngelächter hatten die Rotten, umherziehend, die Bäcker- und Metzgerläden, die Weinkeller ihres Inhalts beraubt, die Straßen lagen mit Broblaiben und Fleischresten bedeckt, die der Hunger nicht zu bewältigen vermocht, in den Gossen floß, kaum zu unterscheiden, Wein und Blut. Von gesättigter Lippe zuckte ein Wort und fand hundertfach jauchzendes Echo; dann packten Arme den Bäcker und stießen ihn in die Gluth seines eigenen Ofens, tauchten den Weinhändler mit dem Kopf vorauf in das größte seiner eigenen Fässer, bis er regungslos hinabsank. Sie banden den Metzger mit Stricken wie einen Ochsen, zerrten ihn an die Schlachtbank und schlugen ihn mit einem Hieb seines eigenen Beiles vor die Stirn zu Boden. „Bringt jeden mit dem um, womit er am Volk, an den Söhnen der Freiheit gesündigt!" lautete das tobende Gebrüll. „Das freie Volk hat ein Recht auf Brod, Fleisch und Wein, mit dem die Wucherer sich bereichert!" Das freie Volk hatte auf mehr noch Recht, auf Alles, was todt und lebendig war, wie die erbrochenen Häuser, überall achtlos zerstreute und zerschlagene Geräthe, Kleidungsstücke, Kostbarkeiten, wie nackt durch die Straßen irrende, hie und da von wüstem Geschrei verfolgte, erschöpft zusammenbrechende und niedergerissene weibliche Gestalten bewiesen. Raub und Völlerei, Mord, thierische Trunkenheit und thierische Lust wälzten sich übereinander, ein Chaos der zur Herrschaft heraufgebrochenen Abgrundselemente der Menschenbrust — auf der hohen Treppe seines Hauses stand der Bürger Laval neben d'Aubriot und Clement Joude und sah auf das vielgestaltig-unbeschreibliche Getümmel hinunter. Um seine Mundwinkel zuckte es dämonisch und er sagte:

„Es ist Schade, daß mein Schwiegervater sich nicht für eine Stunde die Würmer aus den Augenhöhlen schütteln und sich an der Vollstreckung seines Testamentes ergötzen kann. Er war ein einsichtsvoller Mann, dessen Gebeine der Vater dieser Christenheit heilig sprechen sollte —"

„Thun wir's statt seiner!" fiel der Abbé lachend ein. „Das ist ein guter Gedanke, auch die Freiheit muß ihren Cultus haben. Ich werde mich mit der Weiterbildung dieser Idee beschäftigen."

Jouve=Jourdan blickte verdrossen in das Getöse. „Die Köpfe ab!" murmelte er mißvergnügt. „Mich widert der Anblick an. Ist das ein Gericht, eine Procedur? Tödtet man so Menschen oder Vieh? Was wird für die Hand=haber der Gerechtigkeit bleiben?"

Seine weißen Finger spielten zornig auf und ab. „Morgen", entgegnete Laval lachend; „die Begierden des Leibes gehen denen des Gemüthes vor, Freund, aber be=ruhige Dich. Unsere liebe Frau droben hat genug Leuten Herberge ertheilt, die bis morgen auf Dich warten und sich an der Gerechtigkeit der Procedur, die Du beabsichtigst, erfreuen werden. Unsere liebe Frau selbst ist freilich schon seit einiger Zeit durch Veranlassung des Bürgers Guéraud, der ihr als einer Orientalin aufgekündigt, ausgezogen, und wir sollten eigentlich für eine Stellvertreterin Sorge tragen, die den Gästen als Dame vom Hause die Honneurs machte. Wir wollen das überlegen — ah, da ist der Bürger Maulac, ein vortrefflicher Mann, Bürger, ein

Mann, wie die Freiheit und wie auch Du, Bürger Jouve,
ihn brauchst. Es ehrt mich, ihm die Hand schütteln zu
dürfen."

Laval that nach seinen Worten, trat Herrn Maulac,
der die Treppe heraufgestiegen kam, entgegen und reichte
ihm die Hand. „Als wir uns zum letztenmal sahen", fuhr
er laut fort, „war es in den Ketten, in welche die Schergen
der Aristokraten uns geworfen, aber dieser uneigennützige
Mann wagte sein Leben daran, einen Freund des Volkes
zu befreien, weil er hoffte, daß dieser der Sache der Freiheit
nützen könne."

„Es lebe der Bürger Maulac!" brach es aus dem
Haufen, der, zunächst stehend, das dem Ankömmling ge=
spendete Lob gehört hatte. Der unerwartet Gefeierte zog
seine Kopfbedeckung ab, verneigte sich mit ausdruckslosem
Gesicht automatenhaft und versetzte:

„Ich that nur, was ich von jeher gethan, meine Pflicht.
Der verdient kein Lob, der nur jederzeit erfüllt, was sie
gebietet."

„Ich sagte euch, ein vortrefflicher Mann", wieder=
holte Laval. „Er würde mit eigener Hand Hunderte
eurer Feinde unschädlich machen, wenn ihr es ihm gebötet,
und jeden Ruhm ablehnend, stets bescheiden antworten, er
habe nur seine Pflicht gethan. Ihr alle seid hochherzig,
todesmuthig und begeisterungsvoll, doch ein so unschätzbares

Pflichtgefühl habe ich nur einmal auf Erden kennen gelernt und an dem Tage, an welchem ich unter den verdienstvollsten Kämpfern der Freiheit Preise auszutheilen hätte, würde ich ihm die Palme reichen. Habe die Güte, mit uns zu kommen, Bürger Maulac, und uns mit Deinem Rath, dessen wir bedürfen, zur Seite zu steh'n. Wo ist d'Aubigné?"

Derjenige, nach dem er fragte, kam im selben Augenblick eilig die Treppe herauf und trat zwischen sie. Er hatte sich mit erregtem Antlitz aus dem Getümmel einer Gasse hervorgedrängt und trug seinen Degen entblößt in der Hand. „Macht den Scheußlichkeiten ein Ende!" sagte er mit leiser, doch heftiger Stimme, „oder ich verlasse Euch!"

Laval maß ihn mit eigenthümlichem Blick. „Ich weiß, Du verstehst Dich darauf", antwortete er ebenfalls leise, „und hast mir bereits einmal einen Beweis davon gegeben, daß Du den Augenblick, jemanden zu verlassen, zu wählen weißt. Doch die Rechnung schlägt unter verschiedenen Umständen verschieden aus, mein Theurer, und ich würde Dir rathen, Deine jetzige noch einmal zu revidiren. Hast Du einer Waffe bedurft, um Dich zu glühenden Ungestüm's' der Begeisterung eines unserer Freunde zu erwehren?"

„Nein, sondern um ein Kind aus den Krallen einer

Bestie zu retten!" fiel d'Aubigné aufflammend ein, „eines Teufels, der einen Engel marterte —"

Der Abbé runzelte die Brauen und blickte darunter hervor mit stechenden Augen auf den Sprecher. „Du bedienst Dich etwas veralteter Phrasen, Bürger d'Aubigné, ich habe Dich schon einmal vor dieser Geschmacklosigkeit gewarnt, und im Uebrigen solltest Du wenigstens wissen, daß bei der Abrechnung des jüngsten Gerichtes den Teufeln diese Aufgabe vorschriftsmäßig zufällt. Ich kenne keinen tiefsinnigeren Ausspruch als den jenes Ketzerrichters: Gott wird die Seinen schon herausfinden! Die Söhne der Freiheit gleichen dem guten König Midas, unter dessen Händen sich Alles, was er berührte, wie Du weißt, in Gold verwandelte. So befreien auch sie jeglichen, dem sie nahen, entweder von Ketten und Handeisen, oder von der Last des Goldes, die er sich selbst auf die Schulter gehäuft, oder von den Leiden, welche ein längeres Leben ihm noch bringen könnte. Das ist classisch gedacht und menschlich gehandelt, mein Lieber, und der Mangel an Verständniß, den Du dafür an den Tag legst, beweist nur, daß Du den philosophischen Vorträgen des letzten Sommer-Semesters auf der hohen Schule von Hautefort, die wir gemeinsam besucht, ohne reellen Nutzen daraus zu ziehen beigewohnt hast, sonst würde es Dir nicht entgehen, daß die Leute, welche Du mit dem sonderbaren Namen Teufel belegst, sich nur der practischen Ausübung jener ausgezeichneten theoretischen Lehren befleißigen. Ich will es darauf schieben, daß Du in der letzten Nacht nicht geschlafen und Dein Gehirn dadurch etwas aus dem Geleise der Logik gebracht hast. Komm und pflege während unserer Berathung der Ruhe, der Du zu bedürfen scheinst. Wenn Du erwachst, wirst Du die Inconsequenz der Verdienste, die sich Dein Degen in der verwichenen Nacht und jetzt, wie Du sagst, erworben, begreifen, und ich hoffe, Dein Verstand wird Dir selbst klar machen, daß es Dir nicht zukommt, Anwandlungen sentimentaler Privatgelüste nachzugeben, deren Kosten wir Vernünftigen leicht solidarisch mit Dir zusammen tragen könnten."

Victor d'Aubigné überlief es mit fröstelndem Schauder. Sie hatten sich von der Treppe dem Innern des Hauses zugewandt und verschwanden hinter der von Laval's Hand geschlossenen Thür; draußen auf Straßen und Plätzen begann allmälig der tobende Lärm einer unheimlichen Stille Platz zu machen. Vom Wein berauscht und den Anstrengungen der schlaflosen Nacht ermattet taumelte die Mehrzahl der Eroberer, zum Schlaf umsinkend, neben ihren verstummten Opfern zu Boden; nur eine Anzahl, zumeist besser Bewaffneter stach jetzt aus der Masse hervor und kennzeichnete sich durch eine Art von Disciplin als eine Leibwache, auf deren Zuverlässigkeit die neuen

Herren der Stadt ihre Herrschaft zu stützen vermochten. Sie spielten und würfelten um die Beute, welche sie haufenweis zusammen geschleppt, ein Theil derselben hielt Wacht an den Thüren der Kathedrale von Notre-Dame, in deren Inneres eine beträchtliche Zahl der reichsten und angesehensten Bürger, zusammt ihren Frauen und Töchtern hineingetrieben worden, die in stummer Erwartung ihres Schicksals harrten. An den Fenstern der verwüsteten Häuser zeigte sich kein Gesicht, tönte kein Laut; zitternd hatte, was sich nicht den Plünderern angeschlossen, sich in Kellern und Bodenräumen verborgen und wagte keinen Blick aus dunklem Versteck hervor. Die Stadt Le Puy glich einem Schiffe, das in ruhiger Nacht über die Wasserfläche hingezogen. Da gellt ein Schrei im Morgengrauen auf, die Schläfer fahren aus den Betten, tausend Wogen brechen über sie und eine kurze Weile übertäubt verzweifelnder Hülferuf, Jammer und Gekreisch das Heulen des Sturmes, den Gischt der Brandung. Dann wird es still und nur die Masten des gesunkenen Schiffes ragen aus den Wassern, die ihre Beute hinabgezogen und selbst ermüdet ihren Grimm ausglätten.

Die im Hause des weiland Advocaten und Notar's zu Le Puy, Jacques Clement Etienne Demogeot's Versammelten kehrten jetzt auf den Standpunkt, den sie vorher innegehabt, zurück. Sie hatten ihre Berathung geschlossen, der Bürger Laval trat auf die oberste Stufe der Treppe und rief einige laute Worte über den Marktplatz, bei deren Klang die unten Würfelnden und mit abgegriffenen Karten Spielenden ihre Beschäftigung aufgaben und, sich in einer gewissen Ordnung aneinanderreihend, auf das Haus zutraten. Verwahrloste, doch in bunt schreienden Farben mit geraubten Kleidungsstücken versehene und mannigfaltigst bewaffnete Gestalten, ähnelten sie einem Landsknechtsfähnlein des Mittelalters, an das auch die zahlreich aus ihrer Mitte aufragenden Piken erinnerten, das nach der Erstürmung und Plünderung einer Stadt, im Gegensatz zu dem mit ihnen sengend und raubend eingedrungenen Troß, noch so viel Besinnung bewahrt hatte, auf das Commando seines Hauptmanns zu achten, da es in der Befolgung seiner Gebote auch für sich den reichlichsten Vortheil erhoffen durfte. Es war eigenthümlich, wie sich durch den, dem Willen eines Einzelnen gehorchenden Zusammenschluß eines halbwegs militairisch organisirten Körpers bei diesem, der allgemeinen Anarchie um ihn her gegenüber, sofort gleichsam wieder ein aristokratisches Bewußtsein geltend machte, mit dem die neuen Prätorianer auf das zügellose Treiben mit herzuströmender, kreischender Weiber und taumelnder Trunkenbolde herabblickten. „Stille!" rief's — „zurück ihr Canaillen! Der Bürgerhauptmann redet! Stopft den Lumpen das Maul!"

Laval sah befriedigt auf den erwachten Ordnungs=
eifer der Elite seiner Mannschaft hinunter und ergriff
das Wort. Er pries ihre todverachtende Tapferkeit, mit
der sie die Zwingburgen ihrer Bedrücker erstürmt, das
geknechtete Volk an seinen Henkern und Blutsaugern ge=
rächt, doch wie der Ungestüm ihres Muthes ihm staunende
Hochachtung abgenöthigt, so bewundere er gleichermaßen
die Schnelligkeit mit der sie die Nothwendigkeit einer sich
aus dem Durcheinander neu erhebenden Ordnung erkannt
und sich zu unbeirrbaren Wächtern derselben zusammen=
gefunden hätten. Der Sturm der Vergeltung habe die
Ruchlosen zu Boden geschmettert, das Reich des gleichen
Rechtes und der Gerechtigkeit begonnen; dieses aber ver=
möge, wie ihre eigene Einsicht ihnen kundgethan, nur durch
Aufrechterhaltung der Ordnung zu bestehen. Denn wer
sei ohne diese sonst des Besitzes sicher, den seine Tapfer=
keit den Händen der Wucherer entrissen, wer habe eine
Bürgschaft, daß wirkliches Verdienst, nicht statt dessen nur
lautes Geschrei belohnt werde? Ehe der Morgen ver=
gangen, werde die Stadt von Zuzüglern überall vom
Lande her erfüllt sein, ohne Frage zum Theil von wackeren
Männern, die ebenfalls in der Nacht heldenmüthig für
die Freiheit gekämpft, zum Theil jedoch auch von hab=
süchtigem und neidischem Troß, der ohne Verdienst er=
worben zu haben, die Gelegenheit zu erlauern suchen werde;

den Braven zu entreißen, was sie sich mit Schweiß und Blut errungen. Das seien die schlimmsten, die gefährlichsten Feinde des Volkes jetzt, und wer es mit der Freiheit desselben und seiner eigenen wohl meine, habe die Pflicht, sich selbst und das neue Regiment in der Stadt vor ihnen zu schützen.

Ein Gemurmel der Zustimmung antwortete aus den Reihen, der Sprecher hatte einen Augenblick innegehalten und fuhr fort:

„Bis hieher haben wir, die ihr hier vor euch seht, für euch gedacht und euch geführt. Jetzt, da der einzige Zweck, den wir erstrebten, eure Freiheit, erreicht ist, treten wir selbstverständlich von der hohen Stellung, welche euer Vertrauen uns eingeräumt, zurück. Viel ist noch zu thun, Gefahren abzuwenden, welche euch gleich euren in Maconnais hingeschlachteten Brüdern bedrohen können, Gericht über die Aristokraten, die Schuldigen zu halten, die das Feuer eures heiligen Zornes verschont hat, um sie dem strafenden Arm der Gerechtigkeit aufzubewahren. Legt diese Aufgaben in bessere Hände als die unserigen, zu deren Führerschaft, Energie, Begeisterung für die Freiheit und euer Wohl ihr größeres Zutrauen besitzt. Wir legen die Macht, welche ihr uns bis zu diesem Augenblicke übergeben, mit dem Dank, daß ihr uns für solche Männer gehalten, und mit der Bitte nieder, uns zu verzeihen,

wenn der Eifer für eure Wohlfahrt uns, wie es allen
Menschen zu geschehen vermag, irren ließ."

Diesmal brach ein einstimmiger Zuruf aus der Masse
der Prätorianer. „Es lebe der Bürger Laval! Der Bürger
d'Aubriot! Der Bürger Jouve! Wir legen Alles in ihre
Hände! Sie sollen auch fernerhin unsere Führer sein,
sollen Gericht über die Verräther halten!"

Die auf der Treppe Versammelten verneigten sich,
ihre Verbeugung enthielt zugleich die Würde des freien
Mannes und die Ehrfurcht vor einem Souverain. Sie
tauschten einige halblaute Worte untereinander aus, dann kehrte
Laval auf seinen vorherigen Standpunkt zurück und sagte:

„Bürger, wir nehmen die ehrenvolle Last auf uns,
die euer Vertrauen uns zuertheilt, denn wir vertrauen
gleichfalls auf eure Hochherzigkeit und eure Unerschrocken=
heit, daß ihr diejenigen, die ihr an eure Spitze gestellt,
bei der Ausübung und den Gefahren ihres schwierigen
Amtes schützen, ihnen den Gehorsam leisten werdet, welchen
sie für euer eigenes Beste von euch erheischen. Veranstaltet,
daß wir zunächst die noch im Augenblick hier Anwesenden,
den Bürger d'Aubigné und den Bürger Maulac uns hin=
zugesellen, um die uns auferlegte Verantwortlichkeit mit
ihnen zu theilen. Wir alle werden nur ausführen, was
ihr beschließt, das Urtheil vollstrecken, das ihr fällt, die=
jenigen belohnen, denen ihr einen Preis zuerkennt —"

Einwilligender, allgemeiner Beifall unterbrach ihn.
„Der Bürgerhauptmann Laval lebe! Er und der Bürger d'Aubriot sollen uns führen!"

„Und deshalb," fuhr der Erstere dieser beiden fort, „wage ich euch zunächst den Vorschlag zu machen, morgen mit dem Beginn des Tages demjenigen die verdiente Ehre zu erweisen, der als das erste Opfer der Freiheit, die ihr errungen, in unserer Stadt gefallen ist. Laßt uns dem großen Freunde des Volkes, Etienne Demogeot, zu dem ich mit der Bewunderung eines Sohnes aufblicken darf, den Dank der Nachlebenden darbringen, und da wir das Dunkel, das über seinem Tode liegt, noch nicht zu lüften, nicht Rache an der Hand des verruchten Aristokraten auszuüben vermögen, die ihn in der Nacht meuchlerisch hingemordet, so laßt uns wenigstens seinen Gebeinen die Stätte gönnen, welche die siegreiche Freiheit ihnen schuldet. Ich, sein Sohn, richte trauernd und stolz diese erste Bitte an euch, zum erhabenen Beispiel für das ganze Frankreich, was von diesem großen Sohne der Freiheit übrig geblieben der gemeinen Stätte, an der seine Feinde ihn beerdigt, zu entreißen und unter feierlichem Trauergeleit inmitten der Kathedrale dieser Stadt auf's Neue zu bestatten. Dann, wenn wir ihm den späten Dank des Volkes abgetragen, die Pflicht gegen den Todten erfüllt, wollen wir der Pflicht gegen die Lebenden nachkommen und unter freiem Himmel Gericht über die halten, welche, eh' das Schwert ihren Nacken trifft, der Blitz strafender Vergeltung schon von den Lippen dessen getroffen haben wird, welcher die Todtenfeier begangen, zu der wir uns droben vereinigen. Bis dahin habt ein wachsames Auge auf Alles, seid argwöhnisch gegen die alten Feinde wie gegen die neuen, denn ein Feind ist jeder, der mit dem Gedanken umgeht, euch den Lohn eurer Tapferkeit zu schmälern, mit Wort oder That eure Würde, deren Repräsentation ihr uns übertragen, anzutasten, und verdient zu sterben. Bildet eine Leibwache aus eurer Mitte, die der Ehre theilhaftig wird, über der Sicherheit der Erwählten des Volkes zu wachen, und stimmt in den Ruf ein, der von unserer Stadt weiter, bis nach Paris, über ganz Frankreich brause: Es lebe die Freiheit! Es lebe der Herzog von Orleans, der Freund des Volkes! Nieder mit ihren Feinden! Tod allen Anhängern der Tyrannen, der Kirche, der Wucherer mit den Gütern des Volkes!"

Jubelnde Zurufe hatten den Redner mehrfach unterbrochen, jetzt überbrauste die Parole, mit der er seine Worte beschlossen, stürmisch den Markt. Dazwischen klang es: „Es lebe der Bürger Laval! Es lebe der Bürger Demogeot, der edle Freund des Volkes! Begrabt ihn in der Kathedrale! Einen Preis auf den Kopf seines Mörders! Es lebe der Sohn, der seinen großen Vater im Grabe ehrt!"

Die Prätorianer hatten begriffen, daß die Wahl welche sie getroffen, ihren Gelüsten entsprach, und die Erwählten derselben kehrten gleichfalls befriedigt wieder in's Innere des Hauses zurück. Wenigstens lag dieser Ausdruck der Zufriedenheit in den Zügen Lavals und d'Aubriot's, weniger in denen Jouve-Jourdans und gar nicht in denen Maulac's, denn in seiner Miene lag, wie immer, überhaupt keinerlei Regung, die auf einen unter der Maschinerie des Körpers vorhandenen geistigen Motor schließen ließ. Victor d'Aubigné stand am Fenster des Zimmers, in das die neuen Beherrscher der Stadt sich zurückgezogen und blickte schweigend hinaus; der Abbé und der blonde Graf hatten sich in ein kleineres Nebengemach entfernt und führten ein eifriges Gespräch unter vier Augen. d'Aubriot sagte mit gedämpfter Stimme:

„Ich gebe zu, daß es klug war, den Lepidus d'Aubigné in unser Triumvirat aufzunehmen, denn er ist ungefährlich und es kann im Gegentheil nützlich sein, eine Puppe zu haben, mit der man im erforderlichen Augenblick einen aufklaffenden Schlund zu stopfen vermag. Das ist ein practischer und zugleich ein classischer Gedanke, der, wie Du weißt, stets auf meine Beipflichtung zählen kann, doch was sollen wir mit dem Klotz Maulac und dem Weichling Jouve? Ich verstehe nicht, was Dich veranlassen konnte —"

„Es sind Werkzeuge", fiel Laval nachlässig ein. „Bei deren Verwendung die Absicht sich manchmal betrügt —"

„Wie meinst Du?"

Der Abbé beschnitt sich mit der Klinge eines zierlichen Federmessers die Nägel. Er sah jetzt lächelnd auf und versetzte:

„Daß nicht jeder sich zum Werkzeug gebrauchen läßt, den man nur als solches betrachten möchte."

Die Blicke der beiden Triumvire trafen sich eine Secunde lang und gingen aneinander vorüber; Laval entgegnete ablenkend:

„Ich habe so gehandelt, weil ich Deiner Zustimmung versichert zu sein glaubte, in gleicher Weise wie nach Deinen Aeußerungen zu der Feier, die ich für morgen angeordnet."

„Die Ehre, welche ein Sohn seinem Schwiegervater im Grabe erweist, ist selten und schon deshalb schätzenswerth, da sie ein vorzügliches Zeugniß für die Trefflichkeit der menschlichen Natur ablegt. Um wie viel mehr, wenn sie zugleich die außerordentlichen Verdienste des Verstorbenen dadurch forterhält, daß sie dieselben als einen Kranz um die Stirn des ehrerbietigen Eidam's windet, dessen Pflichttreue und Sohnesliebe dadurch in den Augen des hochherzigen Volkes eine besondere Weihe empfangen muß. Ich gratulire Dir zu derselben, sie ist jedenfalls werthvoller als die Weihe, welche ich meinerzeit erhalten und von der man mir sagte, daß sie Anwartschaft auf das Papstthum in sich schließe. Doch ich habe nicht darnach getrachtet und halte, auch dem Salböl aus der schmutzigen Faust des neuen an allen Cardinaltugenden reichen Wahlcollegiums unserer Stadt gegenüber, die Stellung Octavians und Marc Anton's für zuträglicher."

Der Bürger Laval lachte etwas gezwungen auf. „Mein Schwiegervater würde in der That ziemlich in Erstaunen gerathen, wenn er als Zeuge seiner eigenen posthumen Verehrung fungiren könnte. Aber sollten wir diese um seiner gerechten Verwunderung willen weniger für uns nutzen? Es ist ein hübsches Beispiel, däucht mich, wie schnell und ohne jeglichen Vernunftsgrund sich der Abscheu des freien Volkes in Abgötterei umwandeln läßt, und um so hübscher, wenn die Lebendigen von dieser Wiederauferstehung mit profitiren. Laß uns zuvörderst diese Komödie zusammen spielen, mein lieber Abbé, über die Rollen, welche wir den Statisten zuweisen, werden wir uns schon einigen. Uns gehört nicht die alte Welt, aber Le Puy und das Velay ist unser und das ist in unserer Zeit vorderhand so viel werth wie Rom und das römische Reich, da keine Hand in Frankreich es uns wieder entreißen wird, wenn wir klug und einig sind. Seien wir's also, und wie Du Deiner unverwüstlichen Liebhaberei für classische Reminiscenzen gemäß gesagt — Octavian und Antonius."

Er streckte seine weiße, aristokratische Hand aus, d'Aubriot ergriff dieselbe und schüttelte sie.

„Antonius und Octavian, mein lieber Graf."

Sie lächelten und kehrten Arm in Arm in das Nebenzimmer zurück, wo eine reichbedeckte Tafel ihrer harrte. Der Abbé sagte lustig:

„Es ist, als ob man nicht in den Speisesaal des Antonius, sondern in den Lucull's selbst träte. Ah, und dort erscheint die Perle des Festes, Kleopatra! Wahrhaftig, sind wir auf Samos oder zu Alexandrien?"

Laval biß sich auf die Lippen, denn der in anmuthigem Gewande versteckte beißende Spott galt seiner Frau, der „Gräfin Gabriele", die in den Prunkgewändern einer Fürstin rauschend durch die Thür hereintrat. Sie trug eine Perlenschnur in ihrem weißgepuderten Haar, dessen rothe Grundfarbe jedoch hie und da unüberwindlich durchbrach, und den hochgewölbten Busen, dessen Spitzen sie mit Schönpflästerchen umkränzt hatte, fast bis zum Gürtel entblößt. Es war eine zugleich grotesk-lächerliche und üppig-unheimliche Erscheinung, die an die halbthierischen Götzengestalten eines rohen Volkes erinnerte. In ihrem Gesicht und ihren Bewegungen kämpfte natürliche Gemeinheit und wilde Sinnlichkeit mit dem Bestreben, den Ausdruck und die Tournüre einer vornehmen Dame nachzuäffen, ein Bild gleicherweise nur geeignet, eine Mischung von Abscheu und Gelächter hervorzurufen. Sie war auf den Bürger Maulac zugeschritten und begrüßte ihn mit herablassendem Kopfnicken und einer Bewegung der Lippen, welche die fleischige Masse derselben über das porcellanweiße, aber grobzähnige volle Gebiß in die Höh' zog.

„Als wir uns zuletzt sahen, standest Du im Begriff, mich anders zu bewirthen, als ich es Dir heut' vergelte", sagte sie, mit einer plumpen Handgeste auf ihren Rücken deutend. Herr Maulac verbeugte sich und keine Miene seines Gesichtes zeigte die geringste Veränderung, wie er versetzte:

„Ich that meine Pflicht, denn ich erfüllte das Gebot, das Herr Demogeot, Dein Vater, mir ertheilt."

Der Abbé hörte die Antwort und murmelte unhörbar zwischen den Zähnen: „Gut; Du bist in der That ein Werkzeug, in dem Antonius sich verrechnen könnte." Er trat schnell auf die Tochter und Erbin des Advocaten Demogeot zu, bückte sich galant, ihre trotz der Arbeitslosigkeit des letzten Sommers roh gebliebene Hand zu küssen und lächelte:

„Verstatte mir die Ehre, schöne Gabriele, der Dame des Hauses meinen Arm leihen zu dürfen, und gewähre meinem Freunde Maulac die Gnade, seinen Platz ebenfalls neben Dir einzunehmen, um der verlockenderen Pflicht obliegen zu können, durch die bewundernde Ergebenheit, von der ich weiß, daß er sie Dir widmet, Deine Gunst zu erwerben. Dein Gatte hat mit Recht zuvor die Eigenschaften seines Charakters und Verstandes gerühmt, ich aber kann hinzusetzen, daß Du in noch höherem Grade in ihm einen Bewunderer der Schönheit, einen Vertreter feiner Lebensart und ritterlicher Galanterie finden wirst. Wie geht es — verzeihe, daß ich erst jetzt dazu gelange, mich danach zu erkundigen — wie geht es der liebenswürdigen Madame Maulac? Ich bedaure, sie nicht unter uns zu gewahren, obgleich ich dadurch der peinlichen Lage enthoben werde, wem ich in dem Wettstreit der Schönheit, der dann begonnen haben würde, den Siegespreis zuerkennen müsse."

Der Sprecher führte die rothe Gabriele an den Ehrenplatz des Tisches und die Tafel begann. Zum erstenmal hatten Herrn Maulac's Züge etwas von ihrer Ausdruckslosigkeit verloren und ein flüchtiger Glanz war bei der Aufzählung der Eigenschaften, welche d'Aubriot ihm beigelegt, über seine Augen gegangen. Er berichtete von der nächtlichen Wanderung, die ihn und seine Gattin hierhergeführt, doch in gewohnter Bescheidenheit verschwieg er, welches Verdienst beide sich, ehe sie das Schloß verlassen.

um einen Theil des Inhalts desselben erworben. Madame Jeannette hatte eine Freundin in der Stadt gefunden, bei der sie ihren Aufenthalt genommen und sich von den Anstrengungen des für ihre zarten Füße ungewohnten Marsches erholte. Herr Maulac berichtete es und aß dazwischen, nicht um des damit verbundenen Genusses willen, sondern pflichtgemäß, seine Gesundheit und seine physischen wie geistigen Kräfte zu erhalten, jeden Bissen in gleichmäßiger Unparteilichkeit mit den Zähnen zermalmend. Der Abbé hörte, erwiederte, lächelte, ihn interessirte Alles an den Erzählungen seines neuen Freundes, unter dem Tisch traf seine Hand mit der seiner Nachbarin zusammen und tändelte spielend mit den beringten Fingern derselben. Die rothe Gabriele hatte im Anfang offenbar mehr Gefallen an Victor d'Aubigné gefunden und diesen, der ihr gegenüber saß, wenn er hin und wieder die Augen schwermüthig hob, mit den ihrigen wie mit denen einer lüsternen Tigerkatze angeblitzt, doch die Möglichkeit dazu bot sich ihr immer seltener, und wenn es geschah, glitten ihre zündenden Blicke in d'Aubigné's Antlitz wie von leblosen Eiskugeln zurück. Dann fühlte der Abbé plötzlich seine Hand von den Fingern, mit denen er getändelt hatte, fest mit beredtem Druck umschlossen — war's ein Wonneschauer oder ein Schauder des Ekels, der ihn überlief? — er füllte sein Glas, machte sich mit einem verstohlen leidenschaft=

lichen Blick in die Augen Gabriele's sanft von der zärt=
lichen Klammer los und sprach, sich erhebend:

„Ich trinke auf das Wohl dessen, der um uns alle,
um diese Provinz, um ganz Frankreichs Zukunft, wie ich
hoffe, sich das höchste Verdienst erwarb, auf den Erwählten
des Volkes, den Stolz der Freiheit, den Führer und die
Hoffnung unserer großen Sache, dessen Freund, Bewunderer
und Mitstreiter zu sein der Stolz meines Daseins ist.
Lang lebe mein Freund Laval und sein Haus, dessen
Glück zu schirmen und zu erhalten, die Aufgabe unseres
Lebens sei, denn wir wissen, daß aus seiner Hochherzigkeit
und Dankbarkeit unser eigenes Glück erblüht!"

Die Gläser klangen zusammen, doch eh' sie an die
Lippen gesetzt, ergriff der Gefeierte ebenfalls das Wort
und brachte ein Hoch auf seinen Freund d'Aubriot aus,
ohne dessen gleich verdienstvolle Umsicht und kluge Be=
rechnung niemand hier die Errungenschaften dieses Tages
zu feiern vermocht haben würde. Ueber den Rand der
Gläser blickten die beiden Freunde sich einen Moment in's
Gesicht, dann begann das Glas in der Hand des Abbé's
zu schwanken. Es verschüttete einen Theil seines Inhalts
auf dem Tischtuch, von dem es wie ein rother Blutfleck
aufleuchtete, und unverkennbar seiner Beine nicht mehr
völlig Meister, mit dem irren Glanz eines beginnenden
Rausches im Auge ging d'Aubriot sich an den Stuhllehnen

haltend auf Laval zu, ergriff die Hand desselben, schüttelte sie herzlich und sagte leicht stammelnd:

„Nimm meinen Dank, Freund — Deine Freundschaft vergrößert das Geringe, was ich zu leisten vermocht, aber sie erhöht es auch. In vino veritas — ich bin stolz, Dein Arm sein zu dürfen, Dir mit bescheidenem Rath genützt zu habe —"

Seine Zunge lallte stärker und er schlang halb in taumelndem Fall plötzlich seine Arme um den Nacken Lavals und küßte ihn. „Nimm das statt der Rede", lachte er in trunkener Laune, „und rechne Deinem Wein ihre Kürze an, nicht mir!"

Sie leerten ihre Gläser und d'Aubriot begab sich schwankend auf seinen Sitz zurück. „Bah, ein Trunkenbold also", murmelte Laval verächtlich in den Rest seines Weines, doch seine Heiterkeit stieg ersichtlich nach dem Zwischenvorfall und die bisher in fast auffälliger Weise beobachtete Mäßigkeit aufgebend, nahm er jetzt gleichfalls an den Genüssen der Tafel reichlicheren Antheil, ohne jedoch bis zu der beinahe bewußtlosen Trunkenheit zu gerathen, in welche die Mehrzahl der übrigen Gäste, ein halbes Dutzend der Einflußreichsten der die Ordnung in der eroberten Stadt aufrecht erhaltenden Prätorianer, allmälig verfiel. Das Mahl ward zur Orgie, bei der plötzlich auf einen Wink Lavals halbbekleidete weibliche Gestalten auftauchten, das

Amt des Mundschenks zu übernehmen begannen und lachend ihre Plätze auf den Knieen der Gäste suchten. Der Schaumwein der Champagne überströmte den Tisch, Gelächter und Gesang artete in Gekreisch, halbverhüllte Zweideutigkeit in nackte Frechheit aus. Befriedigt blickte der Gastgeber auf das Treiben wildester Zügellosigkeit, das Auge der Gräfin Gabriele, der „Dame des Hauses", hing in lüsterner Gier an den schamlosen Vorgängen des wüsten Gelages. Sie war trunken und rief: „Es lebe die Freiheit!" und zischelte in d'Aubriot's Ohr: „Ich gehe und erwarte Dich droben —"

Nur einer der ursprünglichen Theilnehmer des Siegesfestes befand sich nicht mehr an der Tafel. Clement Jouve hatte sich mit sybaritischem Behagen dem Vollgenuß der ausgesuchten Mahlzeit hingegeben; man sah, er behandelte dieselbe mit dem Eklekticismus eines Künstlers, prüfte, billigte und verwarf und betheiligte sich, ganz seiner Beschäftigung hingegeben, kaum anders an dem Tischgespräch, als daß er mehrfach seine Zufriedenheit äußerte, sich zum erstenmal seit einem halbjährigen Aufenthalt in den Felslöchern der Sevennen wieder auf eine der menschlichen Natur würdige Weise der Befriedigung seines Appetites widmen zu können. Doch trotzdem ergab er sich eben sowenig der Völlerei als er seine Nüchternheit verlor; seine langen, gelblich-weißen Finger hantirten mit der ruhigen

Methodik eines Bildhauers, der den Meißel, und eines Malers, der den Pinsel führt. Dann ging es fast wie ein Ausdruck ascetischen Widerwillens über sein Gesicht, er schob seinen Stuhl zurück, stieß eine der hereingetretenen weiblichen Theilnehmerinnen des Gelages, die ihm nahte, mit einer Regung des Ekels von sich und verließ schweigend die Stätte des beginnenden Bachanals. Vor die Thür hinausgelangt, murmelte er einen weiblichen Namen, der mit sonderbar sanftem, wehmuthsvollem Ton von seinen Lippen kam und über sein unheimliches Gesicht ging ein schattenhafter Zug tief menschlichen Schmerzes, denn der Name, den er leise vor sich hin gesprochen, war der seiner verlorenen, im Gefängniß von St. Just gestorbenen Frau, die Clement Jouve geliebt und deren Gedächtniß er unerschütterlich im Herzen bewahrte, eher zu sterben, als der Todten die Treue zu brechen.

Wundersame Schlackengebilde, welche die zerborstene Erde aufwarf! Nach dem Blute von Tausenden lechzend, wartete hier Einer der nahenden Stunde, seinen Durst zu sättigen, dessen Herz bei den Leiden eines zertretenen Insectes zuckte; dort raubte ein Anderer beutegierig mit einem Federstrich das Eigenthum von Millionen, der sich die eigene Hand vom Rumpfe geschlagen haben würde, wenn sie sich selbst einen Sous vom Ueberschuß des Reichthums zugeeignet hätte. Mit Abscheu blickte das Laster auf den Dieb und dieser auf den Wüstling; das am Tiefsten in Gemeinheit versunkene Weib, das täglich sich selbst verkaufte, hob stolz den Nacken, der sich verächtlich von der Dirne, die in gestohlenem Schmuck prunkte, zurückwandte, und Clement Jouve hätte sich selbst zum Tode verdammt, wenn sein Auge mit einem Blick auf einem lebenden Weibe verweilt, der das Heiligthum seiner Treue geschändet.

Das Heiligthum — liegt das große Räthsel in dem Wort, daß auch die Brust des Verlorensten noch eine Stätte hegen muß, an der es in irrem Selbstbetrug die Achtung vor sich selbst bewahren zu können glaubt? Daß es ein Laster, ein Verbrechen giebt, von dem er stolz zu sagen vermag, er werde sterben, ehe er es begehe?

Die Menschengeschichte aller Zeiten und Völker bestätigt das Daheim dieses Strohhalms, an den die Versinkenden sich klammern, und trüge er die letzte, wahnvollste Gestalt unmenschlicher Ueberzeugung, daß der Glaube an eine Gottheit ausreiche, am Schluß des Lebens alle Uebertretung der Gebote derselben zu sühnen. Nur wenige tauchen aus den Abgründen ihrer Begierden ohne den Irrwisch jenes Heiligthums empor, wenige sagen sich kaltlächelnden Mundes selbst, daß sie Schurken sind — doch wenn sie es sich zu sagen vermögen, da sind sie die dämonischen Beherrscher der Abgrundsgewalten, die Haie des sturmgepeitschten Weltmeeres, bis sie sich selbst in gefräßigem Neide verschlingen. —

Draußen ging Jouve=Jourdan mit einem halben Dutzend von Begleitern, die er sich zugesellt durch die Straßen. Sie fragten ihn, wohin er sie führe, doch er hieß sie nur wortkarg mit der Bemerkung folgen, daß er ihnen etwas Hübsches zu zeigen beabsichtige und daß nach eingenommener Mittagsmahlzeit ein Spaziergang den Vor= schriften der Diätetik entspreche. Sie überschritten die Loire=Brücke unterhalb der Stadt, der Himmel war mit schwerer, bleigrauer Decke verhängt und Clement Jouve orientirte sich auf dem jenseitigen Ufer des Flusses einige Augenblicke, dann schlug er schweigsam mit seinem neu= gierigen Gefolge einen gegen Südwest abbiegenden Weg ein, der nach Verlauf einer halben Stunde etwa in pfad= lose Fels= und Haideöde verlief. Es begann zu regnen, gleichmäßig, frostig und traurig; der nächtliche Sturm, der bis zum Morgen getobt, hatte sich gelegt, Nebel und tiefe Wolken ballten sich langsam zu regungslosen Massen über dem todten Gefild. Die Gefährten Jouve's marschirten verdrossen, er gab keine andere Antwort auf ihre Fragen als: „Die Köpfe ab!" Allein er selbst fing an, ungewiß umher zu blicken, man sah, daß er die Richtung, die er innehalten wollte, verloren.

Da tauchte auf Steinwurfsweite etwa eine Gestalt

vor ihm aus dem grauem Regenmantel des Octobertag's und er rief: „Heda!" Der Angerufene fuhr zusammen, es schien ein junger halbwüchsiger Bursche zu sein, der einige Secunden in die Richtung der auf ihn zu Kommenden blickte und sich dann hastig zur Flucht umwandte. Er hörte, daß er verfolgt wurde, denn plumpe Fußtritte erschütterten hinter ihm den Boden und es rief durcheinander: „Es ist ein Aristokrat — wer vor uns flieht hat kein gutes Gewissen — fangt ihn!" und der Flüchtling lief besinnungslos den Weg, den er gekommen, zurück. Dann mußte ihn ein plötzlicher Gedanke durchfahren, denn er bog mit einem Male von der eingehaltenen graden Richtung, obgleich er dadurch mit Nothwendigkeit den Zwischenraum zwischen sich und den Nachsetzenden verringerte, jäh zur Rechten ab. Dafür beschleunigte er seine Hast um so athemloser und es begann ihm vor den Augen zu flirren — aber nun hielt er einen Moment lauschend an. Er wagte nicht, sich umzublicken, doch unverkennbar erlosch der dröhnende Tritt der Verfolger hinter ihm, eine Stimme rief bereits fern aus dem Nebel: „Laßt das eine Kaninchen, es sind viele andere Marder auf den Beinen, die es schon finden werden! Da ist der Wegweiser, den ich bei der Jagd wieder gefunden!" — und Eve Jacmon setzte sich herzklopfend auf einen feuchten Steinblock und murmelte trotz ihrer Erschöpfung mit freudigen Lippen

„Gott sei gelobt, daß er mir noch rechtzeitig den Gedanken eingab, daß ich sie verrathen würde, wenn ich zu ihnen zurückkehrte. Doch ich — o mein Gott, bringe mich zu ihm!"

Sie horchte noch einmal, stand auf und wandte sich vorsichtig durch den Regenschleier wieder auf Le Puy zu.

Neunundfünfzigstes Kapitel.

Es war ein langer Schlaf, der die todesmüden Glieder und ihre blutenden Seelen in der uralten Felskammer des namenlos in der Geschichte der Menschheit untergegangenen Keltenbewohners gebändigt, ein langer, traumvoller Schlaf. Ueber todesähnlich regungslose Gesichter spielte das graue Morgenlicht, das trüb durch die Oeffnung im Gewölbe herabfiel, melancholisch gleichgültig, ob es Unschuld und Schönheit, die düsteren Züge Clement Joude's oder jahrtausendalte Leere darin gewahrte. Es umzitterte den verkohlten Brand am Boden und starrte fahl von dem abgebleichten Schädel des kleinen Thieres zurück, dann erhellte es langsam das zackige Gestein der Wände. Stundenlang noch, schweigsam dem Athemzug der Schläfer lauschend, wie es einst auf Die herabgesehen, die aus Troja's Flammen und dem ungeheuren Untergang ihres Stammes und ihrer Heimath auf langer

Irrfahrt allein sich in düstre Felsschlucht gerettet — da sah das Morgenlicht eine erste Wimper sich regen, ein traumhaft glückliches Lächeln umspielte die jungen Lippen unter ihr und Eve Jacmon schlug die Kinderaugen auf. Sie blickte eine Weile zur dunklen Felsdecke über sich empor — war es ein seltsamer Traum, der sie noch in den Armen des Geliebten zu ängstigen suchte? Allmälig wurden die Augen größer und unruhvoller, schreckhaft, furchtbar stieg etwas vor ihnen auf und eine irre Angst bannte sie, sich zur Seite zu wenden. Nur eine Secunde seliger Täuschung noch, aber das Lächeln erlosch und übermächtig zog das Bangen den Blick herum. Dann rang ein Seufzen und ein Schmerzenslaut sich aus der jungen Brust, die der alte Betrüger, der sich in den Schlaf des ersten Menschen schon gestohlen, mit seinen wesenlosen Bildern des Glückes durchgaukelt, um grausam die flüchtigen Schwingen absinken zu lassen, die er ihr geliehn, und sie aus der Goldnähe der Sonne herabzustürzen in die alte Finsterniß, aus der Millionen Arme schon verzweifelnd und vergeblich zu seinem zerrinnenden Trugbilde aufgerungen und mit heißeren Thränen den Tag begrüßt, als die Hand des Schlummergottes sie von ihren Wimpern genommen.

War die Schlange des Paradieses ein Traum vielleicht, oder war das Eden selbst nur ein erster Morgen=

traum des Menschengeschlechtes, auf den der lange Tag des Erdenlebens folgte?

Ein Schluchzen mehr als ein Seufzer war's, was von Eve Jacmon's Lippen kam, doch mit der voll zurück-gekehrten Erinnerung tauchte der Egoismus der Trauer über ihr Einzelgeschick wieder in den Born des Mitgefühls unter, dessen Gedächtniß ihr der Anblick ihrer schönen Lagergefährtin schmerzlich-freudig wachrief. Diana von Hautefort schlief noch; seltsam, daß sie es vermochte, da Eve es doch nicht mehr gekonnt. Die Letztere dachte es und fragte sich unwillkürlich, warum? Sie sah eine Minute lang in die ruhevollen Züge der Schläferin und seufzte abermals und die Antwort auf ihre Frage lag darin: „Sie kann es, denn ihr Herz bangt um Keinen in der Ferne, von dem es nicht weiß, wo er ist — vielleicht mit Wunden bedeckt, verschmachtend — vielleicht — —"

Eve Jacmon wollte nicht weiter denken. „Nein er ist nicht todt, er kann es nicht sein, ich weiß, daß ich ihn noch einmal sehen werde", sagte sie leise, doch mit zuver-sichtlicher Stimme vor sich hin, und sie wandte ihre Ge-danken gewaltsam wiederum zu ihrer neuen Freundin zu-rück, mit der die Bekanntschaft einer kurzen Nachtstunde sie in so trauliches, fast schwesterliches Verhältniß gebracht. Warum konnte diese noch so ruhevoll schlafen, da in dem Ohre Eve's doch noch der Ton nachklang, der ihr gesagt, daß Diana von Hautefort keine stolze Gräfin und kein kaltes Marmorbild sei, sondern in der vornehmen Brust ein Herz trage, dessen seltsames Pochen das Herz des kleinen Bürgermädchens verstand, so genau verstand, wie seit gestern Abend sich selbst.

Glückliche Vergessenheit, Fähigkeit zu vergessen, schönstes Erbtheil der Jugend! Eve gedachte in diesem Augenblick nicht ihres eigenen herzzerreißenden Leides, ein schalkhaft listiges, fast übermüthiges Lächeln flog um ihren Mund, sie warf einen Blick seitwärts über die Reste des nächtlichen Höhlenfeuers hinüber auf die noch gleichfalls unbeweglich ruhende Gestalt Urbain Guéraud's und kniete neben Diana zu Boden, deren Ohrmuschel sie vorsichtig, dieselbe nicht zu berühren, ihre Lippen näherte und den Hauch eines Wortes hineinflüsterte. Nun öffnete, wie aus den Weiten eines Traumes mit der Geschwindigkeit des Lichtes heraufgerufen, die Schläferin ihre Augen und blickte mit einer stillen sprachlosen Wonne in das über sie gebeugte Gesicht des Mädchens, daß dieses mit glücklich-schelmischem Blick und zugleich erröthend sich instinctiv-haftig noch weiter bis auf das Antlitz Diana's hinunter neigte und sie mit einem Kuß völlig erweckte. Dann aber kam Eve das Bewußtsein der doppelten Kühnheit, die sie begangen, ihre Stirn färbte sich noch rother und sie stotterte befangen:

„Verzeihen Sie mir, Comtesse —"

Die Erwachende sammelte ihre Gedanken schneller, als Eve Jacmon es gethan, doch etwas Anderes unterstützte sie auch dabei, sie wie mit einem Schlage in die Erkenntniß der Gegenwart zurück zu versetzen. Ein Schritt ertönte gleichzeitig vom Eingang des Felsloches her und in sonderbarer Erscheinung tauchte Jean Arthou aus dem Dunkel. Er gemahnte an die wilde Gestalt eines in seine Höhle heimkehrenden Cyclopen und rief mit Nothwendigkeit sofort das volle Gedächtniß der auf neuer odyssäischer Irrfahrt Schicksalsverschlagenen, auch des ebenfalls jetzt aus dem Schlaf auffahrenden Urbain wach. Tief erschüttert von dem grellem Lichtstrahl gleich über sie hereinbrechenden Bewußtsein erhob Diana sich, ohne auf Eve Jacmon's verlegene Worte zu achten und trat auf den Bretagner mit der ruhig gefaßten Frage zu:

„Du kommst zum Aufbruch zu mahnen, sollen wir weiter? Wohin willst Du uns führen?"

Doch der Alte schüttelte den Kopf. „Ich war droben bis zum Morgen", antwortete er dumpf, mit der Hand in die Richtung der höchsten Kuppe des Felsgrates deutend, „und habe Ankou gesehn, da, dort, überall. Er starrte mich mit hundert Augen an und der Wind trug seine Stimme. Sie klang bös, und die sie hörten, werden sie nie wieder hören. Die Eulen erkannten sie und schrien ihr zu und die Wölfe heulten, denn sie witterten seinen

Athem. Sie folgen ihm nach und lecken das Blut von seinen Fersen und einer kam, wie ich droben saß, und glühte mich an, wie ein Irrwisch. Er wollte euch an seinen Herrn verrathen und bellte in die Luft, aber ich sprang hinunter und packte ihn an der Kehle und würgte ihn. Haha, wir würgten uns beide, denn er war kein Lamm, sondern ein Wolf und schlug mir die Zähne hier in's Fleisch. Doch meine Hacke traf ihn auf seinen harten Stirnknochen und er lag da und röchelte. Er hielt mich für alt und dachte, mein Blut sei ein Frühtrunk für ihn, aber er irrte sich, denn ich brauchte einen Mantel, weil es kalt war und wir noch oft so liegen müssen wie heute Nacht, und ich nahm ihm sein Fell. Es war ein Spaß für die Eulen, die zusahen, und die Fledermäuse lachten, denn sie hassen sich alle untereinander und jeder freut sich, wenn Einer den Andern erwürgt."

Ein Gefühl von Schauder und Ekel überlief unwillkürlich die Hörer, sie erkannten jetzt, daß der mantelartige Ueberwurf, den der Bretagner statt seines früheren, von ihm zur Bereitung des Lagers für die beiden Frauen benutzten um die Schultern trug, aus einem zottigen Wolfsfell bestand, von dem noch Blutstropfen herunterrieselten und das den engen Raum mit einem widerwärtigen Geruch anfüllte. In garstigem Anblick starrten die langen Vorderzähne des Thierkopfes, ebenfalls noch mit dem Blute ihres

Ueberwinders befleckt, am Nacken des letzteren hervor, dessen eigene Hände in gleicher Weise noch die rothen Spuren der Arbeit, die er an seinem erlegten Gegner vollzogen, aufwiesen. Eve Jacmon schlug sich, wie ein Kind vor einem häßlichen Bilde, ihre kleinen Hände vor's Gesicht, doch Jean Arthon nahm offenbar nichts von dem anwidernden Eindruck, den seine Erscheinung hervorgebracht, wahr und er fuhr in ruhigerem Tone fort:

„Aber Ihr seid keine Geier und ich weiß, der Gedanke an Wolfsfleisch lockt Euch nicht, auch wenn es gebraten ist. Darum habe ich ihn dem Gevögel liegen lassen und will mich aufmachen, etwas für Euch zu suchen, was Ankou übrig gelassen, damit Eure Füße Euch weiter tragen können —"

„Wir bedürfen nichts — ich wenigstens fühle mich stark genug", fiel Diana mit einem fragenden Blick auf Urbain ein — „laß uns sogleich aufbrechen!"

In den Augen des Bretagners begann es wieder irr zu glimmern. „Nein", raunte er heiser, „wir müssen warten, bis er schläft. Wenn er vergnügt gewesen, wie in dieser Nacht, schläft er immer eine Weile. Aber während deß müssen wir weit gehen und auch eure Beine können nur gehen, wenn Fleisch und Blut von andern ihnen die Kraft dazu giebt. Es kommt nur darauf an, wer mehr Kraft hat, und Ankou würgt alle, weil er der Stärkste von allen ist. Wartet hier bis ich zurückkomme; ich habe die Nixen drunten in den unsichtbaren Wassern lachen gehört, die alte Bergmutter im Mezin hat ihnen Kunde geschickt und es wird regnen, eh' der Mittag vorüber ist. Dann gehen wir, wenn ich gefunden, was ich suche."

Er tastete in einem dunklen Winkel der Höhle umher und nahm den Sack vom Boden, in welchem er im Frühjahr Clement Jouve Lebensmittel zugetragen, dann verließ er ohne weiteren Gruß das Felsloch. Die Zurückbleibenden verweilten noch einige Zeit in demselben, bis der Drang nach frischer Luft sie aus dem dumpfen Raum ebenfalls in's Freie trieb. „Mich dürstet", sagte Diana, sie suchten und fanden unfern eine aus dem Gestein sprudelnde Quelle, an der sie sich niederließen. Eve folgte schweigend, ihr Blick hing scheu an dem Antlitz ihrer Schicksalsgenossin, sie öffnete manchmal die Lippen und schloß sie furchtsam wieder. Endlich faßte sie leise Diana's Hand und flüsterte in banger Erwartung:

„Zürnen Sie mir?"

„Warum sollte ich Dir zürnen, Eve?"

Die Antwort klang verwundert. „Weil —" stotterte das Mädchen, „weil — ich Sie aus dem Traum geweckt und —"

„Du?" Diana's Blick wandte sich ihr zu und wie er sich voll in Eve's Augen hinabtauchte, ging es aus dem

Grau des Tages wie ein Abglanz purpurnen Morgenlichtes über die Marmorstirn der Fragenden. „Du?" wiederholte sie, „Du warst es, die mich weckte? Womit? Wie thatest Du's?"

Glücklich leuchtete es in Eve Jacmon's Kinderaugen, sie hatte in kummervollem Verstummen bis jetzt geglaubt, daß ihre neue Freundin, die sich erwachend sofort ohne Gruß von ihr abgewendet, ihr über die Kühnheit gezürnt, die sie an der Schläferin begangen. Nun sah sie an dem Blick, fühlte an dem Ton der antwortenden Stimme, daß sie sich wiederum getäuscht und frohlockend entgegnete sie:

„Darf ich es noch einmal thun?"

Diana nickte träumerisch. „Hast Du mich denn erweckt, oder ist nicht auch dies Alles nur ein Traum?"

Doch Eve's Arme unterbrachen sie, denn sie schlangen sich innig um den Nacken ihrer schönen Gefährtin, sie legte ihre Lippen an das Ohr derselben und hauchte wiederum das nämliche Wort wie zuvor in der Höhle, und wie zuvor küßte sie hastig zärtlich darauf den Mund der Gräfin und Eve Jacmon flüsterte kühner denn je, doch ohne jedes ängstliche Herzklopfen diesmal:

„Das that ich, weil ich Dich so lieb habe — so lieb, wie ich glaube, daß ich eine Schwester gehabt hätte."

In Diana's Zügen lag eine wundersame Bewegung. Sie blickte stumm und groß in die Augen des Mädchens, ihre Hand zitterte, eine Thräne drängte sich langsam durch ihre dunkle Wimper. Dann plötzlich schlang auch sie ungestüm die Arme um Eve Jacmon, wie diese zuvor es gethan, und sagte nur: „Du Liebe —" und gab, das rosige Gesicht derselben zwischen beide Hände fassend ihr innig den Kuß zurück. „Sei es, Du Liebe — sei meine Schwester, so lang' ich lebe! Du bist es ja, denn der Himmel hat Dich mir gegeben — o wie ein gläubiges Kind möcht' ich ihm danken, daß er mich in der Nacht des Entsetzens mit Dir zusammengeführt, um mir trotz Allem den Glauben an Menschenwerth und Herzensunschuld zu bewahren! Vom Himmel stammt Dein Aug', Du liebe Klugheit — sollte Deines es sein, das zum erstenmal in mein Herz hineinblickt? Und da Du's gethan, sag' mir, kleine Schwester, sag' mir, wie ein ächter Priester des Heiligthum's mit einem Worte das zweifelnde Herz binden und lösen kann: Thut meines recht?"

Sie verbarg ihre rothe Stirn an Eve Jacmon's Brust, es war ein liebliches Bild in dem melancholisch trüben Grau der öden Felsenlandschaft, über der nur hie und da vereinzelt die düstre Krone eines Nadelbaumes noch wie in Erinnerung des durch sie hingegangenen Sturmes schwermüthig rauschte. Nun kam Urbain Guéraud, der Umschau zu halten eine Strecke aufwärts am Quell entlang geschritten, zurück. Er sagte, daß er von droben die Spitze des Corneille und den Thurm der Kathedrale von Le Puy erblickt, und wie aus einem Traum auffahrend rang Eve sich aus den Armen ihrer neuen Schwester empor. Sie stammelte: „O Gott!" und beugte sich nieder, Diana nochmals zu küssen, und sagte schluchzend: „Leb' wohl —"

„Wohin willst Du?"

„Ich muß fort, ich muß zu ihm — o Gott, vergieb mir, daß mein Herz treulos war und einen Augenblick seiner nicht gedachte. Er ruft nach mir, ich höre seine Stimme — er ist dort und zählt die Minuten, die mich zu ihm bringen —"

Tödtliche Angst kämpfte plötzlich wieder in Eve Jacmon's Zügen, Diana blickte sie unruhvoll einen Moment an und versetzte: „Du willst mich verlassen — allein hier zurücklassen, Eve — ?"

„Allein?" wiederholte das Mädchen schluchzend — „o könnt' ich so allein sein —"

Urbain hatte sich abermals etwas entfernt und vernahm es nicht. Nun hielt Diana Eve's Hand und antwortete:

„Vergieb mir — Du hast Recht, Du Arme, Du mußt zu ihm — ich ginge ja auch bis an das Ende der Welt, wenn ich so allein wäre wie Du. Doch mir bangt um Dich, sei vorsichtig, wohin willst Du?"

Eve hatte mit dem Entschluß, den sie gefaßt, ihren

Muth wiedergewonnen. „Ich fürchte mich nicht, was kann mir Schlimmeres drohen, als das, was ist? Leb' wohl — und wenn wir uns nicht wiedersähen — und wenn Du einst glücklich bist, Diana, da denke einmal an mich, die ihr Leben freudig hingegeben hätte, Dich zu retten, wenn es nicht einem Anderen gehörte, den das Herz vor Dir geliebt —"

Es war ein seltsam trauriger Abschied zweier Menschen, die sich seit wenig Stunden zum erstenmal gesehn; schluchzend winkte das Mädchen nochmals aus der Ferne schon: „Wenn ich ihn finde, komme ich vor dem Abend mit ihm hierher zurück, dann wollen wir zusammen fort immer weiter — wohin die Liebe uns führt!"

Ihr leichter Schritt verhallte in der Felsenöde, nun waren Diana von Hautefort und Urbain Guéraub allein. Er setzte sich ihr gegenüber, sie saßen stumm eine Weile, das Wasser murmelte zu ihren Füßen. Ein Wort kam ihr zurück, das der Bretagner bei seinem Fortgang gesprochen: Es ist die Nixe, die drunten lacht. —

Die Wassernixe, deren goldenes Haar vor unendlichen Zeiten aus der grünlichen Tiefe des stillen Sonnenweihers drüben heraufgetaucht. Hätte sie damals den schaukelnden Kahn zu sich hinabgezogen, ihr feuchtes Haar über die verstummten Kindergesichter gelegt und sie zusammen in ihre kühle Kammer niedergebettet — unsägliches Leid wäre ihnen erspart geblieben.

Diana schlug den Blick zu ihrem letzten Gefährten auf und verwirrt wandte Dieser seine Augen. Hatte auch er es gedacht, es in dem Blick zu lesen erwartet — und etwas Anderes stand darin, das er vor plötzlichem Erbeben des Herzens nicht zu lesen vermochte? Doch wie mit Sonnengold geschrieben zitterte es blendend vor ihm, als hätten die Augen gesprochen:

„Nein — unsägliches Glück wäre ihnen genommen worden."

Nur eine Secunde lang, dann unterbrach Diana's Stimme die magische Stille. Gelassen sprach sie von dem Entsetzlichen, was ihnen die Nacht gebracht, sie fragte nach dem Schicksal Einzelner, von dem sie nicht vernommen, nach dem ihres Bruders. Urbain stockte, seine Lippe, die sich geöffnet, zögerte mit der Antwort. Sie schüttelte langsam die Stirn und sagte:

„Was zauderst Du? Er ist todt, alle sind es — wir allein blieben zurück, ich weiß es."

Ihre Hand legte sich über die Augen und glitt wieder herab. „Wir allein blieben zurück, und weil's so ist, wollen wir leben, Urbain. Ich sagte Dir einst, wir seien todt — jetzt sind wir die einzig Lebenden und haben Niemand mehr als uns allein. Wir wissen, Keiner hat unsichtbar seine Hand von da droben über uns gehalten, auf eine Planke des großen Schiffbruch's warf uns der

Zufall, nein, nicht er. Wir wollen ihm einen edleren Namen geben, Urbain Guéraud — die alte Kinderfreundschaft war's, die uns noch einmal zusammenführen gemußt — gieb mir Deine Hand, wir wollen uns wieder halten wie damals über der Woge, Einer den Andern, und wenn sie uns hinunterzieht, sei es miteinander."

Sie faßte seine zitternde Hand und fuhr ernst fort: „Du hattest Recht und ich trage die Schuld an Deinem Unglück. Hätte ich früher auf Dich gehört, vielleicht wäre Manches nicht geschehn. — Was nützt es darüber zu denken? — vielleicht mußte Alles doch werden, denn nicht das Schicksal ergreift den Menschen, sondern er selbst hascht nach ihm mit gespenstischen Armen und ahnt nicht, wonach er begehrend die Hände streckt. Ich aber war eine Thörin — die Todten haben mir vergeben — vergieb auch Du mir die Schuld, die ich an Deinem Schicksal trage. Dort — wo sagtest Du heut' Nacht? — dort drüben will ich suchen, sie Dir zu vergelten."

„In Deutschland — dorthin meinte ich, Diana", antwortete er, ohne zu wissen fast, was sein Mund sprach. — „So sei mir Führer", fiel sie bittend ein, „ich gehe mit Dir und lasse mich leiten, wohin Du willst, denn ich bin nur ein ohnmächtiges Weib, das der Kraft und Einsicht des Mannes vertrauen soll, und ich weiß, Du wirst mich nicht verlassen."

Grau kam es jetzt heran und umwob beide mit feuchtem Schleier, die Vorhersagung Jean Arthon's begann sich zu erfüllen, es regnete, und Diana stand mit den Worten auf: „Wir müssen in unsern Käfig zurückkehren". Ihr Gefährte stand ungewiß zaudernd, ob er ihr folgen solle, ihre plötzliche Flucht von droben in die Nacht hinaus kam ihm in's Gedächtniß, doch nun wandte sie sich und fragte: „Wo bleibst Du? Komm, Urbain, ich fürchte mich allein in dem unheimlichen Wolfsbau, denn so kommt unser Gemach mir vor, seitdem ich Arthon vorhin zuletzt darin gesehn."

Er eilte ihr jetzt vorauf die Strickleiter hinan und sie folgte; oben suchte er in dem schmalen Gange nochmals gegen die Felswand zu an ihr vorüber zu gelangen, und erwiederte auf ihre Frage, was er beabsichtige, er wolle die Leiter heraufziehen, um den Zugang zu ihrem Zufluchts= ort aufzuheben. Doch ein anderer Ton ihrer Lippen ant= wortete ihm darauf als der, in dem sie draußen mit ihm gesprochen, ein schreckhaft hastig verneinender, der ihn noch einmal an die Worte erinnerte, mit denen sie ihm am Abend vorher geboten, ihr Zimmer zu verlassen. Dann wieder= holte sie es ruhiger: „Nein, laß Alles wie es ist, Urbain", und sie fügte begründend hinzu:

„Ich habe gesehn, daß sich viele Höhlen ringsumher in den Felswänden befinden, welche dieser genau gleichen, und Eve würde sich täuschen wenn sie zurückkommt und das Merkmal nicht mehr vorhanden wäre."

Sie gingen in's Innere; trotz dem Regen, der draußen dichter herabrauschte, fiel mehr Licht jetzt in die alte Keltenwohnung hinein, so daß es alle Winkel und Ecken derselben unterscheidbar erhellte. Diana setzte sich auf die Steinbank, Urbain blieb ihr gegenüber stehn und wartete, daß sie das draußen abgebrochene Gespräch wieder anknüpfe. Allein sie schwieg und ihm war seltsam zu Muth, daß auch er nicht zu beginnen wagte. Er fürchtete als Antwort den herben Ton wieder zu vernehmen, mit dem sie seinem letzten Vorhaben an der Strickleiter gewehrt; endlich sagte er, um die Stille beenden:

„Die meisten Flüchtlinge, die wie die Prinzen von Artois und Condé Frankreich schon nach der Erstürmung der Bastille verlassen, haben sich nach dem Rhein gewandt und bei den erzbischöflichen Höfen von Trier und Mainz Obdach gesucht. Sollen wir ihnen folgen, Diana? Sie sind zuvorkommend aufgenommen worden, es heißt, daß man ihnen dort ununterbrochene Feste veranstaltet und Du würdest am Wenigsten Entbehrungen ausgesetzt sein, wie der Aufenthalt in der Fremde sie nur zu leicht bedingt."

Sie schüttelte leis die Stirn. „Dort würde ich entbehren, was ich suche. Ich will nichts von Menschen — laß uns gehen, bis wir ein Dorf finden, zwischen Bergen in grünem Thal, das ein Bach durchfließt. Dort wird eine Hütte sein, in deren Fenster im Winter die Sonne blickt, und ein schattender Baum vor der Thür in der Sommerszeit —"

„So wolltest Du leben, Diana? Du, die Glanzgewöhnte?"

„Die Glückentwöhnte, meinst Du. Glücklich will ich leben, Urbain, und das vermag man überall, wohin man selbst das Glück zu bringen versteht."

Ein eigenthümliches Lächeln ging über seine Lippen.

„Doch um zu leben, unter Fremden auch nur eine Hütte, Sonnenlicht und Schatten zu besitzen, bedarf es noch eines Anderen als des Glückes in Dir selbst. Was ist Dir davon geblieben?"

Es klang schmerzlich, und doch wie heimlicher Ton des Glückes, von dem sie gesprochen, lag es darunter. Nun hob Diana die Augen zu ihm auf und entgegnete einfach:

„Ich werde arbeiten, Du wirst es. Nur wer sein Brod erwirbt, verdient es und erwirbt sich das Glück hinzu, das kein Reichthum giebt. Wir werden wetteifern, Urbain, den Tag zu nutzen, zwei Menschen die der Natur gehorchen, und es wird schön sein, am Abend zu ruh'n —"

„Am Abend, Diana —?"

Ein sanfter, träumerischer Schimmer des Glückes

hatte wie aus Gedanken, die sich unter ihren Worten bargen, hervor ihr Antlitz umflossen; nun bei seiner Frage, die mit seltsamer Betonung ein Wort wiederholte, das sie gesprochen, wandelte der Schimmer sich in ein wirkliches Roth, das die Stirn überstrahlte und seine blühende Farbe bis auf den schönen Nacken hinabgoß. Suchten die Lippen den herben Ton, den Urbain zuvor gefürchtet, vergeblich und konnten ihn nicht mehr finden, daß sie zu den umherirrenden Augen flehten, ihnen zu Hülfe zu kommen? Ein Moment des Schweigens war es, wie er noch nie gewesen — da folgte ihre Hand dem suchenden Blick und streckte sich nach etwas an der Steinwand, und die Lippen, vom Zauberbann gelöst, fragten hastig:

„Was ist das?"

Die Finger tasteten über einen Steinblock, der auf dem Boden einer kleinen dämmernd erhellten Felsnische ruhte, an dessen unterer Seite in sonderbarer Weise eine Holzplatte und in dieser die abgebrochene, breite Klinge eines Jagdmessers befestigt war. Eine Schnur hing an der Seitenwand der nischenartigen Vertiefung herab und gedankenlos eifrig zog Diana an derselben. Nun hob die Messerklinge und der ganze darauf lastende Mechanismus mit ihr sich mühelos in zwei in den Felsen eingegrabenen Rillen empor, Diana entglitt ein Laut wirklicher Verwunderung, sie ließ instinctiv die Schnur fahren und das Messer fiel

blitzesschnell, mit klirrendem Ton hart auf den Nischen=
boden aufschlagend, senkrecht wieder herab.

Der schrille Klang weckte Urbain aus den träume-
rischen Gedanken, in die er, die verstummte Gestalt vor
sich mit den Augen umfassend, versunken. Zitternd streckte
er seine Hand ebenfalls nach der Schnur, welche Diana
wieder gefaßt; er streifte ihre schmalen Finger und um=
faßte dieselben zugleich mit der Schnur, und gelähmt,
hülflos wie die Lippen zuvor, verharrten dieselben unter
seiner Hand, ihm war als bringe ihre Wärme ihm zu
glühendem Feuer anschwellend bis in's Herz hinab. Regungs=
los, einer Marmorstatue gleich, saß Diana, wie ein Schleier
zog es über ihre Augen, deren Lider sich langsam herab=
senkten, nur das Klopfen ihrer Pulse verrieth wogendes
Leben in den schönen Gliedern und mit bebender Stimme
wiederholte sie klanglos ihr Frage:

„Ja — was ist das — ?"

Was war das? — nicht der Gegenstand ihrer Frage,
Urbain Guéraud blickte noch immer nicht auf ihn hin —
was war's, das ihr Herz seinem Ohr vernehmlich durch
die Felskammer pochte, das ihre Hand, ihre Stimme zitterte,
ihre Lider wie in süßer Willenlosigkeit über die Augen
schloß, vor deren sicherem Strahl er so oft scheu und ver=
zweifelnd zurückgewichen?

Doch ehe er sich diese Fragen, die ihn heiß über=

strömten zu, beantworten vermochte, erklang ein Ton vom Eingang der Felskammer her, ein herannahender Schritt, und es war, als ob dieser Diana aus ihrer magischen Gebundenheit löse, ihr Willen und den Gehorsam ihrer Glieder zurückgebe. Ihre Finger entglitten sanft der umschließenden Hand und sie sprang rasch von ihrem Sitz auf und rief:

„Da ist Jean Arthon wieder — er wird uns sagen können, was dies bedeutet —"

Sie rief's und stockte und stutzte zurück; ein Laut flog von ihren Lippen, denn sie befand sich nicht dem Bretagner, sondern einem fremden Gesicht gegenüber, das ebenfalls einen unwillkürlichen Ton der Ueberraschung ausstieß und im ersten Moment mechanisch einen Schritt gegen die Felswand auswich. Es war ein ursprünglich nicht unschönes, doch aus edlen Grundlinien verwildertes Gesicht, von Stürmen gepeitscht, die es in ein dämonisch=unheimliches Zerrbild verwandelt. Das künstlerartig lang in den Nacken fallende schwarze Haar umrahmte eine gelbbleiche Stirn, unter der dunkle, allein Thieraugen ähnlich phosphorescirende Sterne hervorblickten; langfingerig=schmale, frauenhafte Hände vollendeten die seltsame Erscheinung des unerwartet Eingetretenen, der den höheren Classen der Gesellschaft anzugehören schien und Diana eine Secunde lang ebenso verwundert mit dem Blick maß, wie sie ihn.

„Wie kommen Sie — sind Sie auch ein Flüchtling, mein Herr?" fragte sie nach der ersten Ueberraschung. Doch nun lachte Clement Jouve unharmonisch auf:

„Haben sich wieder ein paar Kaninchen vor dem Fuchs geflüchtet und in der Falle hier gefangen? Nein, schöne Dame, ich bin ein Marder, der Blut trinkt und vornehmes am Liebsten. Ich versprach euch etwas Interessantes, doch ich halte mehr als ich zugesagt, und ich denke, ihr werdet mit der Jagd zufrieden sein."

Er sprach die letzten Worte nachlässig zu seinen hinter ihm jetzt in die Höhle eintretenden Begleitern. Urbain Guéraud hatte im ersten Moment eine Bewegung gemacht, den Unbekannten, dessen Züge er vom blutigen Fackellicht der vergangenen Nacht erhellt in der Mitte der Erstürmer des Schlosses gewahrt zu haben sich entsann, mit seiner Waffe zu durchbohren, allein im nächsten Augenblick schon sah er das Sinnlose derartigen Widerstandes ein und trat nur, seine Hand zurücksinken lassend, dichter an Diana heran. Er täuschte sich jedoch, daß der Fremde irgend welche von ihm befürchtete Absicht gegen jene hegte, denn derselbe wandte mit apathischer Gleichgiltigkeit den Blick von ihr; wohl aber hatte Jouve=Jourdan die erste instink= tive Handbewegung Urbains bemerkt und ertheilte seinem Gefolge einen Wink, indem er ironisch hinzufügte:

„Da ist ein Kaninchen, das einen Stachel führt.

Nehmt ihm denselben, denn es ist wider die Natur, daß Kaninchen ihn haben. Aber geht schonend mit ihnen um, ihr habt Glück gehabt und einen feinen Braten erwischt, wie es scheint. Es ist Schade, mein Apparat hier ist zu klein, um ihn gleich zuzurichten, darum hütet ihn gut, daß er euch bis zur Stadt nicht entschlüpft."

Es lag trotz der Unheimlichkeit der Worte für den Moment in Bezug auf Diana etwas Beruhigendes darin und Urbain hatte seinen Degen, ehe er ihm gewaltsam von der Uebermacht entrissen worden, vor sich auf den Boden geworfen. „Versprechen Sie mir, mein Herr", sagte er leise, an den Fremden hinantretend, „diese Dame unter Ihren Schutz zu nehmen und sie vor jeder Roheit zu behüten, bis wir dorthin gelangt sind, wohin Sie uns bringen wollen?"

Clement Jouve nickte kurz. „Ich bin kein Maire von St. Just und Dein Weib kannst Du mir ruhig anvertrauen." Aber seine Züge verdüsterten sich bei den Worten, als ob ein gespenstischer Schatten aus ihnen heraufgestiegen, und er trat rasch auf den von Diana nicht begriffenen Mechanismus in der Felsnische zu.

„Die Köpfe ab! Da ist er —" zischte er zwischen den Zähnen befriedigt hervor. Er zog einigemal schnell die Schnur herab und ließ das gehobene Messer zurückfallen, seine Genossen blickten neugierig drein. Nun wandte er sich barsch um und befahl:

„Fort! Was gafft ihr? Wollt ihr mich bestehlen? Eure Wanderung hat euch genug eingetragen, nehmt die Aristokraten und bringt sie in die Stadt! Fort von hier! Er trieb sie, einen unruhvollen Blick auf die von ihm verfertigte Maschinerie werfend, als fürchte er plötzlich, ein Auge könne ihm etwas davon entwenden, hinaus. Sie verließen das Felsloch, draußen empfing sie der heftiger niederströmende Regen, ihre Gefangenen in der Mitte haltend schlugen sie den Rückweg nach Le Puy ein. Urbain und Diana gingen gesondert, ihre Wächter schienen zu befürchten, daß sie sich untereinander über etwas verständigen könnten, und hegten unverkennbar eine hohe Meinung von der Bedeutung ihres Fanges. Der kurze Tag sank, von dem trüben Wolkengemenge noch früher verdunkelt, nach langem, oftmals in die Irre führendem Marsch durch das öde Gestein stieg endlich der Corneille und die Kirche von Notre Dame auf. Sie schritten über eine Brücke, ein dumpfes Brausen tönte unter derselben herauf, man hörte, daß die Loire, von den zuströmenden Wassermassen des Himmels angeschwellt, wilder rauschte als sonst. Die Straßen der Stadt lagen größtentheils verödet, wie todt, nur eine taumelnde Gestalt schwankte ab und zu durch das Dunkel und trällerte mit schwerer Zunge das Bruchstück eines cynischen Refrains. Auf dem Marktplatz unter einem roh zusammengefügten offenen

Schuppen lagerte eine Abtheilung der neuen Prätorianer um ein loderndes Feuer. Sie tranken, rauchten, spielten, der Wind peitschte knisternd Regen von der Seite in den Brand und ließ die gelben Flammen züngelnd umherlecken. Dann gellte Weibergekreisch, Gelächter und Flüche, Stimmen schrieen: Werft die Dirnen in's Feuer, sie haben Diebs=taschen überall und es giebt noch genug Jungfern, wenn ihr in den Kellern nachsucht! Clement Jouve wandte sich mit seiner Beute dem Hause zu, das er am Mittag ver=lassen; das Gebäude glich der ganzen Stadt, es erschien leblos; er hieß die Escorte auf dem Flur warten und trat in den Eßsaal. Niedergebrochene Stühle, Ströme rothen Wein's, Glasscherben, dazwischen zwei am Boden bewußtlos in Schlaf versunkene Gestalten kennzeichneten den Ausgang des Gelages. Jouve=Jourdan schritt darüber hin, er hörte Stimmen in einem Nebenzimmer und öffnete die Thür; ein sonderbares Bild bot sich in dem nur dämmernd erhellten Gemach. Ein Mann lag ausgestreckt auf einer Ruhbank und ein fast bis an den Gürtel nackt erscheinendes Weib bog sich über ihn. Sie hatte ihn un=verkennbar im Schlaf angetroffen und hielt ihn mit den Armen gefaßt, ihr brennend rothes Haar fiel aufgelöst, doch wirr verwildert auf den muskulösen Rücken. Mit tiefen Schatten und braunröthlich daneben aufleuchtenden Fleischtönen glich es einem Rubens'schen Gemälde, doch mit redenden Zungen, denn Victor d'Aubigné stieß erwachend, wie noch halb im Traum gegen einen Alp aufringend aus: „Fort! Wer bist Du? Was willst Du?" — „Dich küssen!" antwortete glühend die Stimme der Gräfin Gabriele — „muß ich warten, bis Du schläfst, um Dich halten zu können?" Sie warf sich über ihn und suchte ihn mit der Wucht ihres Körpers auf die Ruhbank zurückzudrücken, es war ein kurzer häßlicher Kampf, dann schleuderte er sie, voll zur Besinnung gelangend, von sich. Sie stürzte keuchend zur Erde, er sprang auf und riß seinen Degen, die Spitze gegen ihre Brust richtend, von der Seite. „Hündin!" stieß er von wildem Ekel gepackt aus, „ich durchbohre Dich, wenn Du mich berührst!" und ohne auf Clement Jouve Acht zu geben, eilte er an diesem vorüber, hinaus in's Freie. Doch er gelangte nicht bis dorthin, denn auf dem Flur bebte er plötzlich wie vor der Erscheinung eines Geistes zurück. Stumm blickte Diana von Hautefort dem Mörder ihres Bruders in's Gesicht, und Victor d'Aubigné griff wie von einem unsichtbaren Geschoß getroffen, wankend mit der Hand um sich und glitt ohnmächtig an der Wand zu Boden.

Auch Jouve=Jordan wandte sich mit Abscheu von der neben der Ruhbank kauernden und dem Enteilten mit stöhnender Brust und dem Blick eines verwundeten Raubthieres nachstarrenden Gabriele und begab sich in den Eßsaal zurück. Er öffnete eine andere Thür und durchschritt ein dunkles Gemach bis zu einer zweiten, dort pochte er und Lavals Stimme rief: „Herein!" Auch Maulac und d'Aubriot befanden sich in dem Zimmer, sie waren an einem Schreibtische bei einer Aufzeichnung beschäftigt, die der Abbé dem ehemaligen Gutsrichter dictirte. Der Bürgerhauptmann lag rauchend auf einem Divan, ein halbgeleertes Glas stand vor ihm. Er fixirte den Eintretenden einen Moment, eh' er denselben erkannte, dann rief er:

„Ah, Du bist es „die Köpfe ab!" Wo bleibst Du, es war lustig diesen Mittag im Hause meines Schwiegervaters! Nur nichts mehr von Staatsgeschäften heut! Ich habe sie meinem Freund d'Aubriot übergeben — freilich er ist betrunken und hört nicht, was er spricht, aber unser Freund Maulac ist nüchtern wie immer und hilft mit seiner Feder d'Aubriot's Zunge nach."

„Ich sah Deine Frau so eben", entgegnete der Angeredete finster, „sie that, was Potiphar einst gethan, wäre es nicht Deine Frau gewesen, hätte ich sie getödtet, denn sie schändet die Sache der Gerechtigkeit.

Nun lachte Laval schallend auf. „Hat sie Dir nachgestellt, Joseph Jouve? Triff sie mit welcher Waffe Du willst, lebe mit ihr oder tödte sie, mein Theurer! Ich werde Wittwerthränen weinen, wie der Himmel heut'

Abend, aber nicht in unmännlichem Schmerz vergehen. Ein Glas auf Dein Wohl! Seid ihr bald fertig mit dem Programm eurer Festlichkeit für morgen? Ich bin müde und möchte schlafen!"

Der Abbé hatte einen Augenblick aufhorchend den Kopf gehoben, Clement Jouve näherte sich jetzt ihm und berichtete über das Ergebniß seiner nachmittägigen Wanderung.

„Laß sie gut verwahren, sie füllen das Hundert, und es liegt ein classischer Vorzug in einer wirklichen Hekatombe", antwortete d'Aubriot flüchtig. „Entschuldige uns, wir haben Wichtiges zu thun."

Er bückte sich wieder auf das Papier, sah indeß noch einmal auf und fragte mit eigenthümlichem Ton:

„Regnet es noch wie vorher?"

Jouve-Jourdan wies auf seine durchnäßten Kleider.

„Stärker; ich fürchte, daß wir morgen die Procedur nicht unter freiem Himmel begehen können."

„Ein Weiser beunruhigt sich nicht zu früh und verwendet, wenn es Zeit, ist jedes Ding nach dem Nutzen, den es bietet. Man kann unter Umständen noch nasser werden als Du, und ich würde Dir gegenwärtig rathen, Dich zu freuen, daß Du Dich noch in der Lage befindest, Dich umkleiden zu können. Auf Wiedersehn morgen früh bei'm Gottesdienst in Notre Dame! Ich habe eine kleine

Ueberraschung für euch ausgedacht, die euren Beifall erringen wird."

Clement Jouve ging; Laval war in Schlaf versunken, der Abbé stand auf und füllte aus einer Flasche wieder das vor dem Divan stehende Glas. Er zog einen Ring vom Finger, an dem er eine kleine Kapsel öffnete, aus der einige helle Tropfen einer farblosen Flüssigkeit aufblinkten. „Es wäre ein solider Nachttrunk für Dein Schlafbedürfniß", murmelte er unhörbar nach Innen.

Dann warf er einen Blick auf Herrn Maulac hinüber, der nichts sah und nichts hörte, sondern der Pflicht, die er übernommen hatte, getreu, eifrig schrieb. Doch gleichzeitig schloß er die Ringkapsel wieder, leerte mit eiligem Trunk das Glas, das er gefüllt, und kehrte an den Schreibtisch zurück.

„Ich befürchte, unser Freund Laval wird sich durch seine Unmäßigkeit schaden", sagte er mit leiser Stimme.

Herr Maulac nickte. „Sie ist ein Verderb der Gesundheit."

„Und zerrüttet nicht allein den Leib, sondern gleicher Weise den Geist. Wenn ich es nicht mit meinen eigenen Ohren vernommen, hätte ich nicht für glaublich gehalten, was ich gehört."

Der Bürger Maulac sah ausdruckslos auf. Er wußte offenbar nicht, was d'Aubriot trotz der Zeugenschaft seiner eigenen Ohren als unglaublich erschienen, und dieser fuhr fort:

„Oder täusche ich mich und ist die Zerrüttung seines Geistes noch nicht so weit vorgeschritten, daß er gesagt hat, man könne seine Gattin, der er Alles verdankt, die Tochter des edlen Volksfreundes Demogeot tödten, ohne daß er Schmerz darüber empfinden werde? Hat eine Hallucination mich betrogen, daß er selbst im Irrsinn die Worte gesprochen: Tödte sie, triff sie mit welcher Waffe Du willst!?"

Nein, so betrübend es war, Herr Maulac mußte der Wahrheit die Ehre geben. Wenn der Abbé dies gemeint, so hatten auch seine Ohren beides gehört. Und er fügte hinzu, obgleich dies völlig gleichgültig erschien und offenbar nur die Sicherheit seiner Aussage unumstößlich machen sollte, er habe es so genau vernommen, daß er es zu beschwören im Stande sei. Freilich wobei? Er machte eine Miene, als ob ihm dieser Gedanke bei seinen letzten Worten aufsteige, doch der Abbé ergänzte auch das Ungesprochene und erwiederte, der Eid eines rechtschaffenen Mannes behalte stets seine Geltung und er sei überzeugt, daß ein Schwur aus Maulac's Munde bei keinem Redlichen einen Zweifel an der Wahrheit aufkommen lasse. Deshalb sei es gut, daß auch sein Ohr das Erschreckende vernommen, denn wer könne vorher wissen, zu welcher

Raserei die Geistesumnachtung des Unglücklichen auszuarten vermöge, daß man vielleicht genöthigt werde, plötzliche Mittel zu ergreifen, seine Gattin, den Liebling der ganzen Stadt vor seiner Verblendung zu beschützen? Herr Maulac nickte wiederum; er begriff jetzt vollständig Alles und wiederholte noch einmal, daß, wenn in einem derartigen Nothfalle sein Zeugniß ein solches Mittel sein solle, dasselbe jederzeit zu Gebot stehe, und der rechtschaffene Mann und der bekümmerte Freund vertieften sich wieder in ihre durch den Zwischenfall unterbrochene Beschäftigung zum Besten des befreiten Volkes und im Namen der Gerechtigkeit.

Clement Jouve war zu den Gefangenen, welche ihm der Zufall oder vielmehr sein Verlangen, den von ihm einst in der Nische der alten Felskammer hergestellten sonderbaren Apparat noch einmal in Augenschein zu nehmen, in die Hände gespielt, zurückgekehrt. Er befahl, Urbain und Diana getrennt die Nacht hindurch zu bewahren und verließ sie, während sein Geheiß vollzogen und Beide in verschiedenen zu Gefängnissen umgemodelten Zimmern des Rathhauses untergebracht wurden. Diana fand sich in dem fast lichtlosen Raum mehreren schon seit der Morgenfrühe in dem Gemach eingeschlossenen Frauen gegenüber, wie Urbain einer Anzahl von Männern, doch Beide vermochten weder die Fragen ihrer Schicksalsgefährten zu beantworten, noch auf die von ihnen selbst gestellten mehr als oberflächliche Erwiederung zu erhalten. Jeder wußte nur, was ihm selbst geschehen, und jedem war dies plötzlich gekommen wie ein nächtlicher Schiffbruch, der die aus dem Schlaf Auffahrenden bereits mit hereinstürmenden Wasserbergen überwogt. Man hatte ihnen keine Nahrung gereicht, sich fast nicht mehr um sie bekümmert, als daß im Lauf des Tages sich ab und zu die Thür geöffnet, um sich hinter einer noch neu hinzugekommenen Gestalt wieder zu schließen. Nun kam die Nacht, einige redeten noch leise mit einander, einige flüsterten ein Gebet. Die Meisten sanken von Hunger und Sorge um die Ihrigen, denen man sie entrissen, von hoffnungslosen Thränen und angstvoller Verzweiflung ermattet auf den kalten Steinplatten des Bodens in ruhelosen, von gespenstischen Zerrbildern durchgrausten Halbschlaf. Auch Diana überwältigte Todesmüdigkeit des Körpers und der Seele, Frost durchrüttelte sie aus ihren nassen Kleidern, ihr war als läge Starre des Grabes um sie her und nur ihr Herz allein kämpfte noch für seine Fortdauer und pochte siegreich Lebenswärme in die erkaltenden Glieder zurück. Sie hörte draußen das strömende Rauschen des Regens, hin und wieder tönte der Schritt eines ihrer Wächter vor der Thür, vom Marktplatz her erscholl ein Schrei, trunkener Gesang, Gelächter. Nun schloß sie die Lider, in halbem Traum wähnte sie wieder in dem seltsamen Schlafgemach zu sein, in das Jean Arthon sie geführt, da wisperten unfern von ihr noch zwei Stimmen und sie horchte auf, denn der Name Hautefort schlug ihr an's Ohr. Es war eine bitterlich schluchzende Frauenstimme, die ihn gesprochen und hinzufügte, alles Verderben sei von Hautefort her über die Stadt gekommen, weil der Arzt Lacorbaire dieselbe mit der Nationalgarde gewissenlos im Stich gelassen, um seiner Geliebten auf dem Schloß, der gottlosen Gräfin Diana zu Hülfe zu eilen. Es durchzuckte die Hörerin schmerzlich, in ihrer bitteren Trostlosigkeit häufte die Sprechende Verwünschungen auf alle Bewohner Hautefort's; sie erzählte, daß seit Jahren schon jene in unterirdisch heimlichen Zusammenkünften unter der Leitung eines vom Teufel verführten Priesters sich von Gott und seinen Engeln losgesagt, mit Blut ihre Seelen der Hölle verschrieben und sich Weiber und Männer durcheinander den grauenhaftesten Sünden hingegeben hätten. Lang' habe Gottes Zorn mit ihnen Nachsicht geübt, doch nun sei er in rächender Vergeltung auf sie hereingebrochen und habe in gerechter Strafe auch diejenigen mitgetroffen, die sich der Vollstreckung seines Willens zu widersetzen und den Arm seiner Gerechtigkeit aufzuhalten beabsichtigt hätten.

„Und womit habt ihr denn verdient, daß seine Gerechtigkeit auch euch in gleicher Weise getroffen?" fragte Diana plötzlich mit leisem, traurig-bittrem Ton. Die

Erzählerin schrak offenbar zusammen, daß sie eine unbekannte Zuhörerin gehabt, denn sie verstummte und Diana fügte hinzu: „Vergebt Menschen, wenn sie irren, denn ihre Täuschung selbst ist erbarmungsloser als Dein Gott." Aber Niemand antwortete darauf, nur ein leises Weinen kam aus der Richtung der beiden Frauen und von bang' zusammenströmender Fluth unzählbarer Gedanken überwogt und allmälig bewußtloser fortgetragen, sank auch Diana langsam in die Alles auslöschenden Arme des Vergessens.

Sechzigstes Kapitel.

Jean Arthon's Vorhersagung erfüllte sich vollkommen. Die alte Bergmutter im Mont Mezin hatte die cristallenen Schleusen der Tiefe geöffnet und in silbernem Springquell brach es tausendfach, millionenfach aus der Felswand, die das Belah umschloß. Plätschernd rann es hinab, bis es Weggenossen fand, mit denen vereint es in schnellerem Lauf weiter eilte. Nun ein Bach, in schaumsprühendem Absturz scheinbar in der Luft zerstiebend und doch drunten mächtiger vorwärts donnernd, ein Waldstrom, wo gestern kaum ein feuchtes Rinnsal das Gestein durchschlichen. Ringsum hinunter in die Klüfte der Sevennen und mit unablässig schon sich krümmendem Wogenrücken weiter zu Thal, nicht mehr cristallen und durchsichtig, sondern in häßlichem Gelbgrau, verschlammt und knatterndes Geröll mit sich reißend, in das breit ausgewaschene, doch selten nur erfüllte Bett der Loire. Dann wälzte diese in unter=

schiedsloser Fluth den ersten, noch einmal wieder gelösten
Schnee des Mezin, den trüben Schlamm der unwirthlichen
Halden, die mit Asche und verkohlten Brandstücken gemengten
Wasser des Baches gen Norden, der aus dem stillen Weiher
der Hochfläche herabkommend das verlassene Thal durchlief,
in welchem das Dorf Saint Pierre gestanden. Wie ein
von Minute zu Minute gigantischer anschwellendes Fabel=
thier reckte die Loire sich aus der Felsentiefe ihres Bettes
bis an die königliche Straße empor und verwandelte diese
mit in ein Becken pfeilschnell schießender Gewässer, sie
rüttelte mit tausend Wellen an den Brücken, die Menschen=
hand ihr aufgezwängt, hob sie auf triumphirendem Rücken
und riß sie fort, um die Balken derselben als Katapulte
gegen anderes Bollwerk zu benutzen, das stromab noch der
Wucht des rebellisch tobenden Elementes getrotzt. Nun
krachte es im ersten Morgenlicht wider die Brücke zu
Le Puy, ein Aufbäumen und titanisches Ringen, von hoch
hinübersprühendem Gischt umnebelt — sie wankte, brach,
und dumpf donnernd schnaubten die Sieger zu breit vor=
rückender, unwiderstehlicher Heeresmasse erweitert bis gegen
die Häuser der Stadt hinan.

Doch wenig Augen gaben darauf Acht; nur eine
Anzahl von Arbeitern, die beschäftigt waren, hart am Ufer
des Flusses, wo ein aus Quadern gefügter Damm ihm
Widerstand leistete auf freiem Platz Holztribünen und

Schranken verschiedener Art zu errichten, warfen ab und zu einen Blick auf die steigende Wuth des Wassers. Lachend sagte eine rohe Stimme: „Es könnte passiren, daß sich jemand noch nasse Füße und einen Schnupfen vor seiner Himmelfahrt hier holte", und eine andere fiel ein: „Eigentlich könnte man sie diese Fahrt heut' zu Wasser antreten lassen, der Himmel scheint es darauf abgesehen zu haben." — „Wo ist der Block?" rief's dazwischen, „oder die Blöcke, denn man kann Einem nicht zumuthen, so viel über den Durst zu trinken!" — „Der Bürger d'Aubriot hat keinen Auftrag dazu gegeben." — „Vielleicht wird man sie nach dem Verhör in einen Stall treiben und von oben herunter dreinschießen, wie sie's in Besoul gemacht." — „Das wäre Betrug am Volk, wir wollen dabei sein!" — „Seid unbesorgt und verlaßt euch auf den Bürger d'Aubriot! Er hat einen feinen Kopf und wird Alles auf's Beste eingerichtet haben."

Die Zahl der Sprechenden verringerte sich mit jeder Minute. Wer mit seiner Arbeit fertig geworden, verließ ohne Säumen den Platz und schloß sich, in die nächste Gasse hineineilend, der allgemeinen Strömung an, die von allen Seiten in gemeinsamem Ziel aufwärts der Kathedrale zustrebte. Ein Haufe kam daher und schrie: „Platz! Platz! für den Festredner! Platz für den Bürger Guéraud, den ältesten Freund des Volkes!" Die in der Mitte des

Aufzuges Schreitenden trugen den Gegenstand ihrer Verehrung auf der Schulter. Der Morgenwind kräuselte das weiße Haar an den Schläfen seines entblößten Hauptes, mit starren, weitoffenen Augen sah Mathieu Guéraud auf seine Träger herab. Doch es war nicht der todte Ausdruck der Empfindungslosigkeit, der aus seinem Blick sprach, ein furchtlos sich ausbildender Gedanke, der vorauf zu eilen schien, lag unter dem Schleier des Auges, um die herb gewordenen Mundwinkel lagerte ein fester, unbeugsamer Entschluß. Nicht das Bild aus dem letzten Sommer war's, sondern wieder das des Pfarrers, wie er im Frühjahr am Tage nach der Ankunft des Vicomte Marcelin von Hautefort auf der Kanzel der Kirche von Saint Pierre gestanden; langsam bewegte der Zug sich mit ihm die breiten Stufen zum ragenden Bau von Notre Dame hinauf.

Was war's, das ihn jetzt plötzlich erbleichen ließ? Sein farbloses Gesicht schien keiner Veränderung mehr fähig zu sein, und doch goß sichtbar Todtenblässe weiß wie die Marmorwand sich von seinem kargen Silberhaar herab. Der Muth, der Entschluß um seine Lippen erlosch wie eine sterbende Flamme, sein Athem stockte, sein Blick haftete mit irrer Angst und unsäglichem, sprachlosem Ausdruck des Glückes, der Liebe zugleich auf zwei Gestalten, die inmitten einer von Wächtern umringten Schaar von Gefangenen vor der Kirchenthür ihrer Bestimmung harrten.

„Urbain — Diana — sie leben und ich hätte sie mit mir getödtet" murmelte er klanglos. Einen Augenblick rang ein übermächtiger Widerstreit in seinen Zügen, dann rief er laut:

„Laßt mich hinab zu meinen Kindern! Dort stehen sie, mein Sohn und seine Gattin, gefesselt — wer that es? — löst sie, gebt sie mir wieder!"

Ein stürmisches Durcheinander erhob sich. „Seine Kinder! Die Kinder des Volksfreundes! Befreit sie! Wer hat sich an ihnen vergriffen? Steinigt die Thäter!" Mit jauchzendem Enthusiasmus wurden Diana und Urbain ihren Wächtern entrissen und von ihren Banden befreit, d'Aubriot trat im selben Moment aus der Kirchenthür hervor und gewahrte mit erstaunt aufflammendem Blick die beiden Einzigen, welche dem Gemetzel und Brande in Hautefort entronnen. Er eilte schnell in das Getümmel und rief:

„Seid ihr wahnsinnig? Ihr befreit eure schlimmsten Feinde —"

Doch seine Stimme verhallte, von dem begeisterten Geschrei übertäubt: „Es sind die Kinder des Bürgers Guéraud, des Freundes der Freiheit, der den Betrug, den die Pfaffen mit uns getrieben, zuerst aufgedeckt!" und der Abbé murmelte resignirt:

„Der Götze hat noch Anbeter, man muß ihn ehren und warten, bis Vitzliputzli über ihn kommt."

Die Drei, die sich gefunden, waren inmitten der wogenden Köpfe der jetzt unabsehbaren, erwartungsvollen Volksmenge allein. „Was soll hier geschehen?" fragte Urbain leise.

„Etwas Anderes jetzt als ich zuvor gedacht", antwortete der Pfarrer, „nicht um mich, doch um Euch." Er blickte sich hastig um und setzte hinzu: „Ist keine Möglichkeit für Euch, von hier zu entkommen?"

Sein Sohn schüttelte den Kopf. „Ohne Dich nicht, Du bist der Einzige, der uns seltsamen Schutz gewährt hat."

„So folgt mir, denn ich muß bleiben — es wäre mir leicht geworden ohne Euch, doch um Euretwillen will ich das Schwerste thun, was das Leben noch von mir zu fordern vermocht, denn Ihr seid jung und sollt leben. Wo ist Clemence? Ihr schweigt — sie ist todt! Habt Dank! Nur Euch zu retten, heiligt Eure Schuldlosigkeit den grauenvollen Betrug."

Sie traten, von der Masse um sie vorwärts gedrängt, in das Innere der Kathedrale, das noch immer den bereits bei der Einnahme der Stadt dorthin gebrachten Gefangenen als Aufenthalt diente. Die angesehensten Bürger Le Puy's mit ihren Frauen und Töchtern waren es, halb erschöpft von Hunger und Durst; sie blickten fast apathisch schon eine Weile auf eine Anzahl von Leuten, die vor dem mit einem rothen Vorhang überzogenen Hauptaltar Steinplatten aus dem Boden der Kirche huben und an der Stelle, wo diese gelegen, eine Gruft aufschaufelten. Wollte man sie dort lebendig begraben? Nach den Greueln, bei denen sie Zeuge gewesen, denen nur ein Zufall sie selbst entrissen, waren sie auf Alles, in jedem Moment auf den Tod gefaßt, und theilnahmlos glitten ihre Augen über die räthselvolle Thätigkeit vor dem Altar hin. Ein lauter Tumult erhob sich, eine Thür flog auf, "Zurück!" schrie es, und ein großer Sarg ward hereingetragen. Er war schmutzig, mit Erdkrusten bedeckt, hie und da vom Regen verwaschen und vermorscht; man sah, daß er schon einmal in der Erde befindlich gewesen und aus ihr wieder heraufgeholt sein müsse. Der Todtengräber von Le Puy schritt mit knochig-gleichgültigem Gesicht daneben, unter seiner Leitung ward der Sarg in üblicher Weise auf, über die frisch gehöhlte Gruft gelegte Bretter niedergelassen und von allen Seiten strömten die bis jetzt zurückgehaltenen Leidtragenden herzu. Wüste Gesichter beiderlei Geschlechts, im Durchschnitt die Weiber mit noch thierischerem Ausdruck als die Männer; sie tranken aus mitgebrachten Flaschen und befriedigten mit widerlicher Gier ihren Hunger. Die Mehrzahl auch der Weiber rauchte aus

Pfeifenscherben, sie drängten sich und lachten, allgemeines Getöse verschlang ihre mit cynischen Gesten begleiteten einzelnen Gespräche und Debatten. Eine gemeinsame Neugier zitterte in allen Augen, einige suchten sich seitwärts hinauf zu schleichen und hinter den rothen Vorhang, der den Altar dem Anblick entzog, zu gaffen, doch aufgestellte Wächter trieben sie mit Stockschlägen kreischend zurück. Immer mehr füllte sich der weite Raum der Kirche, es war eine wundersame Gemeinde der Mordbrenner aus dem ganzen Velay und des Pöbels der Stadt, die sich zu gemeinschaftlicher Andacht hier zusammen gefunden und ihre sämmtlichen Gefangenen ebenfalls zur Theilnahme an derselben hier vereinigt hatte. Nun bildete sich eine Gasse in der Menge, die vom Volk Erwählten, zuvörderst die Triumvirn und Bürger Laval, d'Aubriot und d'Aubigné, dann Clement Jouve und Maulac schritten hindurch und nahmen auf einem Chor ihre Plätze ein. Ein Theil der neuen Prätorianer bahnte ihnen den Weg, Mathieu Guéraud, ängstlich Urbain's und Diana's Hände haltend, folgte, hinter ihnen schlug die Fluth der Köpfe wieder zusammen. Einige Schritte vor dem Sarge stellte sich der Pfarrer mit dem Rücken gegen den Altar gewendet auf die freigelassenen Stufen desselben, der Bürger Laval erhob sich von seinem Sitz und rief mit schallender Stimme:

„Entblößt eure Häupter, ihr Bürger des neuen Frankreich! Wir begehen ein Fest des Dankes und des Schmerzes, denn wir ehren im Grabe die Gebeine unseres großen Vorbildes Clement Demogeot, den ruchlose Mörderhand getödtet, weil er ein Wohlthäter jedes Bedrückten, ein Feind der Aristokraten, der erste Held und Märtyrer der Freiheit war. Diese Bretter enthalten, was die Hand des Mörders uns von dem edelsten Freunde des Volkes außer seinem erhabenen Testamente gelassen, in dem er sein Vermächtniß auf euer Herz gelegt, die Tyrannen vom Erdboden zu vertilgen. Der Bürger Guéraud, der sein Freund war, wird ihm die Grabrede halten und wir alle, die Kinder seiner väterlichen Liebe und seines Geistes werden ihn, den wir der gemeinen Reihe der Todten entrissen, auf diesem Ehrenplatze bestatten!"

Tausendstimmiger Beifall antwortete dem Sprecher. Die große Majorität der Anwesenden hatte offenbar von dem Inhalt des Sarges und der Bedeutung des ganzen Vorganges keine Ahnung besessen, viele, die vom Lande gekommen, den Namen Demogeot zum erstenmal gehört. Allein sie stimmten am Lautesten in das Geschrei ein, es war evident, daß dies die Freiheit und sie selbst mit verherrlichte, und: „Die Hüte ab vor dem großen Demogeot!" scholl es über den brandenden Köpfen. Es dauerte eine Weile, ehe der Tumult sich wieder legte, einzelne tauschten

Fragen aus, die der Lärm verschlang, ein Weib mit grauen Haarsträhnen um die Schläfen drängte sich in die vorderste, den Sarg umlagernde Reihe und klopfte mit dem Knöchel an die vermorschende Bretterwand desselben. „Ah, Du bist drin?" murmelte sie mit zahnlosen Lippen, „Du küßtest mich vielleicht noch jetzt, wenn Du dafür wieder heraus könntest." — „Was schwatzst Du, Mabelaine?" fragte neugierig eine Stimme neben ihr; doch eine andere antwortete für die Gefragte: „Sie redet von ihrem Handwerk —" „vom Handwerk ihrer Nichten", fiel eine Dritte ein, „sie verdiente nicht viel, wenn sie es selbst noch betriebe." — „Doch, sie verdiente lebendig geschunden zu werden!" Ein Gelächter lief rund, aber mehrere entrüstete Weiberstimmen mischten sich drein. „Reißt das Weibsbild fort! Es ist eine Schande, daß ihre liederliche Hand den Sarg anrührt. Der darin liegt, war ein Muster von Tugend, ein Ehemann, wie alle sein sollten!" — „Nein, er war unverheirathet!" — „Woher käme denn seine Tochter? Vom Mond?"

„Ich könnt's euch genau sagen", fiel die Mabelaine Genannte häßlich lachend und unbekümmert um die von ihr erregte Empörung ein, „doch mich däucht, ihr seid alt genug, um es selbst zu wissen. Aber wenn ihr darnach verlangt, könnt ihr es erfahren, daß ich die Mutter der schönen Gabriele bin. Sie weiß freilich wohl kaum etwas davon und da sie eine Gräfin geworden ist, würde sie mich nicht kennen. Allein darum kann ihre Mutter doch stolz auf sie sein —"

Staunen und Aufregung folgte in der Gruppe an ihre Worte. „Sie lügt!" — „Nein, sie hat Aehnlichkeit mit der Frau des Bürgers Laval! Seht die rothe Gabriele an, dort steht sie!" — „Bringt Mutter und Tochter zusammen, daß sie sich erkennen!"

Diejenigen, welche die alte Madelaine umringten, bewegten sich durch das Gedränge mit ihr auf den Platz zu, wo Gabriele mehr noch durch den prunkenden Reichthum ihrer Kleidung als dadurch, daß sie auf der anderen Seite des Sarges allein auf einem etwas erhöhten Ehrensitz sich befand, aus der Menge hervorstach. Doch ehe die auf sie Zustrebenden sie völlig erreicht hatten, gebot ein allgemeiner Ruf ihnen Halt.

„Stille! Der Bürger Guéraud, der Freund des edlen Demogeot spricht!"

Der Pfarrer stand vor dem Altar, sein Blick haftete auf Urbain und Diana, die er in einiger Entfernung seitwärts an einem Gewölbpfeiler zurückgelassen, als ob er aus ihnen die Kraft schöpfen wollte, zu beginnen, und er hub mit bebender Stimme an:

„Ihr Söhne der Freiheit, ihr Rächer der Verbrechen, die an der Menschheit geübt worden, ich grüße euch!

Dankerfüllt stehen wir hier versammelt, aber wem bringen wir unsern Dank dar? Die falschen Götterbilder hat euer Zorn umgestürzt, um die Vernunft in euch selbst, das höchste Erzeugniß der Erde, auf den Thron zu heben, doch wo können unsere leiblichen Augen, die des Symbols bedürftig sind, sie in ihrer Lichtgestalt gewahren, vor ihr die Knie zu beugen, ihr ein Dankopfer darzubringen? Ihr Bild in seiner göttlichen Schönheit, wie es vor dem Blick unserer Phantasie steht, vermag uns nicht zu erscheinen — darum haben wir ein anderes Symbol hier —"

Der Sprecher streckte seine sichtbar zitternde Hand gegen den Sarg, allein gleichzeitig rief die Stimme d'Aubriot's:

„Halte einen Augenblick inne, Bürger Guéraud! Du täuschst Dich, die Erde, welche die Vernunft des Menschen gezeugt, hat auch ein göttliches Bild derselben geschaffen, dem wir die Andacht unseres Dankes darzubringen vermögen!"

Er klatschte in die Hände, von unsichtbaren Armen bewegt, theilte der rothe Vorhang des Altars sich auseinander und der Abbé rief abermals:

„Blickt hin! Die Göttin eurer Vernunft!"

Kein Ruf, nur ein tausenfacher Laut des Staunens, der Ueberraschung durchflog den weiten Raum und murrte vom Gewölbe der Kathedrale zurück. Auf dem schwarzen

Sammetaltar, von dem sich bis zum Beginn des Sommers, ehe Mathieu Guéraub's Hand es zerschmettert, das uralte Bild der Mutter Gottes von Le Puy abgehoben, saß eine andere Gestalt in Menschengröße, ein Weib, nackt vom Haupt bis auf die Füße hinab, nur wie von Rosengewölk mit einem durchsichtigen Schleier umwoben. Jedes Auge gewahrte sie außer dem des Pfarrers, der bem Altar noch den Rücken zuwandte. Von Schauder über seine eigenen Worte erfaßt, welche die Verzweiflung um das Geschick Urbain's und Diana's ihm auf die Lippen gelegt, hatte er den Sinn der Unterbrechung berselben nicht begriffen und die Stille, die auf den bumpfen Ausbruch der Ueberraschung folgte, benutzenb fuhr er fort:

„Deshalb haben wir als Symbol die Gebeine des eblen Tobten hier in unserer Mitte —"

Er sah nicht, daß die Gestalt hinter ihm sich auf einen Wink d'Aubriot's erhoben. Sie stand jetzt auf dem schwarzen Sammet des Altars, der Rosenschleier sank von den üppigen Formen und schien sie gleich einer wirklichen Wolke zu tragen, wie Bilder die herabschwebenden Bewohner des Olymp's darstellen. Doch ihr Auge funkelte bämonische Leidenschaft, und der Wahnwitz einer Priesterin Delphi's zuckte um ihre Lippen, bie laut hinabriefen:

„Ich bin die einzige Göttin der Vernunft, vom Himmel zu euch niebergestiegen, an bem ich als Stern

Frankreich's aufgegangen. Venus ist mein Name, und ich bin die Freiheit, doch auch die Rache — die Rächerin an Allen, die Blutschuld mittragen an dem Tode des Vaters meiner Kinder, des großen Demogeot!"

Mathieu Guéraud war bei dem Beginn ihrer Worte betäubt gegen den Altar zurückgetaumelt. Er hielt sich mit stützender Hand und starrte regungslos vor sich hin; irrsinnige Angst lief durch seine Züge, den Kopf zu wenden. Doch nun that er's und ein furchtbarer Schrei brach aus seinem Munde:

„Clemence —! Um Dich — Dich so hier zu finden, habe ich die Jungfrau, das göttliche Wahnbild von dieser Stätte gerissen —?"

Sie erkannte ihn nicht, oder nur dumpf durch umneb eltes Bewußtsein und lachte:

„Bist Du's, alter Mann, der mich zur Göttin gemacht? Ja, Du warst es — ich kenne Dich — Du warst es, der mich hieher brachte!"

„So vergebe die ewige Wahrheit mir ihre Schändung um dieser Sühne willen!"

Es war ein Ruf, in welchem der Gedankenocean eines Menschenlebens emporbrach und in ungeheurem Chaos Alles verschlang. Selbst die rohesten Gemüther durchgrauste er einen Augenblick mit fremdartigem Schauer, das Silberhaar an Mathieu Guéraud's Schläfen straffte sich empor, seine Hand zuckte in die Brust seines Gewandes. Mit der Kraft eines Jünglings hatte er das Knie auf den Rand des Altars geschwungen, eine lange, haaresscharfe Dolchklinge blitzte vor den unbeweglich ihn anglühenden Augen Clemences. Dann sank das neue Götterbild in's Herz getroffen lautlos mit dem schönen Körper auf dem schwarzen Sammet zusammen und das Rosengewölk, das sie getragen, fiel über sie. Der Vater hatte die Tochter getödtet — seine Hand hatte mehr gethan, als das Leben, das er einem Kinde gegeben, zurückgenommen, sie hatte in ihm die Zeugung, das Wahngebild seines eigenen Lebens vernichtet.

Es war mit solcher Schnelligkeit geschehen, daß auch die zunächst Befindlichen keinen Arm, um ihrer neuen Göttin zu Hülfe zu eilen, regen gekonnt. Jetzt tobte ein wüthendes Geschrei auf und es wogte gegen den Altar. Doch blitzesschnell wandte der greise Pfarrer sich um, seine Augen hatten Urbain und Diana vergessen, mit flammendem Blick, den blutigen Stahl vor sich streckend, hielt er die Herantobenden auf und rief, mit gewaltiger Stimme den Aufruhr übertäubend:

„Noch einmal hört mich! Ich entrinne euch nicht — glaubt ihr, daß ich es wollte? Meine Tochter habe ich getödtet, weil Wahn und Trug mich geblendet, zu glauben, die Natur habe die Menschen gut erschaffen. Das Götterbild, das die Weisheit von Jahrtausenden auf den Altar erhoben, habe ich zertrümmert, weil ich gewähnt, in euch selbst lebe die Vernunft eines Gottes. Doch statt ihrer fand ich in euch nur die Gier des Raubthier's, die Habsucht, den Blutdurst, die Wollust, und die Liebe, den Geist, die Menschlichkeit vor euch zu schützen bedarf es der Ketten, die euch anschmieden, und der Geißel, die euch zu heulendem Gehorsam peitscht! Es wird Einer kommen, der sie schwingt und den Altar aufrichtet, den meine Narrenhand gestürzt, der neuen Thron auf euren Nacken wälzt, dessen Felsquadern er mit eurem Blute kittet, ich segne ihn und die Lüge, die er zurück bringt! Denn der Schurke, der in diesem Sarge liegt, hat Recht, der Mensch ist böse, und für die wenigen Edlen der Menschheit ist ein Fluch der Thor, der die Erkenntniß der Wahrheit lehrt, und ein Demogeot ihr Wohlthäter! Fluch dem Tage, an welchem das Mitleid für euch, die Liebe, der Irrsinn diesen Dolch in meine Hand drückten, euch von dem grausamen Joch zu erlösen, unter dem ihr zu Boden brach't — ein Mörder war ich damals, wie ich jetzt ein Sühnender gewesen — denn ich, ich war es, der mit diesem selben Stahl diesen Demogeot getödtet!"

Die Menge hatte bei dem Beginn seiner Worte begriffen, daß er ihr nicht zu entrinnen vermochte, sie las in seinen Augen die Wahrheit der Versicherung, die er

gesprochen, daß er es nicht wollen würde, wenn er gekonnt. Sie hörte mit einer gespannten Aufmerksamkeit sogar, wie auf einen Belustigung verheißenden Vortrag, nur zuweilen unterbrach ein höhnisches Gelächter, ein Ruf: „Das ist nach der alten Art! Ruhe! Stört den Pfaffen nicht, bis er fertig ist!" die Stille. Doch bei dem Schlußwort des Pfarrers beherrschte sich die Masse nicht mehr, ein Gebrüll tobte auf: „Er ist's — er sagt's — der Mörder Demogeot's — reißt ihn in Stücke!" und es wälzte sich gegen den Altar. Der Stoß der Drängenden warf die rothe Gabriele, die neugierig in der letzten Minute auf den regungslosen Körper, dessen Knie über den Rand des schwarzen Sammets herabhingen, geblickt, von ihrem erhöhten Sitz und riß sie gewaltsam mit in die vorderste Reihe hinein auf den Altar zu, daß sie strauchelnd mit der Hand nach einer Stütze haschte und den Arm um den Nacken eines vor ihr befindlichen Weibes schlang, um nicht unter die Füße der vorwärts Stoßenden zu fallen. Weiter nach Hinten zurück, von dem Platz, den die Erwählten des Volkes einnahmen, lachte eine lustige Stimme: „Vitzli=
putzli macht seine Sache immer vortrefflicher, der Götze hat seine Anbeter schnell verloren — freilich sua culpa, wie man früher sagte." Es zuckte bei den letzten Worten, die der Bürger d'Aubriot für sich hinzufügte, sarkastisch um die Mundwinkel desselben und zu Laval, den er mit

einem schnellen Seitenblick überflogen, gewendet, fuhr er leise fort:

„Der gute Guéraud hat Einem wenig Mühe gemacht und obendrein einen hübscheren Abschluß unserer kirchlichen Feier improvisirt, als wir erwartet. Um meine schöne Venus ist es allerdings Schade und d'Aubigné blickt auch erinnerungsvoll schwermüthig drein, aber dafür können wir uns jetzt ungestört der Freude eines Wiedersehens hingeben, die euch ebenfalls überraschen wird, wie sie mich —"

Er hob sprechend die Hand und deutete in die Richtung, in der Urbain und Diana standen, allein er redete nicht aus, denn etwas neu Unerwartetes und Seltsames zog vor dem Altar seinen Blick auf sich. Die Vordersten der Volksmassen hatten noch einige Momente gezaudert und nach Waffen gerufen, ehe sie sich auf den Pfarrer zu stürzen wagten, doch zugleich mit dem Auffahren des Abbé's war ein dumpfer, thierähnlicher Laut aus einer Ecke der Kirche gekommen, und wie Aehrenhalme, durch die ein flüchtender Hirsch fortsetzt, so schwankten unmittelbar darauf an derselben Stelle die Köpfe der Menge, wild von einer riesigen, unheimlich-seltsamen Gestalt durchbrochen, zur Seite. Auf Mathieu Guéraud strebte sie zu, ein Wolf dessen blutiges Fell an ihr niederhing schien mit den Zähnen nach ihrem Genick zu greifen. „Ankou!"

stießen die Lippen wild verzerrt hervor, und die Letzten, welche ihm sein Ziel versperrten, zurückschleudernd, trat der Heranstürmende mit einer schweren Eisenhacke bewehrt vor den greisen Pfarrer hin.

„Du warst es", schrie er irr auf, „der mir diesen Demogeot gestohlen — Du? Meinen Freund, mein höchstes, mein einziges Gut — ?"

Todesruhig blickte Mathieu Guéraud in Jean Arthon's von besinnungslosem Wahnsinn überloderte Züge. „Ich that's", antwortete er furchtlos; es war das letzte Wort des Pfarrers von Saint Pierre, denn ein heulender Ton erwiederte ihm aus der Brust des Bretagners, ein Ruf: „Du warst nur ein Marder, doch ich bin der Wolf, dem Ankou ihn versprochen — gieb mir das Blut heraus, das Du getrunken!" — und ein Pfeifen des Eisens durchschnitt die Luft, das Mathieu auf die hohe Stirn treffend und sie zerschmetternd, ihn mit einem Streich, gleich vom Sturm gefälltem Baum leblos vor dem Altar zu Boden warf Sein Mund stieß keinen Seufzer mehr aus, der Gedanke, der den Weltenraum umfaßt gehabt, war erloschen, in's Nichts zurückgestürzt, ohne zu ahnen, aus welcher um= nachteten Tiefe einer Menschenbrust der Orkan heraufge= brochen, der ihn gefällt — und um seine Leiche tönte das Jubelgeschrei derer, die ebenfalls nichts begriffen als das, was ihre Augen gewahrt: „Der edle Demogeot ist gerächt! Sein Rächer lebe! Er ist ein Wolf, der das Blut der Verräther trinkt!

„Hier sind das Weib und die Tochter des großen Demogeot!" schrie es plötzlich. „Sie kommen, seinen todten Mörder zu zertreten!" und eine Woge warf die rothe Gabriele und das Weib, an dem sie sich gehalten, gegen den Altar heran. Einen Moment starrte Jean Arthou ausdruckslos auf die beiden vor ihm auftauchenden Gesichter, auf das grausträhnige Haar der Alten. Er wich wie vor einem Gespenst einen Schritt zurück und murmelte: „Madelaine —?" dann brach ein gelles Gelächter aus der Brust des Wahnsinnigen! „Hat Ankou auch Dich zum Fest gebracht, auch euch, und ruft mir, daß die Stunde da ist — ?"

Zwei blitzartige Streiche, ein Doppelaufschrei — und wieder durch die Köpfe der Menge hin raste das blutige Wolfsgebiß. „Haltet ihn! Er hat die Frau des Bürgers Laval, die Tochter des großen Demogeot ermordet!" heulte es vom Altar. Ein namenloser Aufruhr durchtobte die Kirche, doch eh' die Entfernteren begriffen was geschehen, hatte der Bretagner ihre haschenden Arme wie Kinderhände von sich geworfen und mit wilder Kraft sich bis zur nächsten Thür Bahn gebrochen. „Hab' Dank, Ankou! Ich komme!" keuchte er, eine Rotte von Verfolgern stürzte hinter ihm drein, aber mit der Gelenkigkeit eines Thieres kletterte er an dem jähen Gestein des Felsen Corneille hinter der Kathedrale von Notre Dame empor. Nun stand er droben und die Nachsetzenden stutzten vor der mächtigen, noch mit der tödtlichen Hiebwaffe bewehrten Gestalt zurück. Sie riefen nach Flinten und von unten eilten Andere mit Schießwerkzeugen herbei — da schleuderte Jean Arthon seine Hacke von sich, er breitete die Arme aus und rief triumphirend: „Da bin ich, Ankou!" und von dem zottigen Fell umflattert wie ein zu weitem Satze ausholender Wolf, sprang er in die gähnende Tiefe hinab.

Ahnungslos aber, wie Mathieu Guérand es gewesen, auf den Leib ihrer todten Mutter zusammen gesunken, verröchelte drinnen in der Kirche die „Gräfin" Gabriele. Ihre starken Glieder wehrten sich in wildem Kampf gegen den Tod, die Bürger Laval und d'Aubriot waren herzugeeilt, sie schlug noch einmal geisterhaft die Lider auf, starrte ihrem Gatten in's Gesicht, und krampfhafte Anspannung, ein Wort hervorzustoßen, zuckte um ihren Mund. Doch vergeblich, das Lid fiel über den gläsernen Blick zurück und ihr rother Kopf mit den raschelnden Perlenschnüren darin auf die grauen Haarsträhne ihrer Mutter. Der plötzlich zum Wittwer Gewordene glitt sich mit der Hand an die Augen und suchte diesen eine Thräne zu entpressen, während der Abbé mit theilnehmendem Tone laut sagte:

„Es ist, als ob Du gestern eine Ahnung von dem entsetzlichen Verlust, der Dich treffen würde, besessen — fasse Trost in dem Gedanken, daß wir alle, daß jeder Sohn der Freiheit in ihr das letzte lebende Vermächtniß ihres großen Vaters verloren. Sie ist hingegangen wie er — wer war ihr Mörder? Wer lenkte die gemeine Hand, die sie getödtet? Sie wußte es und blickte noch einmal auf und wollte es sprechen — o hätte sie's vermocht! Fluch ihm, dem wirklichen Thäter, der die Unschuld morden ließ! Auch dieses Dunkel werden wir erhellen, den Verruchten zu entlarven, ihn dem Zorn der Gerechtigkeit, der racheflammenden Liebe eines ganzen Volkes zu überliefern. Ach, keiner liebte Dich, wie ich —."

Schluchzen unterbrach die Stimme des Sprechers, er kniete an der Leiche nieder und faßte ihre Hand, auf die große Thränen aus seinen Augen herabfielen. Die umherstehenden Weiber begannen mit zu schluchzen, ein Gemurmel lief rund: „Er hat sie mehr geliebt als ihr Mann — er weint wie ein Kind — er haßt nicht nur die Feinde des Volk's, er hat auch ein Herz —." Von den Lippen der Männer dagegen erscholl eine neue Losung, in welche die vom Anblick des Blutes berauschte Masse und im nächsten Augenblick auch die Gerührten mit einstimmten:

„Zum Gerichtsplatz! Nieder mit allen, welche die

Anhänger der Freiheit ermordet! Rottet sie aus mit Kind und Kindeskind! Zum Gericht!"

Niemand hatte mehr auf Urbain und Diana Acht gegeben, die noch von den übrigen Gefangenen gesondert unbewacht an dem Platze standen, auf den der Pfarrer sie nach ihrer Befreiung geführt. Sie hätten einen Versuch machen können, sich in das Getümmel zu mischen, demselben unbemerkt zu entrinnen, und vielleicht wäre es gelungen, da alle Aufmerksamkeit und Aufregung sich minutenlang auf die Todten concentrirte. Doch sie standen regungslos, von namenlosem Grausen betäubt, ihr Blick haftete festgebannt auf dem furchtbaren Bilde, das der Altar bot; wie von der Wärme und dem Blut des Lebens verlassen, hielt Diana's Hand die ihres Schicksalsgenossen sprachlos umschlossen, dessen Schwester der eigene Vater getödtet, mit seinem letzten Worte noch ein blutiges Räthsel zu enthüllen, das in dunkler Ahnung Diana so oft mit fremdem Schauder vor der Greisengestalt des Freundes erfüllt. Nun lag es entschleiert und riß den letzten Nebel des Blendwerks, das ihren Blick umgeben, herab. Zum Mord hatte die Lehre Mathieu Guéraud's, die Religion der Liebe geführt — wer durfte den Mord anklagen, den ein blindes Werkzeug rächender Vergeltung begangen, nach dem tausend Stimmen hier das Gebrüll: „Zum Richtplatz!" erhoben?

Jetzt war es zu spät, wenn sie noch gewollt. Der Bürger d'Aubriot hatte sich an der Leiche derjenigen, „die er mehr als ihr Gatte geliebt", wieder aufgerichtet und sein erwachtes Gedächtniß suchte die ihm zuvor von der plötzlichen Begeisterung des Volkes Entrissenen. Sie standen ihres Schutzes jetzt beraubt, doch trotzdem wich sein Blick zum erstenmal scheu den ihm unbeweglich entgegensehenden Augen Diana's aus, und er gebot, sich abwendend, mit zornigem Ausdruck den neben ihm Befindlichen:

„Nehmt diese und führt sie mit euch! Es ist der Sohn des Mörders eures Vaters Demogeot und seine adlige Buhldirne!"

Es war ein Wort feiger Rachsucht für den Blick, mit dem Diana seine Augen scheu zur Seite gelenkt, und er wußte, daß es traf. Seine Mundwinkel verzogen sich zu höhnischem Triumph, wie er sie zusammenzucken und besinnungslos ihre Hand aus der Urbains entreißen sah. Rasch durcheilte er die Kirche, die sich zu leeren begann, musterte im Vorübergehen die von ihren Wächtern jetzt ebenfalls in geschlossenen Reihen fortgetriebenen Gefangenen und wandte sich, wieder mit den übrigen Erwählten des freien Volkes vereinigt, der am Flußufer errichteten Gerichtsstätte zu. Einige Minuten vergingen noch und die Kathedrale von Notre Dame stand leer. Gleichgültig hatte alles Leben sie verlassen, dem bevorstehenden interessanten Schauspiel zuzueilen, gleichgültig wie das hohe Gewölbe, das auf die einzig zurückgebliebenen Todten herabsah. Der Sarg stand noch auf den Brettern der hohlen Gruft und neben ihm lag das rothe und das grausträhnige Haar, eine stumme Familie, im Tode zum erstenmal vereint. Und regungslos, wie sie in dem Rosengewölk zusammengesunken, lag der üppig schöne Körper Clemence Guéraud's, die einen Sommer lang Gräfin von Hautefort hieß. Ihre Brust war dem Kirchenraume zugewandt und unter derselben rann es leise aus dem Herzen hervor über den venusgleichen Leib bis an die Hüften und weiter auf den schwarzen Sammet des Altar's. Dann fiel von diesem langsam, wie stumme Anklage, ein rother Tropfen auf das silberne Haar zu ihren Füßen hinab.

Drunten am Quaderrande der wild vorüberschießenden Loire, auf dem Platz, an dem die Arbeiter bis zum Morgen thätig gewesen, hatte ein seltsames Gericht jetzt sich constituirt, dessen Schranken von einer unabsehbaren Volksmenge umlagert war, die von Minute zu Minute mit jauchzendem Geschrei der Entscheidung der Richter zustimmte und das von diesen gefällte Urtheil in höchster Instanz bestätigte. Es war ein summarisch kurzes Verfahren, denn der Bürger d'Aubriot hatte am Beginn desselben den Rath ertheilt, die Ottern, da sie alle das nämliche Gift besäßen, schnell unschädlich zu machen, und die zwölf mit der Prüfung der gegen die Gefangenen vorgebrachten Anklagen betrauten Richter, zur Hälfte dem städtischen Pöbel, zur Hälfte den zusammengerotteten Bauern des Velay entnommen, verfuhren gewissenhaft nach diesem Rathschlag. Jeder „unbescholtene" Bürger, und unter den Söhnen der Freiheit fanden sich keine andere als solche, war berechtigt und verpflichtet, als Ankläger gegen den Vorgeforderten aufzutreten, über den er eine todeswürdige Aussage abzugeben vermochte; todeswürdig aber war jede, welche den Beklagten, Mann, Weib oder Kind mit dem Verdacht belastete, der in der Stadt Le Puy von dem freien Volke neu eingesetzten Ordnung feindlich gesinnt zu sein. Es genügte, daß der Angeschuldigte durch das Zeugniß irgend eines wider ihn Auftretenden als Aristokrat, Beamter, Wucherer, daß ein weibliches Wesen als Angehörige eines solchen bezüchtigt wurde, um ohne weitere Prüfung das einzige Urtheil auszurufen, welches das Gericht außer der Freisprechung kannte, den Tod. Von diesem hatte jemand vernommen, daß er Verwünschungen gegen die Mörder seines Sohnes, die Schänder seiner Tochter ausgestoßen, jener war bei dem Versuch, sich zur Wehr zu setzen, überwältigt, und: „Zum Tod! Zum Tod!" brüllte tausendstimmig die Masse, noch ehe die Richter ihre Entscheidung abgegeben. Wächter führten die Ver=

urtheilten an dem Sitz des Gerichtes vorüber in einen auf drei Seiten von hohen Barieren und auf der vierten von der wüthenden Loire umschlossenen Raum, dann wurden die Vordersten aus der langen Reihe der Gefangenen, wie der Zufall ihre Folge bestimmt vor die Schranken gebracht. Auf einer dicht von Weibern besetzten Tribüne zur Seite des Gerichtshofs klatschten die Insassinnen bei jedem zum Tode verdammenden Spruch Beifall und schwenkten ihre Tücher; auf einem Ehrenplatz in der ersten Reihe saß Madame Jeannette Maulac mit wundervoll funkelnden Juwelen auf der Brust, in den kleinen Ohrläppchen, im graziös auftoupirten Haar und neben ihr, lächelnd und anmuthige Blicke austauschend, Mademoiselle Zoë. Die beiden Freundinnen plauderten, wie sie es einst mit den fächelnden Amouretten auf dem Schloßhof zu Hautefort gethan; die letztere sagte jetzt scherzend, doch mit einem leisen Anflug des Bedauerns:

„Sieh da, meine Liebe, ein hübscher, junger Mensch! Es ist Schade um einen so schönen Mann! Sollte er ein großer Verbrecher sein?"

„Wie heißt Du, Bürger?" fragte gleichzeitig der Vorsitzende des Gerichts den in diesem Augenblick vor den Schranken Erschienenen, der mit festem Schritt herangetreten war. Nur seine Augen irrten mit einem sehnsüchtigen Bangen über die Köpfe der umherlagernden Menge, als suchten

sie dort etwas, das zu finden sie halb zu hoffen, halb zu
fürchten schienen. Nun wandte er sicher die Stirn gegen
den Fragsteller und antwortete ruhig:

„Ich heiße Henri Comballot."

Ein furchtbarer Aufschrei der Wuth folgte unmittel=
bar auf die Worte, so weit sie gehört worden. Es stürmte
gegen die Schranken: „Der Mörder unserer Brüder!
Der Schlächter des Volk's! Zerreißt ihn!"

„Sein Name spricht selbst für sein Urtheil. Führt
ihn ab!" befahl der Bürger Laval. Er trat an den
jungen Mann, der keine Miene veränderte hinan und
fügte hinzu:

„Ich habe Dir als Auszeichnung für deine Tapferkeit
versprochen, daß man Dich, eh' Du Deinem Freunde
Lacordaire nachfolgtest, noch mit Deinem hübschen Schatz
verkuppeln solle. Entschuldige mich, wenn ich diesmal mein
Wort nicht halten kann, denn Deine Eva ist bei der Aus=
treibung aus dem Paradiese nicht mit ausfindig gemacht
worden, und Du mußt Dich damit trösten, daß sie einen
andern Adam gefunden haben wird."

Ein Aufleuchten schmerzlichen Glück's hatte die Augen
des Jünglings erhellt, doch bei den letzten Worten brach
die Angst der Ungewißheit über das Schicksal der Geliebten
seine Kraft, daß er die Hand über die Stirn deckte. Nun
fuhr er zusammen, eine liebreiche Stimme hinter ihm rief:

„Deine Eve ist gerettet, Comballot!" und er blickte verwirrt in das ihn mit einem unendlichen Mitleid anschauende Gesicht Diana's. Allein im selben Moment ertönte vor ihm eine andere, freudige, jubelnde, sein Herz durchbebende Stimme: „Nein, sie ist bei Dir, sie will mit Dir sterben, Henri!" und aus den Reihen der Zuschauer, die ihr verdutzt nachgafften, wie sie hastig behend die Barriere übersprang, flog eine Knabengestalt auf den Verurtheilten zu und schlang, ehe jemand sie zu hindern vermochte, fest die Arme um seinen Nacken, wie sie es wenig Tage zuvor zum erstenmal auch im Angesicht Aller kühn auf dem Marktplatz ihrer Vaterstadt gethan, und Eve Jacmon schluchzte und jauchzte: „Ich habe Dich wieder — Gott hat mein Flehen erhört — ich bin noch einmal bei Dir!"

In dem Glückeston ihrer Stimme, dem Heldenmuth, mit dem sie sich als die Geliebte dessen bekannte, den die fanatischste Wuth des ganzen Volkes zu vernichten drohte, lag etwas so Ergreifendes, daß selbst die hart-grausamen Gesichter der Richter unschlüssig dreinblickten. Dann gebot der Vorsitzende barsch:

„Schafft die Dirne fort! Wir haben nichts mit ihr zu thun — oder erhebt jemand eine andere Anklage gegen sie, als daß sie die Thorheit begangen, diesen Mörder zu lieben?"

Alles schwieg, Niemand vermochte Eve Jacmon mit

dem Schatten einer anderen Anschuldigung zu belasten, und die Wächter faßten sie, um sie gewaltsam von Henri Comballot zu trennen. Sie suchte sich mit dem Aufgebot aller Kraft zu halten und jammerte, verzweifelnd umher blickend:

„Seid barmherzig — laßt mich mit ihm sterben!"

Hatte einer ihrer Blicke Madame Jeannette Maulac's Augen getroffen? Ueber das Gesicht derselben ging plötzlich ein sonderbares Lachen und sie erhob sich von ihrem Sitz und rief durch die eingetretene Stille:

„Schämt euch, ihr Männer, daß wir Frauen unsere Stimme erheben müssen, damit die Schändlichkeit nicht der Strafe entgeht! Ist etwas zu denken, was die Sittsamkeit, die Würde aller freien Bürgerinnen Frankreich's empörender verletzt, etwas Ruchloseres und Todeswürdigeres, als wenn ein Weib in schamloser Frechheit die Kleidung seines Geschlechtes ablegt und sich in der des Mannes den Blicken preisgiebt? Wir fordern Sühne für die Schmach, die Entwürdigung, die von dieser Dirne dem weiblichen Gefühl jeder schamhaften Frau zugefügt worden!"

Einen Augenblick blieb es still, dann heulte das weibliche Gefühl der ganzen Tribüne hundertstimmig:

„Sie hat Recht! Die Bürgerin Maulac hat Recht! Wir fordern Rache für den Schimpf! Ersäuft die scham=

lose Dirne mit ihrem Liebsten! Steckt sie zusammen in einen Sack wie Katzen!"

Die Vertheidigerin und Rächerin der Sittsamkeit setzte sich anmuthig auf ihren Platz zurück, Mademoiselle Zoë wisperte ihr hinter ihrem Fächer zu: „Nicht jeder stehen solche Kleider so hübsch wie Dir, meine theure Jeannette; Du sahst wirklich allerliebst aus, als ich Dich zuerst traf, fast reizender als so", und der Bürger Laval gab den Wächtern ein Zeichen, Eve Jacmon zusammen mit Henri Comballot in den Raum für die Verurtheilten zu bringen. Er fügte, zu dem Letzteren gewendet, noch sarkastisch hinzu: „Es giebt offenbar eine curiose Gottheit, welche die Heiligkeit eines gegebenen Versprechens aufrecht erhält; sei ihr dankbar, Comballot, so lange Du es noch kannst, denn das Paradies ist von kurzer Dauer" — doch die beiden, die sich wiedergefunden, achteten nicht auf seine Worte, sondern schritten, sich umschlungen haltend, die Wangen an einander gelegt und wie in einsamer Kammer miteinander flüsternd, den rückwegslosen Pfad durch ihre Schicksalsgenossen hinab.

„Wie heißt Du Bürgerin?"

Der Präsident des Gerichtshofes richtete die stereotype Frage an die Nächstfolgende, die vor der Barre erschien. Sie hob die Stirn und blickte ihm fest in's Gesicht und versetzte:

„Diana, Gräfin von Hautefort."

Es klang stolz und seltsam durchschauernd — waren das die Worte, welche Lacordaire ahnungsvollen Ohres von diesen Lippen vorauf vernommen? Gleich denen eines Marmorbildes sprachen sie es, dem ein Gott Worte räthsel=haften Tones geliehen, mit ihrem Klange einen Augenblick dem Wahne Halt zu gebieten, der sich, dem Könige Baby=lons gleich, selbst zum Schicksalsbeherrscher aufwarf. Todtenstille folgte auf die wie in Erz eingegrabene Ant=wort, verdutzt, sprachlos betroffen ruhten die Augen der Gewalthaber und der wilden Menge auf der vornehm sicheren Frauengestalt, die mit verachtendem Stolz dem Orkan Trotz bot, als reiche ein Hauch ihres Mundes hin, ihn in's Nichts zurück zu bändigen. Selbst der Bürger Laval wandte verstummend den Kopf, nur d'Aubriot, dessen Blick unruhig umherlaufend den unerwarteten Ein=druck maß, den die Erwiderung Diana's erregt, lachte gezwungen auf und rief:

„Hast Du noch ein Recht, auf diesen Namen Anspruch zu machen, Gräfin Diana von Hautefort? Dein Freund Guéraud, der Sohn des Mörders Jacques Demogeot's, wird Auskunft darüber ertheilen können, oder wenn er sich weigert, vielleicht eine Commission ehrbarer Bürge=rinnen —"

Flammender Purpur übergoß Diana's Antlitz, ihr

Blick traf den Sprecher, doch stumm, denn ihre Lippen zitterten in sprachlosem Kampf — aber statt ihrer gab eine andere Stimme in unerwarteter Weise eine Entgegnung. Diana's Blick, der über die um den Richtertisch Versammelten hingeglitten, hatte flüchtig ein paar wie in Todesleere vor sich hinstarrende, andere Augen noch getroffen, in die es plötzlich mit einem Strahl noch einma erwachenden Lebens zurück zu kehren schien. Entschlossen öffnete sich der von bangen Linien umspielte Mund darunter, der Sprecher trat hastig einen Schritt wie zum Schutz auf Diana zu und sagte laut:

„Das war feig und erbärmlich, Abbé d'Aubriot, ein hülfloses Weib zu beleidigen, dessen Gastfreundschaft Du genossen, von dem Du weißt, daß sie die einzige Makellose unter uns allen geblieben. Laßt euch nicht beirren, die ihr richten wollt, denn dies Weib war das erste, das Ungerechtigkeit und Bedrückung haßte und euch davon zu lösen strebte, als kein Arm es noch wagen durfte, sich dagegen aufzulehnen — dies Weib trauerte mit eurem Elend, entsagte freiwillig Allem, was die Geburt, ihrer Väter Erbtheil ihr verliehen, um die Armuth zu bereichern, die Noth zu lindern, den Schmerz zu stillen. Ihr, die ihr von Saint Pierre unter uns seid, wen von euch hat sie nicht getröstet, zu wem trat sie nicht als Seinesgleichen, als die Liebe, das Mitleid, das Erbarmen, wer vermag ihre Reinheit mit einer Anklage zu verdächtigen? Legt Zeugniß ab für die einzig Schuldlose unter uns allen, es wird die Schale eurer Schuld entlasten, wenn sie vor einem anderen Richterstuhl gewogen wird! Doch ein Kläger trete gegen mich auf und durch ein Gottesurtheil will ich ihm, will ich euch darthun, daß er lügt!"

Scheu noch dem erstaunten Blicke Diana's, der sich ihm zuwandte, ausweichend, hatte der Sprechende begonnen, in zaghafter Haltung, wie unter der Wucht eigenen Schuldbewußtseins hoffnungslos erdrückt. Doch allmälig flammte das Gefühl dessen, was er that, einen freudigen Muth über seine Stirn, seine Gestalt hob sich und in schöner, ritterlicher Erscheinung stand Victor d'Aubigné, die Hand an den Griff seines Degens legend und seinen herausgeforderten Gegner erwartend, kühn aufgerichtet da. Es war ein Zwischenfall, der die Gleichförmigkeit des bisherigen Vorganges offenbar zur Befriedigung der Menge unterbrach, denn einen Moment schwieg diese überrascht noch, dann erscholl auftobender Beifall von allen Seiten: „Ein Gottesurtheil! Laßt ihn! Wer ist der Kläger? Ein Gottesurtheil!"

Der Ruf nach einem belustigenden Schauspiel war's, den die Masse, in sarkastischem Widerspruch momentan ihre eigene Göttlichkeit vergessend, jauchzend ausstieß. Der Bürger d'Aubriot erbleichte, ein schneller, höhnisch triumphirender Seitenblick Laval's streifte über sein Gesicht, dieser näherte sich ihm und sagte:

„Vertraue ruhig auf Gott und Deine gerechte Anlage, Bürger d'Aubriot, und liefere den geforderten Beweis!"

„Glaubst Du Dein Spiel so leicht zu gewinnen?" Der Abbé murmelte es unhörbar und seine Augen begegneten eine Secunde lang denen des blonden Grafen, wie zwei gegeneinander zu Boden gekauerte Raubthiere eine sich tödtlichem Sprunge darbietende Blöße der Bewegung messen, dann rief er:

„Du verlangst ein Gottesurtheil, Marquis d'Aubigné? Meine Hand hat nicht gelernt, als Leibwächter eines Tyrannen den Degen wider die Brust des jammernden Volkes zu führen, wie Du, sondern nur mich schlichter Waffe zur Befreiung meiner Brüder, zur Rache für die von Deinen Standesgenossen geschändete Menschheit zu bedienen. Doch blick hin — dort schäumt die Loire, der Gott, dessen Stimme Du anrufst, hat sie in dieser Nacht geschwellt und wird aus ihr sein Urtheil sprechen. Wagst Du es für die Wahrheit Deiner Aussage hinabzuspringen? Ich bin bereit — wenn Du das andere Ufer erreichst, so folge ich Dir nach, und die Angeschuldigte danke Dir ihre Rettung —"

Ein rasendes Beifallklatschen von der weiblichen

Tribüne unterbrach ihn. „In den Fluß! In die Loire!" Die Stimme Mademoiselle Zoë's rief vernehmlich dazwischen: „Aber nehmt ihm die Kleider, damit sie ihn nicht am Schwimmen behindern!" Und Madame Jeannette Maulac beugte sich lächelnd zu ihr und wisperte: „An dieser Gutmüthigkeit erkenne ich meine weichherzige Freundin, die eine süße Erinnerung dankbar zu bewahren versteht und zugleich mit sich selbst auch Anderen noch einen Moment ihres Gedächtnisses vergönnt."

Der Bürger Laval hatte sich bei der plötzlichen Verwandlung des Vorganges unschlüssig auf die Lippe gebissen. Auge und Ohr zeigten ihm gemeinsam, daß sein Mittriumvir sich in geschicktester Weise der Schlinge entzogen, in welche der Zufall seinen Hals fast einzuschnüren gedroht, denn die Richter sowohl, als die höchste, tausendköpfige Instanz ringsumher fielen in die von den Weibern ausgegangene Losung ein. Der Bann, in dem die furchtlose Haltung und die todesstolze Haltung Diana's von Hautefort sie einen Moment gefesselt, war durch die Replik des Abbé's auf die Worte d'Aubigné's, durch die Entlarvung des letzteren als gleichfalls der höchsten Aristokratie angehörig, gebrochen, und die Erkenntniß der Demüthigung, welche die Söhne der Freiheit dadurch erlitten, daß sie, wenn auch nur den Bruchtheil einer Minute lang, vor der Hoheit eines Weibes aus der verabscheuten Kaste verstummt waren, wandelte sich in doppelten Wuthausbruch um. Zugleich aber fühlte Laval, daß er zu weit gegangen, in seiner Tactik eine Blöße verrathen habe, die nicht wieder zu verdecken sei, sondern offene Fortsetzung des Kampfes auf Leben und Tod fordere, und er rief mit machtvoller Stimme gegen den Tumult auf:

„Euer Vertrauen auf die Gerechtigkeit eines Gottes= urtheils ist erhaben, Bürger, ist eines freien und großen Volkes würdig. Doch euer Edelmuth übertrifft noch die Hochherzigkeit eures Vertrauens, und er weiß, daß es gerecht ist, bei einem Zweikampf Licht und Schatten gleich= mäßig zu vertheilen. Im Namen der Gerechtigkeit fordere ich dies für die beiden Gegner! Heißt sie, ihren Wettstreit aufgeben und sich vor eurem Angesicht versöhnen, oder gemeinsam zusammen in die Wellen des Flusses hinab= tauchen, damit die Loire ihr unbestechliches Urtheil spricht, wen sie als den Verfechter der Wahrheit an's andere Ufer hinüber trägt. In ihm wollen wir fortan unser Oberhaupt, den Gottgeschenkten, erkennen, wie man in thörichtem Wahn einst den gekrönten Verräther des fran= zösischen Volkes genannt —!"

„Ja, zusammen mit ihnen in den Fluß! — Nein, laßt sie sich versöhnen! — Gleiches Recht für beide!"

Die antwortenden Stimmen theilten sich, das Spiel= geschick hatte sich noch einmal zu Ungunsten d'Aubriot's gewandt, seine Zähne schlugen aufeinander und leichenblaß trat er mit schnellem Entschluß auf d'Aubigné zu.

„Ich vergebe Dir, Bürger", sagte er gerührt, „laß uns ein Beispiel für die Mit= und Nachwelt aufstellen, wie die Freunde der Freiheit dem Gebote des Volkes gehorchen, und uns umarmen!"

Doch Victor d'Aubigné's Hand stieß ihn stolz zurück.

„In die Loire, d'Aubriot!" entgegnete er mit einem leuchtenden Blick, in dem es trunken aufflammte. „Sie wird meine Verbrechen abwaschen, aber Du sollst mit mir!"

„Ah, Du scheinst feige zu sein, Bürger!" fiel Laval in verächtlicher Ostentation einen Schritt von dem Abbé zurücktretend, ein. „Bringt ihn unter die Weiber droben und zieht ihm Röcke an!"

Hohnlachender Triumph ging über seine Züge, auf den wilden Gesichtern umher schnellte deutlich erkennbar d'Aubriot's Schale in die Luft. Ein Schleier flirrte ihm vor den Augen, er schwankte, dann raffte er noch einmal alle Kraft zusammen, schleppte sich an den Tisch des Ge= richtes und seine Stimme klang hohl, wie aus einem Grabe herauftönend:

„Ja, ich bin feige, Graf Riquet de Laval, denn mein Herz bricht. Es ist droben gebrochen in der Kathedrale von Le Puy und sein Blut strömt hervor. Anklagend strömt es gegen Dich, Graf Laval — ein brechender Blick — wer von euch hat den erschütternden gesehn? — steht vor mir und eine sterbende Lippe, die ein Wort noch sprechen will. Ein furchtbares Wort, denn es lautet: Du, den ich geliebt, dem ich mein Herz, meine Unschuld, meine Schönheit hingegeben, Du hast mich ermorden lassen, um meinen Reichthum allein zu besitzen! — Ich habe dies Wort vernommen, ich allein, und mein Herz erbebte vor dem Ungeheuren und verstummte. Ich war feig und wollte den Schrei der Verzweiflung über die Tücke des höllischen Verrathes bändigen, den der Freund am Freund, die Liebe an der Liebe, ein Einzelner an dem Himmel, dem Heiligthum Aller begangen. Aber es gellt aus meiner Seele herauf, ich kann es nicht mehr bändigen, ich darf es nicht — meine Thränen stürzen, doch ich muß — ich klage Dich an, Graf Riquet de Laval, und Du bist es, der durch ein Gottesurtheil seine Schuldlosigkeit darthun mag, wenn Du es kannst — ich klage Dich an, der Urheber des Mordes Deiner Gattin, der edlen Tochter des großen Demogeot zu sein, die ich mehr geliebt als Du!"

Der Sprecher sank erschöpft an dem Tisch zusammen, auf den er sich gestützt, man sah, seine Kraft hatte ihn in Wirklichkeit verlassen, wie ein aus blauem Aether rollender Donner waren die hohlen Worte über den weiten Platz hingegangen, nur Einen hatte der unerwartete Blitzstreich getroffen, daß er mit farblosem Antlitz zurückwankte, und der Bürger Laval stammelte: „Lüge — die Lüge eines höllischen Schurken —!" Er hätte sich zu fassen vermocht, wenn er die That begangen, deren er beschuldigt worden, doch das Plötzliche, Unglaubliche der Anklage, deren tödtliche Wucht gleich wirbelndem Sturm an schwindelndem Abgrund über ihn hereinbrach, verwirrte, betäubte ihn, daß er als Beweis seiner Unschuld ein krampfhaftes Lachen mit dem Stottern seiner Worte vermengte. Er fühlte, daß er verloren war, sein Feind hatte sich wieder aufgerichtet und hob die Hand — er sah sie gegen seine Brust gerichtet, daß sie ihn haltlos in den gähnenden Abgrund hinunterstieß, dessen Schwindel ihn gefaßt — und besinnungslos riß er seinen Degen von der Seite und stürzte auf den Abbé zu —

„Seht ihr, er ist geübt in seinem Handwerk und will durch einen zweiten Mord die Zunge verstummen lassen, die ihn des ersten anklagt! Haltet ihn!" rief der Bürger d'Aubriot, hinter die von ihren Sitzen auffahrenden Wächter flüchtend. Die nächsten Wächter warfen sich auf Laval und entrissen ihm seine Waffe, er starrte irr um sich und keuchte: „Beweise, Zeugen!"

„Er hat Recht", entgegnete der Abbé, der seine volle Sicherheit wiedergewonnen. „Ich verlange nicht, daß ihr mir Glauben schenkt, Bürger! Den in Todesqual unter der Hand des Mörders, den er gedungen, brechenden Blick seines Weibes habt ihr gesehen, wie ich, ihr waret Zeugen, daß ihre Lippe vergeblich nach dem Namen rang, den sie eurem Fluch überliefern wollte — doch daß ich aus seinem eigenen Munde in dieser Nacht noch, als Trunkenheit ihm die Verstellung geraubt, vernommen: Tödte sie! — ach, könnte das unbestechliche Lippe bezeugen —"

„Ich kann's", sagte plötzlich, sich ausdruckslos erhebend, Herr Maulac, „denn mein Ohr hat es gehört."

Zum erstenmal durchriß ein Schrei die seit einigen Minuten Alles überlagernde Stille. Er war nicht mißzuverstehen, aber grade durch das Urtheil, das er sprach, ließ er in den Adern des mit einem Schlage von der höchsten Staffel der Volksgunst zum Gegenstand des Abscheu's Herabgestürzten noch einmal die Kraft der Verzweiflung anschwellen. Er entrang sich den Armen, die ihn hielten, sprang rückwärts gegen die Barriere und rief:

„Der Zeuge ist bestochen! Ihr Bürger Le Puy's, wer hat euch gespeist und getränkt, wer hat euch bewaffnet, euch zum Kampf gegen eure Feinde geführt, der Freiheit zum Siege geholfen — ?"

„Das Gold, das der edle Demogeot zu dem Allem im Schweiße seines Angesichtes gesammelt!" fiel d'Aubriot donnernd ein, „das Gold, das er allen Söhnen der Freiheit als Vermächtniß hinterlassen und das Du stehlen wolltest, wenn ich nicht meine Stimme erhob, es für das Verdienst, für die Armuth zurückzufordern! Denn euch allen gehört es, ihr Bürger Le Puy's, euch als den Erben, den wahren Kindern des großen Verstorbenen gebührt es, sich darein zu theilen. Du aber, Unglücklicher, der Du den Mann einen bestochenen Zeugen zu heißen wagst, den Du gestern noch den uneigennützigsten, pflichtgetreuesten Bürger des neuen Frankreich genannt — gedenke eines anderen Zeugnisses, das eine Stimme gesprochen, die eh' dieses Jahr noch begann prophetischen Mundes verkündet, daß sie die Lilien der Könige Frankreichs von einem Adler herabgerissen im Staube liegend gewahre! Was hat die erhabene Seherin unserer Tage, die Künderin der Freiheit, was hat Mademoiselle Lenormand warnend Dir geweissagt? Du solltest Dich vor der Loire hüten, sprach sie —"

Geisterblässe überzog das Antlitz des blonden Grafen: „Die Lenormand —" stammelte er, in abergläubisch irrer Angst rollten seine Augen, seine Hand griff um sich, er wiederholte noch einmal mit dem Ausdruck starren Grausens: „Ja — die Lenormand —" und schlug ohnmächtig zu Boden. Einen Augenblick hatten unverkennbar seine Prätorianer bei dem Appell, den er an sie gerichtet, noch unschlüssig gezaudert, wessen Partei sie ergreifen sollten — jetzt war der Zweifel vorüber, wohin Sieg oder Nieder=

lage sich wenden werde, denn einstimmig, wie der Aufbruch eines Vulcan's tobte der Ruf:

„In die Loire mit ihm, wie die Lenormand prophezeit! Der Bürger d'Aubriot sei unser Oberhaupt! Er soll die Erbschaft, die Demogeot uns hinterlassen, unter uns austheilen!"

Es hatte Alles gewirkt und das Ziel, die Alleinherrschaft war errungen. Doch galt es noch sie zu befestigen, ein krönendes Verdienst noch dem vorauserworbenen hinzuzufügen, wie der siegreiche Cäsar Rom's circenses auf das panem folgen ließ, und d'Aubriot schwang sich auf den Tisch und überhallte den Aufruhr:

„Noch einmal hört mich, Bürger! Eure Zeit ist werthvoll, und ihr wißt, daß sie alle schuldig sind, die euer Zorn hier versammelt hat. Sprecht euer Urtheil gemeinsam, es ziemt eurer Würde nicht, daß noch einmal die Frechheit ihrer Erwiderungen euch höhnt! Doch an eurem Hochzeitstag, den ihr heute mit der göttlichen Tochter eures Muthes und eurer Tapferkeit begeht, ziemt es auch, daß ihr ein Fest zum Gedächtniß desselben für späteste Tage feiert! Laßt auch sie, die eure Rache treffen soll, sich noch im Tode vermählen! Wählt sie aus, wie sie am Besten zu einander passen, Mann und Weib, nach Alter, Stand und Schönheit, dann umschlingt jedes Paar mit den Banden der Liebe, die der Bürger

Maulac sorgsam hier bereit gehalten, und die Loire sei ihr Hochzeitsbett!"

Diesmal antwortete ein jauchzendes Gebrüll der Masse von rasendem Beifall der Weiber durchschrillt, den Worten. „Zur Hochzeit! Wählt die Liebespaare aus! In die Loire! Es lebe der Bürger d'Aubriot!"

Ein Stoß durchbrach die Barrieren, von dem Holzgerüst stürzte es herab, eine Bretterreihe desselben krachte zusammen, mit Geheul und Lachen wälzte der Weiberhaufen sich über den kreischenden Knäuel der in die Lücke hinunter Gebrochenen und Alles fluthete in den Raum, welcher die Gefangenen umschloß, in welchen die letzten durch Acclamation Verurtheilten durch einen anderen Zugang ebenfalls hineingetrieben wurden. Die Meisten derselben standen in schweigender Resignation und ließen ohne Gegenwehr mit sich geschehen, was die Beihelfer Herrn Maulac's, der seine Pflicht erfüllt hatte und für das Freiheitsfest des Volkes vorbedacht gewesen war, mit ihnen begannen. Die Frauen waren am Eifrigsten und deuteten überall die beiden Opfer verschiedenen Geschlechts, welche ihre Wahl für einander auserlesen; sie stürzten sich auf die zusammengestellten Paare und rissen mit schamlosen Händen ihnen selbst die Kleider vom Körper, dann fesselten Herrn Maulac's Helfer die nackt Entkleideten mit schneidend um Brust und Beine geschnürten Stricken fest aneinander.

Nur eine Minderzahl schloß sich dem Zuge an, der den gleichfalls gebundenen Laval an den Quaderrand des Flusses hinabschleppte. Er hatte sich die Zunge durchbissen und lallte nur in ohnmächtiger Sträubung; der Bürger d'Aubriot schritt neben ihm und sagte lächelnd in englischer Sprache:

„Hätteſt Du Deine claſſiſchen Studien eifriger betrieben, mein Theurer, so würdest Du gewußt haben, daß es nur wenige Schritte vom Capitol zum tarpejischen Felsen seien. Außerdem vergaßest Du auch noch, das auf Samos Actium folgte, Antonius. Ich kann Dir zwar kein Weltmeer bieten, aber immerhin Wasser genug für Dich, denke ich. Trinke, Antonius, Deine Kleopatra ging Dir voran. Fare-well!"

Ein Todesringen der Verzweiflung sträubte noch einmal die gefesselten Glieder gegen ihre Bande, dann klatschte es auf und die von der alten Bergmutter des Mont Mezin zu gefräßiger Wildheit aufgesäugten Wogen der Loire packten den Grafen Riquet de Laval und rissen ihn pfeilschnell in ihre Tiefe. Sie warfen ihn noch einmal einem Balle gleich herauf und ließen sein blondes Haar einen Augenblick wie einen fahlen Schimmer über ihren grauen Rücken gleiten, und der Wirbel zog es auf Nimmerwiederkehr in seine Fänge zurück.

„Sie hat Hunger heut' und giebt keinen wieder heraus,

den sie gefaßt", sagte d'Aubriot befriedigt. Er warf dem Entschwundenen noch einen Blick nach und murmelte: „Du glaubtest, in solchem Wasser schwimmen zu können, aber man muß einen klügeren Kopf haben, um sich darin oben zu halten. Gute Nacht, Laval — guten Morgen sagen wir uns nicht wieder!"

Er drehte sich ab und musterte die Pflichttreue, mit der Herr Maulac die Ausführung seiner Anordnungen überwachte. Es kam dem Abbé in's Gedächtniß, daß er ihn grad' so an dem Morgen in Hautefort thätig gesehen, die von dem Advocaten Demogeot angeordnete Auspeitschung zu leiten, und ein unwillkürlicher Laut der Bewunderung entschlüpfte den Lippen des Betrachters. „Wenn Frankreich einmal eine Hand braucht, um Seine Majestät, König Ludwig den Sechzehnten zu köpfen, so wird dieser Brave ebenfalls seine Pflicht thun, wenn es verlangt wird."

Auch Madame Jeannette Maulac schien den Ehrgeiz zu besitzen, mit ihrem Gatten zu wetteifern. Nur that sie es weniger schweigsam als er, sondern plauderte und lächelte graziös mit Mademoiselle Zoë, während sie die Reihen durchschritt und bald hier bald dort einen Wink ertheilte, der ihren Geschmack und ihr Verständniß für plastische Körperschönheit in das günstigste Licht stellte. Sie entwickelte die ganze Gewandheit ihres ehemaligen

Beruf's, nur in umgekehrter Weise, indem sie hülfreiche Hand bei der Entfernung der Toilette der Verurtheilten leistete; manchmal lobte, manchmal tadelte sie die enthüllten Formen, so näherte sie sich mit ihrer Begleiterin der Stelle, an welcher Victor d'Aubigné vereinsamt stand. Die trübe Schwermuth der letzten Tage hatte seine Stirn verlassen, er blickte, ruhig den unabänderlichen Moment des Unterganges erwartend, auf die vorüberfließenden Wasser. An ihm hinschreitend hatte Diana's Hand die seine gefaßt und sie selbst mit ernster Stimme gesprochen: „Es ist die Hand, die meinen Bruder getödtet — ich vergebe ihr, schlaf' in Frieden, d'Aubigné — —."

„Der arme Marquis hat noch keine Braut!" rief Madame Jeannette Maulac jetzt in bedauerlichem Tone, „Du solltest Dich aus alter Anhänglichkeit seiner erbarmen, meine Theure." Mademoiselle Zoë lachte und flüsterte: „Ich glaube, Du bist noch eifersüchtig, meine gute Jeannette —"

Sie drehte erstaunt den Kopf, denn sie fühlte sich plötzlich von hinten gefaßt und stieß heftig aus: „Was wollt ihr? Ihr irrt euch!" Die Gattin Herrn Maulac's hatte einigen der Helfer desselben unbemerkt ein Zeichen gegeben und rief jetzt mit lauter Stimme: „Bindet sie mit dem Marquis hier zusammen! Sie ist seine Braut und eine halbe Aristokratin, soweit man es in der dunkleren Hälfte des Tages werden kann, ich bürge euch dafür!"

Mademoiselle Zoë war noch sprachlos, doch nun kreischte sie auf, denn ein halbes Dutzend von Weibern stürzte sich über sie und riß die Kleider von ihrem Körper. Auch Madame Jeannette betheiligte sich eifrig an dieser Beschäftigung. Sie lachte: „Dein Fuß hat mir einmal bei meiner Toilette geholfen, es ist nicht mehr als billig, daß meine Hand es Dir vergilt. Du hattest nicht auf die Dankbarkeit meines Gedächtnisses gerechnet, mein liebes Herz."

Nun hielt sie inne, trat einen Schritt zurück und betrachtete neugierig die Entkleidete. „In der That, Du bist ganz niedlich, meine Theure, aber Du hast Dich stärker geschnürt, als auf die Dauer Deiner Gesundheit zuträglich gewesen wäre, und Dein Leib verräth etwas Anlage zur Wassersucht. Es ist gut, daß das Wasser ihn kuriren wird, eh' Du ernsthaft darunter leiden mußt, und daß Du diese krankhafte Neigung nicht fortvererbst. Sei mir dankbar und — glückliche Hochzeitsreise!"

Sie wandte sich lächelnd auf den Absätzen und ihre Stöckelschuhe knarrten — — — — — —

. In einem von der weiter oben beschäftigten Masse noch unbeachtet gelassenen Winkel standen Urbain-Guéraud und Diana von Hautefort hart am Rande des Flusses. Seitdem die letztere bei den Worten d'Aubriot's in der Kirche von Notre Dame zuckend ihre Hand der ihres Begleiters entzogen, hatte sie kein Wort mehr mit ihm getauscht. Er war ihr durch die Reihen der Verurtheilten hinabgefolgt, ihr Auge maß das sich näher heranwälzende Verderben, wie der von der Sturmfluth Ueberraschte die todbringend hinter ihm aufzischende Welle. Nun faßte sie zum erstenmal wieder seine Hand und sagte mit leiser Stimme:

„Der Traum von dem grünen Thal zwischen den deutschen Bergen, von der Hütte mit Sonnenlicht und Schatten, war kurz, Urbain. Der Abend, an dem ich mit Dir von den Mühen des Tages zu ruhen gedachte, kommt früher — und mit ihm noch einmal das Gedächtniß des Morgens und an ein Buch, in das ich an ihm einen alten Vers geschrieben. Ein Herz hatte er mir gegeben, das ich nie verloren, nie von mir gewandt; mit meinem hatte ich es so vereint, daß ich nicht mehr weiß, welches das meine ist. Kennst Du das alte Lied, Urbain? Die Nixe sang's im Sonnengeflimmer über dem Wasser des kleinen Weihers — dann kam ein frostiger Wind und der schnelle Abend jetzt. Der Gedanke irrte in die Weite hinaus und erkennt, da es zu spät geworden, daß auf dieser Erde der Wahn eine Wahrheit werth ist. Doch werth ist der letzte

Augenblick auch, ein verlorenes Leben zurückzugewinnen und die Wahrheit zu bekennen, die einzige, die hienieden mehr ist als Wahn — meinem Herzen graut es, allein zu gehen auf dem dunklen Wege, ohne das, mit dem ich es an jenem Morgen vereint und das ahnungslos den Tag hindurch neben mir geschlagen. Auch Du kannst Dir eine Braut wählen, Urbain —"

Sie stockte und blickte ihn an; athemlos, unbeweglich stand er, nur seine Augen öffneten sich weit und ruhten, märchenhafte Fäden verwebend, in den ihren. Langsam hob Diana von Hautefort ihre beiden Arme und sagte:

„Ich liebe Dich, Urbain Guéraud, und habe Dich immer geliebt — und ich werbe bei Dir um den Brautkuß" — — — — — — — — — — — — —

Eine Minute, oder eine Ewigkeit — und die Arme sanken von seinem Nacken zurück, ihre Hand zuckte nach der Brust, die Lippe löste sich von der seinen und flüsterte bebend: „Es ist Zeit — nun schütze Deine Braut vor der Entehrung —"

Eine Schaar umhersuchender Weiber hatte sie bemerkt und stürzte auf sie zu. Sie stutzten einen Moment, der bläuliche Widerschein einer kleinen Dolchklinge, die Diana in die Hand des Geliebten gepreßt, leuchtete ihnen wie drohend entgegen.

„Triff gut, Urbain, Du versprachst es mir einst

schon — o Dank dem großen Räthsel, daß es mir diese Stunde noch vergönnt!"

Und seine Hand traf gut, in's Herz traf die Liebe, wie das Entsetzen, der Abscheu Mathieu Guéraud's es gethan. Sie hauchte noch einmal seinen Namen und sank leblos gegen ihn — die Weiber heulten auf: „Hierher, er hat die Aristokratin getödtet!" und eine tobende Rotte eilte auf das Geschrei der noch immer vor der kleinen Waffe Urbain's Zurückscheuenden herbei. Doch ehe die Nahenden diesen zu erreichen vermochten, umschlang er die Geliebte kraftvoll mit den Armen, küßte noch einmal ihre regungs= losen Lippen — ein wüthenderes Gebrüll als zuvor noch erschütterte die Luft, und Urbain Guéraud sprang, wie ein Heiligthum den Körper der todten Braut mit sich nehmend, freiwillig von dem Quaderrand in den Gischt der Loire hinab, die schwesterlich die schöne Tochter der heimischen Berge den rachsüchtigen Blicken und Händen der Entweihung entzog.

„Nun ist's vorüber", lächelte in einiger Enfernung stromaufwärts in demselben Augenblick ein wehmüthig= glücklicher Mund. Eve Jacmon sprach's, sie hatte Henri Comballot lange umschlungen gehalten, da auch sie beide in dem Getümmel bis jetzt nicht beachtet worden, und sie hatten sich Alles gesagt, was ihre zaghaften Herzen so lang' verschwiegen, ein ganzes volles Leben des Glückes in rinnenden Minuten durchlebt. Unsäglich traurig und sehnsuchtsvoll pochten die beiden Herzen gegeneinander, doch nun sagte Eve Jacmon lächelnd: „Es ist vorüber — sie kommen!"

Sie schlang die Arme noch einmal um seinen Nacken und küßte ihn. Eine Thräne brach durch ihr Lächeln und sie schluchzte:

„Was verschuldeten wir, Henri, daß die Gerechtigkeit über den Sternen uns so verläßt, uns, die glücklich geworden wären, wie keine?"

Doch eine Secunde nur lehnte die jammernde Sehnsucht sich gegen den Himmel auf, dann fügte Eve, fast erschreckt von ihren Worten hinzu: „Nein, danken will ich ihr, daß sie mich zu Dir gebracht, mich mit Dir sterben läßt! O Henri, weißt Du es noch, Du wolltest mein Ritter sein, und ich antwortete Dir, Du könntest Deinen Lohn dafür fordern, wenn ich von meinem Ritter nichts mehr zu verlangen wisse als Ein's, das ich damals nicht sagte. Das war im Frühling und die Veilchen dufteten drunten im Graben, und ich sagte es und wußte nicht was. Doch nun ist's erfüllt und es giebt nur einen Ritterdienst noch, den ich von Dir verlange — Du schwurst ja, mich zu schirmen und zu schützen — thu' es jetzt, eh' sie kommen und auch mich — "

Eve Jacmon stockte, ihre Kinderstirn bedeckte sich auch

im Angesicht des Todes mit demselben lieblichen Roth, das der Anblick des heimlich Geliebten so oft darüber gebreitet, und Henri Comballot verstand sie. Er verstand auch ihre über das Steinufer bittend hinüber deutende Hand und er sagte lieblich:

„Nein, meine Eve, fürchte Dich nicht. Wir wollen von hier zusammengehen, wie wir es bisher gethan, als seien wir Schwester und Bruder. Komm — denn Du sagst's, es ist Zeit."

Er nahm ihre kleine Hand und führte sie hart an den Rand des zornig rauschenden Flusses. Einen Moment noch standen sie zaudernd gleich zwei verirrten Kindern, die sich noch einmal stumm in's Auge blicken, eh' sie in das geheimnißvolle Waldesdunkel hineintreten, durch das sie den Heimweg suchen zu müssen erkannt. Dann war auch ihre Stätte leer, und innig umschlungen nahm das uralte Märchen, das älteste der Menschheit, der große Strom sie auf, in den die kleine Loire sie ausmündend hinabtrug — das schaurig-süße Wasser des Vergessens, das die ganze Erde umkreist.

Nirwana heißt das älteste Volk dieser Erde es — das schmerzlose Nichts — und sagt, es sei das einzige Glück, in seinen Schooß zurück zu tauchen. — — —

An hundert Paare noch riß die Loire in wilder Hast

in ihren Wirbel, weiß rang in kurzem Kampf hie und da noch eine Mädchenbrust, der Nacken eines Mannes herauf, dann sanken die hohnvoll im Todesbett Vereinten schweigend in die Tiefe. Beifallgeklatsch und cynischer Spott hatte die Eröffner des großen Reigens begrüßt, allmälig faßte Gleichgültigkeit und Ueberdruß die Zuschauer, in schamloser Rohheit schrieen die umhertaumelnden Weiber: „Schenkt den übrigen das Leben, wenn sie auf dem Lande Hochzeit halten — —"

In der Mitte des Platzes ungefähr hatten sich b'Aubriot, Clement Jouve und Maulac zusammen gefunden. Der Erste von den Dreien fragte mit zufriedenem Blick den Richtplatz überschreitend:

„Nun Bürger Jouve, wie gefällt Dir das Fest, das wir der Freiheit gegeben?

Doch der Angeredete zuckte verächtlich mit den Lippen. „Ist das eine Procedur? So ersäuft man Katzen!

Er wandte sich zum Gehen. „Was willst Du?" fragte der Abbé.

Clement Jouve's frauenhafte Finger machten eine Bewegung, als ob sie etwas an einer Schnur in die Höhe zögen.

„Hier ist nichts mehr für mich zu thun. Die Köpfe ab! Ich gehe nach Paris."

„Ich halte es für meine Pflicht, mit Dir zu gehen, Bürger."

Es war Herr Maulac, der es ausdruckslos, automatenhaft sprach; der Bürger d'Aubriot warf einen Blick über beide, der seine Ueberraschung, aber zugleich seine volle Zustimmung aussprach, dann streckte er die Hand in seine Brusttasche, zog einen Brief hervor und sagte:

„Es ist ein Bürger aus Neufschatel in Paris, der in seiner Zeitschrift, die „der Freund des Volkes" heißt, den Antrag gestellt hat, achthundert Abgeordnete der Nationalversammlung aufzuhängen und mit dem Grafen Honoré von Mirabeau zu beginnen. Grüßt ihn von mir, wenn ihr ihm den Brief überbringt, und sagt ihm, wir hätten einen Versuch angestellt, das Wasser sei billiger und werde auch seinem Zweck besser entsprechen."

„Die Köpfe ab! Das ist mein Wahlspruch", wiederholte Jouve-Jourdan verächtlich noch einmal zum Abschied und las, den Brief in Empfang nehmend die Aufschrift:

„An den Bürger und Abgeordneten des französischen Volkes, Jean Paul Marat, homme de lettres zu Paris."

Zwanzigstes Kapitel.

Es war um die Mittagsstunde des nächsten Tages, als ein einsamer Reiter die am Allier stromauf führende Straße daherkam. Er war mit dem Beginn des Frühlichts von der Stadt Brioude aufgebrochen, wo er übernachtet, sich nach dem Wege zum Schlosse Hautefort erkundigt und eine genaue Bezeichnung desselben, doch mit dem Beifügen und der Warnung erhalten hatte, daß fast unzweifelhaft das genannte Schloß in den letzten Tagen das Schicksal aller übrigen Schlösser des Velay getheilt haben werde, und daß er von seiner Absicht, durch die in Henker und Mordbrenner umgewandelte Bevölkerung des Landes seinen Weg zu nehmen, abstehen möge. Doch der junge Reiter schüttelte, ernst für den wohlgemeinten Rath dankend, den Kopf und versetzte, daß Furcht demjenigen fremd werde, der Zeuge von dem gewesen, was er gesehn, und beharrte ruhig auf seinem Vorhaben. Nun ritt er langsam auf dem steinigen Pfad des sich höher hebenden Plateau's gen Süden, hohe Felswände begleiteten ihn, Abhänge, an denen winzigen Schwalbennestern ähnlich malerische Dörfer klebten, über denen auf einsamen Adlergipfeln Ruinentrümmer ihre grau verwitternden Fänge breiteten. Tiefer rauschte der Allier ihm zu Füßen, Bergschluchten zweigten sich zur Rechten und zur Linken, leise rüttelte ein Windschauer das unabsehbare Nadelmeer düsterer Fichtenkronen zu auf- und niederwallender Bewegung und strich unter ihnen über das kahle Herbstgras der Halden. Der Reiter ließ die nach Le Puy abzweigende Straße zur Linken und folgte dem Bett des ungestüm angeschwellten Flusses, rechts stieg das Gebirg der Margeride mit langgestreckter Mauer vor ihm auf. Eine Weile noch, dann hob sich dieser gegenüber die dominirende Stirn des Mont Mezin, furchenreich gleich der eines uralten Greises in die Luft.

Es war ein Octobertag, still und schwermüthig wie das Antlitz des einsamen Reiters. Die Landschaft, welche dieser durchzog, erschien ausgestorben, verödet, wie von allem Leben gemieden, kein menschlicher Laut ertönte, nur der Schrei eines Raubvogels dann und wann, der dichterem, in hoher Luft kreisendem Geschwader zustrebte; flockiges Gewölk deckte den Himmel, manchmal sah stumm ein blaues Auge daraus herab und verschwand von müdem Wolkenlid geschlossen. Melancholisch lag ein stiller Herbsttag noch

über dem alten Lande der Bellaver, nur die wild brausenden
Wasser, die aus den Klüften seiner vulkanischen Gebilde
hervorschossen, redeten noch von den Dämonen der Tiefe
die sie in blinder Wuth entfesselt heraufgesandt.

Der Mont Mezin war offenbar das dem Reiter als
Wegweiser bezeichnete Merkmal. Er lenkte jetzt in ein
schmales, von einem kleinen Bache nur durchflossenes
Seitenthal gegen Osten ein, das ihn bald zu weglos öder
Hochfläche emportrug. Hier verlor sich jedes deutende
Zeichen, unterschiedslos dehnten Haide und Felstrümmer
zwischen denen das Pferd sich oftmals nur mühsam hin=
durchwand, sich nach allen Seiten, nur die schweigsame
Bergesstirn gegenüber ragte einem trostvoll winkenden
Leuchtthurme gleich jenseits des wüsten Gesteinmeeres auf.

Der schlanke Bau des Pferdes, seine Sicherheit und
Gewandtheit, mit der es sich in der Weglosigkeit einer
nicht selten gefährlichen Pfad bahnte, verrieth edle Abkunft
wie die fest aufrechte Haltung und Unerschrockenheit seines
jungen Gebieters den erfahrenen Reiter. Er trug die
übliche Tracht eines Landarztes, den breitkrämpigen Hut
tief in die Stirn gedrückt und keine Waffe an der Seite
doch für den schärferen Beobachter stimmte die Kleidung
nicht zu der geschlossenen Festigkeit seines Wesens und
seiner Bewegungen, die einen militärischen Charakter zu
Tage treten ließen, dem es nicht widersprach, daß der

einer Verschiebung seines abgelegten Mantels, den er vor
sich über den Sattelknauf geworfen, ab und zu auf beiden
Seiten der kunstvoll gearbeitete Kolben einer Pistole aus
den Halftern auftauchte. Hellbraunes Haar begrenzte an
den Schläfen, unter dem Hut hervorbringend, das bartlose
Gesicht, in dessen feinen, tiefsinnigen Zügen die träumerische
Schwermuth des Octobertages sich wiederzuspiegeln schien.
Nun blickte sein hellgraues Auge auf, die stille, unbewegte
Fläche eines kleinen Weihers breitete sich vor ihm, ein
Nachen lag regungslos in der Mitte desselben, aber
niemand befand sich in dem schmalen Fahrzeug. Der
Sturm mußte es vom Ufer losgerissen und die Wellen
mit ihm gespielt haben, bis es wie von unsichtbarer Hand
gehalten zur Ruhe gekommen und einsam und unerreichbar
jetzt über der Tiefe schwamm.

Wenige vielleicht hätten es beachtet, doch der Blick
des Reiters blieb sinnend darauf haften. Er sagte ernst
in deutscher Sprache:

"So gleicht es dieser irren Zeit —
Wo blieb die Hand, die ihm gebot?
Das Ruder brach, vom Ufer weit
Und weiter schwankt das lecke Boot.
Im Sturm versanken Leid und Glück,
Die Nixe in der Tiefe lacht —
Ein morsches Brett nur bleibt zurück
Und eine räthselvolle Nacht —"

Langsam ritt der Sprecher weiter, ein Weg begann jetzt

wieder am östlichen Rande des schweigsamen Gewässers, den er verfolgte, dann stürzte eine Felswand jäh ab, er hielt inne und blickte in das Thal von Hautefort hinunter. Da lag es, gekrönt von dem schwarzen Basaltdiadem, auf dem die alten Trümmer von Capdeul sich düster erhoben, er vermochte nicht zu zweifeln, daß er sein Ziel erreicht. Machtvoll schaute von Osten das Haupt des Mezin herein, doch drunten suchte das Auge vergeblich, was es erwartet — oder nicht mehr hoffen gedurft zu finden. Dem Hinabsehenden mußte ein geistiges Bild vor dem Blick stehen, denn er murmelte, nachdem er mit leis erbebender Hand über seine Stirn geglitten: „Dort war das Schloß — das Dorf — dort die Kirche, von der sie sprach —"

Schutthaufen und Trümmer, wohin das Auge sah. Nur die alten Quadermauern des Schlosses hatten der Feuerswuth getrotzt und ragten geisterhaft verödet mit leeren Augenhöhlen in die Luft. Doch zwischen ihnen in der Tiefe setzte jene noch heimlich ihr Werk der Zerstörung fort. Hie und da stieg noch eine dunkelgeballte Rauchsäule an den schwarzen Steinwänden empor und schichtete sich in der ruhigen Luft zu trüber Decke über dem Thal.

„Ein Grab — was ließ es übrig?" fragte gramvoll zitternd die Stimme des jungen Betrachters — „ich wußte es — was läßt das große Grab Frankreich übrig?"

Er stieg ab und führte sein Pferd am Zügel den steilen Geröllweg hinunter, der an der Stelle in's Thal mündete, wo das Pfarrhaus Mathieu Guéraud's gestanden. Ein Brandgeruch empfing drunten die Sinne und das Thier wieherte, wie von einem unheimlichen Gefühl erfaßt, auf. Es klang schaurig durch die Todesstille, nur ein Vogelschwarm flatterte weiter abwärts aufgescheucht in die Höh' und gab krächzende Antwort, der Reiter zog sein Pferd, das mit den Nüstern witterte und sich sträubte, schneller mit sich an den Ueberresten der Kirche vorüber, von der gleichfalls noch ein Theil des Mauerwerks auf= ragte. Dann befestigte er es an einem Baumstamm, wo der Weg früher zum Dorf abgebogen, und schritt allein in den Park hinein.

Verwüstung, stumme Denkmale des Kampfes und des Todes. Hie und da bot ein Bruchstück, das von der Kunst Le Nôtre's übrig geblieben, seltsam ergreifenden Anblick, nichts regte sich als Gethier, das die Gier herbei= gelockt, sich der menschlichen Trümmer, welche die Ver= nichtung zurückgelassen, zu bemächtigen: „So lagen sie in den Marmorsälen von Versailles", murmelte der einsame Wanderer, mit dem Blick schauernd über das grausige Bild der Leichen hinstreifend, die gleichgültig von den trunkenen Siegern verlassen den Boden noch in der Stellung be= deckten, in welcher das Leben von ihnen geflohen — „so liegen sie überall, ob Natur oder Unnatur ihr Ziel gesetzt, auf der mütterlichen Erde oder in ihr. Es ist der Schluß von Allem — ob gut oder böse, Schmerz oder Glück — Nirwana rauschen die Wellen des Ganges seinen Namen —"

Er ging eiliger vorwärts, da unterbrach ein Klang die Stille. Kein Laut des Lebens, nur der einer rastlosen Bewegung. Wie eine Welle jenes großen Stromes rauschte es, gleichmäßig, unablässig — silbersprühend stiegen die Wassersäulen des Springquells noch aus den grauen Sandsteinköpfen des Cerberus und fielen auf die feuchte Moosdecke zurück, mit der das achtzehnte Jahrhundert jene überzogen.

Stygische Fluthen — wie am Eingang der Unterwelt lag der gespenstische Wächter. Durch den Schleier seiner Wasser hindurch starrte das verkohlte Antlitz des Schlosses, schwarzes Gebälk deckte herabgestürzt den weißen Marmor der Terrasse. Der einzig Lebende unter den Schatten wollte sich ihr nähern, doch erstickender, häßlicher Brandgeruch trieb seine lebendige Brust hastig zurück und er wandte sich zur Rechten wieder in den Park hinein.

Sollte er weiter gehn? Wozu? Hier athmete nichts mehr —

Da riß das Gewölk plötzlich über ihm und die schräge Octobersonne fiel schwermuthsvoll auf ihre todten Kinder, als suche sie die buntbeschwingten Falter, die einst amorettenhaft, wie blitzendes Gold hier gegaukelt. Sie funkelte am Ende eines langen, grablinigen Ganges, dessen beschnittene, dürre Heckenwände unangetastet geblieben, sonderbar vom Boden zurück, unwillkürlich zog sie den Wanderer darauf zu. Doch bevor er den glänzenden Punkt erreichte, hielt etwas Anderes seinen Blick an, ein Stein mit einer goldenen Inschrift, und er las:

„Le passé m'épouvante et le présent m'accable,
Je lis dans l'avenir un sort épouvantable."

Es überlief den Lesenden seltsam, er blickte sich um — waren es Grabsteine des großen Kirchhofes, auf dem die Zeit die Gebeine ihrer Gedanken bestattete, die hier mit stummer Mahnung zu ihm aufsahen?

„Je ne veux point d'un monde, où tout change, où
tout passe,
Où jusqu'au souvenir tout s'use et tout s'efface,
Où tout est fugitif, périssable, incertain,
Où le jour du bonheur n'a plus le lendemain."

„Ja, drin der Tag des Glückes kein Morgen mehr besitzt —" Aus banger Seele klang's —

„'Εμοῦ θανόντος γαῖα μιχθήτω πυρί."

Und gegenüber:

„Unusquisque tantum juris habet, quantum potentia valet."

Oder waren es Knochen, welche die Zeit aus Gräbern geholt, um die Lebendigen mit ihnen zu erschlagen?

Höhnisch, im Bewußtsein ihrer entsetzlichen Wahrheit regungslos aufgrinsend, der Allerzeugerin, der Sonne selbst ihr Nichts entgegenschleudernd —

„All wordly shapes shall melt in gloom,
The sun himself must die."

Auch das, was der Blick des Hindurchschreitenden auf sich gezogen, war die Goldinschrift eines solchen Steines gewesen, er sah es jetzt. Die Sonne blitzte noch immer darauf und goß ihre Strahlen daneben auf eine von ihrem Postament herabgestürzte weiße Götterstatue, die schweigsam in dürres Geranke niedergesunken dalag. Blendend im flimmernden Glanz zitterten vor ihr die goldenen Buchstaben:

„Dies nur, dies heißt Leben: Genuß heißt Leben. Hinweg denn Sorgen, die Zeit ist kurz für den Sterblichen! Jetzo noch labet Bachus, jetzt der Tanz und der blühende Kranz und die Frauen. Heute genieß' ich der Zeit, denn das Morgende ruht im Verborgnen!"

Ein Seufzer entfuhr dem Munde des Lesenden. „Wer bist Du, dessen zerschmetterten Götterstolz dieser lachende Grabstein höhnt?"

Er trat an die Statue heran, deren anmuthig gebogener Arm im Sturz gebrochen auf den schön gewölbten Busen, dessen entgleitendes Gewand er gehalten, herabgesunken lag, und blickte ihr in's Antlitz. Der rohe Streich einer zerstörenden Hand hatte auch dies getroffen und seine Linien entstellt, doch ihre göttliche Schönheit leuchtete noch unverkennbar aus den Trümmern, und in dem schwermüthigen Sonnenlicht von einem wundersamen Schauer überströmt, sagte der einsame Betrachter mit schmerzlichem Lächeln:

„Venus — Du? Ja, Du warst es — —"

Er wollte noch etwas hinzufügen, allein es stockte ihm auf den Lippen, denen statt der Worte sich ein Ton des Schreck's entrang. Ein raschelnder Klang hatte ihn unterbrochen, wie der einer Schlange, die sich durch welkes Laub ringelt, und über die Füße des gestürzten Götterbildes hin flimmerte es räthselhaft von dem Postament her wie farbenfrische Sommerblumen in das milde Sonnenlicht — dann war es ein weites flatterndes Gewand, über dem sich ein weißes, aufhorchendes Gesicht emporreckte. Das Antlitz eines Weibes, blutlos und eingesunken, das verwilderte Haar mit dürren Blättern durchflochten, seltsam schneeweiße Fäden in den wirr und dunkel auf den Nacken fluthenden Strom desselben gemengt; unbestimmbar, ob die Züge einer Greisin oder der Jugend noch, doch gleich denen der geschändeten Göttin immer noch mit unausgelöschten Spuren einstiger Schönheit. Sie hatte hinter dem Marmor am Boden gekauert und hob sich langsam, geisterhaft, als müsse sie in der Sonne zerrinnen, sobald diese ihre gruftentstiegene Erscheinung berühre —

„Marie — Marie von Hautefort — —!"

Es war ein Schrei der Ueberraschung, des Entsetzens und des Jammers, der dem Munde des jungen Mannes entbebend die Stille des Todtenparkes unterbrach. Bewußtlos streckte er die Arme aus, und sie fuhr zusammen und mit der Hand hastig über die Stirne, dann legte sie den Finger auf die Lippen und flüsterte auf die zertrümmerte Statue niederdeutend:

„Sie schläft — weck' sie nicht wieder auf —"

Der irre Strahl ihrer Augen lief forschend über sein Gesicht und ließ ihm keinen Zweifel. Der Wahnsinn war es, der neben der gestürzten Göttin der Liebe vor ihm aufgetaucht; sie griff hinter sich mit der Hand jetzt, als halte sie etwas, das ihr unsichtbar nachschleppe, und kam vorsichtig, mit ihrem Fuß die Schläferin nicht zu berühren, auf ihn zu. „Ich heiße Azalais", sagte sie mit geheimnißvollem Ton, „Du hast wohl von mir gehört — sieh mich nicht so starr an, man wird alt, wenn man ein halbes Jahrtausend lang geweint hat — aber nun schläft sie, die daran Schuld war, und Du kommst zur rechten Zeit. Gieb mir Deine Hand und komm mit mir auf mein Schloß!"

Sie streckte die Hand nach ihm, die er willenlos ihr überließ, doch wie sie dieselbe berührte, schrak sie zusammen und murmelte: „Du bist nicht todt — ich fürchte mich vor Dir — wer bist Du?" Ihr Blick ward angstvoller, sie riß sich los und stieß einen Schrei aus: „Du bist Armand

Polignac und willst mich tödten — und ich bin so jung noch — wehe mir —"

Ehe er sie zu halten vermocht, war sie fortgestürzt und er folgte ihr schwankend nach durch den langen Gang, den sie hinuntereilte. Ihm war, als ob alle Kraft plötzlich seine Glieder verlassen, daß er nicht die Fähigkeit besaß, sie einzuholen, obwohl unverkennbar ein Wahn die Schnelligkeit ihrer Flucht behinderte, denn ihre Hand hielt noch immer das eingebildete, nachschleppende Etwas, und sie wehklagte im Lauf:

„Die Kette — nehmt mir die Kette!"

Allein trotzdem gewann sie einen Vorsprung vor ihm und lenkte jetzt aus dem Thal steil an der Bergwand aufwärts führenden Weg hinan. Behend erklomm sie diesen über die Hälfte, bis ihre Brust zu stöhnen begann und sie an den Fels gelehnt athemlos inne hielt und mit irrem Blick ihren Verfolger maß, der seine Stärke jetzt wiedergewonnen und den Abstand zwischen sich nnd ihr schneller verringerte. Sie preßte die Hand auf's Herz und wankte wiederum vorwärts bis an den Rand der alten Burgtrümmer von Capdeul, nun tönte sein Schritt dicht hinter ihr, und sie glitt kraftverlassen zu Boden und jammerte herzzerreißend:

„Hilf mir — Salis — Salis — sie wollen dein Weib tödten!"

„Hier bin ich, Marie! Ich komme, ich helfe Dir!"

Johann von Salis stieß es, von namenlosem Schauer des Mitleid's und Schmerzes bei dem Klange seines Namens überströmt, besinnungslos aus. Mit wenigen Schritten erreichte er sie, doch wie von elektrischer Gewalt jetzt emporgerafft stand sie wieder aufgerichtet, ein Glanz des Lebens und halber Erkenntniß hatte die starrende Leere ihres Blickes erfüllt, sie rang tief nach Luft und umschloß fest seine Hand und sagte bangfreudig:

„Du bist gut und kommst zu mir — ich wußte es und habe darauf gewartet, denn ich wußte es immer, Du hast mich geliebt, Du allein. Sie haben mich alle verlassen, alle, und sie zündeten die Burg meiner Ahnen drunten an, daß die Flammen heraufschlagen und mich in meinem Thurm verbrennen sollten. Aber sie schmolzen nur meine Kette ab, daß ich hinunter konnte und auf Dich warten —"

„Armes Weib —" überwältigt, erschüttert wandte Salis die Stirn —

„O ich bin glücklich, denn nun ist Alles gut — und die Finsterniß und die Moderluft ist vorüber." Ein bleiches Lächeln, wie ein Schatten aus Frühlingstagen glitt um die Lippen Marie's von Hautefort, sie zog ihren Gefährten hastig an die Oeffnung des alten Thurmes, vor der sie einst mit Clemence Guéraud neugierig gestanden, und streckte die mageren Finger nach den schweren, verrosteten Kettengliedern, die in unsichtbarer Tiefe drunten, mit dumpfem Klirren von unendlich verschollener Zeit redend, an das Gemäuer anschlugen, das den Verzweiflungs=schrei der schönen Azalais erstickt.

„Sieh, dort wollten sie Dein Weib begraben — bei ihr —", flüsterte sie, „aber Du warst barmherziger und hast es erlöst und ich bin frei — fort, fort von hier!"

Sie riß ihn ängstlich mit sich an den jähen Abgrund, an welchem Diana von Hautefort sich einst furchtlos auf die Knie geworfen und die flehenden Hände nach der goldenen Mutter alles Lebens ausgestreckt hatte, daß diese ihr die schöne Welt zurückgeben möge, die Mathieu Guéraud's Hand ihr in der dumpfen Tiefe des alten Pfarrhauses zerschlagen. Ein Blick des Dankes, des Glückes und der Liebe traf aus den einen Moment in Jugendglanz und Schönheit aufleuchtenden Augen Marie's in Salis' trauriges Antlitz, sie schlang die Arme um ihn und jubelte: „Ich darf Dich noch einmal küssen!" und willenlos ließ er es geschehn. Dann riß sie sich los, der alte irre Strahl fieberte in ihrem Blick, sie rief von dämonisch herauf=brechender wilder Angst überstürmt: „Doch er darf nicht Deinen Namen tragen und darum darf er nicht leben, dem ich das Leben geben würde! Dein Weib hat die Treue gebrochen, und wer die Treue bricht, muß sterben!"—

und blitzartig mit plötzlichem Sprung stürzte Marie von Hautefort sich in die Tiefe hinab — — — — — —

Es war am Spätnachmittag, als ein einsamer Reiter sich der Wegeshöhe näherte, mit der die königliche Straße über die Nordkette der Sevennen am Gerbier des Jonc̓s vorüber gen Osten führte. Hinter ihm versank das Velay schon in dämmerndem Licht, das Gebirg der Margeride schloß westwärts mit grauem Gemäuer die Welt. Nur auf dem höchsten Gipfel des Mont Mezin, der sich wieder mit Schnee bedeckt hatte, lag noch, ihn mit Purpur und Hermelin zugleich umhüllend, ein letzter glühender Strahl der scheidenden Sonne.

Das Gesicht des jugendlichen Reiters war von Schatten überdunkelt, die der Morgen noch nicht darauf gesehn. Nun hatte er die Paßhöhe erreicht, nebelfern weit jenseits der Rhone stiegen in bläulichem Gemenge die Alpen der Dauphiné und Savoyens zum östlichen Himmelsrand, von dessen Blau die Herbstwolken abgesunken waren, und Johann von Salis hielt inne und suchte, den schattenden Hut von der schwermüthigen Stirn lüftend, das ewig weiße Haupt des Montblanc im Zwielicht der Ferne. Doch die Nacht verhüllte es schon, oder trübte ein Schleier ihm den Blick? Noch einmal wandte er das Auge rückwärts, dann sprach er, aus tiefer Brust nach Athem emporringend, laut in das Rauschen des Abendwindes, der unter ihm die düstern Föhrenkronen durchmurrte:

„Seid mir gegrüßt, ihr Berge der Heimath! ihr heiligen Alpen!
Fernher tönt mein Gesang, Segen und Frieden euch zu.
Heil Dir und dauernde Freiheit, Du Land der Einfalt und Treue!
Deiner Befreier Geist ruh' auf Dir, glückliches Volk!
Bleib durch Genügsamkeit reich und groß durch Strenge der Sitten,
Rauh sei, wie Gletscher, Dein Muth, kalt wenn Gefahr Dich umblitzt,
Fest, wie Felsengebirge, und stark, wie der donnernde Rheinsturz.
Würdig Deiner Natur, würdig der Väter, und frei!"

E n d e.